MedR   Schriftenreihe Medizinrecht

Herausgegeben von
Professor Dr. Andreas Spickhoff, Regensburg

T0186057

Elke Attermeyer

Die ambulante Arztpraxis in der Rechtsform der GmbH

 Springer

Elke Attermeyer
Grunerstraße 26
40239 Düsseldorf
elke.attermeyer@web.de

Dissertation der Juristischen Fakultät
der Heinrich-Heine-Universität Düsseldorf

Erstgutachter: Prof. Dr. Dirk Olzen
Zweitgutachter: Prof. Dr. Dirk Looschelders

Jahr der mündlichen Prüfung: 2003

ISSN 1431-1151
ISBN 3-540-23487-X Springer Berlin Heidelberg New York

Bibliografische Information Der Deutschen Bibliothek
Die Deutsche Bibliothek verzeichnet diese Publikation in der Deutschen Nationalbibliografie;
detaillierte bibliografische Daten sind im Internet über <http://dnb.ddb.de> abrufbar.

Dieses Werk ist urheberrechtlich geschützt. Die dadurch begründeten Rechte, insbesondere
die der Übersetzung, des Nachdrucks, des Vortrags, der Entnahme von Abbildungen und
Tabellen, der Funksendung, der Mikroverfilmung oder der Vervielfältigung auf anderen
Wegen und der Speicherung in Datenverarbeitungsanlagen, bleiben, auch bei nur auszugs-
weiser Verwertung, vorbehalten. Eine Vervielfältigung dieses Werkes oder von Teilen dieses
Werkes ist auch im Einzelfall nur in den Grenzen der gesetzlichen Bestimmungen des Urheberrechtsgesetzes der Bundesrepublik Deutschland vom 9. September 1965 in der jeweils
geltenden Fassung zulässig. Sie ist grundsätzlich vergütungspflichtig. Zuwiderhandlungen
unterliegen den Strafbestimmungen des Urheberrechtsgesetzes.

Springer. Ein Unternehmen der Springer Science+Business Media

springer.de

© Springer-Verlag Berlin Heidelberg 2005
Printed in Germany

Die Wiedergabe von Gebrauchsnamen, Handelsnamen, Warenbezeichnungen usw. in diesem Werk berechtigt auch ohne besondere Kennzeichnung nicht zu der Annahme, dass
solche Namen im Sinne der Warenzeichen- und Markenschutz-Gesetzgebung als frei zu
betrachten wären und daher von jedermann benutzt werden dürften.

Umschlaggestaltung: Erich Kirchner, Heidelberg

SPIN 11334729   64/3130/-5 4 3 2 1 0 – Gedruckt auf säurefreiem Papier

Für
Heinz und Marlies

Vorwort

Die Arbeit wurde im Wintersemester 2002/2003 von der Heinrich-Heine-Universität Düsseldorf als Dissertation angenommen. Mit Genehmigung des Dekans der Juristischen Fakultät habe ich sie aktualisiert. Rechtsprechung und Literatur befinden sich nun auf dem Stand Juni 2004.

Meinem Doktorvater, Herrn Prof. Dr. Dirk Olzen, danke ich für die schöne und anregende Zeit am Institut für Rechtsfragen der Medizin. Er hat mir viel Freiraum für die Fertigstellung gelassen und die Arbeit über Jahre mit großem Engagement begleitet. Danken möchte ich außerdem der Graduiertenförderung des Landes NRW für die Gewährung eines Abschlussstipendiums, Herrn Prof. Dr. Dirk Looschelders für die zügige Erstellung des Zweitgutachtens und Dr. Wolfgang Stein für die Durchsicht meines Manuskripts und seine hilfreichen Anmerkungen an einem schönen Sommertag in Köln.

Besonders danken möchte ich Volker Zekl. Nicht in Worte fassen kann ich mein Staunen über den unerschütterlichen Optimismus, die ständige Diskussionsbereitschaft und Formatierungsfreude, mit denen er sämtliche Phasen der Dissertation begleitet hat. Seine Unterstützung hat so manche Doktorkrise zum Erliegen gebracht.

August 2004

Elke Attermeyer

Inhaltsverzeichnis

Einleitung

Neue Entwicklungen sind oft der Kritik unterworfen. Dafür bildet die Diskussion um die Ärzte-GmbH ein Beispiel. Mit der ambulanten Arztpraxis in der Rechtsform der GmbH haben Mediziner in den vergangenen Jahren versucht, ihre beruflichen Rahmenbedingungen durch den Aufbau ökonomisch rationeller Strukturen zu verbessern. An der Rolle des Arztes als Unternehmer seiner GmbH wurde jedoch schon früh Anstoß genommen – besonders unter Kollegen. Befürchtet wurden Einbußen in der Qualität der medizinischen Versorgung und die Verzerrung ihres freien Berufsbildes.

Dabei sehen sich viele Ärzte schon heute außer Stande, den Ansprüchen an die Qualität gerecht zu werden. Das belegen nicht nur die Diskussionen der vergangenen Jahre um die Budgetierung der Ausgaben bei gleichzeitigem Kostenanstieg. Nach der „Ärzteschwemme" wird wegen sinkender Einkommen und ungünstiger Arbeitsbedingungen nun der „Ärztemangel" prognostiziert. Angesichts des Reformstaus im Gesundheitswesen sehen sich viele Ärzte genötigt umzudenken.

Gegenstand dieser Untersuchung sind die rechtlichen Rahmenbedingungen der Ärzte-GmbH, die mit ihrer Gründung und Einbindung in das Gesundheitswesen auftreten. Nicht behandelt wird daher die Frage, ob sich mit der GmbH betriebswirtschaftliche und steuerrechtliche Vergünstigungen realisieren lassen.[1]

Nach wie vor bedarf es der Klärung, ob die Rechtsordnung die ambulante ärztliche Berufstätigkeit in der Rechtsform der GmbH überhaupt bundesweit erlaubt. Die 1993 ausgesprochene Anerkennung der – vergleichbaren – Zahnheilkunde-GmbH durch den BGH,[2] die für das gesamte Bundesgebiet galt, scheint hinfällig geworden zu sein. Seit 1992 sind in die Heilberufe- und Kammergesetze von Bayern, Berlin, Brandenburg, Niedersachsen, Nordrhein-Westfalen und Sachsen Verbotsregelungen aufgenommen worden.[3] Schleswig-Holstein hat sich im Jahr 2002

---

[1] Zur steuerrechtlichen Behandlung der Heilkunde-GmbH bzw. Ärzte-GmbH sei verwiesen auf *Lüke-Rosendahl*, Der Beruf des Arztes unter besonderer Berücksichtigung der ärztlichen Kooperationen, S. 167 ff.; *Meyer/Kreft*, GmbHR 1997, 193, 197 ff.; *Scheuffler*, MedR 1995, 99 ff.; *Cramer*, MedR 1995, 104 f.; *Stehle*, DStR 1983, 100 ff. Sie stimmen überein, dass eine vorteilhafte steuerrechtliche Gestaltung nur in einzelnen Fällen zu erzielen ist.

[2] BGHZ 124, 224 ff. = JZ 1994, 1127 f. = NJW 1994, 786 ff. = MedR 1994, 152 ff. = ArztR 1994, 190 ff.

[3] *Bayern* gem. Art. 18 Abs. 2 Satz 1 BayHKaG, durch Gesetz vom 23.7.1993 (GVBl. S. 511); *Berlin* gem. § 4a Abs. 4 Satz 1 BlnKaG, durch Gesetz vom 30.10.1995 (GVBl. S. 703); *Brandenburg* gem. § 31 Abs. 2 Satz 1 BbgHeilberG durch Gesetz vom 28.1.1992 (GVBl. S. 30); *Niedersachsen* gem. § 32 Abs. 1 NdsHKG, durch Gesetz vom

angeschlossen.[4] Diese Frage gewinnt schon deswegen an Aktualität, weil zwei neuere Urteile des Bayerischen Verfassungsgerichtshofs und des Oberverwaltungsgerichts Münster die Beschränkungen in Bayern und Nordrhein-Westfalen bestätigen.[5]

In der wissenschaftlichen Bearbeitung des Arzt- und Gesundheitsrechts wurde die Ärzte-GmbH bislang vernachlässigt. Klärungsbedürftig sind bereits die Anforderungen an die personelle Zusammensetzung der Gesellschaft. Nach dem Modell einer *Ärztegesellschaft* ist der praktizierende Arzt – bzw. sind die praktizierenden Ärzte – Gesellschafter und Geschäftsführer in einer Person. Die körperschaftliche Struktur einer GmbH legt aber auch Zusammensetzungen nahe, in denen fachfremde Personen die Gesellschaft gründen, um die ärztliche Versorgung *nur* von Angestellten ausüben zu lassen.[6] Daher ist fraglich, ob die Organstellung in einer Ärzte-GmbH die Approbation zum Arzt voraussetzt.

Weil die GmbH selbst nicht Arzt ist – und möglicherweise Nichtärzte als Gesellschafter und Geschäftsführer zulässt – muss zudem untersucht werden, inwiefern sie ihren angestellten Ärzte den notwendigen beruflichen Freiraum lässt. Gerade in diesem Zusammenhang ist von Anfang an die Befürchtung geäußert worden, dass eine Körperschaft, zumal im Gewerbe angesiedelt, wirtschaftlichen Druck auf die Ärzte ausüben kann.

Trotz ihres Auftretens auf dem ambulanten Sektor fehlt ferner eine Auseinandersetzung damit, ob die eigens für niedergelassene Ärzte erlassenen speziellen Berufspflichten auch für angestellte GmbH-Ärzte Geltung erlangen.

Von zentraler Bedeutung für die Gesellschaft ist schließlich das Liquidationsrecht gegenüber gesetzlichen und privaten Krankenversicherungen. Es sichert ihre wirtschaftliche Überlebensfähigkeit auf dem Gebiet der regulären und anerkannten (Schul)- Medizin. Die überwiegend geäußerte Ablehnung führt dazu, dass sie in die Randbereiche der nicht erstattungsfähigen alternativen Medizin oder plastischen Chirurgie gedrängt wird.[7] Für krankenversicherte Patienten ist eine Ärzte-GmbH also nur interessant, soweit sie sich auf (alternative) Heilmethoden verlegt, die die Krankenkassen ohnehin nicht erstatten, und solange die Patienten bereit

---

19.6.1996 (GVBl. S. 259); *Nordrhein-Westfalen* gem. § 29 Abs. 3 Satz 1 HeilberG NW durch Gesetz vom 22.4.1994 (GV.NW S. 80) und *Sachsen* gem. § 16 Abs. 4 SächsHKaG durch Gesetz vom 24.4.1994 (GVBl., S. 935). Die Beschränkungen gelten auch für Zahnärzte.

[4]   *Schleswig-Holstein* gem. § 29 Abs. 2 Satz 4 HeilBerG, durch Gesetz vom 27.2.2002 (GVBl. S. 38).

[5]   BayVerfGH, NJW 2000, 3418 ff.: Diese Entscheidung befasst sich mit der Vereinbarkeit des bayerischen Heilberufe-Kammergesetz und der Berufsordnung mit den bayerischen Landesgrundrechten; OVG Münster, MedR 2001, 150 ff.: In dem Urteil geht es um die Vereinbarkeit des nordrhein-westfälischen Heilberufegesetzes und der Berufsordnung mit dem Grundgesetz.

[6]   *Hart*, Jura 2000, 14, 16 f. unterscheidet deswegen die Ärzte-GmbH als Ärztekooperation zur Ausübung des Berufs von der Heilkunde-GmbH, in der Personen im Bereich der Heilkunde Ärzte zur Durchführung von Heilbehandlungen beschäftigen.

[7]   Aus diesem Grund ist die Arztpraxis als GmbH „kaum sinnvoll", vertreten z.B. *Weber/Vogt-Weber*, Deutsches Ärzteblatt 95, Heft 19, 1998, A-1146 ff.

sind, für diese Behandlung selbst zu bezahlen. Zu ermitteln ist daher, ob die Ärzte-GmbH nicht auch in Konkurrenz zu den landläufig schulmedizinisch tätigen Ärzten treten kann. Nur am Rande sei darauf hingewiesen, dass der eigentliche Grund für Vorbehalte gegen bestehende Ärzte-GmbH gerade in der Besetzung dieser Randbereiche liegen kann und nur in zweiter Linie die Wahl der Rechtsform betrifft.[8]

Während der Gesetzgeber für andere freie Berufe, z.B. Rechtsanwälte, Steuerberater und Wirtschaftsprüfer, eindeutige Anforderungen aufgestellt hat[9], fehlt eine Normierung der „Ärztegesellschaft" bislang. Die Lücke ist mit der Verteilung der Gesetzgebungskompetenzen im Bereich der Zulassung und der Ausübung des ärztlichen Berufs zu erklären. Schon wegen des Verbots der Ärzte-GmbH in einigen Ländern ist derzeit (noch) keine gesetzgeberische Aktivität zu erwarten. Konsequenterweise soll hier die bestehende Rechtsordnung auf vorhandene Regelungen und deren Anwendbarkeit auf die Ärzte-GmbH untersucht werden. Das berührt vor allem das für Ärzte erlassene Berufsrecht.

Die Diskussion um die ambulante Arztpraxis in der Rechtsform der GmbH wird mitunter sehr emotional geführt. Auf den ersten Blick mutet die Kombination auch widersprüchlich an. Wie allen Freiberuflern wird Ärzten eigentlich nachgesagt, dass sie durch ihre Persönlichkeit und geistige Leistung überzeugen. Mit der Organisation als GmbH bedienen sie sich der Rechtsform einer gewerblichen juristischen Person, die selbständig neben ihnen existiert und als deren Gesellschafter oder Angestellte sie auftreten. Im Folgenden geht es jedoch nicht um die Bewertung, ob eine Rechtsform für einen Berufszweig erwünscht ist. Entscheidend sind die Kriterien der Geeignetheit und Zulässigkeit. Gegen die rechtliche Konstruktion der GmbH dürften keine Einwände bestehen, solange sie denselben Qualitätsstandard garantiert wie ein niedergelassener Arzt.

A. Ärzte-GmbH als Berufsausübungsgesellschaft

Herkömmlich bestehen zwei unterschiedliche Formen der ärztlichen Kooperation in einer Praxis. Der allgemeine Ausdruck der Freiberufler-GmbH umfasst beide: Diejenigen Zusammenschlüsse, die auf einem rein *organisatorischen* Niveau miteinander verbunden sind, sind von den Gesellschaften zu unterscheiden, die über die gemeinsame Nutzung aller Betriebsmittel hinaus die gemeinsame *Berufsausübung* zum Gegenstand haben. Die Ärzte-GmbH steht auf beiden Ebenen zur Verfügung.

Dabei betreffen die Probleme nur die Ärzte-GmbH als berufsausübende Gesellschaft, wie sich zeigen wird. Sie steht deshalb im Zentrum der Untersuchung. Zur Abgrenzung sind beide Stufen vorzustellen:

---

[8] *Meyer/Kreft*, GmbHR 1997, 193, 197.
[9] Vgl. §§ 59e, 59f BRAO; §§ 50, 50a StBerG; §§ 27, 28 WPO.

I.   Berufsorganisationsgesellschaften

Organisations- bzw. Betriebsgesellschaften sind bei Ärzten in vielfältigen Ausprägungen denkbar. Ihr Ziel ist die Verbesserung der Rahmenbedingungen für die berufliche Tätigkeit, ohne dass in ihnen der Beruf selbst ausgeübt wird.[10] Mögliche Formen sind die Praxisgemeinschaften, Apparate- oder Laborgemeinschaften.

Die Praxisgemeinschaft ist der Zusammenschluss mehrerer Ärzte zwecks gemeinsamer Nutzung von Praxisräumen, Einrichtungen und der Inanspruchnahme von Personal. Typisches Beispiel ist das Ärztehaus, in dem niedergelassene Ärzte selbstständig, aber unter einem Dach praktizieren. Jeder Arzt hat einen eigenen Patientenstamm mit abgeschlossener Karteiführung. Die Behandlungsverträge schließt er selbst ab. Die Behandlung darf also nicht durch den einen oder anderen Arzt erfolgen. Die Vertretung ist nur in dem Umfang zulässig wie in anderen selbständigen Praxen.[11] Aus diesem Grund können auch Ärzte mit verschiedenen Fachrichtungen Praxisgemeinschaften aufbauen. Selbst für einzelne Ärzte kann sich eine Organisationsgesellschaft *neben* der freiberuflichen Praxis steuerrechtlich unter Umständen auszahlen.[12] In diesem Fall unterhält die GmbH z.B. die Räume und das Praxisinventar und übernimmt die Einstellung des Personals oder die Abrechnung für den Arzt.[13]

Unterarten der Praxisgemeinschaft existieren in Form der Apparategemeinschaft oder Laborgemeinschaft. Laborgemeinschaften kennzeichnet die gemeinsame Nutzung von Laboreinrichtungen und Personal innerhalb oder außerhalb der eigenen Praxisräume zur Erbringung der in der eigenen Praxis anfallenden Laboratoriumsuntersuchungen.[14] Parallel dazu sollen auch Apparategemeinschaften die finanziell sinnvolle Ausnutzung von zumeist teuren Geräten durch mehrere Ärzte sicherstellen.[15]

II.   Berufsausübungsgesellschaften

In der Berufsausübungsgesellschaft steht die berufliche Tätigkeit im Vordergrund, hinzu tritt die organisatorische Einheit. Ihr Inbegriff ist die Gemeinschaftspraxis,

---

[10] Umfassende Darstellung auch bei *Hildebrandt*, Entwicklungen und Rechtsprobleme freiberuflicher Zusammenschlüsse, S. 45 ff.

[11] *Henke*, NJW 1974, 2035; *Uhlenbruck/Schlund*, in: Laufs/Uhlenbruck, Handbuch des Arztrechts, § 18, Rz. 9; *Ehmann*, MedR 1994, 141, 144; *Taupitz*, NJW 1996, 3033, 3039 m.w.N.; *Deutsch/Spickhoff*, Medizinrecht, Rz. 106; *Richardi*, in: Münchener Handbuch zum Arbeitsrecht, Band 2, § 203, Rz. 7; *Walter*, MedR 2002, 169; *Narr*, Ärztliches Berufsrecht, B 435.

[12] Weitere Kombinationen aufgeführt bei *Meyer/Kreft*, GmbHR 1997, 193, 194, 197 ff. Diese Variante empfiehlt auch der NAV-Virchowbund, vgl. *Clade*, Deutsches Ärzteblatt 94, Heft 48, A-3246. Dass sie „nichts weiter als ein großer Verschiebebahnhof für Geld" sei, meint ein Beitrag in der Medical Tribune 1994, Nr.19, 46, 48.

[13] Dazu auch *Ratzel*, Der Frauenarzt, 91, 93.

[14] *Uhlenbruck/Schlund*, in: Laufs/Uhlenbruck, Handbuch des Arztrechts, § 18, Rz. 11.

[15] *Lippert*, in: Ratzel/Lippert, Kommentar zur MBO, § 22, Rz. 13.

die für ambulant tätige Ärzte die engste Verbindung darstellt. In gemeinsamen Räumen mit gemeinschaftlicher Einrichtung, Büroorganisation und Abrechnung behandeln sie einen einheitlichen Patientenstamm. Die einzelnen Leistungen für den jeweiligen Patienten sind während der Behandlung von jedem Partner zu erbringen, solange der Patient nicht von seinem Recht auf freie Arztwahl Gebrauch macht. Nach außen tritt die Gemeinschaftspraxis stets als Einheit auf, so auch gegenüber den Krankenkassen und Patienten. Alle Ärzte schließen die Verträge gemeinsam und sind als Gesamtschuldner verpflichtet, §§ 421 ff. BGB. Aus dieser fachlichen Einheit folgt die Notwendigkeit, dass die Ärzte dasselbe oder zumindest ein ähnliches Fachgebiet ausüben.[16] In der Regel ist die Gemeinschaftspraxis eine Gesellschaft bürgerlichen Rechts, §§ 705 ff. BGB.[17] Wird sie als ärztliche Partnerschaftsgesellschaft i.S.d. §§ 1 ff. PartGG betrieben, bietet sie dasselbe Erscheinungsbild.[18]

III.   Zwei Definitionen der Ärzte-GmbH

Der Zweiteilung folgend kann die Ärzte-GmbH als *Berufsorganisationsgemeinschaft* einerseits eine Gesellschaft i.S.d. GmbHG sein, deren Gesellschaftszweck in der Verbesserung der Rahmenbedingungen einer oder mehrerer ambulanter ärztlichen Praxen liegt. Eine Anstellung finden dann in einer solchen Gesellschaftsform Labortechniker oder Angehörige ähnlicher medizinisch-technischer Berufe. In ihren rechtlich von der GmbH getrennten eigenständigen Einzel- oder Gemeinschaftspraxen gehen die Gesellschafter-Ärzte ihrem Beruf nach.

Die in dieser Arbeit zu untersuchende Ärzte-GmbH als *Berufsausübungsgesellschaft* andererseits ist eine Gesellschaft i.S.d. GmbHG, die eine ambulante Arztpraxis betreibt. Sie tritt als Anbieterin ärztlicher Heilkunde an die Öffentlichkeit und schließt die Behandlungsverträge ab. Ausführende Personen der GmbH sind die bei ihr beschäftigten approbierten Ärzte (im Folgenden: GmbH-Ärzte). Sie sind mit der Maßgabe eingestellt worden, den Arztberuf für die Gesellschaft aus-

---

[16]   BGHZ 97, 273, 277; Zur Gemeinschaftspraxis vgl. *Rieger*, in: Rieger, Lexikon des Arztrechts, „Gemeinschaftspraxis", Rz. 1 ff.; *Uhlenbruck/Schlund*, in: Laufs/Uhlenbruck, Handbuch des Arztrechts, § 18, Rz. 12 f.; *Ehmann*, MedR 1994, 141, 143; *Taupitz*, NJW 1996, 3033, 3039; *Lippert*, in: Ratzel/Lippert, Kommentar zur MBO, § 22, Rz. 3; *Deutsch/Spickhoff*, Medizinrecht, Rz. 104 f.; *Walter*, MedR 2002, 169, 170.

[17]   *Lach*, Formen freiberuflicher Zusammenarbeit, S. 88 ff. beschäftigt sich bei Rechtsnatur einer Gemeinschaftspraxis noch mit der Frage, ob die §§ 705 ff. BGB entsprechend oder direkt gelten können.

[18]   Als Gemeinschaftspraxis wird häufig die Arztpraxis in der Rechtsform der Gesellschaft bürgerlichen Rechts bezeichnet, während die Partnerschaft in der Literatur als eigenständiges Erscheinungsbild und als eigenständige Rechtsform aufgeführt ist, vgl. *Uhlenbruck/Schlund*, in: Laufs/Uhlenbruck, Handbuch des Arztrechts, § 18, Rz. 13. Richtigerweise ist davon auszugehen, dass mit der Gemeinschaftspraxis lediglich das oben beschriebene Erscheinungsbild bezeichnet wird. Erst die Gesellschaft bürgerlichen Rechts und die Partnerschaft bezeichnen ihre jeweilige Rechtsform, ähnlich *Hart*, Jura 2000, 14, 16; *Saenger*, NZS 2001, 234; *Walter*, MedR 2002, 169.

zuüben und den Praxisbetrieb aufrecht zu halten. Soweit Gesellschafter-Ärzte in „ihrer" GmbH aktiv tätig sind, sind sie gleichzeitig Angestellte der Gesellschaft.[19] Unterstützende Arbeiten leistet das mitangestellte Hilfspersonal.

Das Erscheinungsbild der Gesellschaftspraxis entspricht dem einer normalen (Gemeinschafts-) Praxis. Bis auf die Angabe der Rechtsform bietet sich dem Patienten in der Sprechstunde kein Unterschied zu einem oder mehreren niedergelassenen Ärzten in einer Praxis.

IV.   Abgrenzung zu anderen Formen der ärztlichen Kooperation

Vom Leistungsangebot der Ärzte-GmbH ausgenommen sind die Leistungen der Heilpraktiker sowie die medizinischen Kooperationen mit Angehörigen anderer heilkundiger Berufe in einer GmbH. Sie unterstehen nicht dem für Ärzte geltenden Berufsrecht. Diese Varianten sind auch unter der Bezeichnung „Heilberufe-GmbH" bekannt.[20]

Ferner sollen die im Entstehen begriffenen Praxisverbunde nicht als Zusammenarbeit zur gemeinsamen Berufsausübung verstanden werden.[21] Von ihnen wird Abstand genommen, weil sie nicht auf die *ärztliche* Zusammenarbeit in *einer* Praxis bezogen sind.

Dasselbe gilt für stationär behandelnde Krankenhäuser. § 2 Nr. 1 KHG definiert sie als Einrichtungen, in denen durch ärztliche und pflegerische Hilfeleistung Krankheiten, Leiden oder Körperschäden festgestellt, geheilt oder gelindert werden sollen und in denen die zu versorgenden Personen untergebracht und verpflegt werden können.[22] Von einer Praxis unterscheidet sie also die aufwändige stationäre Unterbringung und Pflege der Patienten. Dem steht nicht entgegen, dass auch Krankenhäuser ambulante Heilbehandlungen vornehmen und Ärzte innerhalb der Räumlichkeiten eines Krankenhauses ihre eigenen Praxen führen.[23] In der Praxis

---

[19]   Zu den Möglichkeiten, die Tätigkeit in einer Gesellschaft nicht im Rahmen schuldrechtlich getrennter Dienstverträge zu vereinbaren, sondern als Beitragsleistung des Gesellschafters anzusehen, vgl. *Diller*, Gesellschafter und Gesellschaftsorgane als Arbeitnehmer, § 8, B. II.

[20]   Z.B. von *Taupitz*, NJW 1992, 3033, 3034.

[21]   Zu diesen Formen vgl. *Lippert*, in: Ratzel/Lippert, Kommentar zur MBO, § 22, Rz. 15.

[22]   Sog. „weiter Krankenhausbegriff", diese Legaldefinition wird auch dem KHG NRW - eingeschränkt in § 41 Abs. 2-5 KHG NRW - zugrundegelegt. Der im Rahmen des „Gesetzes zur Strukturreform im Gesundheitswesen (GRG)" v. 20.12.1988 (BGBl. I S. 2477) eingeführte „enge Krankenhausbegriff" in § 107 Abs. 1 SGB V konkretisiert diese Definition durch die Hinzunahme organisatorischer und fachlicher Voraussetzungen für den Bereich der gesetzlichen Krankenversicherung, so *Hencke*, in: Peters, SGB V, § 107 SGB V, Rz. 2; *Pant/Prütting*, KHG NRW, § 1, Rz. 10, 12; *Jung*, in: v.Maydell, GK-SGB V, § 107 SGB V, Rz. 1.

[23]   OLG Köln, NJW 1994, 3017; *Taupitz*, NJW 1996, 3033, 3035 f.; *Jung*, in: v.Maydell, GK-SGB V, § 107 SGB V, Rz. 4.

gibt es nur die ambulante Sprechstunde. Die Unterbringung in stationärer Pflege bietet sie nicht.[24]

B. Entwicklung der Freiberufler-GmbH

Verstärkte Aufmerksamkeit erhält die Idee einer GmbH für ambulant tätige Ärzte seit Beginn der 1990er Jahre.[25] Den Anlass zur Diskussion hat bereits damals die Frage geboten, ob dieser Zusammenschluss für Ärzte von Vorteil und mit dem Standesrecht zu vereinbaren ist.

Traditionell finden sich Freiberufler im Recht der Gesellschaft bürgerlichen Rechts zusammen, §§ 705 ff. BGB.[26] Seit 1994 gibt es die Partnerschaft.[27] Der Konzeption nach ist sie die freiberufliche Variante zur offenen Handelsgesellschaft.[28] Das beschränkte Angebot an Rechtsformen hat seinen Grund darin, dass bei Freiberuflern über lange Zeit nicht die Kooperation, sondern die selbstständige Niederlassung des Einzelnen als Idealtyp der Berufsausübung galt.

Indes verspricht die Arbeit im Team höhere Leistungsfähigkeit. Vorteilhaft sind die Möglichkeit des sofortigen Gedankenaustauschs unter Kollegen bei zweifelhafter Diagnose, die jederzeitige Vertretung bei der Behandlung aller Patienten sowie die Aussicht auf eine individuelle Arbeitsteilung. Auch die anfallenden Kosten werden spürbar gesenkt. Die gemeinsam geführte Praxis ist rentabel.[29] Seit den 1960er Jahren wächst das Bedürfnis, ambulante Behandlungen und Operationen mit Kollegen gemeinsam auszuüben.[30] Zahlenmäßig hat sich die – vor 35 Jah-

---

[24] *Tuupitz*, NJW 1996, 3033, 3035.

[25] Allerdings hat *Kremer*, GmbH als Rechtsform freiberuflicher Partnerschaften, S. 199, schon 1979 empfohlen, den Zugang zur GmbH für alle freien Berufe zu ermöglichen. Konkrete Forderungen sind dann erst in den letzten Jahren hinzugetreten.

[26] *Kremer*, GmbHR 1983, 259, 265.

[27] Gesetz über Partnerschaftsgesellschaften Angehöriger freier Berufe, §§ 1 ff. PartGG vom 25.7.1994, BGBl. I S. 1744.

[28] *Ratzel*, in: Ratzel/Lippert, Kommentar zur MBO, § 22, Rz. 7.

[29] BGHZ 97, 273, 278; *Uhlenbruck/Schlund*, in: Laufs/Uhlenbruck, Handbuch des Arztrechts, § 18, Rz. 8; *Narr*, Ärztliches Berufsrecht, Rz. B 425; *Kremer* GmbHR 1983, 259, 260 f.; *Henssler*, DB 1995, 1549; *Spitzl*, Die ärztliche Gemeinschaftspraxis, S. 58 f.

[30] *Uhlenbruck/Schlund*, in: Laufs/Uhlenbruck, Handbuch des Arztrechts, § 18, Rz. 6; vgl. die Zusammenfassung der Diskussion unter den Ärzten bei *Spitzl*, Die ärztliche Gemeinschaftspraxis, S. 46 ff. Bei der damaligen Streitfrage der Zulässigkeit einer Gemeinschaftspraxis als Gesellschaft bürgerlichen Rechts wurden die Befürchtungen geäußert, das individuelle Vertrauensverhältnis des Patienten zu „seinem" Arzt werde durch den „ärztlichen Betrieb" in Form eines Kollektivs gestört, der Arzt verkomme zum „medizinischen Kaufmann mit Arbeitszeitdenken", die freie Arztwahl lasse sich nicht verwirklichen und Schwierigkeiten der kollegialen Zusammenarbeit könnten sich nachteilig für die Patienten auswirken. Und schließlich brauche man die Gemeinschaftspraxis gar nicht, die ärztliche Versorgung sei doch mit der Individualpraxis sichergestellt. Letztlich bestehen diese oder ähnliche Vorbehalte auch gegenüber der Ärzte-GmbH, was im Hinblick

ren noch umstrittene – wirtschaftlich überlegene Gemeinschaftspraxis längst gegenüber den einzeln praktizierenden Ärzten durchgesetzt.[31]

In diesem Zusammenhang ist der Vorstoß zur GmbH zu sehen, die als eine der erfolgreichsten Gesellschaftsformen[32] grundsätzlich für eine Kooperation zur Verfügung steht. Besonders im gewerblichen Bereich ist sie für kleinere und mittlere Unternehmen eine Alternative, weil sie die persönliche Haftung der Gesellschafter vermeidet und ihnen dennoch die Nähe zur Personengesellschaft belässt.[33]

Andere freie Berufe haben diese Entwicklung längst durchlaufen.[34] Der Zusammenschluss zur gemeinsamen Berufsausübung in der Rechtsform der GmbH ist bei Architekten und Ingenieuren auch ohne spezialgesetzliche Regelung stets anerkannt worden.[35] Für Wirtschaftsprüfer und Steuerberater ist sie kraft Gesetzes zugänglich, vgl. §§ 1 Abs. 3, 27 WPO, § 49 Abs. 1 StBerG. Lediglich den Apothekern untersagt § 8 ApG den Zusammenschluss zu einer privatrechtlichen Körperschaft oder Kapitalgesellschaft.[36] Auch in der Anwaltschaft hatten Überlegungen angesichts der offenen Gesetzeslage eine Diskussion in der Lehre und Rechtsprechung um die Rechtsanwalts-GmbH angestoßen. Der Beschluss des BayObLG im Jahre 1994 hat zu ihrer Anerkennung durch die Rechtsprechung geführt.[37] Mittlerweile hat der Gesetzgeber reagiert und seit dem 1. März 1999 Rege-

---

auf die Verbreitung der Gemeinschaftspraxen heute den Schluss zulässt, dass sie auch hier widerlegbar sein können.

[31] *Laufs*, MedR 1995, 11, 15; *Damm*, in FS Brandner (1996), 31, 54; *Henssler*, ZIP 1994, 844, 847; *Lach*, Formen freiberuflicher Zusammenarbeit, S. 78 ff. untersucht noch 1968 die Vereinbarkeit der damaligen *Verbote* der Gemeinschaftspraxis in den zahlreichen Berufsordnungen der Ärzte mit Art. 12 Abs. 1 Satz 1 GG.

[32] *Schmidt-Leithoff*, in: Rowedder/Schmidt-Leithoff, GmbHG, Einleitung, Rz. 109 ff.; *Hachenburg*, in: Ulmer, Einl, Rz. 67.

[33] *Grziwotz*, in: Münchener Handbuch des Gesellschaftsrechts, Band 3, § 1, Rz. 7 ff.; *Schubert*, in: Festschrift 100 Jahre GmbH-Gesetz (1992), S. 1, 4.

[34] *Kremer*, GmbH als Rechtsform freiberuflicher Partnerschaften, S. 198, hat diese Feststellung schon 1989 getroffen, *ders.*, GmbHR 1983, 259, 263. Diese Ansicht teilt auch das BayObLG, ZIP 1994, 1868, 1869.

[35] *Katzenmeier*, MedR 1998, 113, 115 m.w.N.; *Henssler*, PartGG, Einf., Rz. 26; *Hommelhoff/Bayer*, in: Lutter/Hommelhoff, GmbHG, § 1, Rz. 8.

[36] Der Begriff der Kapitalgesellschaft wird, so weit möglich, vermieden. Die Unterscheidung zwischen Personengesellschaften und Körperschaften ist mit der zwischen Personengesellschaften und Kapitalgesellschaften nicht identisch. Letztere stellen nicht auf die verselbständigte Einheit des Personenzusammenschlusses ab, sondern darauf, ob der gemeinsam verfolgte Zweck in einer Gesellschaftsform mehr durch den persönlichen Einsatz oder mehr durch den eher unpersönlichen Kapitaleinsatz der Gesellschafter erreicht werden soll, der für den Umfang ihrer Rechte und Pflichten in der Gesellschaft ausschlaggebend ist, vgl. *Kraft/Kreutz*, Gesellschaftsrecht, A.III. Gesetzliche Sonderbestimmungen für „Kapitalgesellschaften" wie z.B. §§ 264 ff. HGB oder § 3 Abs. 1 Nr. 2 UmwG, sind dennoch zu beachten. Aber diese Gesetze benennen die AG, KGaA und die GmbH auch ausdrücklich als Kapitalgesellschaften.

[37] BayObLG, ZIP 1994, 1868 ff., später hat dasselbe Gericht auch die Rechtsanwalts-AG für zulässig erklärt, vgl. BayObLG, BB 2000, 946 f.

lungen für die „Rechtsanwaltsgesellschaft" in die Bundesrechtsanwaltsordnung aufgenommen.[38] Die §§ 59c ff. BRAO rechtfertigen die Annahme, dass sich das Gesellschaftsrecht der freien Berufe in einer Umbruchphase befindet. Die früher selbstverständliche Aussage, der Zugang zu einer GmbH sei ihnen generell verschlossen, gilt nicht mehr.[39]

Im Gesundheitswesen haben sich juristische Personen angesichts der gängigen, in den Rechtsformen des Privatrechts geführten Krankenhäuser[40] seit langem etabliert.[41] Längst entspricht das Modell des selbstständigen Arztes nicht mehr der Realität. Heute überwiegt die Anzahl der in Kliniken angestellten Ärzte die der Niedergelassenen.[42] Neben dem stationären Sektor hat dieser Gedanke auch in die ambulanten Praxen Eingang gefunden. Niedergelassene Ärzte sind nicht gehindert, ganz- oder halbtags tätige Kollegen einzustellen.[43] Seit Inkrafttreten des Gesundheitsstrukturgesetzes (GSG)[44] können angestellte Ärzte einer ambulant behandelnden Praxis sogar an der vertragsärztlichen Versorgung der gesetzlichen Krankenversicherung teilhaben, vgl. § 95 Abs. 9 SGB V.

Angesichts dieser Entwicklungen erscheint ein Verbot für juristische Personen, im ambulanten Bereich aufzutreten und ärztliche Leistungen anzubieten, zumindest problematisch. „Schlechterdings nicht diskutabel"[45] sind sie jedenfalls nicht mehr.

In der Rechtsprechung hatte sich die Ärzte-GmbH nach einigen Anläufen zunächst durchgesetzt. Das belegen die vergleichbaren Urteile zur Zahnheilkunde-GmbH und zur Heilkunde-GmbH von Heilpraktikern. Hatte sich 1988 das Amtsgericht Saarbrücken in einem Beschluss noch gegen die Ausübung ärztlicher Tätigkeit in der Rechtsform der GmbH ausgesprochen,[46] so entschied der BGH erstmals 1991 für eine Heilkunde-GmbH, dass auch die Tätigkeit eines Heilpraktikers in einer Körperschaft des privaten Rechts vorgenommen werden kann.[47] Weitere Entscheidungen befassen sich vor allem mit Verstößen der GmbH gegen das

---

[38] Vgl. §§ 59c-59m „Zweiter Abschnitt. Rechtsanwaltsgesellschaften", eingeführt durch das Gesetz zur Änderung der Bundesrechtsanwaltsordnung, der Patentanwaltsordnung und anderer Gesetze, vom 31.8.1998 (BGBl. I S. 2600).

[39] So schon 1996 *Damm*, in FS Brandner (1996), 31, 49.

[40] Ihre Zulässigkeit ergibt sich schon aus § 1 Abs. 2 KHG.

[41] *Taupitz*, NJW 1992, 2317, 2318.

[42] Zum 31.12.2003 waren von den 304.117 in Deutschland berufstätigen Ärztinnen und Ärzte (in absoluten Zahlen) 145.536 im stationären Sektor, und 132.349 ambulant tätig, http://www.bundesaerztekammer.de: Die Ärztestatistik der Bundesärztekammer zum 31.12.2003.

[43] Klargestellt in *Bremen*: § 28 Nr. 3 BremHeilBerG; *Hamburg*: § 2 Abs. 1 Nr. 3 HmbÄG; *Sachsen-Anhalt*: § 19 Abs. 3 KGHB-LSA.

[44] Gesetz zur Sicherung und Strukturverbesserung der gesetzlichen Krankenversicherung (Gesundheitsstrukturgesetz, abgek. GSG) vom 21.12.1992 (BGBl. I S. 2266).

[45] Zitat bei *Kremer*, GmbHR 1983, 259, 265.

[46] AG Saarbrücken, GmbHR 1989, 297 f.

[47] BGH, NJW-RR 1992, 430 f. = MedR 1992, 328 ff. Dazu näher 1. Kapitel § 1, B I 1.

Wettbewerbsrecht.[48] Spätestens durch das Urteil des BGH vom 25. November 1993, in dem eine Zahnärztekammer gegen eine Zahnheilkunde-GmbH geklagt hatte, hatte die Rechtsprechung entschieden, dass ein Verbot der (Zahn-) Ärzte-GmbH eine gesetzliche Grundlage erfordert, die es zu dem Zeitpunkt nicht gab.[49] Dieses Urteil steht am Ende einer Reihe von Entscheidungen, die die Zulässigkeit der Körperschaft für Ärzte bejahten.[50]

Zugleich hat es die Gesetzgeber einiger Bundesländer in einer Gegenbewegung veranlasst, entsprechende Verbote in die Heilberufe- und Kammergesetze aufzunehmen. Seitdem ist die Frage einer bundesweiten Zulässigkeit wieder aktuell, zumal die Rechtsprechung den gesetzgeberischen Vorstoß in zwei Bundesländern bestätigt hat.[51] Einer ausdrücklichen Zulassung und Ausgestaltung der GmbH für Ärzte haben sich die Gesetzgeber und die Vertreter der Ärzteschaft hingegen verschlossen. Dabei sind schon vor einigen Jahren Forderungen laut geworden, parallele Regelungen für eine Ausgestaltung wie bei den §§ 27 ff. WPO, §§ 49 ff. StBerG und neuerdings zu den §§ 59c ff. BRAO zu erlassen.[52] Einen ersten Vorschlag hat der 107. Deutsche Ärztetag 2004 in Bremen erstellt. In der neuen Musterberufsordnung finden sich im § 23a MBO-Ä 2004 konkrete Vorgaben für „Ärztegesellschaften".

C. Vorzüge der GmbH

Unabhängig von möglichen wirtschaftlichen Vorteilen schafft auch die rechtliche Struktur einer GmbH Anreize für Ärzte:

Kennzeichen der GmbH und Argument für ihre Attraktivität ist die Haftungsbeschränkung gem. § 13 Abs. 2 GmbHG. Obschon sie sich im Arzt-Patienten-Verhältnis nicht auswirkt,[53] mindert sie zumindest bei der Ausstattung einer Praxis das Risiko hoher Verschuldung, das durch den Zwang zu teuren Investitionen ent-

---

[48]   LG Hamburg, MedR 1996, 522 ff.; Hans. OLG, Hamburg MedR 1994, 451 f.; Hans. OLG Hamburg, MedR 1992, 280 ff.

[49]   BGHZ 124, 224 ff. Nach Ansicht von *Laufs*, MedR 1995, 11, 12 war das Urteil kein „Paukenschlag", wie *Henssler*, ZIP 1994, 844, 845 meint, „dazu liegt es zu sehr auf der sich längst abzeichnenden Linie".

[50]   *Hart*, Jura 2000, 14, 16; vgl. die vorangegangenen Instanzen LG Düsseldorf, MedR 1991, 149 ff. und OLG Düsseldorf, NJW-RR 1992, 808 ff.; außerdem OLG Celle, MedR 1988, 257 ff., das in der Tätigkeit eines Zahnarztes als Angestellter einer GmbH keinen Verstoß gegen das Berufsrecht gesehen hatte.

[51]   BayVerfGH, NJW 2000, 3418 ff.; OVG Münster, MedR 2001, 150 ff.

[52]   *Henssler* in seiner Urteilsanmerkung zum BayObLG, ZIP 1994, 1871, 1872, damals noch bezogen auf die Anwalts-GmbH; *Kremer*, GmbHR 1983, 259, 266; *ders.*, GmbH als Rechtsform freiberuflicher Partnerschaften, S. 190.

[53]   Für Ärzte ist diese Haftungsbeschränkung uninteressant, weil sie die Deliktshaftung im vollen Umfang trifft, §§ 823 ff. BGB, vgl. dazu unten § 1, C. II. 1. b. bb.

steht.[54] Diese Beschränkung fehlt der Gesellschaft bürgerlichen Rechts und der Partnerschaft.

Der Vorzug der Partnerschaft liegt darin, dass § 8 Abs. 2 PartGG die Haftung für berufliche Fehler auf die Partner beschränkt, die mit der Bearbeitung des Auftrags befasst waren. Das Grundsatzurteil des BGH zur Rechtsfähigkeit der Gesellschaft bürgerlichen Rechts[55] hat dagegen zu einer deutlichen Haftungsverschärfung für Ärzte geführt, die Gesellschafter in einer Gesellschaft bürgerlichen Rechts sind.[56]

Des Weiteren verfügt die GmbH über eine für Mehr-Personen-Gesellschaften geeignete und vor allem stabile Organisationsstruktur, vgl. §§ 35 ff. GmbHG. Als vorteilhaft werden die Geltung des Mehrheitsprinzips und die Mehrheitsberechnung nach Kapitalanteilen bei der internen Willensbildung gem. §§ 47, 48 GmbHG empfunden,[57] ebenso ihre rechtliche Eigenständigkeit als juristische Person, § 13 Abs. 1 GmbHG, die Möglichkeit der Fremdorganschaft, § 6 Abs. 3 GmbHG, sowie der Umstand, dass ein Gesellschafterwechsel in der GmbH vollzogen wird, ohne den rechtlichen Bestand der Gesellschaft zu gefährden, § 15 GmbHG.[58] Willensbildung, Geschäftsführung und Vertretung sind besonderen Organen übertragen und damit von den einzelnen Mitgliedern unabhängig.

Vor diesem Hintergrund verwundert es nicht, dass Ärzte generell Interesse an der GmbH zeigen. Als „kleine Schwester der Aktiengesellschaft" wird ihr die Eignung für kleinere und mittlere Unternehmen und damit auch für eine Gemeinschaftspraxis bescheinigt.[59] Der Gesellschaft bürgerlichen Rechts werden diese Vorzüge abgesprochen, weil sie eine für mehrere Personen geeignete Organisationsstruktur erst nach entsprechender Ausgestaltung des Gesellschaftsvertrages erhält.[60] Nicht unerheblich zum Interesse an der GmbH beigetragen hat auch der Umstand, dass die Partnerschaft bisher wenig Anerkennung gefunden hat. Dabei wurde sie gerade konzipiert, um den Angehörigen freier Berufe eine geeignete

---

[54] *Taupitz*, NJW 1996, 3033, 3040.

[55] BGHZ 146, 341 ff. = BGH, NJW 2001, 1056 ff. In dem Urteil vom 29.1.2001 bestätigt der BGH die Rechtsfähigkeit der Gesellschaft bürgerlichen Rechts, ihre Parteifähigkeit im Zivilprozess sowie – was hier bedeutsam ist – die persönliche unbegrenzte akzessorische Haftung der Gesellschafter für die Verbindlichkeiten der Gesellschaft entsprechend den Regelungen der offenen Handelsgesellschaft.

[56] Die Rechtsprechung wendet § 31 BGB analog nun auch bei deliktisch begründeten Verbindlichkeiten auf die Gesellschaft bürgerlichen Rechts an, BGH, NJW 2003, 1445. Die so begründete deliktische Verbindlichkeit der Gesellschaft würde konsequenterweise gem. §§ 128 f. HGB analog akzessorisch auf jeden Gesellschafter übergehen. Zu den Auswirkungen *Wertenbruch*, DÄbl. 2001, A 2595 f.; *Walter*, MedR 2002, 169, 171 ff.; *Rieger*, in: Lexikon des Arztrechts, „Gemeinschaftspraxis", Rz. 19.

[57] *Stehle*, DStR 1983, 100, 102; *Ahlers*, in: FS Rowedder (1994), 1, 11.

[58] *Hachenburg*, in: Ulmer, Einl, Rz. 7; *Stehle*, DStR 1983, 100, 102; *Kraft/Kreutz*, Gesellschaftsrecht, A.III.

[59] *Laufs*, MedR 1995, 11.

[60] *Ulmer*, in: MünchKomm, Vor § 1 PartGG, Rz. 10 und Einführung, Rz. 23; *Damm*, in FS Brandner (1996), 31, 39 spricht von „richterlicher und rechtswissenschaftlicher Umprägung der Gesellschaft bürgerlichen Rechts".

Rechtsform zu bieten.[61] Teilweise wird sogar vertreten, dass die Entwicklung über sie hinweg zur privatrechtlichen Körperschaft verläuft.[62]

Ärzte, die eine GmbH in Betracht ziehen, müssen dafür die besonderen Pflichten der Handelsgesellschaft in Kauf nehmen. Neben einer erschwerten Anteilsübertragung wegen des in notarieller Form zu schließenden Abtretungsvertrags, § 15 Abs. 3 GmbHG, sind sie vor allem zur kaufmännischen Buchführung gem. § 6 Abs. 1, §§ 238 ff. HGB sowie zur Handelsregisterpublizität gem. § 6 Abs. 1, § 15 HGB verpflichtet. Dem Rechtsverkehr bietet sie dadurch aber mehr Transparenz.

D. Berufsrechtliche Bedenken

Vorbehalte gegen die Ärzte-GmbH äußern vor allem die Vertreter des ärztlichen Berufsrechts. Zum Tragen kommen idealisierte Vorstellungen über die freiberufliche ärztliche Tätigkeit, die mit der Tätigkeit in der GmbH nur schwer vereinbar scheinen.[63]

Zunächst werden Verstöße gegen das jeder Behandlung zugrunde liegende Wirtschaftlichkeitsgebot befürchtet.[64] Sie gründen darauf, dass die Arztpraxis unter dem vorwiegenden Motiv der Gewinnerzielung betrieben werde. Der ärztliche Entscheidungsspielraum werde sich in einer privatrechtlichen Körperschaft möglicherweise daran orientieren, bei der Indikationenstellung nicht nur unbedingt not-

---

[61] *Ulmer*, in: MünchKomm, Vor § 705, Rz. 15 und Vor § 1, PartGG, Rz. 10; *Damm*, in FS Brandner (1996), 31, 44; dass die Partnerschaft dem ärztlichen Berufsbild viel näher steht, aber die Vorliebe für die GmbH nicht dämpfen kann, meint auch *Laufs*, MedR 1995, 11.

[62] Diesen Schluss zieht wiederum *Schwaiger*, in: Beck GmbH-Handbuch, § 2, Rz. 60.

[63] Beispielhaft ist ein Zitat von *Laufs*, MedR 1995, 11; *Katzenmeier*, MedR 1998, 113:

> „Das Recht der freien Berufe zeigt sich gekennzeichnet durch die Unanwendbarkeit des Handelsgesetzbuches und die Allgegenwart des Standesrechts. Wesentliche Merkmale der ärztliche oder zahnärztliche Leistungen anbietenden GmbH widersprechen dem herkömmlichen Charakter des freiberuflichen medizinischen Dienstes. Der auf ein Gesellschaftsvermögen beschränkten vertraglichen Einstandspflicht steht die volle persönliche Eigenverantwortlichkeit des selbständigen Arztes gegenüber. Der Angestelltenstatus hat sein Gegenstück in der Weisungsungebundenheit des Niedergelassenen. Die Undurchsichtigkeit der Kapitalgesellschaft kontrastiert mit dem persönlichen Band zwischen dem Patienten und seinem gewählten natürlichen Vertragspartner. Während die GmbH offen gewerblich agiert, gehört zum überlieferten Bild des Arztes die altruistische Motivation."

Eine weitergehende Zusammenstellung der Vorbehalte gegen die Ärzte-GmbH findet sich bei *Taupitz*, NJW 1992, 2317, 2322.

[64] Zum Wirtschaftlichkeitsgebot *Laufs*, in: Laufs/Uhlenbruck, Handbuch des Arztrechts, § 99, Rz. 24 ff. sowie *Uhlenbruck/Laufs*, in: Laufs/Uhlenbruck, Handbuch des Arztrechts, § 44, Rz. 6 ff.

wendige und nicht immer die kostengünstigsten Therapien zu verordnen. Kritiker befürchten, dass unseriöse Kollegen die gesamte Ärzteschaft in Misskredit bringen und die Gesundheit der Patienten leichtfertig aufs Spiel setzen.

Weitergehende Bedenken betreffen Einbußen in der Qualität der ärztlichen Versorgung. Darin liegt der gravierendere Vorwurf. Ein abhängiges Beschäftigungsverhältnis und das mit der GmbH assoziierte Gewinnstreben sollen nicht nur dem Ansehen des Arztberufs schaden.[65] Vor allem wird befürchtet, dass sich das hergebrachte Berufsbild der freien Berufe zum gewerblichen Dienstleistungsunternehmen wandeln könne.[66] Dies soll sich zu Lasten der Patienten auswirken. Das Vertrauensverhältnis und der persönliche Kontakt zwischen Arzt und Patient würden gestört, wenn sich der Patient bei Vertragsschluss nicht dem Arzt, sondern einer GmbH gegenüber sehe. Abgesehen davon sei die Haftungsbeschränkung mit der gewissenhaften Berufsausübung und der daran geknüpften Haftungserwartung der Patienten nicht vereinbar. Weiter wird eingewandt, dass die vorgeschaltete juristische Person die Möglichkeit einer Umgehung des Berufsrechts durch die Ärzte biete, weil die Ärzte-GmbH an das Berufsrecht nicht gebunden sei. Gegenüber den niedergelassenen Ärzten sei dies ein ungebührlicher Wettbewerbsvorteil.

E. Gang der Untersuchung

Das *1. Kapitel* (§ 1) greift mit der Zulässigkeit der Ärzte-GmbH ein Thema auf, das in der Literatur bereits eingehend behandelt wurde. Dennoch soll vorweg der Frage nachgegangen werden, ob das Recht der GmbH auf das Angebot regulär gewerblicher Tätigkeiten festgelegt ist. In der anschließenden Sammlung und Auswertung des Berufsrechts der Ärzte liegt der eigentliche Schwerpunkt des Kapitels. Soweit vorhanden, werden die Verbotsregelungen aufgezeigt und auf ihren einschränkenden Regelungsgehalt hin untersucht. Weil sich hier nicht nur Bundes- und Landesrecht, sondern auch einfaches Recht und Satzungsrecht gegenüberstehen, stellt sich des Weiteren die Frage der Vereinbarkeit von unterrangigem Recht mit höherrangigem Recht. Inwiefern die Verbote der Ärzte-GmbH verfassungsrechtlichen Maßstäben genügen, ist darzulegen. Mögliche Grundrechtsbeeinträchtigungen müssen dabei getrennt für die GmbH-Ärzte einerseits und die Ärzte-GmbH als juristischer Person andererseits untersucht werden.

Das *2. Kapitel* (§ 2) dient der Klärung, inwiefern Nichtärzten der Zugang zur Gesellschafter- bzw. Geschäftsführerposition eröffnet ist. Wieder ist nach den Vorgaben des Gesellschaftsrechts vor allem das Berufsrecht der Ärzte auf das Vorliegen einer Vorschrift zu untersuchen, aus der sich das Erfordernis der Approbation für die Organe einer Körperschaft des privaten Rechts im Bereich der ärztlichen Heilkunde ergeben kann.

---

[65]   *Uhlenbruck/Schlund*, in: Laufs/Uhlenbruck, Handbuch des Arztrechts, § 18, Rz. 14.
[66]   *Seibert*, Die Partnerschaft, S. 41; *Laufs*, MedR 1995, 11; *Meyer/Kreft*, GmbHR 1997, 193.

Darauf aufbauend geht das *3. Kapitel* (§ 3) der Frage nach, ob die geforderte Unabhängigkeit des Arztes in der Berufsausübung bei einer Kooperationsform des privaten Rechts gewahrt ist. Letztlich ist der Befürchtung Rechnung zu tragen, dass insbesondere nichtärztliche Gesellschaftsorgane ihr Weisungsrecht missbrauchen, um mit wirtschaftlichen Erwägungen eine fachfremde Einflussnahme auf die Entscheidungen der in der Gesellschaft angestellten und praktizierenden Ärzte zu ermöglichen. Unter Berücksichtigung einer möglichen nichtärztlichen Beteiligung in der Ärzte-GmbH ist nach rechtlichen Vorgaben für die Gestaltung des Gesellschaftsvertrags sowie für die spätere Weisungserteilung zu unterscheiden. Hier werden neben den Regelungen des Gesellschaftsrecht und Berufsrechts auch die Vorschriften des Arbeitsrechts relevant.

Das *4. Kapitel* (§ 4) behandelt die berufsrechtliche Stellung der Gesellschaft und der in ihr beschäftigten Ärzte. Weil im ambulanten Bereich tätig, treten sie in Konkurrenz zu den niedergelassenen Ärzten. Spezielle Berufspflichten für niedergelassene Kollegen werden daraufhin untersucht, ob sie die angestellten GmbH-Ärzte gleichfalls verpflichten. Auf Grund der Länderkompetenzen ist in den Heilberufe- und Kammergesetzen nach Bundesländern getrennt zu verfahren.

Thema des *5. Kapitels* (§ 5) sind schließlich die Abrechnungsmöglichkeiten der Ärzte-GmbH gegenüber Patienten und Krankenkassen. Anhand der selbstzahlenden Patienten wird zuvor die Frage aufgerollt, ob juristische Personen überhaupt ein den Ärzten vergleichbares Liquidationsrecht haben können. Dieses Problem stellt sich im Rahmen der Anwendbarkeit der GOÄ. Wegen der unterschiedlichen Versicherungssysteme ist die Liquidation gegenüber privaten und gesetzlichen Krankenversicherern zu ermitteln. Die Kostenerstattung für privat versicherte Patienten folgt den Musterbedingungen der privaten Krankenkassen. Ein ganz anderes System herrscht in der Sozialversicherung. Hier gelten das SGB V und die Zulassungsverordnung für Ärzte.

§ 1 Die Zulässigkeit der Ärzte-GmbH

Gründung und Betrieb einer Ärzte-GmbH stehen unter dem Schutz der Art. 12 Abs. 1 Satz 1, Art. 9 Abs. 1 und Art. 2 Abs. 1 GG.[67] Etwaige Verbote müssen deshalb ausdrücklich normiert und mit den grundrechtlichen Gewährleistungen vereinbar sein.

Dementsprechend ist in einem ersten Schritt zu untersuchen, ob und in welchem Maße die Bestimmungen des Gesellschaftsrechts (A.) und des ärztlichen Berufsrechts (B.) der Zulässigkeit der Ärzte-GmbH entgegenstehen.[68] Sind evtl. einschränkende Bestimmungen benannt, stellt sich in einem zweiten Schritt die Frage, ob sie gegen grundrechtliche Gewährleistungen verstoßen (C.).

A. Zweck der Ärzte-GmbH gem. § 1 GmbHG

§ 1 GmbHG erlaubt der GmbH

„jeden gesetzlich zulässigen Zweck nach Maßgabe der Bestimmungen dieses Gesetzes".

I. Grammatische und systematische Auslegung

Der *Zweck* i.S.d. § 1 GmbHG formuliert das gemeinsame Ziel der Gesellschafter bei der Gründung, aber auch den Bereich des späteren Handelns der Gesellschaft.[69] In diesem Zusammenhang soll unerheblich sein, ob seine Funktion darin liegt, das Innenverhältnis der Gesellschafter zueinander zu beschreiben.[70] Weil *je-*

---

67 Diesen Ausgangspunkt nimmt schon *Taupitz*, NJW 1992, 2317, 2319 ein.

68 Grundlegend dazu schon *Taupitz*, NJW 1992, 2317 ff.; *ders.*, NJW 1996, 3033 ff.; ihm zumeist folgend *Henssler*, ZIP 1994, 844 ff.; *Laufs*, MedR 1995, 11, 12 ff.; *Rieger*, MedR 1995, 87 ff.; *Meyer/Kreft*, GmbHR 1997, 193, 194; *Weber/Vogt-Weber*, ArztR 1997, 179, 180 ff.; *Katzenmeier*, MedR 1998, 113, 114 ff.; *Siebel*, DStR 2000, 1275 f.; *Ring*, Werberecht der Ärzte, Rz. 421 ff.

69 *Lutter/Bayer*, in: Lutter/Hommelhoff, GmbHG, § 1, Rz. 3; *Altmeppen/Roth*, GmbHG, § 1, Rz. 4; zu dem umstr. Verhältnis zwischen Zweck und Unternehmensgegenstand vgl. *Hueck-Fastrich*, in: Baumbach/Hueck, GmbHG, § 1, Rz. 5; *Emmerich*, in: Scholz, GmbHG, § 1, Rz. 2 ff.

70 Diese Ansicht unterscheidet systematisch zwischen den Vorschriften, die *entweder* den Gesellschaftszweck *oder* den Unternehmensgegenstand nennen, wie die §§ 1, 61 Abs. 1 GmbHG einerseits und die §§ 3 Abs. 1 Nr. 2, 4 Abs. 1, 8 Abs. 1 Nr. 6, 10 Abs. 1,

der Zweck erlaubt ist, eröffnet sich für die GmbH ein Spektrum von wirtschaftlichen, über ideelle und karitative bis hin zu künstlerischen Unternehmungen.[71] Darin fügt sich der Betrieb einer Arztpraxis – mit der Motivation der Gesellschafter, (auch) wirtschaftlichen Gewinn zu erzielen – als Gesellschaftszweck ein.

Die *gesetzliche* Zulässigkeit nach dem GmbHG veranlasst keine Eingrenzung im Hinblick auf gesetzlich bestimmte Zwecke, schon weil das GmbHG mangels eines positiven Katalogs sonst leer liefe.[72] § 1 GmbHG trifft im Hinblick auf den Gesellschaftszweck keine andere Aussage als die, dass eventuelle Einschränkungen nur aus den allgemein für Rechtsgeschäfte geltenden Schranken hergeleitet werden können.[73] Weder besteht ein Verbot der Ärzte-GmbH, noch formuliert die Bestimmung eine Aussage zugunsten gewerblicher Ziele.

Damit ist die Frage der Zulässigkeit einer Ärzte-GmbH nach dem Wortlaut des § 1 GmbHG beantwortet. Systematische Erwägungen sowie die Entstehungsgeschichte des GmbHG bestätigen das Resultat. Sie sind darüber hinaus in der Lage zu belegen, dass die GmbH auch nach ihrer rechtlichen Konzeption freie Berufe nicht ausschließt, insbesondere nicht den gewerblichen Tätigkeiten vorbehalten ist.[74]

Nach herkömmlicher Ansicht schließen sich freier Beruf und Gewerbe allerdings aus.[75] Weil § 1 Abs. 2 1.HS. BÄO gesetzlich festlegt, dass der Arztberuf ein

---

75 Abs. 1, 76 GmbHG andererseits. Weil der Unternehmensgegenstand die Tätigkeit der GmbH im Verhältnis zu außenstehenden Dritten kennzeichnet, sind beim Gesellschaftszweck und Unternehmensgegenstand die Adressaten verschieden, *Hueck-Fastrich*, in: Baumbach/Hueck, GmbHG, § 1, Rz. 5; vgl. *Schmidt-Leithoff*, in: Rowedder/Schmidt-Leithoff, GmbHG, § 1, Rz. 5 f.; *Schwaiger*, in: Beck GmbH-Handbuch, § 2, Rz. 60; *Ulmer*, in: Hachenburg, GmbHG, § 1, Rz. 6; zu den Konsequenzen vgl. *Schmidt*, Gesellschaftsrecht, § 4 II 3 und § 28 IV 4 zur Aktiengesellschaft.'

71   Allgemein für das Gesellschaftsrecht: *Ulmer*, in: Hachenburg, GmbHG, § 1, Rz. 1; *Schmidt-Leithoff*, in: Rowedder/Schmidt-Leithoff, GmbHG, § 7 ff, Rz. 1; *Lutter/Bayer*, in: Lutter/Hommelhoff, GmbHG, § 1, Rz. 6 ff. Ausdrücklich für die Ärzte-GmbH: *Meyer/Kreft*, GmbHR 1997, 193, 194; *Taupitz*, NJW 1992, 2317, 2319; *Stehle*, DStR 1983, 100, 101; *Kremer*, GmbHR 1983, 259, 261 weist darauf hin, dass die Probleme auf einer anderen Ebene liegen.

72   *Ulmer*, in: Hachenburg, GmbHG, § 1, Rz. 27.

73   Unzulässig und gem. §§ 134, 138 BGB nichtig ist beispielsweise der Gründungsvertrag, wenn der Gesellschaftszweck gegen ein gesetzliches Verbot oder gegen die guten Sitten verstößt, vgl. *Ulmer*, in: Hachenburg, GmbHG, § 1, Rz. 1; *Ahlers*, in: FS Rowedder (1994) 1, 12.

74   *Schmidt*, in: MünchKommHGB, § 1, Rz. 18; *Nickel*, in: Ensthaler, GK-HGB, § 1, Rz. 2a ff.; *Kraft/Kreutz*, Gesellschaftsrecht, D. Vorbemerkungen; Referentenentwurf des Bundesministeriums der Justiz zur Handelsrechtsreform ZIP 1996, 1401, 1406; *Michalski*, Das Gesellschafts- und Kartellrecht der berufsrechtlich gebundenen freien Berufe, S. 117.

75   *Schmidt*, in: MünchKommHGB, § 1, Rz. 24; vgl auch *Tettinger*, in: Tettinger/Wank, GewO, § 1, Rz. 51; *Ehlers*, in: Achterberg/Püttner/Würtenberger, Besonderes Verwaltungsrecht, Band I, § 2, Rz. 23; Abgrenzungsprobleme bemängeln aber schon *Schmidt*, Handelsrecht, § 9 IV 2; *Nickel*, in: Ensthaler, GK-HGB, § 1, Rz. 6; *Kraft/Kreutz*, Ge-

freier Beruf ist und kein Gewerbe, wäre das ein nicht zu überbrückender Gegensatz.[76]

Vordergründig sprechen auch die §§ 3 ff. GmbHG zum Inhalt des Gesellschaftsvertrags, zur Firma oder zur Eintragung in das Handelsregister, § 10 GmbHG, für eine Beschränkung der GmbH auf typischerweise gewerbliche Tätigkeiten, zumal sie selbst gem. § 13 Abs. 3 GmbHG i.V.m. § 6 Abs. 1 HGB Handelsgesellschaft ist. Allerdings wurde schon früh darauf hingewiesen, dass dieses Argument gerade zu der Annahme des Gegenteils führt: Soweit der Gesellschaftszweck der GmbH nicht ohnehin auf den Betrieb eines Handelsgewerbes gerichtet ist, erfüllt sie die Eigenschaft als Handelsgesellschaft nur auf Grund einer Fiktion.[77] Selbst wenn die Ärzte-GmbH formell Gewerbetreibende ist, bleiben ihre Handlungen also dennoch freiberuflich.[78] Die Feststellung, ob ein Handeln gewerblich ist, richtet sich nicht nach der Rechtsform, in welcher die Gesellschaft besteht. Entscheidend ist die Art der Tätigkeit.[79]

Die Annahme eines Gegensatzes zwischen Arztberuf und GmbH kann daher mit Blick auf die anderen Bestimmungen des GmbHG nicht aufrecht erhalten werden.

II.   Historisch-genetische Auslegung

Zu diesem Ergebnis führen auch die historischen Umstände bei der Entstehung des GmbHG[80]. Die am Gesetzgebungsverfahren Beteiligten stellten ein dringendes

---

sellschaftsrecht, D Vorbemerkungen, Zutreffend lehnt *Michalski*, Das Gesellschafts- und Kartellrecht der berufsrechtlich gebundenen freien Berufe, S. 117 f.; zust. *Brüggemann*, in: Staub, HGB, § 1, Rz. 18 deswegen die Annahme eines Gegensatzes zwischen freiem Beruf und Gewerbe ab.

[76] Zum Begriff des freien Berufs ausführlich *Sodan*, Freie Berufe als Leistungserbringer im Recht der gesetzlichen Krankenversicherung, S. 66 ff.; *Taupitz*, Die Standesordnungen der freien Berufe, S. 38 ff.; *Müller*, Einbeziehung der Freien Berufe in das Handelsrecht unter besonderer Berücksichtigung von Arzt, Apotheker, Rechtsanwalt, Wirtschaftsprüfer und Architekt, S. 27 ff.

[77] *Raiser*, in: Hachenburg, GmbHG, § 13, Rz. 27.

[78] *Katzenmeier*, MedR 1998, 113, 115, Fn. 34; *Taupitz*, NJW 1992, 2317, 2323; *ders.*, NJW 1996, 3033, 3037; *Lach*, Formen freiberuflicher Zusammenarbeit, S. 99.

[79] Vgl. *Lach*, Formen freiberuflicher Zusammenarbeit, S. 99.

[80] *Schmidt-Leithoff*, in: Rowedder/Schmidt-Leithoff, GmbHG, Einleitung, Rz. 2. Der Entwurf des Reichsjustizamtes wird 1890/1891 angefertigt und Anfang Februar 1892 im Bundesrat beraten. Nach der 1. Lesung des Reichstags vom 19.2.1892 wird er von einer Kommission geringfügig überarbeitet. In der 3. Lesung vom 21.3.1892 nimmt der Reichstag den geänderten Entwurf an, vgl. Deutscher Reichstag, Stenographische Berichte über die Verhandlungen, 8. Legislaturperiode, 1. Session, Band VI, 177. Sitzung, S. 4303 ff., 198. Sitzung, S. 4857 ff. und die 199. Sitzung, S. 4881 ff. sowie den Bericht der XXV. Kommission zum Gesetzentwurf im Anlagenband V, Aktenstück Nr. 744, S. 4005 ff. Am 26.4.1892 wird das GmbHG im RGBl. S. 477 verkündet und tritt mit Wirkung vom 10.5.1892 in Kraft.

Bedürfnis der Wirtschaft nach einer neuen Gesellschaftsform fest.[81] Diese sollte für kleine und mittlere Unternehmen geschaffen werden. Eine Verschärfung des Aktienrechts im Jahre 1884 hatte die Aktiengesellschaft zu starr und unbeweglich werden lassen.[82] Vertreter des Handels, Handwerks und der Industrie, vor allem die Stellungnahmen des Deutschen Handelstages und der preußischen Handelskammern im Jahre 1888,[83] haben das Vorhaben nachhaltig beeinflusst.[84] In der Frage, welches Gesellschaftsmodell Vorbild für die neue GmbH sein sollte, fiel die Entscheidung nur zwischen der offenen Handelsgesellschaft und der Aktiengesellschaft. Bei diesen Leitbildern lag zunächst der Schluss nahe, die neue GmbH sei auf das wirtschaftliche Erwerbsleben beschränkt.[85]

Dennoch wollte der Gesetzgeber die neue Gesellschaftsform von Anfang an „in weitem Umfang auch im inländischen Verkehrsleben" einsetzen.[86] Die Begründung zu § 1 GmbHG gibt die gesetzgeberische Absicht wieder:

> „Von einer gesetzlichen Begrenzung des Gesellschaftszweckes ist ebenso wie bei der Aktiengesellschaft Abstand zu nehmen (Entwurf §. 1). Das Bedürfnis nach Einführung einer neuen Gesellschaftsart ist zwar hauptsächlich im Hinblick auf Unternehmungen betont worden, welche zu Erwerbszwecken bestimmt sind; die Verwendbarkeit einer sich in freieren Formen bewegenden Assoziationsform kann aber auch für manche andere, namentlich gemeinnützige Unternehmungen, deren Ziele durch einen begrenzten Kreis von Theilnehmern sich erreichen lassen, nur als erwünscht betrachtet werden."[87]

Damit wendet sich der Gesetzgeber bewusst gegen den Vorschlag des Deutschen Handelstags, der vorgeschlagen hatte, für die GmbH den Betrieb eines Han-

---

[81] Vgl. Deutscher Reichstag, Protokolle über die Verhandlungen vom 19.2.1892, 8. Legislaturperiode, 1. Session, Band VI, S. 4303, 4304, 4306; Protokolle über die Verhandlungen vom 21.3.1892, 8. Legislaturperiode, 1. Session, Band VI, S. 4881 f.

[82] *Schubert*, in: Festschrift 100 Jahre GmbH-Gesetz (1992), S. 1, 16.

[83] Gutachten des Ausschusses des Deutschen Handelstages vom 7.12.1888, in: Deutscher Reichstag, Protokolle über die Verhandlungen vom 11.2.1892, 8. Legislaturperiode, 1. Session, Band V, Anlagen, Aktenstück Nr. 660, Anlage A, S. 3761 f. Vergleiche auch den Auszug aus den von den preußischen Handelskammern und kaufmännischen Korporationen erstatteten Gutachten, in der Anlage B, S. 3766 ff.

[84] *Grziwotz*, in: Münchener Handbuch des Gesellschaftsrechts, Band 3, § 1, Rz. 12, 14 f.

[85] Neben den Zuckerfabriken, deren bäuerliche Gesellschafter gleichzeitig zum Rübenanbau verpflichtet waren, und anderen Unternehmungen sollten die Vorteile einer einfacher gestalteten und beweglicheren Gesellschaftsform vor allem den überseeischen Deutschen Kolonialgesellschaften zugute kommen, vgl. Deutscher Reichstag, Protokolle über die Verhandlungen vom 11.2.1892, 8. Legislaturperiode, 1. Session, Anlagenband V, Aktenstück Nr. 660, S. 3725 ff.; dazu auch Schubert, in: Festschrift 100 GmbH-Gesetz (1992), S. 1, 5 ff., 19 f.

[86] Deutscher Reichstag, Protokolle über die Verhandlungen vom 11.2.1892, 8. Legislaturperiode, 1. Session, Band V, Anlagen, Aktenstück Nr. 660, S. 3724.

[87] Deutscher Reichstag, Protokolle über die Verhandlungen vom 11.2.1892, 8. Legislaturperiode, 1. Session, Band V, Anlagen, Aktenstück Nr. 660, S. 3728.

delsgewerbes vorauszusetzen.[88] Historisch bestätigt sich die Offenheit der GmbH für jeden Zweck.

Schon daraus ergibt sich der Sinn des § 1 GmbHG, den Einsatz der GmbH allen Betätigungsfeldern zu öffnen, sofern sich Einschränkungen nicht anderen Gesetzen entnehmen lassen. Regelungsgegenstand des Gesellschaftsrechts ist – landläufig – das Recht der privaten Zweckverbände und kooperativen Vertragsverhältnisse,[89] Sie dienen nur der effektiven Umsetzung des gemeinschaftlichen Zusammenwirkens.[90]

§ 1 GmbHG ermöglicht also das Angebot ambulanter ärztlicher Leistungen durch eine GmbH.[91] Insbesondere ist das Recht der GmbH nicht ausschließlich den gewerblichen Dienstleistungen vorbehalten.

B. Vorgaben des Berufsrechts

Eine differenzierte Beurteilung ergibt sich aus dem Berufsrecht der Ärzte. Besondere Aufmerksamkeit gilt also den Rechtsätzen, die unmittelbar an den ärztlichen Beruf anknüpfen und die Rechtsstellung des Berufsangehörigen in Form besonderer Verhaltensgebote und –verbote regeln.[92] Auch hier kann die Frage nur lauten, ob gesetzliche Regelungen die Berufsausübung in der Rechtsform der GmbH verbieten.[93]

---

[88] Gutachten des Ausschusses des Deutschen Handelstages vom 7.12.1888, in: Deutscher Reichstag, Protokolle über die Verhandlungen vom 11.2.1892, 8. Legislaturperiode, 1. Session, Band V, Anlagen, Aktenstück Nr. 660, Anlage A, S. 3765 f.: „Eine Handelsgesellschaft mit beschränkter Haftbarkeit ist vorhanden, wenn mehrere Personen ein Handelgewerbe oder ein sonstiges Unternehmen unter gemeinschaftlicher Firma betreiben [...]".

[89] Definition bei *Schmidt*, Gesellschaftsrecht, § 1 I 1; *Kübler*, Gesellschaftsrecht, § 1 I; *Kraft/Kreutz*, Gesellschaftsrecht, A I, *Hueck/Windbichler*, Gesellschaftsrecht, Rz. 1; *Hopt*, Gesellschaftsrecht, Rz. 1; *Grunewald*, Gesellschaftsrecht, Einführung Rz. 1.

[90] *Damm*, in: FS Brandner (1996), 31, 33; *Eisenhardt*, Gesellschaftsrecht, Rz. 1; *Schwintowski*, JA 1993, 97.

[91] *Meyer/Kreft*, GmbHR 1997, 193, 194; *Taupitz*, NJW 1992, 2317, 2319; *Katzenmeier*, MedR 1998, 113, 114 m.w.N. unter Zurückweisung von *Rieger*, MedR 1995, 87, 88, und *ders.*, in: Rieger, Lexikon des Arztrechts, „Gemeinschaftspraxis", Rz. 8, wie *Taupitz* und *Meyer/Kreft* meinen; *Michalski*, Das Gesellschafts- und Kartellrecht der berufsrechtlich gebundenen freien Berufe, S. 125; *Kremer*, GmbHR 1983, 259, 261; *ders.*, GmbH als Rechtsform freiberuflicher Partnerschaften, S. 25 ff.; *Henke*, NJW 1974, 2035, 2036; im Jahre 1965: *Spitzl*, Die ärztliche Gemeinschaftspraxis, S. 72.

[92] *Taupitz*, Die Standesordnungen der freien Berufe, S. 158; *Laufs*, MedR 1995, 11.

[93] BGH, JZ 1994, 1127, 1128; BGHZ 70, 158, 167 f.; *Taupitz*, NJW 1992, 2317, 2319; *Henssler*, DB 1995, 1549; *Ahlers*, in: FS Rowedder (1994), 1, 8.

I. Bundesärzteordnung und Heilpraktikergesetz

Zu Unrecht ist ein Verbot der Ärzte-GmbH aus dem Zusammenhang derjenigen Bundesgesetze hergeleitet worden, die den Zugang zur Heiltätigkeit regeln.

Wer Heilkunde unter der Berufsbezeichnung „Arzt" ausüben will, bedarf gem. § 2 Abs. 1 BÄO[94] der Approbation als Arzt. Wer ohne Approbation zum Arzt heilkundig tätig sein möchte, ist Heilpraktiker und benötigt die Erlaubnis gem. § 1 Abs. 1 HeilpraktikerG[95]. Übereinstimmend verlangen beide Gesetze Qualifikationen, die nur natürliche Personen erfüllen können. Ärzte müssen ein Medizinstudium absolvieren und als Arzt im Praktikum tätig sein, vgl. § 3 BÄO. Heilpraktiker sollen den Anforderungen des § 2 der 1. DVO zum HeilpraktikerG genügen. Juristische Personen können diese Erlaubnistatbestände dadurch nicht erfüllen. Sollten aber auch sie eine Erlaubnis – die Approbation zum Arzt oder wenigstens die Erlaubnis nach dem Heilpraktikergesetz – benötigen, um die von ihren angestellten Ärzten praktizierte Heilkunde *zivilrechtlich* anbieten zu dürfen, wirken sich diese Regelungen für juristische Personen und damit für die Ärzte-GmbH als Verbot aus.[96] Mit dieser Begründung haben einige Gerichte die Zulässigkeit juristischer Personen auf dem Gebiet der Heilkunde noch abgelehnt.[97]

Überzeugend ist sie nicht: Mittlerweile gilt als gesichert, dass zwischen den Vertragspartnern des Behandlungsvertrags und den tatsächlich Ausführenden zu unterscheiden ist. Während der Vertragspartner lediglich die rechtlichen Voraussetzungen für das Tätigwerden schafft, meint das „Ausüben" gem. § 2 Abs. 1 BÄO oder gem. § 1 Abs. 1 HeilpraktikerG allein die praktische Leistung der Heilbehandlung.[98] Der Approbations- bzw. Erlaubnispflicht unterfallen mithin nur solche Personen, die unmittelbar die Beratung und Behandlung von Patienten vornehmen. Wie die Ärzte-GmbH verpflichtet sich auch der Träger eines Kran-

---

[94] Bundesärzteordnung i.d.F. der Bekanntmachung vom 16.4.1987 (BGBl. I S. 1218), zuletzt geändert durch das Gesetz vom 27.2.2002 (BGBl. I S. 1467). Der Bundesrat hat am 11.6.2004 einem neuen Gesetzentwurf der Bundesregierung zur Änderung der Bundesärzteordnung – Abschaffung des Arztes im Praktikum – (Drs. 15/2350 vom 14.1.2004, S. 7 ff.) zugestimmt.

[95] Heilpraktikergesetz vom 17.2.1939 (RGBl. I S. 251). Die Berufung auf die Glaubensfreiheit in Art. 4 Abs. 1 GG führt nicht zur Unanwendbarkeit des Heilpraktikergesetzes, *Zöbeley*, in: GS Nagelmann (1984), 27, 29.

[96] Niedersächsischer Landtag, Drs. 13/1700 vom 29.1.1996, S. 57; Landtag Nordrhein-Westfalen, Drs. 11/5673 vom 30.6.1993, S. 31.

[97] OVG Koblenz, NJW 1980, 1866, 1867; AG Saarbrücken, GmbHR 1989, 297 f.; OLG Hamm, Vorinstanz zum Urteil des BGH, NJW-RR 1992, 430 f., dort wiedergegeben; OVG Münster, MedR 2001, 150, 151. Nach *Kremer*, GmbHR 1983, 259, 265 haben sich auch die Berufsvertretungen dieses Argument zu eigen gemacht. Es findet sich schon 1970 – damals noch zu den Anforderungen an die Bestallung gem. § 2 Abs. 1 BÄO a.F. – bei *Lach*, Formen freiberuflicher Zusammenarbeit, S. 100.

[98] BGHZ 70, 158, 166 f.; BGH, NJW-RR 1992, 430; BGH, MedR 1992, 328; BGH, JZ 1994, 1127 zur Erlaubnispflicht gem. § 1 ZHG. Ebenso *Taupitz*, NJW 1992, 2317, 2319.

kenhauses im (totalen[99]) Krankenhausaufnahmevertrag zu einer ärztlichen Leistung, die er durch seine Erfüllungsgehilfen erbringen lässt.[100] Hier ist aufschlussreich, dass bisher niemand die Approbation als Arzt oder die Erlaubnis nach dem Heilpraktikergesetz für den Krankenhausträger gefordert hat.

Wer eine Ärzte-GmbH wenigstens an die Erlaubnis nach § 1 Abs. 1 HeilpraktikerG binden möchte, müsste sich zudem auf § 1 Abs. 2 HeilpraktikerG verweisen lassen. Danach bedarf derjenige, der solche Behandlungen „im Dienste von anderen" vornimmt, selbst der Erlaubnis. „Andere" im Sinne dieser Regelung sollen nach amtlicher Begründung auch „Vereinigungen, Firmen oder andere Personen" sein. Bereits der Gesetzgeber hat also eine Erlaubnis des Dienstgebers nicht für erforderlich gehalten.[101]

Das Verschärfen des Zugangs zu den Heilberufen mit Hilfe der Approbation und der Heilpraktikererlaubnis verfolgt im Übrigen den Sinn, Gefahren für die Gesundheit der Bevölkerung abzuwehren, die von der Behandlung durch unkundige Laien ausgehen können. Solche Gefahren können nur von den tatsächlichen Erbringern ausgehen. Dieses Risiko entfällt bei der Ärzte-GmbH, die ausschließlich approbierte Ärzte beschäftigt. Auf Risiken anderer Art, wie sie bei der Wahl einer Rechtsform befürchtet werden, kommt es für die Auslegung von § 2 BÄO und § 1 Abs. 1 HeilpraktikerG nicht an. Vermögensrechtliche Konsequenzen berühren den Schutzzweck beider Gesetze nicht.[102]

Infolgedessen reicht die Approbation der angestellten Ärzte aus. Das Unvermögen der Ärzte-GmbH, für sich die Approbation oder Heilpraktikererlaubnis zu erwerben, wirkt sich nicht als Verbot aus.

II.   Heilberufe- und Kammergesetze und Berufsordnungen

1. Grundlagen

Im Bereich des Gesundheitswesens weist Art. 70 Abs. 1 GG den Ländern die Gesetzgebungszuständigkeit in weitem Umfang zu. Alle Länder bestimmen durch ihre Heilberufe- und Kammergesetze[103] den gesetzlichen Rahmen für das Tätigwer-

---

[99]   Totale Krankenhausaufnahmeverträge bilden nach der Konzeption des KHG den Regelfall. Vertragsparteien sind ausschließlich Krankenhausträger und Patient, wobei der Krankenhausträger sämtliche erforderlichen medizinischen Leistungen schuldet. Weitere Vertragstypen sind der gespaltene Krankenhausaufnahmevertrag und der Krankenhausaufnahmevertrag mit Arztzusatzvertrag, vgl. *Genzel*, in: Laufs/Uhlenbruck, Handbuch des Arztrechts, § 93, Rz. 2 ff.; *Richardi*, in: Münchener Handbuch zum Arbeitsrecht, Band 2, § 203, Rz. 29 ff.

[100] *Taupitz*, NJW 1992, 2317, 2320.

[101] So ausgeführt vom BGH, NJW-RR 1992, 430, 431.

[102] BGH, NJW-RR 1992, 430, 431; *Henssler*, ZIP 1994, 844, 849.

[103] In allen Bundesländern: HeilBerKaG BW i.d.F. vom 16.3.1995 (GBl. BW S. 314), zuletzt geändert durch Gesetz vom 25.2.2003 (GBl. BW S. 119); BayHKaG i.d.F. vom 6.2.2002 (GVBl. S. 42), zuletzt geändert durch Gesetz vom 24.7.2003 (GVBl. S. 452); BlnKaG vom 4.9.1978 (GVBl. S. 1937, 1980) zuletzt geändert durch Gesetz vom

den als Arzt und für die Organisation der Berufsausübung. Sie sehen auch die berufliche Selbstverwaltung der Ärzte durch die Ärztekammern vor,[104] denen die Heilberufe- und Kammergesetze Satzungsautonomie einräumen und die durch Berufsordnungen die Berufsausübung näher ausgestalten.[105]

Die Heilberufe- und Kammergesetze enthalten jeweils Abschnitte über die „Berufsausübung".[106] Neben einigen, für besonders wichtig erachteten Berufspflichten für Ärzte[107] ermächtigen sie zum Erlass von Berufsordnungen. Hinzu kommen Grundsätze der Berufsausübung als inhaltliche Vorgaben für die Berufsordnungen. Diese – in formellen Gesetzen enthaltenen – Bestimmungen werden als „statusbildende Normen" bezeichnet.[108]

15.10.2002 (GVBl. S. 540); BbgHeilBerG vom 28.4.2003 (GVBl. I S. 126); BremHeilBerG i.d.F. vom 5.1.2000 (GVBl. HB S. 9), zuletzt geändert durch Gesetz vom 17.12.2002 (GVBl. HB S. 596); HmbÄG i.d.F. vom 9.9.2003 (GVBl. S. 468); HessHeilBerG i.d.F. vom 7.7.2003 (GVBl. S. 66); HeilBerG MV vom 22.1.1993 (GVOBl. S. 62), zuletzt geändert durch Gesetz vom 19.7.1994 (GVOBl. S. 747); NdsHKG i.d.F. vom 8.12.2000 (GVBl. S. 301), zuletzt geändert durch Gesetz vom 11.12.2003 (GVBl. S. 419); HeilBerG NW vom 9.5.2000 (GV NRW S. 403/SGV NRW 2122), zuletzt geändert durch Gesetz vom 17.12.2002 (GV.NW S. 644); HeilBG RP vom 20.10.2978 (GVBl. S. 649, ber. 1979 S. 22), zuletzt geändert durch Gesetz vom 16.10.2002 (GVBl. S. 481); SHKG vom 2.6.2003 (ABl. S. 1771); SächsHKaG vom 24.5.1994 (GVBl. S. 935), zuletzt geändert durch Gesetz vom 28.6.2001 (GVBl. S. 426); KGHB-LSA vom 13.7.1994 (GVBl. LSA S. 832), zuletzt geändert durch Gesetz vom 7.12.2001 (GVBl. LSA S. 540); HeilBerG SH vom 29.2.1996 (GVBl. S. 248), zuletzt geändert durch Gesetz vom 27.2.2002 (GVBl. S. 38); ThHeilBerG i.d.F. vom 29.1.2002 (GVBl. S. 125).

[104] Sie sind mitgliedschaftlich verfasste, vom Bestand ihrer Pflichtmitglieder unabhängige Personalkörperschaften des Öffentlichen Rechts; vgl. *Badura*, Staatsrecht, D 51, 58; *Lippert*, in: Ratzel/Lippert, Kommentar zur MBO, § 1, Rz. 4 ff., § 2, Rz. 27 f.; *Laufs*, in: Laufs/Uhlenbruck, Handbuch des Arztrechts, § 13, Rz. 1; *Narr*, Ärztliches Berufsrecht, Rz. B 17 ff.; *Kiesecker/Rieger*, in: Rieger, Lexikon des Arztrechts, „Ärztekammer", Rz. 2.

[105] Für eine Stärkung des Kammersystems, aber auch für seine Weiterentwicklung zu einem modernen Dienstleistungsunternehmen, *Zuck*, NJW 2001, 2055; vgl. auch *Taupitz*, MedR 1998, 1, 7.

[106] Vergleiche 5. Abschnitt §§ 29-31 HeilBerKaG BW; Abschnitt II Art. 17-19 BayHKaG; Erster Teil § 4a BlnKaG; Abschnitt 5 §§ 30-34 BbgHeilBerG; IV. Abschnitt §§ 27-30 BremHeilBerG; Erster Abschnitt §§ 1-2 HmbÄG; Vierter Abschnitt §§ 22-25 HessHeilBerG; Abschnitt II §§ 31-33 HeilBerG MV; Zweiter Teil §§ 32-33 NdsHKG; II. Abschnitt §§ 29-32 HeilBerG NW; Zweiter Teil §§ 20-23 HeilBerG RP; Zweites Kapitel §§ 16-17 SHKG; Zweiter Abschnitt §§ 16-17 SächsHKaG; Teil 2 §§ 19-21 KGHB-LSA; Erster Teil §§ 29-31 HeilBerG SH; Fünfter Abschnitt §§ 20-23 ThHeilBerG.

[107] Ausführlich zu den gesetzlichen Berufspflichten unten § 4, A. I.

[108] BVerfGE 33, 125, 163. *Wimmer*, NJW 1989, 1772, 1773 bezeichnet die nur noch ergänzend erforderlichen Normen in den Berufsordnungen darum als „statusausfüllende" Normen.

Welches Verhalten im Einzelnen für den Arzt berufliche Pflicht sein soll, hängt – abgesehen von den gesetzlichen Berufspflichten – erst von der Entscheidung der Kammerversammlungen ab.[109] Mithin konkretisieren die Ärztekammern anhand der Berufsordnungen das Berufsrecht in genauen und zuweilen ausgesprochen detailfreudigen[110] Verhaltensanforderungen für die Ärzte. Die Satzungsautonomie verleiht ihnen einen eigenverantwortlichen Spielraum zur Gestaltung und Regelung solcher Angelegenheiten, die eine gesellschaftlich abgrenzbare Gruppe wie die Ärzte selbst betrifft und die sie selbst am sachkundigsten beurteilen kann.[111] Ihre Bestimmungen werden als „Berufsrecht im engeren Sinne" bezeichnet.[112]

Rechtstechnisch handelt es sich um Satzungsrecht. Es wird von einer dem Staat eingeordneten juristischen Person des öffentlichen Rechts innerhalb ihres Aufgabenbereiches mit Wirkung für die ihr angehörigen Personen erlassen.[113] Als Satzungen sind sie nach allgemeinen Regeln an die Ermächtigungsgrundlage inhaltlich gebunden.

Die Vereinheitlichung des Satzungsrechts bezweckt die vom Deutschen Ärztetag[114] verabschiedete „(Muster-) Berufsordnung für die deutschen Ärztinnen und Ärzte" (MBO-Ä 1997).[115] Obschon nicht verbindlich, bewirkt ihr Empfehlungscharakter, dass die 17 Berufsordnungen der Landesärztekammern nur geringfügig voneinander abweichen.

Im Folgenden sind die Heilberufe- und Kammergesetze und die Berufsordnungen – mit der MBO-Ä 1997 als Orientierungsmaßstab – auf vorhandene Verbote der Ärzte-GmbH zu untersuchen. Zugrunde gelegt wird die Musterberufsordnung in der Fassung der Beschlüsse des 106. Deutschen Ärztetages 2003, weil sich die

---

[109] § 9 Abs. 2, § 10 Nr. 15, § 17 Abs. 1 Nr. 1 HeilberKaG BW; Art. 14 Abs. 1, 20 BayHKaG; § 4a, § 6 Abs. 1 Nr. 1, § 10 Abs. 1 BlnKaG; § 8 Nr. 1, § 21 Nr. 4 BbgHeilBerG; § 12 Abs. 1 a, § 22 Abs. 1 Nr. 1 BremHeilBerG; § 14 Abs. 4, § 25 Abs. 1 Nr. 1 HmbÄG; § 13 Nr. 1, § 17 Abs. 1 Nr. 4 HessHeilBerG; § 14 Nr. 1, § 23 Abs. 2 Nr. 1 HeilBerG MV; § 16, § 25 Abs. 1.f) NdsHKG; § 10 Nr. 1, § 27 Heil BerG NW; § 6 Abs. 1 Nr. 1, § 8 Abs. 1 Nr. 1 HeilBerG RP; § 8 Abs. 1 Nr. 1, § 12 Abs. 1 Nr. 3 SHKG; § 7 Nr. 1, § 8 Abs. 3 Nr. 2 SächsHKaG; § 7 Abs. 1 Nr. 1, § 15 Abs. 1 Nr. 9 KGHB-LSA; § 12 Nr. 1, § 21 Abs. 2 Nr. 1 HeilBerG SH; § 13 Abs. 1 Nr. 1, § 15 Abs. 1 Nr. 4 ThHeilBerG.

[110] Vergleiche nur die Bestimmungen über die Größe der Praxisschilder und über Inhalt und Umfang der Werbung im früher geltenden Kapitel D. I Nr. 2 ff. MBO-Ä 1997 a.F., die sich bisher auch in den Berufsordnungen der Ärztekammern wiederfinden.

[111] BVerfGE 33, 125, 156 f.; *Badura*, Staatsrecht, D 51.

[112] *Taupitz*, Die Standesordnungen der freien Berufe, S. 158, verwendet z.B. den Begriff „Standesrecht", verweist aber in Fn. 22 auch auf Vorschläge, die das Standesrecht im „eigentlichen" oder „engeren" Sinne bezeichnen.

[113] BVerfGE 10, 20, 49 f.; 33, 125, 156 f.; dazu auch *Ossenbühl*, in: Handbuch des Staatsrechts, Band III, § 66, Rz. 1 ff.

[114] Jährlich stattfindender Delegiertenkongress der 17 Ärztekammern, gleichzeitig die Hauptversammlung für die Bundesärztekammer, in der sich die Ärztekammern zu einer privatrechtlichen Vereinigung zusammengeschlossen haben.

[115] MBO-Ä 1997 in der Fassung der Beschlüsse des 100. Deutschen Ärztetages 1997 in Eisenach.

Landesberufsordnungen derzeit (noch) an dieser Version orientieren. Die auf dem 107. Deutschen Ärztetag 2004 in Bremen erfolgten Änderungen zur Berufsausübung der Ärzte werden gesondert gewürdigt.

2. Heilberufe- und Kammergesetze der Länder

a. Bundesländer ohne einschränkende Regelungen

Keine Verbote der Ärzte-GmbH enthalten die Heilberufe- und Kammergesetze in Baden-Württemberg,[116] Bremen, Hamburg, Hessen, Mecklenburg-Vorpommern, Rheinland-Pfalz, Saarland, Sachsen-Anhalt und Thüringen. Weder ist eine Beschränkung der ambulanten ärztlichen Berufsausübung auf die Niederlassung des Arztes ersichtlich, noch besteht ein Verbot des Führens einer Praxis in der Rechtsform einer juristischen Person des privaten Rechts.[117] In zwei Ländern wird die Möglichkeit von Beschäftigungsverhältnissen sogar ausdrücklich erwähnt:

§ 19 Abs. 3 Satz 2 KGHB-LSA erlaubt in Sachsen-Anhalt ausdrücklich „Tätigkeiten bei Rechtsträgern, die im Rahmen der gesetzlichen Bestimmungen ärztliche oder zahnärztliche Leistungen anbieten oder erbringen". Als juristische Person ist auch die GmbH Rechtsträgerin, § 13 Abs. 1 GmbHG. Darüber hinaus kann die Berufsordnung gem. § 20 Abs. 1 Nr. 4 KGHB-LSA Vorschriften über die Berufsausübung in der Rechtsform einer juristischen Person aufnehmen. Weil die Berufsordnung den Rahmen des Kammergesetzes nicht verlassen darf, kann sie diese Modalität der Berufsausübung allenfalls positiv regeln, verbieten darf sie sie nicht. Somit enthält das KGHB-LSA als einziges Gesetz ausdrückliche Regelungen zur Zulässigkeit juristischer Personen.[118]

Das Hamburgische Ärztegesetz kennt in § 2 Abs. 1 HmbÄG neben der ärztlichen Berufsausübung als niedergelassener Arzt (Nr.1) und den auf andere Weise selbstständig tätigen Arzt (Nr.2) den in Dienst- und Arbeitsverhältnissen angestellten Arzt (Nr.3). Weil jegliche Differenzierungen nach stationärer oder ambulanter Tätigkeit, sowie nach ärztlichen oder nichtärztlichen Dienstherren und Arbeitgeber ausbleiben, ist auch die Anstellung in einer Ärzte-GmbH gesetzlich erfasst.

b. Bundesländer mit einschränkenden Regelungen

Sieben Bundesländer haben das Angebot der ambulanten ärztlichen Heilkunde in der Rechtsform der GmbH im Laufe der 1990'er Jahre untersagt bzw. stark eingeschränkt. Diese Entwicklung wird als Folge des eingangs erwähnten Urteils des Bundesgerichtshofes gesehen, der eine Zahnärzte-GmbH wegen fehlender Ver-

---

[116] Wobei *Weber/Vogt-Weber*, ArztR 1997, 179, 180 in Fn. 11 darauf hinweisen, dass Baden-Württemberg sogar ausdrücklich auf eine Verbotsnorm verzichtet haben soll.

[117] §§ 29-31 HKaG BW; §§ 27-30 BremHeilBerG; §§ 1-2 HbgÄG; §§ 22-25 HessHeilBerG; §§ 31-33 HeilBerG MV; §§ 20-23 HeilBerG RP; §§ 16-17 SHKG; §§ 19-21 KGHB-LSA; §§ 20-23 ThHeilBerG.

[118] Dabei enthielt der erste Gesetzentwurf in § 19 Abs. 3 noch ein – den Regelungen in Berlin vergleichbares – Niederlassungsgebot für die ambulante Tätigkeit, das erst im Laufe der Beratungen verworfen wurde, vgl. Landtag Sachsen-Anhalt, Gesetzentwurf vom 7.2.1994, 1. Wahlperiode, Drs. 1/3394, S. 17.

botsvorschriften für zulässig erklärt hatte.[119] Die erkannte Lücke wollten die Landesgesetzgeber schließen. Dabei erfolgt das Verbot rechtstechnisch nach zwei Modellen:

aa. Verbot der juristischen Person in Bayern und Sachsen

Gem. Art. 18 Abs. 1 Satz 2 BayHKaG und § 16 Abs. 4 SächsHKaG ist in Bayern und Sachsen das Führen einer Praxis in der Rechtsform einer juristischen Person des Privatrechts „nicht statthaft".[120] Daraus ergibt sich ein Verbot der regulären ärztlichen Berufsausübung in einer GmbH. Statthaftigkeit ist in erster Linie ein Begriff des Prozessrechts. Dort ist damit die Verfügbarkeit bzw. Eignung eines Rechtsbehelfs zum Erreichen des Rechtsschutzziels gemeint.[121] Auf das materielle Recht übertragen meint Statthaftigkeit die Eignung einer Rechtshandlung zum Erreichen eines rechtlichen Erfolges. Soweit das Führen einer Praxis durch eine juristische Person kraft ausdrücklicher gesetzlicher Anordnung nicht statthaft ist, steht die mangelnde Eignung der Rechtsform zu diesem Zweck fest. Dies kommt einem Verbot gleich.

Das Verbot, eine Praxis zu *führen*, betrifft die Praxisleitung und die Berufsausübung. Zwar unterscheiden beide Gesetze zwischen dem *Führen* und dem *Ausüben*. Dass damit aber auch die Berufsausübung gemeint ist, ergibt sich aus der grammatischen und systematischen Auslegung der Bestimmungen. Der Wortlaut untersagt nicht nur Ärzten, sondern jedermann das Führen der Praxis in der Rechtsform der juristischen Person.[122] Dies steht ihrer Gründung von vornherein entgegen und macht erst recht die Berufsausübung in einer GmbH unmöglich. Dazu befinden sich die Verbote in Abschnitt II (Art. 17-19) des BayHKaG und im Zweiten Abschnitt (§§ 16-17) des SächsHKaG, die – ausweislich der amtlichen Überschriften – die *Berufsausübung* der Ärzte regeln. Daraus ist zu schließen, dass sie die Ärzte-GmbH als berufsausübende Gemeinschafts- oder Einzelpraxis betreffen. Mithin bezieht das Führen der Praxis die ärztliche Berufsausübung ein.

Mit dem Begriff der *Praxis* wird aber zugleich ein Verbot der Praxisgemeinschaft, d.h. einer Organisationsgemeinschaft, ausgesprochen. Trotz einzelner Ungenauigkeiten in der Formulierung[123] bestätigen dies die Gesetzgebungsmateria-

---

[119] BGH, JZ 1994, 1127, 1128.

[120] Art. 18 Abs. 1 Satz 2 BayHKaG: „Die Führung einer ärztlichen Praxis in der Rechtsform einer juristischen Person des privaten Rechts ist nicht statthaft.", eingefügt durch Gesetz vom 23.7.1993 (GVBl. S. 511).
§ 16 Abs. 4 SächsHKaG: „Es ist nicht statthaft, eine ärztliche [...] Praxis in der Rechtsform einer juristischen Person des privaten Rechts zu führen.", Erlass des SächsHKaG durch Gesetz vom 24.4.1994 (GVBl. S. 935).

[121] *Rosenberg/Schwab/Gottwald*, Zivilprozessrecht, § 134, Rz. 5; *Gummer/Heßler*, in: Zöller, ZPO, vor § 511, Rz. 6; *Happ*, in: Eyermann, VwGO, § 42, Rz. 1.

[122] Anderer Ansicht *Narr*, Ärztliches Berufsrecht, Rz. B 16, wonach der Wortlaut nicht das Verbot einer von Nichtärzten gegründeten GmbH deckt, in der Ärzte als Angestellte tätig sind.

[123] Hinsichtlich der bayerischen Begründung ist anzumerken, dass die Gruppenpraxis als Oberbegriff der gemeinsamen Praxisführung gilt. Sie kann daher nicht neben der Praxisgemeinschaft und der Gemeinschaftspraxis stehen, dazu auch *Taupitz*, NJW 1996,

lien. Die bayerische Gesetzesbegründung stellt fest, dass die Frage der Statthaftigkeit einer Praxis die Berufsausübung der Ärzte betrifft.[124] Schon vorher begründet sie aber, dass sich die „gemeinsame" Praxisführung in Gemeinschaftspraxen, Praxisgemeinschaften und Gruppenpraxen in der Rechtsform einer juristischen Person mit dem Heilberuf nicht verträgt. Derartigen Bestrebungen will sie sogar bei allen ärztlichen Praxen, also auch Einzelpraxen, entgegentreten.[125] Ähnlich unterstreicht die sächsische Gesetzesbegründung ihr Bemühen, Ärzten nur die zivilrechtlichen Rechtsformen der Einzel-, Gemeinschafts- und Gruppenpraxis sowie der Praxisgemeinschaft zu gestatten.[126]

Damit ist *jedem* das Führen *sämtlicher* Praxisarten in den Rechtsformen juristischer Personen verboten.[127]

bb. Niederlassungsgebote in Berlin, Brandenburg, Niedersachsen und Nordrhein-Westfalen

Die Länder Berlin, Brandenburg, Niedersachsen und Nordrhein-Westfalen gehen den umgekehrten Weg. Sie binden die ambulante Tätigkeit des Arztes an die „Niederlassung in eigener Praxis", § 4a Abs. 4 Satz 1 BlnKaG[128], § 31 Abs. 2 Satz 1 BbgHeilBerG[129], § 32 Abs. 1 NdsHKG[130] und § 29 Abs. 2 Satz 1 HeilBerG NW[131].

3033, 3034. Die in der sächsischen Begründung angegebenen Praxisarten bezeichnen nicht bestimmte zivilrechtliche Rechtsformen, sondern nur ihre tatsächlichen Erscheinungsformen.

[124]   Bayerischer Landtag, Drs. 12/10455 vom 9.3.1993, S. 15.

[125]   Bayerischer Landtag, Drs. 12/10455 vom 9.3.1993, S. 14.

[126]   Sächsischer Landtag, Drs. 1/4352 vom 8.2.1994, S. 18.

[127]   Ausführlich zur Auslegung der Regelungen *Taupitz*, NJW 1996, 3033, 3034.

[128]   § 4a Abs. 4 BlnKaG: „Die Ausübung ambulanter ärztlicher [...] Tätigkeit [...] außerhalb von Krankenhäusern einschließlich konzessionierten Privatkrankenanstalten [...] ist an die Niederlassung in eigener Praxis gebunden, soweit nicht gesetzliche Bestimmungen etwas anderes zulassen. Satz 1 gilt nicht für Tätigkeiten bei Trägern, die nicht gewerbs- oder berufsmäßig ärztliche [...] Leistungen [...] anbieten oder erbringen.", eingefügt durch Gesetz vom 30.10.1995 (GVBl. S. 703).

[129]   § 31 Abs. 2 Satz 1 BbgHeilBerG: „Die Ausübung ambulanter ärztlicher [...] Tätigkeit außerhalb des Krankenhauses einschließlich konzessionierten Privatkrankenanstalten ist an die Niederlassung in eigener Praxis gebunden, soweit nicht gesetzliche Bestimmungen etwas anderes zulassen. Ausgenommen sind Tätigkeiten bei Trägern, die nicht gewerbs- oder berufsmäßig ärztliche [...] Leistungen [...] anbieten oder erbringen. Die gemeinsame Führung einer Praxis ist nur zulässig, wenn jeder Beteiligte die Berechtigung zur Ausübung des ärztlichen [...] Berufes besitzt. Satz 3 gilt entsprechend für Tierärzte. Die Kammern können vom Verbot nach Satz 1 in besonderen Einzelfällen Ausnahmen zulassen, wenn sichergestellt ist, dass berufsrechtliche Belange nicht beeinträchtigt werden.", Erlass des BbgHeilBerG durch Gesetz vom 28.1.1992 (GVBl. S. 30).

[130]   § 32 Abs. 1 NdsHKG: „Die ärztliche [...] Tätigkeit ist, soweit gesetzlich nichts anderes bestimmt oder zugelassen ist, an die Niederlassung in eigener Praxis gebunden, außer bei 1. weisungsgebundener Tätigkeit in einer Praxis, 2. Tätigkeit in Krankenhäusern, Vorsorge- oder Rehabilitationseinrichtungen (§ 107 SGB V) oder Privatkrankenanstal-

Bemerkenswert ist, dass sich diese Länder am Formulierungsvorschlag der unver-. bindlichen Musterberufsordnung orientiert haben. Das Niederlassungsgebot war den Ärztekammern bereits in den früheren Musterberufsordnungen zur Umsetzung empfohlen worden.

Nach herkömmlicher Ansicht schließt die Bindung der ambulanten Tätigkeit an die Niederlassung in eigener Praxis Anstellungsverhältnisse in der Ärzte-GmbH aus. Die Niederlassung bezeichnet die öffentlich erkennbare Bereitstellung zur Ausübung des ärztlichen Berufs in einer ambulanten Praxis.[132] Üblicherweise wird das „Bereitstellen" immer auf die Person des Arztes bezogen. Niedergelassen ist also der Einzelne, der seine Praxis als Selbstständiger führt. Ferner sollen die in den Rechtsformen der Gesellschaft bürgerlichen Rechts und der Partnerschaft zusammengeschlossenen Ärzte einer Gemeinschaftspraxis die Kriterien erfüllen.[133]

Warum nicht die Niederlassung der juristischen Person ausreicht, ist durchaus fraglich, ebenso, welche Anforderungen an die „eigene Praxis" zu stellen sind:[134] Es ist vertretbar, die Niederlassung einer Ärzte-GmbH – mit dem entsprechenden Angebot ärztlicher Leistungen – in den Wortlaut einzubeziehen. Genau das wollten die Gesetzgeber aber verhindern. Ihre Begründungen[135] weisen aus, dass sie juristische Personen im Bereich der ambulanten Heilkunde gerade verbieten wollten.[136] Versuche, die Regelungen mit der Berufsausübung in der GmbH zu

---

ten (§ 30 GewO), 3. Tätigkeit für Träger, die nicht gewerbs- oder berufsmäßig ärztliche [...] Leistungen erbringen.",

§ 32 Abs. 2 NdsHKG: „Die Kammer kann in besonderen Einzelfällen Ausnahmen von Absatz 1 zulassen, wenn berufsrechtliche Belange nicht beeinträchtigt werden.", eingefügt durch Gesetz vom 19.6.1996 (GVBl. S. 259).

[131] § 29 Abs. 2 HeilBerG NW: „Die Ausübung ärztlicher [...] Tätigkeit außerhalb von Krankenhäusern und außerhalb von Privatkrankenanstalten nach § 30 der Gewerbeordnung ist an die Niederlassung in eigener Praxis gebunden, soweit nicht gesetzliche Bestimmungen etwas anderes zulassen oder eine weisungsgebundene Tätigkeit in der Praxis niedergelassener Ärztinnen und Ärzte [...] ausgeübt wird. Ausgenommen sind Tätigkeiten bei Trägern, die nicht gewerbs- oder berufsmäßig ärztliche [...] Leistungen [...] anbieten oder erbringen. Die gemeinsame Führung einer Praxis ist nur zulässig, wenn die Beteiligten die Berechtigung zur Ausübung des ärztlichen [...] Berufes besitzen. Die Sätze 1 und 3 gelten entsprechend für Tierärztinnen und Tierärzte. Die Kammern können vom Gebot nach Satz 1 in besonderen Einzelfällen Ausnahmen zulassen, wenn sichergestellt ist, dass berufsrechtliche Belange nicht beeinträchtigt werden.", eingefügt durch Gesetz vom 22.4.1994 (GV.NW S. 80).

[132] BGHZ 70, 158, 161; *Taupitz*, NJW 1992, 2317, 2324.

[133] Abweichend *Dreher*, VersR 1995, 245, 246 f.

[134] Zu den Begriffen der „Niederlassung" und der Tätigkeit „in eigener Praxis" bzw. „in freier Praxis" unten § 4, A. II. 2. a.

[135] Informationen zur Gesetzesänderung in Berlin fehlen insgesamt, vgl. Abgeordnetenhaus von Berlin, Drs. 12/5503; Plenarprotokolle der 85. Sitzung vom 11.5.1995, S. 7280 und der 89. Sitzung vom 21.9.1995, S. 7735, sowie die Protokolle der Sitzungen des Ausschusses für Gesundheit vom 12.9.1995 und vom 14.9.1995.

[136] Vgl. Niedersächsischen Landtag, Drs. 13/1700 vom 29.1.1996, S. 43, 57; Landtag NRW, Drs. 11/5673 vom 30.6.1993, S. 27, 31. Der Landtag Brandenburg, Drs. 1/430

vereinbaren, müssen an der Zielsetzung der Vorschriften scheitern. Gemessen daran dürfen sich nur Ärzte als natürliche Personen niederlassen.

Insofern ist der personelle Anwendungsbereich der Vorschriften auf Ärzte beschränkt. Folglich können Ärzte ihren Beruf nur ambulant ausüben, wenn sie sich selbst niederzulassen oder eine Anstellung in der Praxis eines niedergelassenen Arztes annehmen. Obschon die Niederlassungsgebote die GmbH rechtlich nicht erfassen, hindern sie sie faktisch, Ärzte für die ambulante Heilkunde einzustellen.[137]

Dennoch bestehen die Niederlassungsgebote nicht so uneingeschränkt wie in Bayern und Sachsen. Alle Bestimmungen enthalten den Vorbehalt einer anderslautenden gesetzlichen Regelung, gelten also nur subsidiär. Brandenburg, Niedersachsen und Nordrhein-Westfalen gestatten den Ärztekammern sogar zusätzliche Ausnahmen „in besonderen Einzelfällen", wenn sichergestellt ist, dass berufsrechtliche Belange nicht beeinträchtigt werden, vgl. § 31 Abs. 2 Satz 5 BbgHeilBerG, § 32 Abs. 2 NdsHKG, und § 29 Abs. 2 Satz 5 HeilBerG NW. Durch die Begrenzung auf Sonderfälle haben die Gesetzgeber die den Kammern vorbehaltenen Erlaubnistatbestände allerdings als repressive Verbote mit Befreiungsvorbehalt ausgestaltet.[138] Sie bringen zum Ausdruck, dass andere Formen der Ausübung ambulanter Heilbehandlung als die ärztliche Niederlassung grundsätzlich unerwünscht sind. Selbst wenn berufsrechtliche Belange eingehalten werden, besteht deswegen noch kein gebundener Anspruch auf die Befreiung. Bei Vorliegen eines gesetzlichen Ausnahmetatbestandes ist die Ärzte-GmbH in diesen Ländern zulässig, bei Vorliegen eines besonderen Einzelfalles kann sie es zumindest werden.

cc. *Kombination beider Modelle in Schleswig-Holstein*

Schleswig-Holstein hat sich für die Kombination beider Modelle entschieden: Die Ausübung ärztlicher Tätigkeit außerhalb von Krankenhäusern wird an die Niederlassung in eigener Praxis gebunden, § 29 Abs. 2 Satz 1 HeilBerG SH.[139] Zusätz-

---

vom 25.9.1991, S.2 weist lediglich darauf hin, dass der Gesetzgeber einschränkende Bestimmungen zur Berufsausübung selbst regeln muss. Die Berliner Materialien enthalten keine näheren Ausführungen.

[137] *Katzenmeier*, MedR 1998, 113, 114; *Taupitz*, NJW 1992, 2317, 2321; *Laufs*, MedR 1995, 11, 12.

[138] Zum repressiven Verbot mit Befreiungsvorbehalt *Ehlers*, in: Erichsen, Allgemeines Verwaltungsrecht, § 1, Rz. 36 f.

[139] § 29 Abs. 2 HeilBerG SH: „Die Ausübung ärztlicher Tätigkeit außerhalb von Krankenhäusern und außerhalb von Privatkrankenanstalten und zahnärztlicher Tätigkeit außerhalb von Krankenhäusern nach § 30 der Gewerbeordnung ist an die Niederlassung in eigener Praxis gebunden, soweit nicht gesetzliche Bestimmungen etwas anderes zulassen oder eine weisungsgebundene ärztliche oder zahnärztliche Tätigkeit in der Praxis niedergelassener Ärztinnen und Ärzte oder Zahnärztinnen und Zahnärzte ausgeübt wird. Ausgenommen sind Tätigkeiten bei Trägern, die nicht gewerbs- oder berufsmäßig ärztliche oder zahnärztliche Leistungen anbieten oder erbringen. Die gemeinsame Führung einer Praxis ist nur zulässig, wenn jede oder jeder Beteiligte die Berechtigung zur Ausübung des ärztlichen oder zahnärztlichen Berufs besitzt. Die Führung einer ärztlichen oder zahnärztlichen Praxis in der Rechtsform einer juristischen Person des priva-

lich verbietet Satz 4 das Führen einer Praxis in der Rechtsform einer juristischen Person des Privatrechts („nicht statthaft"). Wie in Brandenburg, Niedersachsen und Nordrhein-Westfalen darf die Kammer zwar vom Niederlassungsgebot in Satz 1 in besonderen Einzelfällen Ausnahmen zulassen, wenn berufsrechtliche Belange nicht beeinträchtigt werden, § 29 Abs. 2 Satz 7 HeilBerG SH. Weil dies aber nur für die Fälle des Satzes 1 gilt, darf sie von der Anordnung in Satz 4 nicht abweichen. Dadurch tritt das Niederlassungsgebot vor dem uneingeschränkten Verbot (zunächst) zurück. Folglich darf die Kammer andere Formen der Berufsausübung nur erlauben, solange sie nicht in der Rechtsform einer juristischen Person erfolgen.

Damit ist der Betrieb einer ambulanten Praxis in der Rechtsform einer juristischen Person wie in Bayern und Sachsen uneingeschränkt verboten.

Zusammenfassend ergibt sich, dass die Regelungen in den Heilberufe- und Kammergesetzen der Länder Bayern, Sachsen und Schleswig-Holstein die Ärzte-GmbH vollständig verbieten. Die Niederlassungsgebote in Berlin, Brandenburg, Niedersachsen und Nordrhein-Westfalen, die sich wie Verbote der Ärzte-GmbH auswirken, lassen hingegen gesetzliche Ausnahmen zu. Bis auf Berlin gestatten sie den Kammern im besonderen Einzelfall zusätzlich die Möglichkeit einer Befreiung.

In allen anderen Bundesländern ist die Ärzte-GmbH hingegen nach den Heilberufe- und Kammergesetzen zulässig.

3. Satzungsrechtliche Vorgaben der Ärztekammern in den Berufsordnungen

a. Gemeinsame Berufsausübung gem. § 22 i.V.m. Kapitel D. II. Nr. 8 Abs. 1

Was die satzungsrechtlichen Berufsordnungen der Ärztekammern betrifft, befassen sich jeweils § 22 und Kapitel D. II. Nr. 8 Abs. 1 MBO-Ä 1997 mit der gemeinsamen Berufsausübung mehrerer Ärzte in einer Praxis. Nach ihrem Inhalt erscheint ein Verbot der Ärzte-GmbH möglich.

§ 22 MBO-Ä 1997 beschränkt die für die gemeinsame Berufsausübung zulässigen Rechtsformen anhand eines Klammerzusatzes auf die Gemeinschaftspraxis und die Ärztepartnerschaft.[140] Die Aufzählung ist abschließend. Mit der Einklam-

---

ten Rechts ist nicht statthaft. [...] Die Kammern können vom Verbot nach Satz 1 in besonderen Einzelfällen Ausnahmen zulassen, wenn sichergestellt ist, dass berufsrechtliche Belange nicht beeinträchtigt werden."

[140] Neben der Partnerschaft hätte in § 22 und in Kapitel D. II. Nr. 8 Abs. 1 Satz 2 MBO-Ä 1997, auch in § 22a Nr. 1 MBO-Ä 1997, konsequenterweise die Rechtsform der Gesellschaft bürgerlichen Rechts aufgeführt sein müssen und nicht ihr ärztliches Erscheinungsbild als Gemeinschaftspraxis. Die Unterteilung der Berufsausübungsgemeinschaft in Gemeinschaftspraxis und Ärztepartnerschaft passt nicht. Sie lässt für die Gemeinschaftspraxis nur noch die Rechtsform der Gesellschaft bürgerlichen Rechts zu. Ohnehin ist es überzeugender, die Gemeinschaftspraxis als Oberbegriff der beiden Rechtsformen der Gesellschaft bürgerlichen Rechts und der Partnerschaft zu verstehen. Dem

merung bringt der Satzungsgeber zum Ausdruck, dass der Verweis nur für die aufgezählten Formen gemeinsamer Berufsausübung gilt. Im Rahmen der Ergänzenden Bestimmungen erläutert Kapitel D. II. Nr. 8 Abs. 1 Satz 1 MBO-Ä 1997 anschließend, dass Ärzte für Berufsausübungsgemeinschaften nur die Gesellschaftsformen wählen dürfen, welche die eigenverantwortliche und selbstständige sowie nicht gewerbliche Berufsausübung wahren. Diese Vorgaben sind entsprechend der abschließenden Aufzählung in Satz 2 nur mit der Rechtsform der Gesellschaft bürgerlichen Rechts für die Gemeinschaftspraxis oder der Partnerschaftsgesellschaft für die Ärztepartnerschaft gewahrt. Nicht genannte Rechtsformen wie die GmbH sind damit für die gemeinsame Berufsausübung der Ärzte in einer Praxis ausgeschlossen.[141]

Die Ärztekammern haben diese Regelungen ohne Änderungen wortgleich übernommen.[142] Infolgedessen steht die Ärzte-GmbH für die gemeinsame Zusammenarbeit der Ärzte nicht zur Verfügung.

b.   Berufsausübung des einzelnen Arztes gem. § 17

Von dieser Beurteilung weichen die Bestimmungen in § 17 der Berufsordnungen ab. Sie sehen die „Niederlassung und Ausübung der Praxis" für jeden Arzt nur grundsätzlich vor. In Ausnahmefällen lassen sie damit Raum für andere Formen ambulanter Heilbehandlung.

aa. Das Modell der Musterberufsordnung MBO-Ä 1997

Aus der Perspektive des einzelnen Arztes erfolgt dies vor allem durch § 17 Abs. 1 MBO-Ä 1997:

> „Die Ausübung ambulanter ärztlicher Tätigkeit außerhalb von Krankenhäusern und konzessionierten Privatkrankenanstalten ist an die Niederlassung in eigener Praxis gebunden, soweit nicht gesetzliche Vorschriften etwas anderes zulassen."

Des Weiteren bestimmt § 17 Abs. 2 MBO-Ä 1997, dass die Ausübung ambulanter ärztlicher Tätigkeit in gewerblicher Form oder bei Beschäftigungsträgern, die gewerbsmäßig ambulante heilkundliche Leistungen erbringen, berufswidrig ist. Auch hier erhalten anderslautende gesetzliche Vorschriften den Vorrang.

Gem. § 17 Abs. 3 MBO-Ä 1997 kann die Ärztekammer allerdings auf Antrag von den Geboten und Verboten in § 17 Abs. 1 und Abs. 2 MBO-Ä 1997 Ausnahmen gestatten, wenn die beruflichen Belange und die Beachtung der Berufsordnung gewahrt sind. Von einem repressiven Verbot mit Befreiungsvorbehalt kann

---

entspricht es, dass die ärztliche Gemeinschaftspraxis stets als das ärztliche geprägte Erscheinungsbild der gemeinsamen Berufsausübung beschrieben wird.

[141] So auch *Narr*, Ärztliches Berufsrecht, Rz. B 443.

[142] Vergleiche jeweils § 22 und Kapitel D. II. Nr. 8 Abs. 1 der Berufsordnungen der Ärztekammern von *Baden-Württemberg*, *Bayern*, *Berlin*, *Brandenburg*, *Bremen*, *Hessen*, *Niedersachsen*, *Mecklenburg-Vorpommern*, Westfalen-Lippe für *Nordrhein-Westfalen*, *Sachsen*, *Sachsen-Anhalt* und *Schleswig-Holstein*; in *Brandenburg* und *Rheinland-Pfalz* jeweils § 22 und Kapitel D. II. Nr. 7 Abs. 1, in *Hamburg*, *Saarland* und *Thüringen* jeweils § 22 und Kapitel D. I. Nr. 8 Abs. 1, in Nordrhein für *Nordrhein-Westfalen* § 22 und Kapitel D. I. Nr. 2 Abs. 1.

damit nicht mehr ausgegangen werden.[143] Im Gegensatz zur gesetzlichen Ausgestaltung beschränkt sich die Kammererlaubnis nicht nur auf „besondere Einzelfälle". Auf der anderen Seite liegt aber auch ein präventives Verbot mit Erlaubnisvorbehalt noch nicht vor.[144] Der Kammer ist zusätzlich ein Ermessen eingeräumt.
Aus diesem Grund erhalten Ärzte noch keinen gebundenen Anspruch auf Erlaub-
niserteilung gegen die Kammer, selbst wenn sie die Voraussetzungen erfüllen.

Gem. § 17 MBO-Ä 1997 ist es dem einzelnen Arzt zumindest ausnahmsweise
möglich, in einer Ärzte-GmbH tätig zu werden. Im Zusammenspiel mit den Rahmenbedingungen zur gemeinsamen Berufsausübung ergeben sich allerdings Unstimmigkeiten: Sobald mehrere Ärzte in der GmbH eine gemeinschaftliche Zusammenarbeit anstreben, gelten für sie die Verbote in § 22 MBO-Ä 1997 und in
Kapitel D. II Nr. 8 MBO-Ä 1997.

bb. Umsetzung des Modells in den Berufsordnungen der Ärztekammern

Die einzelnen Berufsordnungen haben die Vorschläge der Musterberufsordnung
übernommen. Allen ist in § 17 Abs. 1 gemeinsam, dass sie die Ausübung ambulanter ärztlicher Tätigkeit des Arztes außerhalb von Krankenhäusern und konzessionierten Privatkrankenanstalten an die *Niederlassung in eigener Praxis* binden.[145]

Strengere Regelungen als in § 17 enthalten nur die Berufsordnungen der Ärztekammern von Baden-Württemberg und Bayern. Ihnen fehlt der Vorbehalt einer
abweichenden *gesetzlichen* Regelung und einer abweichenden *Ermessensent-
scheidung* der Kammern.[146] In Baden-Württemberg und Bayern darf also auch der
einzelne Arzt nicht in der Rechtsform der GmbH praktizieren.

c.   Folgeregelungen in § 19 Satz 2 und § 22a Abs. 1 MBO-Ä 1997

Die festgestellten Verbote liegen den anderen Regelungen in den Berufsordnungen zugrunde. Gewissermaßen als Konsequenz aus den vorherigen Bestimmungen

---

[143] Dieser sehr intensive Eingriff verbietet eine bestimmte Tätigkeit grundsätzlich. Nur
ausnahmsweise besteht die Möglichkeit, Befreiungen vom gesetzlichen Verbot zu erteilen. Die Erteilung der Befreiung erweitert somit die Rechtssphäre des Adressaten, *Huber*, Allgemeines Verwaltungsrecht, S. 173.

[144] In diesen Fällen will das Gesetz eine bestimmte Tätigkeit nicht generell verhindern. Es
will lediglich durch eine präventive behördliche Kontrolle sicherstellen, dass von der
erlaubnispflichtigen Tätigkeit keine Gefahren für die öffentliche Sicherheit und Ordnung ausgehen, *Huber*, Allgemeines Verwaltungsrecht, S. 174.

[145] § 17 Abs. 1 BO BW; § 17 Abs. 1 BayBO; § 17 Abs. BlnBO; § 17 Abs. 1BbgBO; § 17
Abs. 1 BremBO; § 17 Abs. 1 HmbBO; § 17 Abs. 1 HessBO; § 17 Abs. 1 BO MV; § 17
Abs. 1 NdsBO; § 17 Abs. 1 BO Nordrhein und § 17 Abs. 1 BO Westfalen-Lippe für
Nordrhein-Westfalen; § 17 Abs. 1 BO RP; § 17 Abs. 1 SächsBO; § 17 Abs. 1 BO LSA;
§ 17 Abs. 1 BO SH; § 17 Abs. 1, § 17 Abs. 1 ThBO.

[146] § 17 Abs. 1 BO BW; § 17 Abs. 1 BayBO.

sind § 19 Satz 2 und § 22a Abs. 1 Satz 1-2 MBO-Ä 1997 anzusehen, die man beide in den einzelnen Berufsordnungen umgesetzt hat.[147]

§ 19 Satz 2 MBO-Ä 1997 folgt dem Modell des allein praktizierenden, niedergelassenen Arztes. Danach setzt „die Beschäftigung eines ärztlichen Mitarbeiters in der Praxis (angestellter Praxisarzt) die Leitung der Praxis [...] durch den niedergelassenen Arzt voraus." Ausnahmen davon sind nicht vorgesehen. Zweck der Vorschrift ist es, eine Rangordnung aufzustellen zwischen dem niedergelassenen Arzt, der seine Praxis höchstpersönlich auszuüben hat, und seinem ärztlichen Mitarbeiter.[148] Sie schreibt allen Praxen die Leitung durch den *niedergelassenen* Arzt vor. Das verhindert den Praxisbetrieb juristischer Personen: In der Ärzte-GmbH ist eine Leitung durch niedergelassene Ärzte nicht möglich. Sie beschäftigt nur angestellte Ärzte. Selbst Gesellschafter-Ärzte können nicht niedergelassen sein, weil ihnen das Merkmal des „Öffentlichen Bereitstellens der Praxis" fehlt.[149] Das übernimmt die Gesellschaft, die nach außen hervortritt. Infolgedessen steht auch § 19 Satz 2 MBO-Ä 1997 der ärztlichen Berufsausübung in der GmbH entgegen.

Gleiches gilt für § 22a Abs. 1 MBO-Ä 1997, der die Ankündigung von Berufsausübungsgemeinschaften auf Praxisschildern regelt.[150] Hier wiederholt sich die abschließende Aufzählung der erlaubten Rechtsformen aus § 22 MBO-Ä 1997. Satz 1 enthält denselben Klammerzusatz mit der Beschränkung auf die Gemeinschaftspraxis und die Partnerschaft. Satz 2 führt ihn weiter. Danach darf der Zusammenschluss nur „entsprechend der Rechtsform mit dem Zusatz ‚Gemeinschaftspraxis' oder ‚Partnerschaft'" auf dem Praxisschild angekündigt werden. Die GmbH wird bleibt unerwähnt, ist also nicht zugelassen.

---

[147] § 22a Abs. 1 MBO-Ä 1997 hat die frühere Regelung in Kapitel D. I. Nr. 2 Abs. 9-11 MBO-Ä 1997 a.F. seit dem 105. Ärztetag 2002 in Rostock ersetzt, ist aber inhaltlich weitgehend gleich geblieben. Die früher umfassenden Regelungen zur Gestaltung des Praxisschildes sind dadurch überwiegend ersatzlos weggefallen. Bis auf *Berlin, Brandenburg, Mecklenburg-Vorpommern* und *Rheinland-Pfalz* haben die Ärztekammern diese Änderung umgesetzt, § 19 Satz 2, § 22a Abs. 1 BO BW; § 19 Satz 2, § 22a Abs. 1 BayBO; § 19 Satz 2 und Kapitel D. I. Nr. 2 Abs. 9 Satz 1-2 BlnBO; § 19 Satz 2 und Kapitel D. I. Nr. 2 Abs. 9 Satz 1-2 BbgBO; § 19 Satz 2, § 22a Abs. 1 BremBO; § 19 Satz 2, § 22a Abs. 1 HmbBO; § 19 Abs. 1 Satz 2, § 22a Abs. 1 HessBO; § 19 Satz 2 und Kapitel D. I. Nr. 2 Abs. 9 Satz 1-2 BO MV; § 19 Satz 2, § 22a Abs. 1 NdsBO; § 19 Satz 2, § 22a Abs. 1 BO Nordrhein; § 19 Satz 2, § 22a Abs. 1 BO Westfalen-Lippe; § 19 Satz 2 und Kapitel D. I. Nr. 2 Abs. 9 Satz 1-2 BO RP; § 19 Satz 2, § 22a Abs. 1 SBO; § 19 Satz 2, § 22a Abs. 1 SächsBO; § 19 Satz 2, § 22a Abs. 1 BO LSA; § 19 Satz 2, § 22a Abs. 1 BO SH; § 19 Satz 2, § 22a Abs. 1 ThBO.

[148] *Lippert*, in: Ratzel/Lippert, Kommentar zur MBO, § 19, Rz. 1.

[149] Berufsrechtliche Definition der Niederlassung vgl. in § 1, B. II. 2. b. bb., ausführlich zur Niederlassung unten in § 4, A. II. 2. a.

[150] § 22a Abs. 1 MBO-Ä 1997 lautet: „Bei Berufsausübungsgemeinschaften von Ärzten (Gemeinschaftspraxis, Ärzte-Partnerschaft, Kapitel D II Nr. 8) sind – unbeschadet des Namens einer Partnerschaftsgesellschaft – die Namen und Arztbezeichnungen aller in der Gemeinschaft zusammengeschlossenen Ärzte anzuzeigen. Der Zusammenschluss ist ferner entsprechend der Rechtsform mit dem Zusatz „Gemeinschaftspraxis" oder „Partnerschaft" anzukündigen."

Soweit andere Vorschriften in den Berufsordnungen den „niedergelassenen Arzt" oder die „Praxis des Arztes" erwähnen, betreffen sie ausschließlich das Maß der für sie relevanten Berufspflichten.[151] Auf die Zulässigkeit der Ärzte-GmbH wirken sich diese Regelungen jedoch nicht aus.[152]

d. Zusammenfassung

Das in § 22 und Kapitel D II. Nr. 8 Abs. 1 Satz 2 normierte uneingeschränkte Verbot der gemeinsamen Berufsausübung in der Ärzte-GmbH haben alle Berufsordnungen übernommen.[153] Die Umsetzung des Verbots erfolgt in den Regelungen zur Ankündigung von Berufsausübungsgemeinschaften gem. § 22a Abs. 1 bzw. Kapitel D. I. Nr. 2 Abs. 9 Satz 1-2[154] und in dem Erfordernis der Praxisleitung durch den niedergelassenen Arzt, § 19 Satz 2[155].

Bei der Bindung des einzelnen Arztes an die Niederlassung gem. § 17 haben sich Baden-Württemberg und Bayern für eine vorbehaltlose Regelung entschieden.[156]

Ansonsten folgen die Berufsordnungen in Berlin, Brandenburg, Bremen, Hamburg, Hessen, Mecklenburg-Vorpommern, Niedersachsen, Nordrhein und Westfa-

---

[151] § 17 Abs. 4, Abs. 5, § 18 Abs. 2 Satz 1, § 20 Abs. 1 Satz 1, § 22a Abs. 1, 26 Abs. 1, 29 Abs. 2 Satz 2. Sie sind in die Berufsordnungen der Ärztekammern umgesetzt worden, wobei die Regelungen in Kapitel D. I. Nr. 2 der Berufsordnungen dem § 22a Nr. 1 MBO-Ä 1997 n.F. entsprechen.

[152] Zur Geltung dieser Berufspflichten für GmbH-Ärzte unten § 4, B.

[153] Jeweils § 22 i.V.m. Kapitel D. II. Nr. 8 Abs. 1 Satz 2 BO BW; § 22 i.V.m. Kapitel D. II. Nr. 8 Abs. 1 Satz 2 BayBO; § 22 i.V.m. Kapitel D. II. Nr. 8 Abs. 1 Satz 2 BlnBO; § 19 Satz 2, § 22 i.V.m. Kapitel D. II. Nr. 7 Abs. 1 Satz 2 BbgBO; § 22 i.V.m. Kapitel D. II. Nr. 8 Abs. 1 Satz 2 BremBO; § 22 i.V.m. Kapitel D. I. Nr. 8 Abs. 1 Satz 2 HmbBO; § 22 i.V.m. Kapitel D. II. Nr. 8 Abs. 1 Satz 2 HessBO; § 22 i.V.m. Kapitel D. II. Nr. 8 Abs. 1 Satz 2 BO MV; § 22 i.V.m. Kapitel D. II. Nr.8 Abs. 1 Satz 2 NdsBO; § 22 i.V.m. Kapitel D. I. Nr. 2 Abs. 1 Satz 2 BO Nordrhein; § 22 i.V.m. Kapitel D. II. Nr. 8 Abs. 1 Satz 2 BO Westfalen-Lippe; § 22 i.V.m. Kapitel D. II. Nr. 7 Abs. 1 Satz 2 BO RP; § 22 i.V.m. Kapitel D. II. Nr. 8 Abs. 1 Satz 2 BO MV; § 22 i.V.m. Kapitel D. I. Nr.8 Abs. 1 Satz 2 SBO; § 22 i.V.m. Kapitel D. II. Nr.8 Abs. 1 Satz 2 SächsBO; § 22 i.V.m. Kapitel D. II. Nr. 8 Abs. 1 Satz 2 BO LSA; § 22 i.V.m. Kapitel D. II. Nr. 8 Abs. 1 Satz 2 BO SH; § 22 i.V.m. Kapitel D. I Nr. 8 Abs. 1 Satz 2 ThBO.

[154] § 22a Abs. 1 BO BW; § 22a Abs. 1 BayBO; Kapitel D. I. Nr. 2 Abs. 9 Satz 1-2 BlnBO; Kapitel D. I. Nr. 2 Abs. 9 Satz 1-2 BbgBO; § 22a Abs. 1 BremBO; § 22a Abs. 1 Hmb BO; § 22a Abs. 1 HessBO; Kapitel D. I. Nr. 2 Abs. 9 Satz 1-2 BO MV; § 22a Abs. 1 NdsBO; § 22a Abs. 1 BO Nordrhein; § 22a Abs. 1 BO Westfalen-Lippe; Kapitel D. I. Nr. 2 Abs. 9 Satz 1-2 BO RP; § 22a Abs. 1 SBO; § 22a Abs. 1 SächsBO; § 22a Abs. 1 BO LSA; § 22a Abs. 1 BO SH; § 22a Abs. 1 ThBO.

[155] Jeweils § 19 Satz 2 BO BW; § 19 Satz 2 BayBO; § 19 Satz 2 BlnBO; § 19 Satz 2 BbgBO; § 19 Satz 2 BremBO; § 19 Satz 2 HmbBO; § 19 Abs. 1 Satz 2 HessBO; § 19 Satz 2 BO MV; § 19 Satz 2 NdsBO; § 19 Satz 2 BO Nordrhein; § 19 Satz 2 BO Westfalen-Lippe; § 19 Satz 2 BO RP; § 19 Satz 2 BO MV; § 19 Satz 2 SBO; § 19 Satz 2 Sächs BO; § 19 Satz 2 BO LSA; § 19 Satz 2 BO SH; § 19 Satz 2 ThBO.

[156] § 17 BO BW; § 17 BayBO.

len-Lippe, Rheinland-Pfalz, Saarland, Sachsen, Sachsen-Anhalt, Schleswig-Holstein und Thüringen der Musterberufsordnung: Anderslautende gesetzliche Regelungen erhalten bei ihnen ausdrücklich den Vorrang. Die Ärztekammern können darüber hinaus eine Ausnahmegenehmigung erlassen, wenn sicher ist, dass die beruflichen Belange nicht beeinträchtigt werden und die Berufsordnung beachtet wird.[157]

Mit dem Regelungsgehalt des § 19 Satz 2 sind die Ausnahmen indes nicht zu vereinbaren. Nach dieser Vorschrift darf ausnahmslos nur der niedergelassene Arzt andere Ärzte beschäftigen. Dieser Widerspruch liegt also schon der Musterberufsordnung zugrunde.

4. Mangelnde Übereinstimmung zwischen Satzungsrecht und gesetzlicher Ermächtigungsgrundlage

Ein erster Vergleich macht bereits deutlich, dass die Berufsordnungen der Ärztekammern zum Teil erheblich von ihren gesetzlichen Vorgaben abweichen. Augenscheinlich folgen sie unbesehen der Musterberufsordnung.

So enthalten die Berufsordnungen in den Ländern Baden-Württemberg, Bremen, Hamburg, Hessen, Mecklenburg-Vorpommern, Rheinland-Pfalz, Saarland, Sachsen-Anhalt und Thüringen wesentlich strengere Regelungen, als ihre Heilberufe- und Kammergesetze, die die Ärzte-GmbH erlauben:[158]

Während die Berufsordnungen die Bestimmungen über die gemeinsame Berufsausübung gem. § 22 und Kapitel D. II. Nr. 8 Abs. 2 Satz 1, die Praxisleitung gem. § 19 Satz 2 und die Ankündigung von Berufsausübungsgemeinschaften gem. § 22a bzw. Kapitel D. I. Nr. 2 Abs. 9 Satz 1-2 einschränkend regeln, fehlt den Gesetzen dazu jegliche Ermächtigung zum Erlass von Verboten. Vorbehalte zugunsten anderslautender gesetzlicher Regelungen sehen die Berufsordnungen hierzu aber auch nicht vor.

Außerdem knüpfen die Heilberufe- und Kammergesetze die ambulante Tätigkeit nicht an die Niederlassung in eigener Praxis. Von diesem Erfordernis gehen aber ihre Berufsordnungen in § 17 Abs. 1 und Abs. 2 aus. Ein nicht zu überwindender Widerspruch zum Gesetz entsteht daraus jedoch nur in Baden-Württemberg. Mit Ausnahme Baden-Württembergs gilt das Niederlassungsgebot

---

[157] § 17 Abs. 1 und Abs. 3 BlnBO; § 17 Abs. 1 und Abs. 3 BbgBO; § 17 Abs. 1 und Abs. 3 BremBO; § 17 Abs. 1 und Abs. 3 HmbBO; § 17 Abs. 1 und Abs. 3 HessBO; § 17 Abs. 1 und Abs. 3 BO MV; § 17 Abs. 1 und Abs. 3 NdsBO; § 17 Abs. 1 und Abs. 3 BO Nordrhein; § 17 Abs. 1 und Abs. 3 BO Westfalen-Lippe; § 17 Abs. 1 und Abs. 3 BO RP; § 17 Abs. 1 und Abs. 3 SBO; § 17 Abs. 1 und Abs. 3 SächsBO; § 17 Abs. 1 und Abs. 3 BO LSA; § 17 Abs. 1 und Abs. 3 BO SH; § 17 Abs. 1 und Abs. 3 ThBO.

[158] §§ 29-31 HKaG BW; §§ 27-30 BremHeilBerG; §§ 1-2 HmbÄG; §§ 22-25 HessHeilBerG; §§ 31-33 HeilBerG MV; §§ 20-23 HeilBerG RP; §§ 16-17 SHKG; §§ 19-21 KGHB-LSA; §§ 20-23 ThHeilBerG.

nur, „soweit nicht gesetzliche Vorschriften etwas anderes zulassen".[159] An diesen Öffnungsklauseln liegt es, dass § 17 in den übrigen acht Ländern noch mit der gesetzlichen Vorgabe zu vereinbaren ist.[160] Zudem gestatten sie in § 17 der Berufsordnungen Ausnahmen zugunsten des einzeln praktizierenden Arztes, gelten also nicht uneingeschränkt.[161]

Fehlende Übereinstimmungen ergeben sich also nur im Hinblick auf die § 19 Satz 2, § 22 sowie Kapitel D. II. Nr. 8 Abs. 1 Satz 2[162] und § 22a bzw. Kapitel D. I. Nr. 2 Abs. 9 Satz 1-2[163] der Berufsordnungen in Baden-Württemberg, Bremen, Hamburg, Hessen, Mecklenburg-Vorpommern, Rheinland-Pfalz, Saarland, Sachsen-Anhalt und Thüringen. In Baden-Württemberg ist zusätzlich die Regelung in § 17 Abs. 1 und Abs. 2 BO BW wegen des fehlenden Vorbehalts nicht mit der gesetzlichen Grundlage zu vereinbaren.

Umgekehrt sind die Berufsordnungen der Ärztekammern Berlin und Sachsen freiheitlicher als die Regelungen der jeweiligen Heilberufe- und Kammergesetze. In Sachsen übernimmt die Berufsordnung die Vorgaben der Musterberufsordnung, obwohl das sächsische Heilberufekammergesetz ein uneingeschränktes Verbot aller Praxen in der Rechtsform der GmbH normiert. Dem § 16 Abs. 4 SächsHKaG entsprechen zwar die § 19 Satz 2, § 22 i.V.m. Kapitel D. II. Nr. 8 Abs. 1 Satz 2 und § 22a Abs. 1 SächsBO, nicht aber der Grundsatz des § 17 SächsBO.

Demgegenüber stimmt in Berlin das Niederlassungsgebot des gesetzlichen § 4a Abs. 4 BlnKaG zwar mit der Satzungsregelung in § 17 Abs. 1 BlnBO überein. Allerdings gestattet die Berufsordnung der Ärztekammer eine weitere Erlaubnis in § 17 Abs. 3 BlnBO, die sich im Gesetz nicht wiederfindet. Dafür ist sie insofern strenger, als sie gem. § 19 Satz 2, § 22 i.V.m. Kapitel D. II. Nr. 8 Abs. 1 Satz 2 und Kapitel D. I. Nr. 2 Abs. 9 Satz 1-2 BlnBO die gemeinsame Berufsausübung in der GmbH ohne den Vorbehalt einer anderslautenden gesetzlichen Regelung verbietet. Diese Regelungen sind nicht mit § 4a Abs. 4 BlnKaG zu vereinbaren.

Lediglich in vier Bundesländern sind Übereinstimmungen der Berufsordnungen hinsichtlich der Frage einer Zulässigkeit der Ärzte-GmbH mit den gesetzlichen Regelungen zu erzielen. In Bayern bewegt sich die satzungsrechtliche Berufsord-

---

[159] Über diese Gesetzesvorbehalte verfügen die § 17 Abs. 1 und Abs. 2 der Berufsordnungen der Länder *Bremen, Hamburg, Hessen, Mecklenburg-Vorpommern, Rheinland-Pfalz, Saarland, Sachsen-Anhalt* und *Thüringen*.

[160] Siehe dazu im Einzelnen in § 1, C. I. 1. b. aa.

[161] § 17, § 19 Satz 2, § 22 i.V.m. Kapitel D. II. Nr. 8 Abs. 1 Satz 2 BO BW; § 17 Abs. 1, Abs. 3, § 19 Satz 2, § 22 i.V.m. Kapitel D. II. Nr. 8 Abs. 1 Satz 2 BremBO; § 17 Abs. 1, Abs. 3, § 19 Satz 2, § 22 i.V.m. Kapitel D. II. Nr. 8 Abs. 1 Satz 2 HmbBO; § 17 Abs. 1, Abs. 3, § 19 Abs. 1 Satz 2, § 22 i.V.m. Kapitel D. II. Nr. 8 Abs. 1 Satz 2 HessBO; § 17 Abs. 1, Abs. 3, § 19 Satz 2, § 22 i.V.m. Kapitel D. II. Nr.7 Abs. 1 Satz 2 BO RP; § 17 Abs. 1, Abs. 3, § 19 Satz 2, § 22 i.V.m. Kapitel D. II. Nr. 8 Abs. 1 Satz 2 BO LSA; § 17 Abs. 1, Abs. 3, § 19 Satz 2, § 22 i.V.m. Kapitel D. II. Nr. 8 Abs. 1 Satz 2 ThBO.

[162] Kapitel D. I. Nr. 8 Abs. 1 Satz 2 in den Berufsordnungen der Kammern *Hamburg, Saarland* und *Thüringen*.

[163] Von den neun aufgeführten Ländern haben die Kammern von *Mecklenburg-Vorpommern* und *Rheinland-Pfalz* die alte Regelung in Kapitel D. I. Nr. 2 noch beibehalten.

nung im Rahmen der gesetzlichen Vorschriften: Dem uneingeschränkten GmbH-Verbot im bayerischen Heilberufe-Kammergesetz entspricht das ebenso uneingeschränkte Niederlassungsgebot der Berufsordnung, vgl. Art. 18 Abs. 1 Satz 2 BayHKaG mit §§ 17, 19 Satz 2, § 22 i.V.m. Kapitel D. II. Nr. 8 Abs. 1 Satz 2 und § 22a Abs. 1 BayBO. Was das Kammergesetz als formelles Gesetz jedermann verbieten darf, kann die Berufsordnung zumindest ihren Ärzten vorschreiben.

In Brandenburg, Niedersachsen und Nordrhein-Westfalen schreiben die Berufsordnungen in § 17 wie die gesetzlichen Regelungen die Bindung an die Niederlassung vor, soweit keine anderslautenden gesetzlichen Vorschriften eingreifen oder die Ärztekammer Ausnahmen zulässt. Lediglich in Bezug auf die Voraussetzungen der Kammerausnahmen sind Unstimmigkeiten zu vermerken. Während die gesetzlichen Vorgaben die Ärztekammern nur zur Befreiung „in besonderen Einzelfällen" berechtigen, gilt im Satzungsrecht ein präventives Verbot mit Erlaubnisvorbehalt. Dies nähert sich dem repressiven gesetzlichen Verbot jedoch insofern an, als die Kammern ein zusätzliches Ermessen ausüben sollen. Ferner stellt es eine Antragspflicht auf.[164]

Allerdings bestehen auch in Brandenburg, Niedersachsen und Nordrhein-Westfalen keine Übereinstimmungen zwischen Satzung und Gesetz hinsichtlich der § 19 Satz 2, § 22 i.V.m. Kapitel D. II. Nr. 8 Abs. 1 Satz 2 und § 22a Abs. 1.[165] Diesen Satzungsregelungen fehlen die in § 31 Abs. 2 BbgHeilBerG, § 32 Nds-HKG und § 29 Abs. 2 HeilBerG NW vorgesehenen Befreiungen.

Für die Regelungen in Schleswig-Holstein gilt zunächst das zu Brandenburg, Niedersachsen und Nordrhein-Westfalen Gesagte: § 17 Abs. 1 BO SH stimmt mit dem Niederlassungsgebot in § 29 Abs. 2 Satz 1 HeilBerG SH überein. Beim Vergleich der jeweils in § 29 Abs. 2 Satz 7 HeilBerG SH und § 17 Abs. 3 BO SH geregelten Kammerausnahme ergeben sich dieselben Unregelmäßigkeiten, wie sie in der Gruppe der vorherigen drei Länder aufgezeigt wurden. Weil aber § 29 Abs. 2 Satz 4 HeilBerG SH die ambulante Praxis in der Rechtsform der juristischen Person ohne Ausnahme als unstatthaft erklärt, verstößt die in § 17 Abs. 3 BO SH normierte Ausnahmeerlaubnis der Ärztekammer auch gegen dieses gesetzliche Verbot. Wie in Bayern und Sachsen hat dies zur Folge, dass zumindest § 19 Satz 2, § 22 i.V.m. Kapitel D. II. Nr. 8 Abs. 1 Satz 2 und § 22a Abs. 1 BO SH wiederum mit der gesetzlichen Vorgabe übereinstimmen.

---

[164] *Brandenburg*: § 31 Abs. 2 BbgHeilBerG und § 17 Abs. 1 und Abs. 2 BbgBO; *Niedersachsen*: § 32 NdsHKG und § 17 Abs. 1 und Abs. 2 NdsBO; für *Nordrhein-Westfalen*: § 29 Abs. 2 HeilBerG NW und § 17 Abs. 1 und Abs. 2 BO Nordrhein und Westfalen-Lippe.

[165] § 19 Satz 2, § 22 i.V.m. Kapitel D. II. Nr. 7 Abs. 1 Satz 2, Kapitel D. I. Nr. 2 Abs. 9 Satz 1-2 BbgBO; § 19 Satz 2, § 22 i.V.m. Kapitel D. II. Nr. 8 Abs. 1 Satz 2, § 22a Abs. 1 NdsBO; § 19 Satz 2, § 22 i.V.m. Kapitel D. I. Nr. 2 Abs. 1 Satz 2, § 22a Abs. 1 Bo Nordrhein; § 19 Satz 2, § 22 i.V.m. Kapitel D. II. Nr. 8 Abs. 1 Satz 2, § 22a Abs. 1 Bo Westfalen-Lippe.

C. Geltung der Beschränkungen nach Verfassungsrecht

Die Verfassungswidrigkeit der Zugangsverbote ist in der Literatur schon früh beanstandet worden. Auf Grund der anhaltenden Aktualität ist der Frage auch hier – getrennt nach den Personengruppen der Ärzte und der Ärzte-GmbH – nachzugehen.

Der unterschiedlichen Betroffenheit von Ärzten und GmbH folgend sind die Verbote an den Freiheitsgewährleistungen der Art. 12 Abs. 1 Satz 1 GG und Art. 9 Abs. 1 GG zu messen. Von Bedeutung ist ferner Art. 3 Abs. 1 GG, weil solche Regelungen – gerade mit Blick auf die Zulässigkeit von juristischen Personen im Gesundheitswesen – eine Ungleichbehandlung darstellen können.[166]

I. Grundrechtsbetroffenheit der Ärzte

Zunächst ist fraglich, ob die Ärzte, an die sich die Regelungen unmittelbar richten, durch ein Verbot der Ärzte-GmbH in ihren Grundrechten verletzt werden.

1. Vereinbarkeit mit Art. 12 Abs. 1 Satz 1 GG – Berufsfreiheit

a. Eingriff in den ärztlichen Heilberuf

Maßstab für die in den sieben Bundesländern ergangenen Verbots- und Gebotsregelungen[167] ist in erster Linie Art. 12 Abs. 1 Satz 1 GG. Er schützt den ärztlichen

---

[166] Zur Vereinbarkeit mit Art. 12 Abs. 1 Satz 1 GG und Art. 3 Abs. 1 GG *Taupitz*, NJW 1992, 2317 ff.; *ders.*, JZ 1994, 1100 ff.; *ders.*, NJW 1996, 3033 ff.; aber auch *Laufs*, MedR 1995, 11 ff.; *Henssler*, ZIP 1994, 844 ff.; *Weber/Vogt-Weber*, ArztR 1997, 179 ff.

[167] Gesetzliche Verbote nur in sieben Bundesländern: Art. 18 Abs. 1 Satz 2 BayHKaG; § 4a Abs. 4 Satz 1 BlnKaG; § 31 Abs. 2 Satz 1 BbgHeilBerG; § 32 Abs. 1 NdsHKG; § 29 Abs. 2 Satz 1 HeilBerG NW; § 16 Abs. 4 SächsHKaG; § 29 Abs. 2 Satz 1 und 4 HeilBerG SH.
Satzungsrechtliche Verbote dagegen in jedem Bundesland gem. § 17 Abs. 1, § 19 Satz 2, § 22 i.V.m. Kapitel D. II Nr. 8 BO BW; § 17 Abs. 1, § 19 Satz 2, § 22 i.V.m. Kapitel D. II Nr. 8 BayBO; § 17 Abs. 1, 3, § 19 Satz 2, § 22 i.V.m. Kapitel D. II Nr. 8 BlnBO; § 17 Abs. 1, 3, § 19 Satz 2, § 22 i.V.m. Kapitel D. II Nr. 7 BbgBO; § 17 Abs. 1, Abs. 3, § 19 Satz 2, § 22 i.V.m. Kapitel D. II Nr. 8 BremBO; § 17 Abs. 1, 3, § 19 Satz 2, § 22 i.V.m. Kapitel D. I Nr. 8 HmbBO; § 17 Abs. 1, 3, § 19 Abs. 1 Satz 2, § 22 i.V.m. Kapitel D. II Nr. 8 HessBO; § 17 Abs. 1, 3, § 19 Satz 2, § 22 i.V.m. Kapitel D. II Nr. 8 BO MV; § 17 Abs. 1, 3, § 19 Satz 2, § 22 i.V.m. Kapitel D. II Nr. 8 NdsBO; § 17 Abs. 1, 3, § 19 Satz 2, § 22 i.V.m. Kapitel D. I Nr. 2 BO Nordrhein; § 17 Abs. 1, Abs. 3, § 19 Satz 2, § 22 i.V.m. Kapitel D. II Nr. 8 BO Westfalen-Lippe; § 17 Abs. 1, Abs. 3, § 19 Satz 2, § 22 i.V.m. Kapitel D. II Nr. 7 BO RP; § 17 Abs. 1, 3, § 19 Satz 2, § 22 i.V.m. Kapitel D. I Nr. 8 SBO; § 17 Abs. 1, 3, § 19 Satz 2, § 22 i.V.m. Kapitel D. II Nr. 8 SächsBO; § 17 Abs. 1, 3, § 19 Satz 2, § 22 i.V.m. Kapitel D. II Nr. 8 BO LSA;

Heilberuf in den Aspekten der Wahl und der Ausübung. Darüber hinaus sichert er die Freiheit, den Beruf in Assoziation mit anderen auszuüben.[168] Inhaltlich stellt der Arztberuf die Vorbeugung, Erkennung, Heilung oder zumindest die Linderung von Krankheiten des Menschen in den Mittelpunkt. So umfassend verstanden wird er in der Gesetzgebungskompetenz des Art. 74 Abs. 1 Nr. 19 GG vorgegeben,[169] findet sich aber auch in der Bundesärzteordnung, die den einheitlichen Ausbildungsweg zum Arzt regelt.

Das gleichberechtigte Nebeneinander verschiedener Betätigungsformen steht der Annahme eines einheitlichen Arztberufs nicht entgegen.[170] Unerheblich ist, ob Ärzte nach Abschluss der Weiterbildung die Anerkennung zum Gebietsarzt und damit zu einem hohen Behandlungsstandard auf einem Fachgebiet erhalten.[171] Gerade wegen der Vergleichbarkeit der Tätigkeit zum frei praktizierenden Arzt hat sich auch eine Differenzierung – zwischen dem Beruf des Vertragsarztes einerseits und dem Beruf des frei praktizierenden Arztes andererseits – nicht durchsetzen können.[172]

---

§ 17 Abs. 1, 3, § 19 Satz 2, § 22 i.V.m. Kapitel D. II Nr. 8 BO SH; § 17 Abs. 1, Abs. 3, § 19 Satz 2, § 22 i.V.m. Kapitel D. I Nr. 8 ThBO.

[168] Zum Berufsbegriff vgl. nur BVerfGE 7; 377, 397 f.; 32, 311, 317; 48, 376, 388; 54, 301, 313 f.; 81, 70, 85; 68, 272, 281; 97, 228, 252 f.; *Manssen*, in: v.Mangoldt/Klein-/Starck, Das Bonner Grundgesetz, Art. 12, Rz. 33; *Tettinger*, in: Sachs, GG-Kommentar, Art. 12, Rz. 57; *Jarass*, in: Jarass/Pieroth, GG-Kommentar, Art. 12, Rz. 4; *Sachs*, Verfassungsrecht II, B 12, Rz. 3. Str. ist das Erfordernis der „Erlaubtheit" bzw. der „sozialen Unwertigkeit". Für seine Beibehaltung *Pieroth/Schlink*, Grundrechte, Rz. 810; *Gubelt*, in: v.Münch/Kunig, Grundgesetz-Kommentar, Art. 12, Rz. 9; bei den aufgeführten Entscheidungen fehlt es in BVerfGE 54, 301, 313 f. und 97, 228, 252 f.

[169] BVerfGE 33, 125, 152 ff. wobei die Einschränkung gilt, dass die unterschiedliche Funktion von Kompetenz- und Grundrechtsbestimmungen nicht in jedem Fall einheitliche Auslegungen bedingt. Art. 74 Abs. 1 Nr. 19 GG stattet den Bund mit der Kompetenz für die Zulassung zu ärztlichen Heilberufen aus. Die miterwähnten „anderen Heilberufe" beziehen sich im Wesentlichen auf Heilhilfsberufe, vgl. *Degenhart*, in: Sachs, GG-Kommentar, Art. 74, Rz. 73; *Oeter*, in: v.Mangoldt/Klein/Starck, Das Bonner Grundgesetz, Art. 74, Rz. 171; *Pieroth*, in: Jarass/Pieroth, GG-Kommentar, Art. 74, Rz. 45; *Maunz*, in: Maunz/Dürig, Grundgesetz Kommentar, Band IV, Art. 74, Rz. 214 f.

[170] Zum einheitlich verstandenen Arztberuf unten in § 1, C. I. 1. b. bb. (b). Die Abgrenzung zum Beruf eines Krankenhausträges wird unten im Rahmen von Verstößen gegen Art. 3 Abs. 1 GG in § 1, C. II. 3. b. gezogen.

[171] Mit Blick auf die insofern eindeutigen Kompetenzregelungen in Art. 70, 74 Abs. 1 Nr. 19 GG für die Zulassung zum „ärztlichen Heilberuf" und ihre Entstehungsgeschichte hat das Bundesverfassungsgericht die Aufsplitterung in den eigenständigen Beruf des Facharztes abgelehnt, vgl. BVerfGE 33, 125, 152 ff.

[172] BVerfGE 11, 30, 41; für den Kassenzahnarzt vgl. 12, 144, 147; angesichts der Reformbestrebungen in der gesetzlichen Krankenversicherung wird jedoch zunehmend befürchtet, dass der Vertragsarzt heutiger Prägung zum „Kassenbeamten (ab)qualifiziert" wird, so *Quaas*, MedR 2001, 34, 36; *Zuck*, in: FS Geiss (2000), S. 323, 330 Fn. 39, 332 Fn. 45; dagegen *Tettinger*, MedR 2001, 287 Fn. 2; *Sodan*, Freie Berufe als Leistungserbringer im Recht der gesetzlichen Krankenversicherung, S. 94 ff.

Soweit die Ausübung ambulanter Heilkunde in Abgrenzung zur Ausübung der Heilkunde in stationären Einrichtungen als eigenständiger Beruf angesehen wird,[173] kann das dahinstehen. Anhaltspunkte für diese Unterteilung bestehen zwar in der jeweiligen soziale Gewichtung und Ausrichtung.[174] Den Krankenhausarzt bindet ein größerer organisatorischer Rahmen. Dieser lässt ihm weniger Freiheiten, stellt ihn aber weitgehend vom verwaltungstechnischen Aufwand frei. Dagegen ist der praktizierende Arzt auch unternehmerisch tätig. Die wesentlichen Entscheidungen über die Praxisausrichtung, den Abschluss der Behandlungsverträge und die Organisation trifft er selbst. Der Schwerpunkt beider Bereiche liegt stets auf der Behandlung der Patienten, die sich zudem im Niveau nicht unterscheiden dürfte. Dazu sind gerade die Gebietsarztpraxen infolge hoher Investitionen zu gut ausgestattet.[175]

Wird Ärzten die Anstellung in der Ärzte-GmbH verwehrt, ferner die Möglichkeit, eine solche zu gründen oder sich an ihr zu beteiligen, ist dies als Eingriff in die Ausübung ihres Berufs zu werten. Dabei erfüllen die formell-rechtlichen und die Satzungsregelungen als einseitig verbindliche und staatlich durchsetzbare Rechtsakte gegenüber den Ärzten die Anforderungen an den klassischen Eingriffsbegriff.[176] Sie bedürfen in jedem Fall der Rechtfertigung nach Verfassungsrecht.

---

[173] Diese Unterscheidung liegt BVerfGE 11, 30, 41; 12, 144, 147 zugrunde.

[174] Von dieser Unterscheidung geht auch die Entscheidung des BayVerfGH, NJW 2000, 3418 aus, will sie aber – wenig überzeugend – nur für natürliche Personen gelten lassen.

[175] Bei der Unterscheidung stellte sich zudem die Frage, ob letztlich das Abhängigkeitsverhältnis gegenüber dem Unternehmertum oder die größere Organisationseinheit gegenüber der kleineren maßgebend sein sollen. Davon hinge es ab, welchem Berufsbild der angestellte ärztliche Mitarbeiter eines niedergelassenen Arztes zuzuordnen ist.

[176] Die Imperativität als zentrales Merkmal heben hervor *Dreier*, in: Dreier, Grundgesetz Kommentar, Band I, Vorb. Rz. 124; *Sachs*, in: Stern, Staatsrecht, Band III/2, § 78 II 3; *Jarass*, in: Jarass/Pieroth, GG-Kommentar, Vorb. Vor Art. 1, Rz. 25. Die Qualität eines Rechtsaktes haben alle Pflichten, die im Rahmen des staatlichen Rechtssystems mit der Fähigkeit ausgestattet sind, Rechtswirkungen hervorzubringen, vgl. *Sachs*, in: Stern, Staatsrecht, Band III/2, § 78 II 3.

b. Zulässigkeit des Eingriffs

aa. Verstoß gegen den Regelungsvorbehalt in Art. 12 Abs. 1 Satz 2 GG

Angesichts der Heranziehung von Satzungsrecht steht der Verstoß gegen den Regelungsvorbehalt in Art. 12 Abs. 1 Satz 2 GG im Vordergrund. Entgegen der im Text angelegten Differenzierung wird er seit dem „Apothekerurteil"[177] einheitlich ausgelegt. Als Gesetzesvorbehalt[178] findet er auf die gesamte Berufsfreiheit Anwendung.[179] Eingriffe auf Grund eines Gesetzes bedürfen deswegen einer hinreichend bestimmten gesetzlichen Ermächtigung.

Insoweit ist zu differenzieren: Formell-gesetzliche Verbote sind an den grundrechtlichen Garantien zu messen. Verbote in den Berufsordnungen ohne ausdrückliche gesetzliche Ermächtigung können zusätzlich gegen den Vorbehalt und den Vorrang des Gesetzes gem. Art. 20 Abs. 3 GG verstoßen.

(a) Vorbehalt des Gesetzes, Art. 12 Abs. 1 Satz 2 GG i.V.m. Art. 20 Abs. 3 GG

Zahlreiche Berufsordnungen enthalten Verbote der Ärzte-GmbH, ohne sich auf das ihnen zugrundeliegende höherrangige Heilberufe- oder Kammergesetz stützen zu können. Das betrifft die Berufsordnungen der Ärztekammern in Baden-Württemberg, Bremen, Hamburg, Hessen, Mecklenburg-Vorpommern, Rheinland-Pfalz, Saarland, Sachsen-Anhalt und Thüringen.[180] In diesen Ländern fehlen gesetzliche Beschränkungen für die Ärzte-GmbH.

---

[177] BVerfGE 7, 377 ff.

[178] *Wieland*, in: Dreier, Grundgesetz Kommentar, Band I, Art. 12, Rz. 97 f.; *Pieroth-/Schlink*, Grundrechte, Rz. 808, 844; *Sachs*, Verfassungsrecht II, B 12, Rz. 49; in den Entscheidungen BVerfGE 54, 224, 234; 54, 237, 246 geht das Bundesverfassungsgericht beispielsweise nur noch vom *Gesetzes*vorbehalt aus.

[179] BVerfGE 7, 377, 401 f.; 54, 237, 246; *Jarass*, in: Jarass/Pieroth, GG-Kommentar, Art. 12, Rz. 19; *Tettinger*, in: Sachs, GG-Kommentar, Art. 12, Rz. 8, 81 f.; kritisch gegenüber dem Widerspruch, dass Berufswahl und Berufsausübung zur Begründung eines einheitlichen Grundrechts zusammengefasst, aber als Eingriffe wieder unterschieden werden, z.B. *Wieland*, in: Dreier, Grundgesetz Kommentar, Band I, Art. 12, Rz. 95 f.; *Sachs*, Verfassungsrecht II, B 12, Rz. 32; *Gusy*, JA 1992, 257, 260.

[180] Vgl. § 17 Abs. 1, § 19 Satz 2, § 22 i.V.m. Kapitel D. II. Nr. 8 Abs. 1 Satz 2, § 22a Abs. 1 BO BW; § 19 Satz 2, § 22 i.V.m. Kapitel D. II. Nr. 8 Abs. 1 Satz 2, § 22a Abs. 1 BremBO; § 19 Satz 2, § 22 i.V.m. Kapitel D. I. Nr. 8 Abs. 1 Satz 2, § 22a Abs. 1 Hmb-BO; § 19 Abs. 1 Satz 2, § 22 i.V.m. Kapitel D. II. Nr. 8 Abs. 1 Satz 2, § 22a Abs. 1 HessBO; § 19 Satz 2, § 22 i.V.m. Kapitel D. II. Nr. 8 Abs. 1 Satz 2 und Kapitel D. I. Nr. 2 Abs. 9 Satz 1-2 BO MV; § 19 Satz 2, § 22 i.V.m. Kapitel D. II. Nr. 7 Abs. 1 Satz 2 und Kapitel D. I. Nr. 2 Abs. 9 Satz 1-2 BO RP; § 19 Satz 2, § 22 i.V.m. Kapitel D. I. Nr. 8 Abs. 1 Satz 2, § 22a Abs. 1 SBO; § 19 Satz 2, § 22 i.V.m. Kapitel D. II. Nr. 8 Abs. 1 Satz 2, § 22a Abs. 1 BO LSA; § 19 Satz 2, § 22 i.V.m. Kapitel D. I. Nr. 8 Abs. 1 Satz 2, § 22a Abs. 1 ThBO. In den meisten Ländern stimmten die Niederlassungsgebote in § 17 Abs. 1 wegen des Vorbehalts mit der gesetzlichen Vorlage überein.

Dabei ist es – als Ausformung des Rechtstaats- und Demokratieprinzips – gem. Art. 20 Abs. 3 GG dem demokratisch gewählten Gesetzgeber vorbehalten, jeden Lebensbereich durch objektives Recht zu gestalten. Das Bundesverfassungsgericht hat diesen Gedanken mit der Wesentlichkeitstheorie weiter entwickelt, wonach das für die Grundrechte der Betroffenen Wesentliche durch Gesetz geregelt werden soll.[181] Der parlamentarische Gesetzgeber hat selbst tätig zu werden und ein erforderliches Maß an Bestimmtheit zu erzielen.[182] Unterrangiges Recht darf konkretisieren, aber keine eigenständigen Regelungsinhalte aufweisen. Mithin verlangt der – in einer parlamentarischen Demokratie zum Parlamentsvorbehalt erstarkte – Gesetzesvorbehalt für grundrechtsbeeinträchtigende Regelungen Gesetzesrang.

Daran fehlt es hier: Satzungsregelungen, die eine Ärzte-GmbH verbieten, greifen erheblich in die berufliche ambulante Arbeit der Ärzte ein, weil sie die Gründung und Anstellung in einer juristischen Person verhindern. Sie beeinträchtigen erst recht massiv die Rechtsstellung derjenigen juristischen Personen – das soll hier schon geklärt werden –, die diesem Personenkreis nicht angehören und Ärzte im Anstellungsverhältnis beschäftigen wollen. Schon für Ärzte sind das einschneidende, das Gesamtbild wesentlich prägende Bestimmungen. Die Satzungskompetenz ermächtigt die Ärztekammern indes nicht zur Normierung derart grundrechtsbeschneidender Verbote.[183] Es handelt sich um wesentliche Regelungen, die dem Gesetzgeber vorbehalten sind.[184] Die Eingriffe hätten durch die Heilberufe- und Kammergesetze erfolgen müssen. Konsequenterweise sind grundrechtsbeeinträchtigende Rechtssätze ohne formellgesetzliche Legitimation nichtig. Das gilt auch für die hier aufgeführten satzungsrechtlichen Regelungen.[185]

Eine andere Beurteilung ist nur denkbar, wenn es sich bei den Satzungen um das von den Arztevertretungen selbst gesetzte Recht einer Autonomieverwaltung handelt. Nimmt man den Autonomiegedanken ernst, müsste die in den Generalklauseln der Heilberufe- und Kammergesetze enthaltene Pflicht des Arztes zu berufsgemäßen Verhalten als Ermächtigung ausreichen. Eine „Auslagerung" von

---

[181] BVerfGE 34, 165, 192 f.; 40, 237, 249; 41, 251, 260; 45, 400, 417 f.; 47, 46, 78 ff.; 48, 210, 221; 49, 89, 126 ff.; 84, 212, 226; *Badura*, Staatsrecht, F 13.

[182] *Ossenbühl*, in: Handbuch des Staatsrecht, Band III, § 66, Rz. 28; *Taupitz*, Die Standesordnungen der freien Berufe, S. 805.

[183] *Katzenmeier*, MedR 1998, 113, 117.

[184] BVerfGE 33, 125, 162 f.; 38, 373, 381; *Narr*, Ärztliches Berufsrecht, Rz. B 71; *Meyer/Kreft*, GmbHR 1997, 193, 194.

[185] § 17 Abs. 1, § 19 Satz 2, § 22 i.V.m. Kapitel D. II. Nr. 8 Abs. 1 Satz 2, § 22a Abs. 1 BO BW; § 19 Satz 2, § 22 i.V.m. Kapitel D. II. Nr. 8 Abs. 1 Satz 2, § 22a Abs. 1 BremBO; § 19 Satz 2, § 22 i.V.m. Kapitel D. I. Nr. 8 Abs. 1 Satz 2, § 22a Abs. 1 HmbBO; § 19 Abs. 1 Satz 2, § 22 i.V.m. Kapitel D. II. Nr. 8 Abs. 1 Satz 2, § 22a Abs. 1 HessBO; § 19 Satz 2, § 22 i.V.m. Kapitel D. II. Nr. 8 Abs. 1 Satz 2 und Kapitel D. I. Nr. 2 Abs. 9 Satz 1-2 BO MV; § 19 Satz 2, § 22 i.V.m. Kapitel D. II. Nr. 7 Abs. 1 Satz 2 und Kapitel D. I. Nr. 2 Abs. 9 Satz 1-2 BO RP; § 19 Satz 2, § 22 i.V.m. Kapitel D. I. Nr. 8 Abs. 1 Satz 2, § 22a Abs. 1 SBO; § 19 Satz 2, § 22 i.V.m. Kapitel D. II. Nr. 8 Abs. 1 Satz 2, § 22a Abs. 1 BO LSA; § 19 Satz 2, § 22 i.V.m. Kapitel D. I. Nr. 8 Abs. 1 Satz 2, § 22a Abs. 1 ThBO.

Rechtssetzungsmacht hat das Bundesverfassungsgericht in einer früheren Entscheidung noch vertreten.[186] Sie gilt jedoch spätestens seit dem Facharztbeschluss als überwunden.[187] Das zulässige Maß an Beschränkungen der Berufsfreiheit richtet sich nach Inhalt und Umfang der den Berufsverbänden vom Gesetzgeber erteilten Rechtssetzungskompetenz.[188] Einer Entscheidungspflicht soll sich der demokratische Gesetzgeber nicht entziehen können, insbesondere, wenn sie sich intensiv auf die Rechte Dritter auswirken. Einschneidende, das Gesamtbild der beruflichen Betätigung wesentlich prägende, statusbildende Vorschriften über die Ausübung des Berufs sind dem Gesetzgeber in den Grundzügen vorbehalten.[189]

Wo den satzungsrechtlichen Eingriffen die gesetzliche Grundlage fehlt, weil sich die Heilberufe- und Kammergesetze eines Verbots enthalten,[190] verstoßen sie gegen den Vorbehalt des Gesetzes gem. Art. 20 Abs. 3 GG.[191] Das in ihnen enthaltene Verbot ist nichtig.[192] In den genannten Ländern unterliegt die Ärzte-GmbH keinen Zulassungsbeschränkungen.

(b) Vorrang des Gesetzes, Art. 20 Abs. 3 GG

Weiterhin erscheinen Verstöße gegen den in Art. 20 Abs. 3 GG verankerten Vorrang des Gesetzes möglich. Wie jede untergesetzliche Rechtsnorm unterliegt das Satzungsrecht der Bindung an das einfache Recht und an die verfassungsmäßige Ordnung. Sie müssen mit höherrangigem Recht übereinstimmen.[193] Legt man den Maßstab an die hier zu beurteilenden Satzungen an, zeigt es sich, dass diese Grenzen nicht beachtet worden sind.

Das betrifft einerseits wieder die Berufsordnungen der Ärztekammern in Baden-Württemberg, Bremen, Hamburg, Hessen, Mecklenburg-Vorpommern, Rheinland-Pfalz, Saarland, Sachsen-Anhalt und Thüringen.[194] Indem sie ohne ge-

---

[186] BVerfGE 12, 319, 325; vgl. auch BVerwGE 6, 247, 251.

[187] BVerfGE 33, 125 ff.

[188] BVerfGE 71, 162, 172; 94, 372, 390; BVerfG NJW 2000, 347.

[189] BVerfGE 33, 125, 159 f.; 38, 373, 381; 57, 121, 131; 71, 162, 172; 76, 171, 185; 94, 372, 390; ebenso *Wieland*, in: Dreier, Grundgesetz Kommentar, Band I, Art. 12, Rz. 98; *Pieroth/Schlink*, Grundrechte, Rz. 845; *Sachs*, Verfassungsrecht II, B 12, Rz. 49 f.; *Narr*, Ärztliches Berufsrecht, Rz. B 74.

[190] §§ 29-31 HKaG BW; §§ 27-30 BremHeilBerG; §§ 1-2 HmbÄG; §§ 22-25 HessHeilBerG; §§ 31-33 HeilBerG MV; §§ 20-23 HeilBerG RP; §§ 16-17 SHKG; §§ 19-21 KGHB-LSA; §§ 20-23 ThHeilBerG.

[191] *Taupitz*, JZ 1994, 1100, 1102.

[192] *Laufs*, MedR 1995, 11, 15; *Taupitz*, JZ 1994, 1100, 1102; *ders.*, NJW 1992, 2317, 2322.

[193] BVerfGE 33, 125, 161.

[194] § 17 Abs. 1, § 19 Satz 2, § 22 i.V.m. Kapitel D. II. Nr. 8 Abs. 1 Satz 2, § 22a Abs. 1 BO BW; § 19 Satz 2, § 22 i.V.m. Kapitel D. II. Nr. 8 Abs. 1 Satz 2, § 22a Abs. 1 BremBO; § 19 Satz 2, § 22 i.V.m. Kapitel D. I. Nr. 8 Abs. 1 Satz 2, § 22a Abs. 1 HmbBO; § 19 Abs. 1 Satz 2, § 22 i.V.m. Kapitel D. II. Nr. 8 Abs. 1 Satz 2, § 22a Abs. 1 HessBO; § 19 Satz 2, § 22 i.V.m. Kapitel D. II. Nr. 8 Abs. 1 Satz 2 und Kapitel D. I. Nr. 2 Abs. 9 Satz 1-2 BO MV; § 19 Satz 2, § 22 i.V.m. Kapitel D. II. Nr. 7 Abs. 1 Satz 2 und Kapitel D. I. Nr. 2 Abs. 9 Satz 1-2 BO RP; § 19 Satz 2, § 22 i.V.m. Kapitel D. I. Nr. 8 Abs. 1

setzliche Vorgabe erlassen wurden, verstoßen sie zugleich gegen den gesetzlichen Rahmen.

Aber auch die Berufsordnungen der Ärztekammern in Berlin und Sachsen weisen Unstimmigkeiten mit ihrer gesetzlichen Vorlage auf. Zwar legen ihre Heilberufe- und Kammergesetze ein Niederlassungsgebot für Ärzte fest. Trotzdem bleiben Abweichungen in den Berufsordnungen feststellbar.[195] Die sächsische Berufsordnung ermöglicht in § 17 Abs. 3 SächsBO Ausnahmen, die im Heilberufekammergesetz fehlen, § 16 Abs. 4 SächsHKaG. Auch die Berliner Berufsordnung stellt einen Erlaubnisvorbehalt durch die Ärztekammer gem. § 17 Abs. 3 BlnBO in Aussicht, der sich in § 4a Abs. 4 BlnKaG nicht wiederfindet und auch nicht durch Auslegung ermittelt werden kann. Abgesehen davon widerspricht die in § 19 Satz 2, § 22 i.V.m. Kapitel D. II. Nr. 8 Abs. Satz 2 und Kapitel D. I. Nr. 2 Abs. 9 Satz 1-2 BlnBO ausgedrückte ausnahmslose Beschränkung der gesetzlichen Vorlage des § 4a Abs. 4 BlnKaG.

Diese Abweichungen sind mittels gesetzeskonformer Auslegung mit der Verfassung nicht in Einklang zu bringen. Mithin ist der Teil der Regelungen, der über die gesetzliche Vorgabe hinausgeht, wegen eines Verstoßes gegen den Vorrang des Gesetzes gem. Art. 20 Abs. 3 GG nichtig. Die in § 4a Abs. 4 BlnKaG für Berlin und in § 16 Abs. 4 SächsHKaG für Sachsen erlassenen Regelungen gelten vorrangig.

Eine andere Beurteilung könnte sich für die in Brandenburg, Niedersachsen und Nordrhein-Westfalen festgestellten Abweichungen ergeben.[196] Zunächst ist die fehlende Vereinbarkeit von Satzung und Gesetz auch hier zu bemängeln:

Der den Kammern gem. § 31 Abs. 2 BbgHeilBerG, § 32 Abs. 2 NdsHKG und § 29 Abs. 2 Satz 5 HeilBerG NW eingeräumte Befreiungsvorbehalt, „vom Verbot in Satz 1 *in besonderen Einzelfällen* Ausnahmen zuzulassen, wenn sichergestellt ist, dass *berufsrechtliche* Belange nicht beeinträchtigt werden" widerspricht dem satzungsrechtlichen Erlaubnisvorbehalt in zwei Punkten, wenn es dort in § 17 Abs. 3 jeweils heißt, „Auf Antrag kann die Ärztekammer von den Verboten und Geboten in Absatz 1 und 2 Ausnahmen gestatten, wenn sicher ist, dass *berufliche* Belange nicht beeinträchtigt werden und die Berufsordnung beachtet wird".

Zum Einen fehlt im § 17 Abs. 3 dieser Berufsordnungen die Beschränkung auf *besondere Einzelfälle*. Danach besteht also kein – repressives – Verbot. Auf einen

---

Satz 2, § 22a Abs. 1 SBO; § 19 Satz 2, § 22 i.V.m. Kapitel D. II. Nr. 8 Abs. 1 Satz 2, § 22a Abs. 1 BO LSA; § 19 Satz 2, § 22 i.V.m. Kapitel D. I. Nr. 8 Abs. 1 Satz 2, § 22a Abs. 1 ThBO.

[195] Das betrifft in *Berlin*: § 4a Abs. 4 BlnKaG und § 17 Abs. 3, § 19 Satz 2, § 22 i.V.m. Kapitel D. II. Nr. 8 Abs. 1 Satz 2 und Kapitel D. I. Nr. 2 Abs. 9 Satz 1-2 BlnBO; dagegen in *Sachsen*: § 16 Abs. 4 SächsHKaG und § 17 Abs. 1, Abs. 3 SächsBO.

[196] Vergleiche dazu *Brandenburg*: § 31 Abs. 2 Bbg und § 19 Satz 2, § 22 i.V.m. Kapitel D. II. Nr. 7 Abs. 1 Satz 2 und § 22a Nr. 1 BbgBO; *Niedersachsen*: § 32 NdsHKG und § 19 Satz 2, § 22 i.V.m. Kapitel D. II. Nr. 8 Abs. 1 Satz 2, § 22a Abs. 1 NdsBO; *Nordrhein-Westfalen*: § 29 Abs. 2 HeilBerG NW und § 19 Satz 2, § 22 i.V.m. Kapitel D. I. Nr. 2 Abs. 1 Satz 2, § 22a Abs. 1 BO Nordrhein und § 19 Satz 2, § 22 i.V.m. Kapitel D. II. Nr. 8 Abs. Satz 2, § 22a Abs. 1 BO Westfalen-Lippe.

Antrag kann regelmäßig die Erlaubnis folgen.[197] § 31 Abs. 2 Satz 5 BbgHeilBerG, § 32 Abs. 2 NdsHKG und § 29 Abs. 2 Satz 5 HeilBerG NW verlangen mit der Befreiung, dass die Ausnahme als solche gehandhabt wird und nicht in einen Regelfall übergeht. Im Verhältnis der Satzungsebene zur Gesetzesebene muss dasselbe für die Satzung gelten. Dadurch sind die Ärztekammern gehalten, ihr Ermessen als Einzelfallermessen auszuüben.

Dass die Berufsordnungen zusätzlich ein formelles Antragserfordernis aufstellen, ist keine inhaltliche Vorgabe. Die Grundrechtsausübung ihrer Mitglieder wird dadurch nicht erschwert. Die Antragspflicht versetzt die Kammer erst in die Lage, die gesetzlich geforderte Wahrung berufsrechtlicher Belange zu überprüfen. Daher kann sie das Antragserfordernis ohne gesetzliche Ermächtigung eigenständig festsetzen.

Zum Anderen sind die in § 17 Abs. 3 jeweils genannten „beruflichen Belange" mit den „berufsrechtlichen Belangen" der § 31 Abs. 2 Satz 5 BbgHeilBerG, § 32 Abs. 2 NdsHKG und § 29 Abs. 2 Satz 5 HeilBerG NW gleichzusetzen.[198] Die Kammern müssen ihre vorbeugende Überprüfung auf die Einhaltung des normierten Berufsrechts der Ärzte beschränken.

Unter Beachtung dieser Vorgaben sind die Kammerausnahmen des Satzungsrechts mit denen des Gesetzesrechts in den drei Ländern zu vereinbaren.

Die satzungsrechtlichen Beschränkungen stimmen allerdings nicht mit § 31 Abs. 2 BbgHeilBerG, § 32 Abs. 2 NdsHKG und § 29 Abs. 2 Satz 5 HeilBerG NW überein, sofern sie ein ausnahmsloses Verbot der GmbH zugrundelegen. Das betrifft in Brandenburg § 19 Satz 2, § 22 i.V.m. Kapitel D. II. Nr.7 Abs. 1 Satz 2 und Kapitel D. I. Nr.2 Abs. 9 Satz 1-2 BbgBO, in Niedersachsen betrifft es § 19 Satz 2, § 22 i.V.m. Kapitel D. II. Nr.8 Abs. 1 Satz 2, § 22a Abs. 1 NdsBo, und in Nordrhein-Westfalen § 19 Satz 2, § 22 i.V.m. Kapitel D. I. Nr.2 Abs. 1 Satz 2, § 22a Abs. 1 BO Nordrhein sowie § 19 Satz 2, § 22 i.V.m. Kapitel D. II. Nr. 8 Abs. 1 Satz 2, § 22a Abs. 1 BO Westfalen-Lippe.

Im Hinblick auf das in Schleswig-Holstein normierte Niederlassungsgebot und seine Ausnahmeregelung in § 29 Abs. 2 Satz 7 HeilBerG SH kann auf das zu den Ländern Brandenburg, Niedersachsen und Nordrhein-Westfalen Gesagte verwiesen werden. Mittels gesetzeskonformer Auslegung lässt sich die satzungsrechtliche Kammererlaubnis in § 17 Abs. 3 BO SH mit *dieser* gesetzlichen Vorlage vereinbaren. Weil aber § 29 Abs. 2 Satz 4 HeilBerG SH die Ärzte-GmbH unabhängig davon untersagt, muss eine Ausnahmeerlaubnis der Ärztekammer gem. § 17 Abs. 3 BO SH gegen dieses Verbot jedenfalls verstoßen. Anders ist es bei den Folgeregelungen in der Berufsordnung, die ein ausnahmsloses Verbot der Ärzte-GmbH zugrundelegen, § 19 Satz 2, § 22 i.V.m. Kapitel D. II. Nr.8 Abs. 1 Satz 2,

---

[197] Nicht überzeugend deswegen das OVG Münster, MedR 2001, 150, 151, das gesetzliche Einzelfallerfordernis im einschlägigen § 29 Abs. 2 Satz 5 HeilBerG NW sei ohnehin unerheblich, weil die Klägerin nur eine Ausnahmegenehmigung „in ihrem besonderen Einzelfall begehrt". Das trifft auf jeden Antragsteller zu. Nach dem Gesetz müssen die erlassenen Genehmigungen vielmehr in ihrer Gesamtzahl erkennen lassen, dass die Erteilung ihrer Ausnahme jeweils von besonderen Erwägungen geleitet wurde.

[198] OVG Münster, MedR 2001, 150, 151.

§ 22a Abs. 1 BO SH. Sie sind mit dem gesetzlichen uneingeschränkten Verbot vereinbar.

Auf der Grundlage dieser Überlegungen verstoßen die Satzungsregelungen zur Zulässigkeit der Ärzte-GmbH in den Ländern Baden-Württemberg, Bremen, Hamburg, Hessen, Mecklenburg-Vorpommern, Rheinland-Pfalz, Saarland, Sachsen-Anhalt und Thüringen[199] mangels entgegenstehender gesetzlicher Regelungen[200] gegen Art. 20 Abs. 3 GG.

Die Unvereinbarkeiten zwischen Gesetz und Satzung führen auch in Berlin und Sachsen zur Nichtigkeit der durchlässigeren bzw. strengeren Satzungsregelungen.[201]

Lediglich in Bayern stimmen §§ 17, 19 Satz 2, § 22 i.V.m. Kapitel D. II. Nr. 8 Abs. 1 Satz 2 und § 22a Abs. 1 BayBO mit dem höherrangigen Art. 18 Abs. 1 Satz 2 BayHKaG überein.

In Brandenburg, Niedersachsen und Nordrhein-Westfalen verstoßen die jeweiligen Folgeregelungen in den Berufsordnungen, denen ein Verbot der Ärzte-GmbH zugrunde liegt,[202] zwar gegen § 31 Abs. 2 BbgHeilBerG, § 32 NdsHKG und § 29 Abs. 2 HeilBerG NW und damit auch gegen Art. 20 Abs. 3 GG; dies gilt aber nicht für die Bestimmungen in § 17 Abs. 1 und Abs. 3.[203] Bei gesetzeskonformer Auslegung ergibt sich kein Verstoß gegen den Gesetzesvorrang in Art. 20 Abs. 3 GG.

---

[199] § 17 Abs. 1, § 19 Satz 2, § 22 i.V.m. Kapitel D. II. Nr. 8 Abs. 1 Satz 2, § 22a Abs. 1 BO BW; § 19 Satz 2, § 22 i.V.m. Kapitel D. II. Nr. 8 Abs. 1 Satz 2, § 22a Abs. 1 BremBO; § 19 Satz 2, § 22 i.V.m. Kapitel D. I. Nr. 8 Abs. 1 Satz 2, § 22a Abs. 1 HmbBO; § 19 Abs. 1 Satz 2, § 22 i.V.m. Kapitel D. II. Nr. 8 Abs. 1 Satz 2, § 22a Abs. 1 HessBO; § 19 Satz 2, § 22 i.V.m. Kapitel D. II. Nr. 8 Abs. 1 Satz 2. und Kapitel D. I. Nr. 2 Abs. 9 Satz 1-2 BO MV; § 19 Satz 2, § 22 i.V.m. Kapitel D. II. Nr. 7 Abs. 1 Satz 2 und Kapitel D. I. Nr. 2 Abs. 9 Satz 1-2 BO RP; § 19 Satz 2, § 22 i.V.m. Kapitel D. I. Nr. 8 Abs. 1 Satz 2, § 22a Abs. 1 SBO; § 19 Satz 2, § 22 i.V.m. Kapitel D. II. Nr. 8 Abs. 1 Satz 2, § 22a Abs. 1 BO LSA; § 19 Satz 2, § 22 i.V.m. Kapitel D. I. Nr. 8 Abs. 1 Satz 2, § 22a Abs. 1 ThBO.

[200] §§ 29-31 HKaG BW; §§ 27-30 BremHeilBerG; §§ 1-2 HmbÄG; §§ 22-25 HessHeilBerG; §§ 31-33 HeilBerG MV; §§ 20-23 HeilBerG RP; §§ 16-17 SHKG; §§ 19-21 KGHB-LSA; §§ 20-23 ThHeilBerG.

[201] Für *Berlin* § 4a Abs. 4 BlnKaG gegenüber § 17 Abs. 3, § 22 i.V.m. Kapitel D. II. Nr. 8 Abs. 1 Satz 2 BlnBO; für *Sachsen* § 16 Abs. 4 SächsHKaG gegenüber § 17 Abs. 3 SächsBO.

[202] *Brandenburg*: § 19 Satz 2, § 22 i.V.m. Kapitel D. II. Nr. 7 Abs. 1 Satz 2, Kapitel D. I. Nr. 2 Abs. 9 Satz 1-2 BbgBO; *Niedersachsen*: § 19 Satz 2, § 22 i.V.m. Kapitel D. II. Nr. 8 Abs. 1 Satz 2, § 22a Abs. 1 BbgBO; *Nordrhein-Westfalen*: § 19 Satz 2, § 22 i.V.m. Kapitel D. I. Nr. 2 Abs. 1 Satz 2, § 22a Abs. 1 BO Nordrhein und § 19 Satz 2, § 22 i.V.m. Kapitel D. II. Nr. 8 Abs. 1 Satz 2, § 22a Abs. 1 BO Westfalen-Lippe.

[203] Für *Brandenburg* § 31 Abs. 2 BbgHeilBerG und § 17 Abs. 1, Abs. 3 BbgBO; für *Niedersachsen* § 32 NdsHeilBerG und § 17 Abs. 1, Abs. 3 NdsBO; für *Nordrhein-Westfalen* § 29 Abs. 2 HeilBerG NW und § 17 Abs. 1, Abs. 3 Nr. 8 BO Nordrhein und § 17 Abs. 1, Abs. 3 Nr. 8 Bo Westfalen-Lippe.

In Schleswig-Holstein verstößt allein § 17 Abs. 3 BO SH gegen § 29 Abs. 2 Satz 4 HeilBerG.

(c) Ergebnis

Mangels Vereinbarkeit mit ihrer gesetzlichen Vorlage sind folgenden Satzungsregelungen nichtig:

Baden-Württemberg: § 17 Abs. 1, § 19 Satz 2, § 22 i.V.m. Kapitel D. II. Nr. 8 Abs. 1 Satz 2, § 22a Abs. 1 BO BW wegen Verstoßes gegen Vorbehalt und Vorrang des Gesetzes gem. Art. 20 Abs. 3 GG;

Bremen, Hamburg, Hessen, Mecklenburg-Vorpommern, Rheinland-Pfalz, Saarland, Sachsen-Anhalt und *Thüringen*: Jeweils § 19 (Abs. 1) Satz 2, § 22 i.V.m. Kapitel D. II. Nr. 8 Abs. 1 Satz 2, § 22a Abs. 1 (bzw. Kapitel D. I. Nr. 2 Abs. 9 Satz 1-2) der Berufsordnungen wegen Verstoßes gegen Vorbehalt und Vorrang des Gesetzes gem. Art. 20 Abs. 3 GG;

Berlin: § 17 Abs. 3, § 19 Satz 2, § 22 i.V.m. Kapitel D. II. Nr. 8 Abs. 1 Satz 2 und Kapitel D. I. Nr. 2 Abs. 9 Satz 1-2 BlnBO wegen Verstoßes gegen den Vorrang des Gesetzes gem. Art. 20 Abs. 3 GG;

Brandenburg: § 19 Satz 2, § 22 i.V.m. Kapitel D. II. Nr. 7 Abs. 1 Satz 2 und Kapitel D. I. Nr. 2 Abs. 9 Satz 1-2 BbgBO wegen Verstoßes gegen den Vorrang des Gesetzes gem. Art. 20 Abs. 3 GG;

Niedersachsen: § 19 Satz 2, § 22 i.V.m. Kapitel D. II. Nr. 8 Abs. 1 Satz 2, § 22a Abs. 1 NdsNO wegen Verstoßes gegen den Vorrang des Gesetzes gem. Art. 20 Abs. 3 GG;

Nordrhein-Westfalen: § 19 Satz 2, § 22 i.V.m. Kapitel D. I. Nr. 2 Abs. 1 Satz 2, § 22a Abs. 1 BO Nordrhein wegen Verstoßes gegen den Vorrang des Gesetzes gem. Art. 20 Abs. 3 GG;

Sachsen: § 17 Abs. 3 SächsBO wegen Verstoßes gegen den Vorrang des Gesetzes gem. Art. 20 Abs. 3 GG;

Schleswig-Holstein: § 17 Abs. 3 BO SH wegen Verstoßes gegen den Vorrang des Gesetzes gem. Art. 20 Abs. 3 GG.

Mit Art. 20 Abs. 3 GG zu vereinbaren sind hingegen die Beschränkungen der Ärzte-GmbH in den Ländern:

Bayern: Art. 18 Abs. 1 Satz 2 BayHKaG und § 17, § 19 Satz 2, § 22 i.V.m. Kapitel D. II. Nr. 8 Abs. 1 Satz 2, § 22a Abs. 1 BayBO;

Berlin: § 4a Abs. 4 BlnKaG und § 17 Abs. 1 BlnBO;

Brandenburg: § 31 Abs. 2 BbgHeilBerG und § 17 BbgHeilBerG;

Niedersachsen: § 32 NdsHKG und § 17 NdsBO nach verfassungskonformer Korrektur;

Nordrhein-Westfalen: § 29 Abs. 2 HeilBerG NW und § 17 BO Nordrhein sowie § 17 BO Westfalen-Lippe nach verfassungskonformer Korrektur;

Sachsen: § 16 Abs. 4 SächsHKaG und § 19 Satz 2, § 22 i.V.m. Kapitel D. II. Nr. 8 Abs. 1 Satz 2, § 22a Abs. 1 SächsBO;

Schleswig-Holstein: § 29 Abs. 2 Satz 4 HeilBerG SH und § 17 Abs. 1, § 19 Satz 2, § 22 i.V.m. Kapitel D. II. Nr. 8 Abs. 1 Satz 2, § 22a Abs. 1 BO SH.

bb. Materielle Vereinbarkeit mit Art. 12 Abs. 1 Satz 1 GG

Im Hinblick auf die Berufsausübung der Ärzte ist die Vereinbarkeit der gesetzlichen Regelungen mit Art. 12 Abs. 1 Satz 1 GG anhand der Stufenlehre kurz zu umreißen. Obgleich teilweise vorgezogen wird, direkt mit der Verhältnismäßigkeit zu argumentieren,[204] liegt der Vorteil der Stufenlehre darin, dass sie die Verhältnismäßigkeit näher ausformt.[205]

(a) Eignung zur Förderung der Ziele: Schutz der Gesundheit der Bürger und Schutz des Mittelstandes

Unter anderem rechtfertigt das Verbot der Ärzte-GmbH[206], dass es die Gesundheit der Bürger vor gewerblich ausgerichteten Arztpraxen schützt.[207] Leben und Gesundheit gelten als absolute, d.h. allgemein anerkannte und von der jeweiligen Politik unabhängige Gemeinschaftsgüter.[208] Bei der Beurteilung von Risiken rechtfertigen sie einen großzügigen Handlungsspielraum.[209] Zu diesen Risiken gehören die Kommerzialisierungsbestrebungen im Gesundheitswesen.[210] Nach den in den Gesetzgebungsverfahren angeführten Argumenten fördern traditionell dem Gewerbe zugeschriebene Rechtsformen die Bereitschaft zu Geschäften mit der Gesundheit der Patienten. Eine persönliche und von Vertrauen geprägte Arzt-

---

[204] *Jarass*, in: Jarass/Pieroth, GG-Kommentar, Art. 12, Rz. 28; *Henssler*, ZIP 1994, 844, 846.

[205] Hervorgehoben in BVerfGE 13, 97, 104; 19, 330, 336 f.; 25, 1, 12; 30, 292, 315; 45, 120, 138; ebenso *Wieland*, in: Dreier, Grundgesetz Kommentar, Band I, Art. 12, Rz. 110; *Sachs*, Verfassungsrecht II, B 12, Rz. 42; *Manssen*, in: v.Mangoldt/Klein/Starck, Das Bonner Grundgesetz, Art. 12, Rz. 138; *Tettinger*, in: Sachs, GG-Kommentar, Art. 12, Rz. 100; *Breuer*, in: Handbuch des Staatsrechts, Band VI, § 148, Rz. 8; *Papier*, DVBl. 1984, 801, 804.

[206] *Bayern*: Art. 18 Abs. 1 Satz 2 BayHKaG und § 17 Abs. 1, § 19 Satz 2, § 22 i.V.m. Kapitel D. II. Nr. 8 Abs. 1 Satz 2, § 22a Abs. 1 BayBO; *Berlin*: § 4a Abs. 4 BlnKaG und § 17 Abs. 1 BlnBO; *Brandenburg*: § 31 Abs. 2 BbgHeilBerG und § 17 BbgBO; *Niedersachsen*: § 32 NdsHKG und § 17 NdsBO; *Nordrhein-Westfalen*: § 29 Abs. 2 HeilBerG NW, § 17 Bo Nordrhein und § 17 BO Westfalen-Lippe; *Sachsen*: § 16 Abs. 4 SächsHKaG und § 17, § 19 Satz 2, § 22 i.V.m. Kapitel D. II. Nr. 8 Abs. 1 Satz 2, § 22a Abs. 1 SächsBO; *Schleswig-Holstein*: § 29 Abs. 2 Satz 1 und 4 HeilBerG SH und § 17 Abs. 1, § 19 Satz 2, § 22 i.V.m. Kapitel D. II. Nr. 8 Abs. 1 Satz 2, § 22a Abs. 1 BO SH.
Für die gegen Art. 20 Abs. 3 GG verstoßenden Satzungsregelungen gelten die folgenden Erwägungen ebenfalls. Auf ihre Nennung wird zu Gunsten der Übersichtlichkeit verzichtet.

[207] Dieses Argument führt der Gesetzentwurf der Landesregierung von Nordrhein-Westfalen auf in: Landtag Nordrhein-Westfalen, Drucks. 11/5673, „Der Patient soll vor Geschäften mit der Gesundheit geschützt werden".

[208] Als „Volksgesundheit" genannt in BVerfGE 9, 338, 346; 13, 97, 107; 25, 236, 248; später „Gesundheit der Bürger" in BVerfGE 40, 196, 222.

[209] BVerfGE 16, 147, 181; 30, 250, 263; 38, 61, 88; 50, 290, 335 ; *Tettinger*, in: Sachs, GG-Kommentar, Art. 12, Rz. 104, Fn. 400; *Wieland*, in: Dreier, Grundgesetz Kommentar, Band I, Art. 12, Rz. 135.

[210] So ausgedrückt von *Laufs*, MedR 1995, 11, 13.

Patienten-Beziehung scheint durch das Dazwischentreten juristischer Personen zumindest erschwert. Der für die ärztliche Behandlung Verantwortliche soll erkennbar sein.[211] Die jeweiligen Landesgesetzgeber – und mit ihnen auch die Satzungsgeber – befürchten Qualitätseinbußen in der medizinischen Versorgung. Will man der zunehmenden Kommerzialisierung im Gesundheitswesen entgegentreten, um damit die Gesundheit der Bürger zu schützen, ist den Regelungen die Eignung zur Durchsetzung nicht abzusprechen.

Ob die Landesgesetzgeber wirklich überwiegend von der Sorge um die Gesundheit der Bürger geleitet wurden, darf allerdings bezweifelt werden. Größeres Gewicht dürfte wirtschaftspolitischen Motiven zukommen. Denn die Beschränkungen fördern die Niederlassung des selbstständigen Arztes auf dem ambulanten Sektor.[212] Auch dabei handelt es sich um ein legitimes Ziel: Dem Gesetzgeber ist es erlaubt, Berufe rechtlich zu ordnen und ihre Berufsbilder zu fixieren.[213] Ein solches relatives Gemeinschaftsgut haben die Landesgesetzgeber mit der Festlegung des ärztlichen Berufsbilds auf die selbstständige Tätigkeit des Freiberuflers als Niedergelassener im Sinn.[214] Wenn auch nicht von der Verfassung vorgegeben, so folgt es aus ihren besonderen wirtschafts-, sozial- und gesellschaftspolitischen Vorstellungen und Zielen. Daran gemessen fördert das Verbot der Rechtsform der juristischen Person bzw. die Bindung an die Niederlassung dieses Ziel ersichtlich.

(b) Erforderlichkeit und Zumutbarkeit der Regelungen

Gegenüber Ärzten stellen sich die Bestimmungen als Berufs*ausübungs*regeln dar.[215] Die Anstellung in der Ärzte-GmbH greift nur einen Aspekt der ärztlichen Arbeit heraus. Unabhängig vom Bestehen der Regelungen können Ärzte ihrer Berufstätigkeit weiterhin nachgehen.

Das Berufsbild des ausschließlich bei der ambulanten Ärzte-GmbH beschäftigten Arztes gibt es nicht. Zu keinem anderen Ergebnis führt die Annahme, der ambulant tätige Arzt oder der angestellte Arzt seien jeweils eigene Berufe.[216] Ärzten bleibt als Alternative die eigene Niederlassung, die Anstellung bei niedergelassenen Ärzten, in Krankenhäusern oder anderen Einrichtungen stationärer Behandlung. Ebenso ist die Gemeinschaftspraxis zumindest in den Rechtsformen der Gesellschaft bürgerlichen Rechts und der Partnerschaft gewahrt.

---

[211] Niedersächsischer Landtag, Drs. 13/1700 vom 29.1.1996, S. 57; Landtag Nordrhein-Westfalen, Drs. 11/5673 vom 30.6.1993, S. 27; aufgeführt auch vom OVG Münster, MedR 2001, 150, 151.

[212] So auch die Einschätzung von *Weber/Vogt-Weber*, ArztR 1997, 179, 180; *Bachmann*, NJW 2001, 3385, 3386.

[213] BVerfGE 13, 97, 107.

[214] So auch in den neuen Entscheidungen, vgl. OVG Münster, MedR 2001, 150, 152; BayVerfGH, NJW 2000, 3418.

[215] Unentschlossen das OVG Münster, MedR 2001, 150 ff., das aus der Sicht der Ärzte auf S. 151 eine Berufsausübungsregelung und auf S. 152 eine subjektive Berufszulassungsschranke feststellt. Die Situation der GmbH bleibt unerwähnt.

[216] Siehe zum einheitlichen ärztlichen Heilberuf oben § 1, C. I. 1. a. Die Unterschiede zum Beruf des Krankenhausträgers werden unten in § 1, C. II. 3. b. im Rahmen der Untersuchung über die Vereinbarkeit mit Art. 3 Abs. 1 GG aufgegriffen.

Angesichts der verbleibenden Möglichkeiten ärztlichen Handelns sind die Beschränkungen deswegen nicht unangemessen. Den „vernünftigen Erwägungen des Allgemeinwohls" ist Genüge getan. Die Erforderlichkeit und Zumutbarkeit der Regelungen für Ärzte sind gewahrt.

2. Ergebnis

Die festgestellten Verstöße gegen den Regelungsvorbehalt in Art. 12 Abs. 1 Satz 2 GG i.V.m. Art. 20 Abs. 3 GG lassen erkennen, dass die Verbote und Niederlassungsgebote die Ärzte in ihrer Berufsfreiheit verletzen. Das blieb bisher stets unbeachtet. Der Literatur ist aber darin zuzustimmen, dass materielle Verstöße gegen grundrechtliche Gewährleistungen ausbleiben.

II.   Grundrechtsbetroffenheit der Ärzte-GmbH

Der Zweck der Regelungen verdeutlicht, dass die Regelungen verfassungsrechtlich umso mehr aus der Perspektive der Ärzte-GmbH beleuchtet werden müssen.

1. Vereinbarkeit mit Art. 12 Abs. 1 Satz 1 GG – Berufsfreiheit

a. Eingriff in den ärztlichen Heilberuf

Die Grundrechtswirkung von Art. 12 Abs. 1 Satz 1 GG entfaltet sich für die Ärzte-GmbH als inländische juristische Person in Verbindung mit Art. 19 Abs. 3 GG, soweit die Berufsfreiheit ihrem Wesen nach auf sie anwendbar ist.[217] Über den häufig im Zusammenhang mit Art. 12 Abs. 1 Satz 1 GG geltend gemachten personalen Gehalt[218] hinaus schützt die Vorschrift auch bei juristischen Personen die Freiheit, eine Erwerbszwecken dienende Tätigkeit zu betreiben. Voraussetzung ist nur, das die Erwerbstätigkeit ihrer Art nach in gleicher Weise von einer juristischen Person ausgeübt werden kann.[219] Diese Kriterien erfüllt die Ärzte-GmbH. Sie bietet die ambulante Behandlung durch approbierte Ärzte als eigene, vertragsgemäß zu erbringende Leistung an.[220] Als Betreiberin einer Arztpraxis übt sie den Arztberuf in der ausgeführten Weise aus.

Faktisch verhindern die gesetzlichen und die satzungsrechtlichen Verbote die Entstehung der Ärzte-GmbH. Sie machen es der juristischen Person unmöglich,

---

[217] *Pieroth/Schlink*, Grundrechte, Rz. 142; *Sachs*, Verfassungsrecht II, A 6, Rz. 62. Nach BVerfGE 21, 362, 369 führt das „Wesen der Grundrechte" mittelbar schon zu einer im Wortlaut nicht ausdrücklich ausgesprochene Einteilung in juristische Personen des öffentlichen und des privaten Rechts, wobei letztere eine Sonderstellung einnehmen, vgl. auch *Sachs*, Verfassungsrecht II, A 6, Rz. 43.

[218] Vgl. BVerfGE 50, 290, 362 f.; OVG Koblenz, 1980, 1866, 1867.

[219] BVerfGE 21, 261, 266; 22, 380, 383; 30, 292, 312; *Krüger/Sachs*, in: Sachs, GG-Kommentar, Art. 19, Rz. 67.

[220] BGH, JZ 1994, 1127; *Taupitz*, NJW 1996, 3033, 3038.

für ihre ambulante Arztpraxis Ärzte zur Anstellung zu finden.[221] Unmittelbare
Rechtswirkungen gegenüber der juristischen Person erlangen aber nur die formellgesetzlichen Verbotsregelungen in den Heilberufe- und Kammergesetzen der
Länder Bayern, Berlin, Brandenburg, Niedersachsen, Nordrhein-Westfalen, Sachsen und Schleswig-Holstein.[222] Hier liegen klassische Eingriffe vor. Darüber hinaus haben alle staatlichen Verhaltensweisen Eingriffsqualität, die ein grundrechtlich geschütztes Verhalten nicht unerheblich behindern oder unmöglich machen.[223]
In den Ländern, in denen ausschließlich die Berufsordnungen die Verbote der Ärzte-GmbH aufstellen,[224] greifen die Satzungsregelungen faktisch in die Berufsfreiheit der Ärzte-GmbH ein.[225]

b.   Vereinbarkeit mit Art. 12 Abs. 1 Satz 1 GG

Was die Verstöße gegen den Regelungsvorbehalt in Art. 12 Abs. 1 Satz 2 GG betrifft, kann für die Ärzte-GmbH auf die oben gewonnenen Ergebnisse verwiesen
werden. Insoweit hat sich ihre Grundrechtsverletzung bereits herausgestellt, nur
die Frage der Verhältnismäßigkeit bleibt noch offen.

---

[221] *Taupitz*, NJW 1996, 3033, 3039.

[222] Gesetzliche Regelungen und die mit ihnen übereinstimmenden Satzungsregelungen:
Bayern: Art. 18 Abs. 1 Satz 2 BayHKaG und § 17 Abs. 1, § 19 Satz 2, § 22 i.V.m. Ka-
pitel D. II. Nr. 8 Abs. 1 Satz 2, § 22a Abs. 1 BayBO; *Berlin*: § 4a Abs. 4 BlnKaG und
§ 17 Abs. 1 BlnBO; *Brandenburg*: § 31 Abs. 2 BbgHeilBerG und § 17 BbgBO; *Nieder-
sachsen*: § 32 NdsHKG und § 17 NdsBO; *Nordrhein-Westfalen*: § 29 Abs. 2 HeilBerG
NW und § 17 Bo Nordrhein und § 17 BO Westfalen-Lippe; *Sachsen*: § 16 Abs. 4
SächsHKaG und § 17, § 19 Satz 2, § 22 i.V.m. Kapitel D. II. Nr. 8 Abs. 1 Satz 2, § 22a
Abs. 1 SächsBO; *Schleswig-Holstein*: § 29 Abs. 2 Satz 1 und 4 HeilBerG SH und § 17
Abs. 1, § 19 Satz 2, § 22 i.V.m. Kapitel D. II. Nr. 8 Abs. 1 Satz 2, § 22a Abs. 1 BO
SH.

[223] *Pieroth/Schlink*, Grundrechte, Rz. 240; *Sachs*, in: Sachs, GG-Kommentar, Vor Art. 1,
Rz. 83.

[224] Ausschließlich satzungsrechtliche Eingriffe durch die Berufsordnungen von *Baden-
Württemberg, Bremen, Hamburg, Hessen, Mecklenburg-Vorpommern, Rheinland-Pfalz,
Saarland, Sachsen-Anhalt, Thüringen* gem. § 17, § 19 Satz 2, § 22 i.V.m. Kapitel D. II.
Nr. 8 Abs. 1 Satz 2, § 22a Abs. 1 BO BW; § 17, § 19 Satz 2, § 22 i.V.m. Kapitel D. II.
Nr. 8 Abs. 1 Satz 2, § 22a Abs. 1 BremBO; § 17, § 19 Satz 2, § 22 i.V.m. Kapitel D. I.
Nr. 8 Abs. 1 Satz 2, § 22a Abs. 1 HmbBO; § 17, § 19 Abs. 1 Satz 2, § 22 i.V.m. Kapitel
D. II. Nr. 8 Abs. 1 Satz 2, § 22a Abs. 1 HessBO; § 17, § 19 Satz 2, § 22 i.V.m. Kapitel
D. II. Nr. 8 Abs. 1 Satz 2 und Kapitel D. I. Nr. 2 Abs. 9 Satz 1-2 BO MV; § 17, § 19
Satz 2, § 22 i.V.m. Kapitel D. II. Nr. 7 Abs. 1 Satz 2 und Kapitel D. I. Nr. 2 Abs. 9
Satz 1-2 BO RP; § 17, § 19 Satz 2, § 22 i.V.m. Kapitel D. I. Nr. 8 Abs. 1 Satz 2, § 22a
Abs. 1 SBO; § 17, § 19 Satz 2, § 22 i.V.m. Kapitel D. II. Nr. 8 Abs. 1 Satz 2, § 22a
Abs. 1 BO LSA; § 17, § 19 Satz 2, § 22 i.V.m. Kapitel D. I. Nr. 8 Abs. 1 Satz 2, § 22a
Abs. 1 ThBO.

[225] Von eine objektiv und subjektiv berufsregelnde Tendenz i.S.e. spezifischen Ausrichtung gegen die Berufsfreiheit ist auszugehen. BVerfGE 52, 42, 54; 55, 7, 25 f.;
61, 291, 308; 70, 191, 214; 81 108, 121 f.; krit. dazu *Sachs*, Verfassungsrecht II, B 12,
Rz. 26.

aa. Erforderlichkeit

(a) Einordnung des Eingriffs als Zugangsschranke bei der Ärzte-GmbH

Im Hinblick auf die materielle Vereinbarkeit bestehen schon Zweifel, ob die Verbote bzw. die Niederlassungsgebote[226] ihr Ziel auf der niedrigstmöglichen Eingriffsstufe verwirklichen und insofern erforderlich waren.

(aa) Objektive und subjektive Zugangsschranken

Anders als bei den Ärzten wirkt der Eingriff für die Ärzte-GmbH als Zugangsschranke. Die Regelungen[227] knüpfen – direkt oder indirekt – an ihre Rechtsform an, indem sie der juristischen Person das Angebot ambulanter ärztlicher Behandlungen untersagen. Der in dieser Form angestrebte Arztberuf ist auch nicht mit der Tätigkeit eines Trägers stationärer Kliniken und sonstiger Einrichtungen zu vergleichen. Der eigenständige Beruf des Anbieters stationärer Krankenhausleistungen zeichnet sich durch größere Vielfalt aus. Er übersteigt das ärztliche Angebot.[228] Infolgedessen versagen die Regelungen der GmbH schon der Zugang zum Arztberuf.

Dabei kann es dahinstehen, ob die Verbots- bzw. Gebotsregelungen objektive Zugangshindernisse aufstellen, wie es überwiegend vertreten wird,[229] oder ob sie – richtigerweise – nur den Grad einer subjektiven Zugangsschranke erreichen:[230]

Von objektiven Zulassungsvoraussetzungen geht eine Sperrwirkung für alle Betroffenen aus. Sie sind dem Einfluss des Einzelnen entzogen und richten sich nicht nach seinen persönlichen Fähigkeiten. Subjektive Zulassungsvoraussetzungen knüpfen dagegen – wie es hier der Fall ist – an die persönlichen Eigenschaften und Fähigkeiten der Betroffenen an.[231] Die Rechtsform ist eine persönliche Eigenschaft. Wenn die Ärzte-GmbH wegen ihrer rechtlichen Organisation als juristische Person von der Ausübung des Arztberufs ausgenommen wird, stützt sich der Ausschluss auf eine persönliche Eigenschaft des Bewerbers. Entscheidend ist, dass das Ausschlusskriterium dem Betreffenden zuzurechnen ist. Es kommt nicht darauf

---

[226] Wegen der besseren Übersichtlichkeit werden im weiteren Verlauf nur die gesetzlichen Verbote aufgeführt, vgl. für *Bayern*: Art. 18 Abs. 1 Satz 2 BayHKaG; *Berlin*: § 4a Abs. 4 BlnKaG; *Brandenburg*: § 31 Abs. 2 BbgHeilBerG; *Niedersachsen*: § 32 NdsHKG; *Nordrhein-Westfalen*: § 29 Abs. 2 HeilBerG NW; *Sachsen*: § 16 Abs. 4 SächsHKaG; *Schleswig-Holstein*: § 29 Abs. 2 Satz 1 und 4 HeilBerG SH. Die Ausführungen betreffen aber auch die jeweiligen Satzungsregelungen.

[227] *Bayern*: Art. 18 Abs. 1 Satz 2 BayHKaG; *Berlin*: § 4a Abs. 4 BlnKaG; *Brandenburg*: § 31 Abs. 2 BbgHeilBerG; *Niedersachsen*: § 32 NdsHKG; *Nordrhein-Westfalen*: § 29 Abs. 2 HeilBerG NW; *Sachsen*: § 16 Abs. 4 SächsHKaG; *Schleswig-Holstein*: § 29 Abs. 2 Satz 1 und 4 HeilBerG SH.

[228] Vergleiche im Rahmen von Art. 3 Abs. 1 GG unten § 1, C. II. 3. b.

[229] *Taupitz*, JZ 1994, 1100, 1103; *ders.*, NJW 1996, 3033, 3039; *Rieger*, MedR 1995, 87, 88; *Katzenmeier*, MedR 1998, 113, 114; *Weber/Vogt-Weber*, ArztR 1997, 179, 181; *Emmerich*, in: Scholz, GmbHG, § 1, Rz. 14.

[230] Wie hier auch *Henssler*, ZIP 1994, 844, 846; offengelassen von *Laufs*, MedR 1995, 11, 13.

[231] BVerfGE 7, 377, 406 f.

an, ob er es beeinflussen kann.[232] Das fehlende Einflussvermögen des Betroffenen rechtfertigt also nicht die Annahme einer objektiven Zulassungsregelung.[233]

Wegen ihrer Regelungsintensität sind die Zugangsbeschränkungen der Ärzte-GmbH jedoch wie objektive Zugangsbeschränkungen zu behandeln.

Derartige Korrekturen hat das Bundesverfassungsgericht bei der konkreten, a-typischen Betroffenheit vorgenommen, wenn Eingriffe auf unterem Niveau, als subjektive Zulassungsschranken, im einzelnen Fall in Eingriffe mit höherer Intensität, als objektive Zulassungsschranken, umschlugen.[234] Die Orientierung an der tatsächlichen Auswirkung ist – mit Zustimmung der Literatur[235] – auch da relevant geworden, wo sie für alle Betroffenen zum Regelfall wurde.[236]

Etwas anderes gilt nur, wenn die betreffende subjektive Zugangsvoraussetzung eine generell erwerbbare Fähigkeit oder Eigenschaft darstellt. Wer zu ihrer Erfüllung allein auf Grund seiner Veranlagung außerstande ist, muss – obschon es ihn objektiv ausschließt – weiterhin den Maßstab der subjektiven Zugangsbeschränkungen hinnehmen.[237] Gegenüber dem hierin befähigten Personenkreis wäre es unbillig, den Rechtfertigungsmaßstab zu verschärfen. Auf die eigene Rechtsform

---

[232] *Manssen*, in: v.Mangoldt/Klein/Starck, Das Bonner Grundgesetz, Art. 12, Rz. 141; *Tettinger*, in: Sachs, GG-Kommentar, Art. 12, Rz. 103; *Wieland*, in: Dreier, Grundgesetz Kommentar, Band I, Art. 12, Rz. 81; *Jarass*, in: Jarass/Pieroth, GG-Kommentar, Art. 12, Rz. 26; vgl. auch schon *Rupp*, AöR 92 (1967), 212, 234. Das gilt schon für das in der Person des Grundrechtsberechtigten liegende Lebensalter oder für sein Geschlecht, vgl. BVerfGE 9, 338, 345; 64, 72, 82.

[233] Wie hier auch *Henssler*, ZIP 1994, 844, 846; offengelassen von *Laufs*, MedR 1995, 11, 13.

[234] Das wurde unter anderem bei fehlenden Übergangsregelungen im Zuge einer Berufsreform erwogen, vgl. BVerfGE 21, 173, 182 f.; 25, 236, 248; 50, 265, 273 ff.; 55, 185, 201 f.; 64, 72, 83 f.; 75, 246, 278 f.; dazu *Manssen*, in: v.Mangoldt/Klein-/Starck, Das Bonner Grundgesetz, Art. 12, Rz. 139; *Tettinger*, in: Sachs, GG-Kommentar, Art. 12, Rz. 118; *Breuer*, in: Handbuch des Staatsrechts, Band VI, § 148, Rz. 10, 36.

[235] *Tettinger*, in: Sachs, GG-Kommentar, Art. 12, Rz. 119; *Gubelt*, in: v.Münch/Kunig, Grundgesetz-Kommentar, Art. 12, Rz. 45; *Jarass*, in: Jarass/Pieroth, GG-Kommentar, Art. 12, Rz. 28; *Ipsen*, Staatsrecht II, Rz. 632; *Breuer*, in: Handbuch des Staatsrechts, Band VI, § 148, Rz. 35, 45; *Scholz*, in: Maunz/Dürig, Grundgesetz Kommentar, Band II, Art. 12, Rz. 335; *Papier*, DVBl. 1984, 801, 804.

[236] In den Entscheidungen zur Kassenzulassung von Ärzten und Zahnärzten in BVerfGE 11, 30, 44 f.; 12, 144, 147 f.; 69, 233, 243 f. waren Berufsausübungsregeln in ihrer Wirkung einer objektiven Zulassungsschranke vergleichbar. Eine Rechtfertigung war nur „durch besonders wichtige Interessen der Allgemeinheit gefordert" möglich, die „anders nicht geschützt werden" konnten. Vgl. auch BVerfGE 13, 181, 187; 16, 147, 165; 30, 292, 314 f., die – bei Steuergesetzen und einer Bevorratungspflicht für Mineralölerzeugnissen – entgegen der Einordnung als Ausübungsregelung wegen der regelmäßigen Beeinträchtigungen auf die Berufswahl abstellten. Ebenso BVerfGE 61, 291, 311; 65, 116, 127 f.; 77, 84, 106; 82, 209, 229 f.

[237] Das gilt z.B. für eine durch Prüfungen zu beweisende Fähigkeit, vgl. *Sachs*, Verfassungsrecht II, B 12, Rz. 44.

trifft dieser Einwand jedoch nicht zu. Sie ist keine keine Eigenschaft oder Fähigkeit, die eine Person erst erwerben müsste.

Damit bleibt die festgestellte Einwirkungsintensität einer objektiven Zugangsschranke maßgebend. An deren strengeren Maßstab haben sich die Rechtfertigungsanforderungen für die Ärzte-GmbH zu orientieren.

(bb) Durchgriff auf die hinter der GmbH stehenden natürlichen Personen?

Angesichts der unterschiedlichen Eingriffsstufen bei den Ärzten und der Ärzte-GmbH und der „überragenden Bedeutung der hinter der GmbH stehenden natürlichen Personen" hat der Bayerische Verfassungsgerichtshof die verfassungsrechtliche Zulässigkeit an den geringeren Anforderungen für Berufsausübungsregeln gemessen.[238]

Dieser „Durchgriff" verkürzt den in Art. 19 Abs. 3 GG garantierten Grundrechtsschutz juristischer Personen insofern, als er bei einer solchen Betrachtungsweise über den Schutz der an ihr beteiligten natürlichen Personen nicht hinausgeht. Begründet wird dies damit, dass die „richtigen" Grundrechtsträger ohnehin die natürlichen Personen seien. Zumindest solle das für die Grundrechte mit personalen Charakter wie die Berufsfreiheit gelten.[239] Konsequenterweise wäre das Niveau der Rechtfertigungsanforderungen im Verhältnis zur Ärzte-GmbH nur an der Prüfung der Gesichtspunkte des „Allgemeinwohls" auszurichten.

Hintergrund dieser Überlegung ist die in Art. 19 Abs. 3 GG geforderte „Wesensanwendbarkeit" der Grundrechte für juristische Personen. In der Sache geht es um den vom Bundesverfassungsgericht entwickelten Ansatz, ob das *personale Substrat* einer juristischen Person oder primär ihre *grundrechtstypische Gefährdungslage* das maßgebliche Kriterium für die „wesensmäßige" Anwendbarkeit sein soll.[240]

Die Forderung nach dem „personalen Substrat" beruht auf einem individualistischen Grundrechtsverständnis. Nach Ansicht des Bundesverfassungsgerichts rechtfertigt sich das Einbeziehen juristischer Personen in den Schutzbereich eines Grundrechts nur, wenn ihre Bildung und Betätigung zugleich Ausdruck der freien Entfaltung der natürlichen Personen ist.[241] Die Auswirkungen sind weitreichend:[242] Juristischen Personen fehlt die Grundrechtsberechtigung von vornherein, wenn sie

---

[238] Einen Durchgriff hat der bayerische Verfassungsgerichtshof im Hinblick auf einen Verstoß gegen das bayerische Landesgrundrecht der Berufsfreiheit in Art. 101 BayVerf vorgenommen. Seine Prüfung war daher am Maßstab der Berufsausübungsregelung orientiert, vgl. BayVerfGH, NJW 2000, 3418, 3419.

[239] BayVerfGH, NJW 2000, 3418, 3419.

[240] So ausgedrückt von *Huber*, in: v.Mangoldt/Klein/Starck, Das Bonner Grundgesetz, Art. 19, Rz. 225 f.

[241] BVerfGE 21, 362, 369, Gegenstand des Beschlusses war eigentlich die (Un-) Zulässigkeit der Verfassungsbeschwerde einer juristischen Person des öffentlichen Rechts. Die hier zitierte Textstelle bezog sich aber noch auf juristische Personen des öffentlichen und des privaten Rechts. Vgl. auch BVerfGE 61, 82, 101; 68, 193, 205 f.; 75, 192, 195 f.

[242] Zustimmend *Dürig*, in: Maunz/Dürig, Grundgesetz Kommentar, Band II, Art. 19 Abs. 3, Rz. 1 die Vorschrift ist „um des Menschen willen da".

über kein *personales Substrat* verfügen.[243] Ist es hingegen vorhanden, dürfen die Anforderungen an die verfassungsrechtliche Rechtfertigung – wie bei der Ärzte-GmbH – bei der juristischen Person nicht höher sein als bei den hinter ihr stehenden natürlichen Personen.

Argumentativ werden der Wortlaut des Art. 19 Abs. 3 GG und seine systematische Nähe zu Art. 19 Abs. 2 GG herangezogen. Bezugspunkt für die Auslegung der Wesensanwendbarkeit in Art. 19 Abs. 3 GG soll wie beim Wesensgehalt in Art. 19 Abs. 2 GG die Menschenwürde des Einzelnen, seine Fähigkeit zur Freiheit und seine Gleichberechtigung sein.[244] Aber diese Ansicht verkennt, dass Art. 19 Abs. 3 GG der juristischen Person eine eigenständige grundrechtliche Abwehrposition gewährt.[245] Über den Grundrechtsschutz einer natürlichen Person geht er gerade hinaus.[246] Ein Durchgriff würde Art. 19 Abs. 3 GG also seines Sinns entleeren.[247] Das hat auch das Bundesverfassungsgericht in seiner früheren Rechtsprechung betont, und zwar gerade für solche juristischen Personen, die nicht notwendig Vereinigungen von natürlichen Personen sind.[248] Vor diesem Hintergrund ist der Grundrechtsschutz juristischer Personen nicht auf das Niveau der natürlichen Personen zurück zu nehmen. Grundrechte natürlicher und juristischer Personen müssen nicht übereinstimmend ausgeübt werden.[249]

Vorzugswürdig für Art. 19 Abs. 3 GG ist das Kriterium der *grundrechtstypischen Gefährdungslage*. Dabei genügt es, dass die Lage der juristischen Person mit der Lage einer natürlichen Person vergleichbar ist, die gegen einen freiheitsgefährdenden Staat den Schutz der Grundrechte genießt.[250] Auf die Ärzte-GmbH trifft das zu. Für sie haben die Regelungen[251] so viel Bedeutung wie für Ärzte.

---

[243] Das betrifft ohnehin alle juristischen Personen des öffentlichen Rechts, wirkt sich aber auch auf privatrechtliche Stiftungen, Körperschaften, Konzerne und Holdinggesellschaften aus, vgl. *Huber*, in: v.Mangolt/Klein/Starck, Das Bonner Grundgesetz, Art. 19, Rz. 230. Gegen die Herausnahme von Stiftungen allerdings BVerfGE 46, 73, 83; BVerwGE 40, 347, 349; *Krüger/Sachs*, in: Sachs, GG-Kommentar, Art. 19, Rz. 56.

[244] Nachweis bei *Huber*, in: v.Mangoldt/Klein/Starck, Das Bonner Grundgesetz, Art. 19, Rz. 226.

[245] *Huber*, in: v.Mangolt/Klein/Starck, Das Bonner Grundgesetz, Art. 19, Rz. 246.

[246] *Stern*, Staatsrecht, Band III/1, § 71 III 3 und IV 3.

[247] *Pieroth/Schlink*, Grundrechte, Rz. 152; im Zusammenhang mit der Ärzte-GmbH auch *Taupitz*, JZ 1994, 1100, 1103; *ders.*, NJW 1996, 3033, 3039.

[248] BVerfGE 3, 383, 391.

[249] *Stern*, Staatsrecht, Band III/1, § 71 IV 3.

[250] *v.Mutius*, in: Bonner Kommentar, Art. 19 Abs. 3, Rz. 114; *Pieroth/Schlink*, Grundrechte, Rz. 152. Das Bundesverfassungsgericht hat den Begriff der grundrechtstypischen Gefährdungslage in späteren Entscheidungen zwar übernommen, inhaltlich aber weiterhin das Erfordernis des personalen Substrats herausgestellt, vgl. BVerfGE 45, 63, 79; 61, 82, 105.

[251] *Bayern*: Art. 18 Abs. 1 Satz 2 BayHKaG; *Berlin*: § 4a Abs. 4 BlnKaG; *Brandenburg*: § 31 Abs. 2 BbgHeilBerG; *Niedersachsen*: § 32 NdsHKG; *Nordrhein-Westfalen*: § 29 Abs. 2 HeilBerG NW; *Sachsen*: § 16 Abs. 4 SächsHKaG; *Schleswig-Holstein*: § 29 Abs. 2 Satz 1 und 4 HeilBerG SH.

Nimmt man die Grundrechtsberechtigung juristischer Personen ernst, betreffen die im Einzelnen dargelegten Regelungen den Aspekt der Berufswahl.[252] Entgegen dem Bayerischen Verfassungsgerichtshof ist die Verfassungsmäßigkeit von Beschränkungen der Ärzte-GmbH deshalb an der höheren Einwirkungsstufe der objektiven Zugangsschranken zu messen.

(b) Verfügbarkeit milderer Mittel

Zunächst stellt sich die Frage, ob und in welchem Maße den Gesetzgebern weniger einschneidende Regelungen zur Verfügung standen. Zum Zwecke der Beantwortung können die Länderregelungen[253] je nach der inhaltlichen Übereinstimmung in Gruppen zusammengefasst werden. Ihre Eingriffsintensität wird jedenfalls nicht dadurch gemildert, dass der Gesetzgeber mit der Partnerschaft mittlerweile eine spezielle Gesellschaftsform für Freiberufler bereitstellt. Aus der Sicht der Ärzte-GmbH ist es irrelevant, ob der fragliche Gesellschaftszweck in der Rechtsform einer ganz andersartigen Gesellschaft verfolgt wird.[254]

(aa) Die Rechtslage in Bayern und Sachsen

Gegen die Verbote in Bayern und Sachsen, Art. 18 Abs. 1 Satz 2 BayHKaG und § 16 Abs. 4 SächsHKaG[255], ist zu Recht eingewendet worden, dass sie – nach dem Willen der Gesetzgeber[256] – die Praxisgemeinschaft einbeziehen.[257] Der Verbotszweck geht fehl. In dieser Praxisform wird der Beruf nicht ausgeübt. Gesundheitliche Risiken für Patienten sind nicht ersichtlich. Sie können sich weiterhin an den regulär niedergelassenen Arzt wenden. Mit der Praxisgemeinschaft kommen sie vertraglich nicht in Berührung, geschweige denn, dass sie die Haftungsbegrenzung der Gesellschaft betrifft.

Erwähnenswert ist dabei, dass das Verbot auch die Ein-Personen-GmbH betrifft, obwohl der in ihr praktizierende Arzt – der Alleingesellschafter und Geschäftsführer in einer Person vereint – nur die äußeren Rahmenbedingungen seiner Praxis über eine GmbH bereitstellen lässt.

Vor allem mangelt es den bayerischen und sächsischen Regelungen an der Möglichkeit einer – von bestimmten Voraussetzungen abhängigen – Ausnahmegenehmigung. Selbst wenn die in den Gesetzesbegründungen angesprochenen Ge-

---

[252] *Taupitz*, NJW 1996, 3033, 3039.

[253] *Bayern*: Art. 18 Abs. 1 Satz 2 BayHKaG; *Berlin*: § 4a Abs. 4 BlnKaG; *Brandenburg*: § 31 Abs. 2 BbgHeilBerG; *Niedersachsen*: § 32 NdsHKG; *Nordrhein-Westfalen*: § 29 Abs. 2 HeilBerG NW; *Sachsen*: § 16 Abs. 4 SächsHKaG; *Schleswig-Holstein*: § 29 Abs. 2 Satz 1 und 4 HeilBerG SH.

[254] *Taupitz*, NJW 1996, 3033, 3039.

[255] Art. 18 Abs. 1 Satz 2 BayHKaG als gesetzliche Grundlage für § 17, § 19 Satz 2, § 22 i.V.m. Kapitel D. II. Nr. 8 Abs. 1 Satz 2 und Kapitel D. I. Nr. 2 Abs. 9 Satz 1-2 BayBO sowie § 16 Abs. 4 SächsHKaG als gesetzliche Grundlage für § 17, § 19 Satz 2, § 22 i.V.m. Kapitel D. II. Nr. 8 Abs. 1 Satz 2 und Kapitel D. I. Nr. 2 Abs. 9 Satz 1-2 Sächs-BO.

[256] Bayerischer Landtag, Drs. 12/10455 vom 9.3.1993, S. 14; Sächsischer Landtag, Drs. 1/4352 vom 9.2.1994, S. 17 f.

[257] *Taupitz*, NJW 1996, 3033, 3039.

fahren im Betrieb einer Körperschaft angelegt sind, kann ihnen durch weniger einschneidende Weise als durch uneingeschränkte Verbote begegnet werden. Hier hätte ein Erlaubnisvorbehalt der Ärztekammer gereicht. Berechtigten Bedenken wäre mit konkreten Vorgaben zur Ausgestaltung der fraglichen juristischen Person Rechnung zu tragen. Es sind Auflagen an die Gestaltung der einschlägigen Gesellschaftsverträge denkbar, die der Kontrolle durch die Ärztekammer oder der Aufsichtsbehörde unterstellt werden. Somit würde das Angebot ambulanter ärztlicher Versorgung in der Rechtsform der GmbH davon abhängig, berufsrechtliche Belange auch in dieser Kooperation zu gewährleisten.[258] Schließlich dürfen gem. § 30 GewO auch private Krankenhäuser nach Erhalt ihrer Konzession in der Rechtsform einer juristischen Person geführt werden. Auf dem Gebiet der stationären Krankenbehandlung hat der Gesetzgeber also nicht einmal ein pauschales Verbot geschaffen.[259] Gemessen daran haben sich die Länder Bayern und Sachsen nicht für das weniger einschneidende Mittel entschieden. Art. 18 Abs. 1 Satz 2 BayHKaG und § 16 Abs. 4 SächsHKaG[260] verstoßen gegen das Übermaßverbot.

(bb) Die Rechtslage in Berlin

Vergleichbar ist die Situation in Berlin. Das Niederlassungsgebot ist zwar freiheitlicher, weil es anderslautenden Regelungen den Vorrang einräumt, vgl. § 4 Abs. 4 BlnKaG, „soweit nicht gesetzliche Bestimmungen etwas anderes zulassen". Anderslautende Bestimmungen für die ambulante Berufsausübung in der Rechtsform der GmbH hat der Landesgesetzgeber jedoch nicht erlassen. Dem Bundesgesetzgeber fehlt wiederum die Kompetenz, berufliche Ausübungsregelungen für Ärzte zu erlassen, Art. 70 Abs. 1 GG. Solange der Landesgesetzgeber nicht tätig wird, läuft der Vorbehalt ins Leere. Mithin ist die Ärzte-GmbH auch in Berlin uneingeschränkt verboten. Wie in Bayern und Sachsen hätte es sich auch hier angeboten, die Erlaubnis einer GmbH zumindest mit Auflagen versehen zu gestalten. In der geltenden Fassung hat sich der Gesetzgeber nicht für das mildeste Mittel entschieden. Auch hier war das Niederlassungsgebot in dieser Form nicht erforderlich gewesen. Es verstößt gegen das Übermaßverbot.

(cc) Die Rechtslage in Brandenburg, Niedersachsen und Nordrhein-Westfalen

Im Vergleich dazu enthalten Brandenburg, Niedersachsen und Nordrhein-Westfalen noch liberale Niederlassungsgebote. Wie in Berlin greifen die Gesetzesvorbehalte zwar ins Leere, weil anderslautende Regelungen bisher nicht beste-

---

[258] So schon *Taupitz*, NJW 1996, 3033, 3040.

[259] *Taupitz*, NJW 1996, 3033, 3041; *ders.*, JZ 1994, 1100, 1102.

[260] Art. 18 Abs. 1 Satz 2 BayHKaG als gesetzliche Grundlage für § 17, § 19 Satz 2, § 22 i.V.m. Kapitel D. II. Nr. 8 Abs. 1 Satz 2 und Kapitel D. I. Nr. 2 Abs. 9 Satz 1-2 BayBO sowie § 16 Abs. 4 SächsHKaG als gesetzliche Grundlage für § 17, § 19 Satz 2, § 22 i.V.m. Kapitel D. II. Nr. 8 Abs. 1 Satz 2 und Kapitel D. I. Nr. 2 Abs. 9 Satz 1-2 SächsBO.

hen.[261] Dafür bleibt den Ärztekammern die Möglichkeit der ausnahmsweisen Befreiung:

> „In besonderen Einzelfällen kann die Ärztekammer Ausnahmen von Absatz 1 genehmigen [gemeint ist das Niederlassungsgebot], wenn sichergestellt ist, dass die berufsrechtlichen Belange nicht beeinträchtigt werden",

vgl. § 31 Abs. 2 Satz 5 BbgHeilBerG, § 32 Abs. 1 und Abs. 2 NdsHKG sowie § 29 Abs. 2 Satz 5 HeilBerG NW.

Die Wahrung berufsrechtlicher Belange sichert, dass die angestellten Ärzte ihre beruflichen Pflichten in der Ärzte-GmbH einhalten können. In einer Ärzte-GmbH kann dies nur dadurch geschehen, dass die Ärztekammern zumindest den Gesellschaftsvertrag auf die Gewähr der beruflichen Weisungsunabhängigkeit der Ärzte prüfen.[262] Sie dient dem legitimen Zweck, die Gesundheit der Bevölkerung zu fördern. Wenn diese Vorgabe ohnehin erfüllt sein muss, damit die Ärztekammern nach ihrem Ermessen entscheiden können, besteht aber spätestens zu diesem Zeitpunkt kein Grund mehr, die Genehmigung zu versagen.[263] Dagegen gestattet der Wortlaut der Befreiungsvorbehalte den Ärztekammern lediglich, das eingeräumte Ermessen nur „im besonderen Einzelfall" zugunsten einer Ärzte-GmbH auszuüben. Ein gebundener Anspruch der Ärzte-GmbH auf Erhalt der Genehmigung ist also nicht einmal bei Erfüllen der Voraussetzungen gegeben.

Ein präventives Verbot mit Erlaubnisvorbehalt hätte dieser Zielsetzung vollständig genügt. Damit wäre der anvisierte Schutz der Bürger gewährleistet. Bevor der Ärzte-GmbH der Anspruch auf Erteilung der Genehmigung erwächst, müsste die Ärztekammer ihre vorbeugende Überprüfung positiv abgeschlossen haben. Was das zweite Anliegen der Gesetzgeber, der Förderung der ärztlichen Niederlassung, betrifft, so ist darauf zu verweisen, dass ein präventives Verbot mit Erlaubnisvorbehalt im Gegensatz zur uneingeschränkten Niederlassungsfreiheit immer noch erheblich in die Berufsausübung eingreift.[264] Folglich stellen die Befreiungsvorbehalte in dieser Form nicht das mildeste Mittel dar.

Angesichts der verfassungsrechtlich hohen Bedeutung der Berufsfreiheit und der Bindung des Gesetzgebers an den Verhältnismäßigkeitsgrundsatz erscheint es angebracht, die Beschränkungen da aufzuheben, wo ihre Zwecke bereits erfüllt sind. Unter diesen Umständen bietet sich eine Korrektur der gesetzlichen Vorgaben vom repressiven Verbot der Befreiungsvorbehalte zu den präventiven Verbo-

---

[261] Mit dem Gesetzesvorbehalt wollten die Gesetzgeber die schon bestehenden Sonderregelungen für den medizinischen Dienst des SGB V, die Betriebsärzte, Sicherheitsingenieure und für gemeinnützige Organisationen berücksichtigen, vgl. Niedersächsischer Landtag, Drs. 13/1700 vom 29.1.1996, S. 57 und Landtag Nordrhein-Westfalen, Drs. 11/5673 vom 30.6.1993, S. 31. Wahrscheinlich gelten diese Erwägungen auch für die Berliner Gesetzeslage. In ihren Materialien fehlen die Ausführungen zum Niederlassungsgebot allerdings vollständig.

[262] Eingehend zur Wahrung des beruflichen Freiraums der Ärzte unten in § 3.

[263] *Zuck*, in: FS Geiss (2000), 323, 335.

[264] Siehe zum präventiven Verbot mit Erlaubnisvorbehalt *Ehlers*, in: Erichsen, Allgemeines Verwaltungsrecht, § 1, Rz. 36; *Huber*, Allgemeines Verwaltungsrecht, S. 173 f.; *Maurer*, Allgemeines Verwaltungsrecht, § 9, Rz. 51 ff.; *Sodan*, NZS 2001, 169, 174.

ten mit Erlaubnisvorbehalten an. Über den Wortlaut der Vorschriften geht sie hinaus. Dafür kann sie die gesetzgeberischen Ziele und die verfassungsrechtlichen Anforderungen an die Berufsfreiheit der Gesellschaft in Einklang bringen. Dem ursprünglichen Anliegen der Gesetzgeber wird im Hinblick auf die Wahrung beruflicher Belange so weit wie möglich entsprochen. Zugleich werden die Vorschriften unter verfassungskonformen Gesichtspunkten so wenig wie nötig korrigiert, indem sie das eingeräumte Ermessen der Ärztekammern reduzieren.[265]

Die von den Gesetzgebern vorgesehene Einzelfallgenehmigung hat der regelmäßig zu erteilenden Erlaubnis zu weichen. § 31 Abs. 2 Satz 5 BbgHeilBerG, § 32 Abs. 1 und Abs. 2 NdsHKG sowie § 29 Abs. 2 Satz 5 HeilBerG NW sind im Wege verfassungskonformer Korrektur als präventive Verbote mit Erlaubnisvorbehalt zu verstehen. Die Ärzte-GmbH erhält einen Rechtsanspruch auf Erteilung, sofern der Versagungsgrund nicht erfüllt ist.[266] Unter diesen Voraussetzungen sind die gesetzlichen Regelungen in Brandenburg, Niedersachsen und Nordrhein-Westfalen in der Lage, ihr legitimes Ziel zu wahren, ohne die geschützten Verhaltensweisen mehr als erforderlich einzuschränken.

(dd) Die Rechtslage in Schleswig-Holstein

Für die Rechtslage in Schleswig-Holstein können die Ergebnisse der Ländergruppen Bayern/Sachsen und Brandenburg/Niedersachsen/Nordrhein-Westfalen herangezogen werden. Wie in Bayern und Sachsen stellt das uneingeschränkte Verbot einer juristischen Person gem. § 29 Abs. 2 Satz 4 HeilBerG SH nicht das mildeste Mittel dar. Es verstößt gegen das Übermaßverbot.

Soweit diese Regelung nichtig ist, stellt sich darüber hinaus die Frage nach der Erforderlichkeit des Niederlassungsgebots in § 29 Abs. 1 Satz 1 HeilBerG SH. Hierfür gilt die Ausnahmeerlaubnis in Satz 7. Mit denselben Argumenten wie in der Ländergruppe Brandenburg/Niedersachsen/Nordrhein-Westfalen erscheint es auch hier vertretbar, mittels einer verfassungskonformen Korrektur den Befreiungsvorbehalt in § 29 Abs. 1 Satz 7 HeilBerG SH in einen Erlaubnisvorbehalt umzudeuten. Auf diese Weise lässt sich zumindest das Niederlassungsgebot als geeignet und erforderlich ansehen.

Ein Aufrechterhalten der „Restregelung" könnte mit der Absicht des schleswig-holsteinischen Gesetzgebers kollidieren, beide Vorschriften nur einheitlich gelten zu lassen. In diesem Fall bliebe auch das Niederlassungsgebot unberücksichtigt. Als Folge wäre die Ärzte-GmbH in Schleswig-Holstein ohne Einschränkungen erlaubt. Dieses Ergebnis widerspricht aber dem Willen des Gesetzgebers, der eine restriktivere Rechtslage einführen wollte. Insofern kommt ein Festhalten am Niederlassungsgebot (mit Kammerausnahme) seiner Zielsetzung am ehesten entgegen. Es ist vertretbar, von einer Geltung des Niederlassungsgebots auszugehen.

---

[265] Ähnlich *Taupitz*, NJW 1996, 3033, 3040 f., allerdings durch Vornahme einer verfassungskonformen Auslegung.

[266] Mit Rücksicht auf die betroffenen Grundrechte muss sich beim präventiven Verbot mit Erlaubnisvorbehalt aus der Rechtsnorm selbst ergeben, aus welchem Grund die Genehmigung versagt werden darf, BVerfGE 20, 150, 158; 34, 165, 199 f.; 41, 378, 399; 46, 120, 157.

bb. Zumutbarkeit

Weiterhin bestehen aber Zweifel über die Gültigkeit der Regelungen[267] insbesondere im Hinblick auf ihre Zumutbarkeit. Das Bundesverfassungsgericht verlangt, dass sie „nachweisbare und höchstwahrscheinliche Gefahren für ein überragend wichtiges Gemeinschaftsgut abwehren".[268] Je nachhaltiger die Regelungen in die grundrechtlich geschützte Position der Ärzte-GmbH eingreifen, um so gewichtiger und gefährdeter muss das Gemeinschaftsinteresse sein.

Ein überragend wichtiger Gemeinwohlbelang besteht jedoch nicht schon darin, den Berufsstand des niedergelassenen Arztes zu festigen. Dieses Argument zielt lediglich auf die Stabilität der Wettbewerbsstrukturen.[269] Verfassungsrang hat es nicht. Neben traditionellen und rechtlich geordneten Berufen schützt Art. 12 Abs. 1 Satz 1 GG gerade die sich neu entwickelnden Formen der Berufsausübung.[270] Sofern die Gesetzgeber beabsichtigen, den Beruf des frei praktizierenden Arztes rechtlich zu fixieren,[271] müssen sie weitere, übergeordnete Gemeinschaftsinteressen geltend machen. Der Wunsch, ein Berufsbild zu schaffen oder aufrecht zu halten, kann nicht zugleich verfassungsrechtlicher Maßstab sein, um andere Personen vom Zugang zu diesem Beruf fernzuhalten. Dass Arztpraxen in der Rechtsform der GmbH bisher nicht üblich waren, ist somit unerheblich.

Aus diesem Grund sind die Regelungen nur zumutbar, wenn die Zugangsbeschränkungen für die Ärzte-GmbH schwerwiegende Gefahren für die Gesundheit der Bürger zu verhindern helfen. Dafür müsste die Qualität der freiberuflichen ärztlichen Leistung in der Organisationsform einer GmbH ernsthaft Schaden nehmen. Bei näherer Betrachtung verliert diese Erwägung jedoch an Überzeugungskraft.

Solange die Ärzte ihre fachlich-medizinische Freiheit behalten und die Kooperationsform dies uneingeschränkt ermöglicht, ist der freiberufliche Charakter einer Tätigkeit auch mit der Anstellung in einer Ärzte-GmbH vereinbar.[272] Allein die Wahl einer Rechtsform ist noch kein Maßstab für die Annahme der „Vergewerblichung und Kommerzialisierung" oder eines „gesetzlich nicht vorgesehenen Arzttyps",[273] zumal die traditionelle freiberufliche Selbständigkeit auf dem Gesundheitssektor seit langem rückläufig ist.[274] Das bei der Ärzte-GmbH stets vermutete Gewinnstreben kann nicht verdecken, dass der niedergelassene Arzt angesichts

---

[267] *Bayern*: Art. 18 Abs. 1 Satz 2 BayHKaG; *Berlin*: § 4a Abs. 4 BlnKaG; *Brandenburg*: § 31 Abs. 2 BbgHeilBerG; *Niedersachsen*: § 32 NdsHKG; *Nordrhein-Westfalen*: § 29 Abs. 2 HeilBerG NW; *Sachsen*: § 16 Abs. 4 SächsHKaG; *Schleswig-Holstein*: § 29 Abs. 2 Satz 1 und 4 HeilBerG SH.

[268] BVerfGE 7, 377, 408; 63, 266, 286; 97, 12, 96.

[269] *Zuck*, in: FS Geiss (2000), 323, 335.

[270] BGH, JZ 1994, 1127, 1128; OLG Düsseldorf (Vorinstanz), NJW-RR 1992, 808 ff.

[271] Angeführt vom BayVerfGH, NJW 2000, 3418, 3419 und vom OVG Münster, MedR 2001, 150, 152.

[272] *Ahlers*, in: FS Rowedder (1994), 1, 9 f. Inwiefern die fachliche Unabhängigkeit der Ärzte in der GmbH gesichert ist, zeigt sich unten in § 3.

[273] So das OVG, Münster MedR 2001, 150, 153.

[274] *Katzenmeier*, MedR 1998, 113, 115; *Taupitz*, NJW 1992, 2317, 2323.

des Kostendruckes im Gesundheitswesen mit diesen Zwängen ebenfalls belastet ist. Gravierende Gefahren bis zur Vernachlässigung berufsethischer Aspekte müssen sich nicht zwingend einstellen.[275] Vorbehalte, die in der GmbH angebotenen ärztlichen Leistungen seien unter dem Begriff der „Geschäfte mit der Gesundheit" mit unseriösen Angeboten verbunden,[276] wirken deswegen zu unbestimmt.

Zur Anonymisierung soll insbesondere beitragen, dass eine GmbH nicht an einen Betriebssitz gebunden ist, sondern letztlich eine Kette von Behandlungseinrichtungen – und dies unter Austausch der Ärzte – schaffen kann.[277] Zumindest der wechselnde Einsatz von Ärzten würde jedoch gegen § 17 Abs. 2 MBO-Ä 1997 und § 18 Abs. 1 MBO-Ä 1997 verstoßen. Die Vorschrift untersagt, ohne Genehmigung der Ärztekammern an mehreren Stellen Sprechstunden abzuhalten. Sie soll die optimale Betreuung der Patienten durch einen Arzt an einem Ort gewährleisten.[278] Auch das Verbot der überörtlichen Ärztesozietät in Kapitel D. II. Nr. 8 Abs. 2 MBO-Ä 1997 wäre davon berührt.[279] Diese Vorschriften bleiben für die GmbH-Ärzte verbindlich und halten sie von einem Austausch ab.[280] Ob hingegen die Ärzte-GmbH kleine Filialen bildet, macht keinen Unterschied. Solange die Ärztebesetzung untereinander nicht wechselt, wird dem Sinn des § 18 Abs. 1 MBO-Ä 1997 und des Kapitel D. II. Nr. 8 Abs. 2 MBO-Ä 1997 Genüge getan. Dann kann von einem anonymen Austausch der Ärzte in der überörtlichen Ärztesozietät keine Rede sein.

Wenig überzeugend ist zudem der Einwand, dem notwendigen Vertrauensverhältnis zwischen Arzt und Patient stehe entgegen, dass der Vertragspartner eine juristische Person sei.[281] Ob und in welchem Maße sich eine persönliche Beziehung entwickelt, entscheidet die Arztpersönlichkeit, sicher nicht der Vertragspartner.[282] Selbst der Patient einer Gemeinschaftspraxis schließt den Behandlungsvertrag mit allen Ärzten ab, nicht nur individuell mit dem Arzt seines Vertrauens.[283] Das PartGG, das den Besonderheiten des freiberuflichen Zusammenschlusses Rech-

---

[275] *Taupitz*, NJW 1996, 2317, 2323.

[276] Aufgeführt vom Landtag Nordrhein-Westfalen, Drs. 11/5673 vom 30.6.1993, S. 27; OVG Münster, MedR 2001, 150, 153.

[277] OVG Münster, MedR 2001, 151, 153.

[278] OVG Münster, MedR 1999, 425, 426; VGH Baden-Württemberg, MedR 2000, 439, 440; *Uhlenbruck*, in: Laufs/Uhlenbruck, Handbuch des Arztrechts, § 18, Rz. 20; *Ratzel*, in: Ratzel/Lippert, Kommentar zur MBO, § 18, Rz. 1.

[279] Zur Verfassungswidrigkeit eines Verbots der „überörtlichen Ärztesozietät" siehe *Preißler*, MedR 2001, 543, 545 f.; zu Recht krit. auch *Römermann/Schulte*, MedR 2001, 179, 181 f.

[280] Zur Bindung der GmbH-Ärzte an die Berufsordnungen unten in § 4, B.

[281] Angedeutet vom OVG Münster, MedR 2001, 150, 153 „Rechtsverhältnis mit höchstpersönlicher Natur"; *Seibert*, Die Partnerschaft, S. 42; vgl. auch OVG Koblenz, NJW 1980, 1866, 1867; Schleswig-Holsteinischer Landtag, Drs. 15/1319 vom 29.10.2001, S. 18.

[282] OLG Düsseldorf, NJW-RR 1992, 808, 810; *Zuck*, in: FS Geiss (2000), 323, 335; *Katzenmeier*, MedR 1998, 113, 115 f.; *Taupitz*, NJW 1992, 2317, 2323; *ders.*, in JZ 1994, 1100, 1103; *ders.*, in NJW 1996, 3033, 3037.

[283] BGHZ 97, 273, 276 ff.; *Taupitz*, NJW 1996, 3033, 3037.

nung tragen soll, stellt den Ärzten mit der Partnerschaftsgesellschaft ebenfalls eine rechtlich verselbständigte Organisationsform zur Verfügung.[284]

Von einer unangemessenen Benachteiligung der Patienten einer Ärzte-GmbH bei der Geltendmachung von Ansprüchen für einen Behandlungsfehler kann ebenfalls nicht die Rede sein. Das Auseinanderfallen der vertraglichen und deliktischen Haftungsschuldner[285] stellt ihnen mit der Ärzte-GmbH sogar eine zusätzliche vertragliche Haftungsschuldnerin zur Verfügung.[286] Weil die Ärzte-GmbH darüber hinaus die Pflicht trifft, den gesamten Ablauf der Betriebsvorgänge durch geeignete organisatorische Vorkehrungen so einzurichten und zu überwachen, dass Dritte nicht geschädigt werden, haftet sie bei Verletzung dieser Organisationspflichten ebenfalls gem. § 823 Abs. 1 BGB.[287] Als deliktische Haftungsschuldner[288] sind die Ärzte weiterhin für die medizinische Diagnostik, Behandlung und Beratung gegenüber den Patienten verantwortlich.[289] Seit dem 2. Schadensrechtsänderungsgesetz[290] ermöglicht § 253 Abs. 2 BGB den Ersatz immaterieller Schäden bei allen vorsätzlich herbeigeführten oder erheblichen Verletzungen des Körpers, der Gesundheit, der Freiheit oder der sexuellen Selbstbestimmung. Schmerzensgeld kann also im Rahmen der Vertragshaftung beansprucht werden, was die Rechtstellung des Patienten gegenüber der Ärzte-GmbH entscheidend verbessert.[291] Mitunter wird als Nachteil vorgetragen, der Patient könne die Forderungen der juristischen Person aus dem Behandlungsvertrag nicht mit einer Gegenforderung aufrechnen, die ihm aus § 253 Abs. 2 BGB auf Zahlung von Schmerzensgeld zustünde. Wegen der Personenverschiedenheit fehle es an der Gegenseitigkeit der Forderung.[292]

---

[284] *Katzenmeier*, MedR 1998, 113, 116; BayObLG, ZIP 1994, 1868, 1870 zur Rechtsanwalt-GmbH, zustimmend *Henssler*, ZIP 1994, 1871, 1872.

[285] Als Grund angeführt vom BayVerfGH, NJW 2000, 3418, 3420; Schleswig-Holsteinischer Landtag, Drs. 15/1319 vom 29.10.2001, S. 18.

[286] *Katzenmeier*, Arzthaftungsrecht, § 2.III.2.; *ders.*, MedR 1998, 113, 116; *Taupitz*, NJW 1996, 2317, 2324. Gem. § 31 BGB, der im Deliktsrecht und bei Körperschaften analog anwendbar ist, so *Reuter*, in: MünchKomm, § 31, Rz. 11; *Heinrichs*, in: Palandt, § 31, Rz. 2 f. haftet die Gesellschaft ebenfalls für das Verschulden ihrer geschäftsführenden Gesellschafter als verfassungsmäßig berufene Vertreter, vgl. *Walter*, MedR 2002, 169, 172.

[287] *Katzenmeier*, Arzthaftungsrecht, § 2.III.2.

[288] *Meyer/Kreft*, GmbHR 1997, 193, 195. Nicht gesehen von *Kremer*, GmbH als Rechtsform freiberuflicher Partnerschaften, S. 148. Die GmbH haftet nicht gem. § 831 Abs. 1 Satz 1 BGB aus dem Deliktsrecht für ihre Ärzte, wie es der BayVerfGH, NJW 2000, 3418, 3420 darstellt. Grundsätzlich gleichberechtigt tätige Ärzte sind regelmäßig nicht Verrichtungsgehilfen, vgl. *Katzenmeier*, Arzthaftungsrecht, § 2.III.2.

[289] *Meyer/Kreft*, GmbHR 1997, 193, 195.

[290] Inkraftgetreten am 1.8.2002, der Entwurf der Bundesregierung befindet sich in: Deutscher Bundestag, Drs. 14/7752. Der Bundestag hat dem Entwurf in seiner 230. Sitzung am 18. April 2002 zugestimmt.

[291] Dazu *Deutsch*, ZRP 2001, 351 ff.; *Freise*, VersR 2001, 539 ff.; *Karczewski*, VersR 2001, 1070 ff.; *Wagner*, NJW 2002, 2049 ff.

[292] BayVerfGH, NJW 2000, 3418, 3420.

Dieses Risiko erwächst aber nicht aus dem besonderen Umstand der ärztlichen Behandlung, sondern bürdet den Patienten ein alltägliches Risiko auf.

Im Wesentlichen führen beide Rechtsgründe in der Arzthaftung zu gleichen Ergebnissen. Die früher beanstandeten unterschiedlichen Verjährungsfristen sind mit dem Schuldrechtsmodernisierungsgesetz[293] und der Entscheidung für ein gemischt subjektiv-objektives System angeglichen worden.[294] Regelmäßig verjähren nun vertragliche *und* deliktische Ansprüche gem. §§ 195, 199 Abs. 1 BGB drei Jahre nach dem Schluss des Jahres, in dem der Anspruch entstanden ist und der Gläubiger von den anspruchsbegründenden Umständen sowie der Person des Schuldners Kenntnis erlangt hat bzw. hätte erlangen müssen. Das ist maximal 30 Jahre nach dem schadenstiftenden Ereignis möglich, § 199 Abs. 2 BGB.[295]

Des Weiteren sollen niedergelassene Ärzte Wettbewerbsnachteile dadurch erleiden, dass Ärzte mit der Gründung einer GmbH das Berufsrecht umgehen.[296] Diese Befürchtung wird vor allem für den Bereich der Werbung geäußert.[297] Ihre Bedeutung wächst zunehmend angesichts des Bedürfnisses, mittels Information am Gesundheitsmarkt die eigene Wirtschaftskraft zu stärken.[298] Dass eine juristische Person eigens zu Umgehungszwecken gegründet werden könnte, rechtfertigt aber nicht, sie generell für unzulässig zu erklären.[299] Eine Rechtsformwahl erfüllt noch keinen Umgehungstatbestand.[300] Was insbesondere die Außendarstellung betrifft, dürfen Ärzte die nach ihrem Berufsrecht verbotene, berufswidrige[301] Werbung durch andere weder veranlassen noch dulden, § 27 Abs. 2 MBO-Ä 1997.[302]

---

[293] Gesetz zur Modernisierung des Schuldrechts vom 26.11.2001 (BGBl. I S. 3138 ff.).

[294] *Mansel*, in: Dauner-Lieb/Heidel/Lepa/Ring, Das neue Schuldrecht, § 1, Rz. 29 f.; *Olzen/Wank*, Die Schuldrechtsreform, Rz. 552 ff.; vgl. zur „Konsolidierten Fassung" vom 6.3.2001 *Leenen*, JZ 2001, 552 ff.

[295] Zu den Auswirkungen vgl. *Mansel*, in: Dauner-Lieb/Heidel/Lepa/Ring, Das neue Schuldrecht, § 1, Rz. 31 ff.; *Dörner/Staudinger*, Schuldrechtsmodernisierung, S. 11 ff.

[296] Bayerischer Landtag, Drs. 12/10455 vom 9.3.1993, S. 15; Sächsischer Landtag, Drs. 1/4352 vom 8.2.1994, S. 18.

[297] Vgl. nur die Polemik „Das geht schief" in der Medical Tribune 1994, Heft Nr. 19, S. 46 ff.

[298] *Römermann/Schulte*, MedR 2001, 178 ff.; zur Werbung der Ärzte-GmbH *Taupitz*, in: FS Geiss (2000), 503, 508.

[299] Anderer Ansicht die Rechtsprechung: Für die Umgehung des ärztlichen Werbeverbots war anfangs noch erforderlich, dass ein GmbH-Arzt an der Geschäftsführung oder als Kapitalgeber maßgeblich beteiligt ist. Das Hans. OLG Hamburg, WRP 1988, 548 hat es später ausreichen lassen, dass der Arzt „im Wesentlichen der wirtschaftliche Nutznießer der juristischen Person" ist. 1992 hat es den Umgehungstatbestand darüber hinaus schon angenommen, wenn die Praxis von einer GmbH betrieben wird, die den Arzt beschäftigt, vgl. OLG Hamburg, MedR 1992, 280, 283, mit abl. Anm. *Schulte*, MedR 1992, 283 f. Diese erweiterte Auslegung hat der BGH 1995 bestätigt, vgl. BGH, MedR 1995, 113, 114 mit Anm. *Rieger*, MedR 1995, 114 f.

[300] *Taupitz*, in: FS Geiss (2000), 503, 505; *ders.*, NJW 1992, 2317, 2322.

[301] Das Verbot berufswidriger Werbung hat das Bundesverfassungsgericht als verfassungskonform angesehen, BVerfG, NJW 2000, 2734; dazu *Schwerin*, NJW 2001, 1770, 1771; *Piper*, in: FS für Brandner (1996), 449, 454; vgl. auch *Papier/Petz*, NJW 1994,

Für die Ärzte-GmbH folgt daraus sogar eine gesonderte Haftung aus dem Wettbewerbsrecht: Das ärztliche Werbeverbot ist eine wettbewerbs- und damit wertbezogene Norm. Wettbewerbshandlungen, die dagegen verstoßen, sind regelmäßig unlauter.[303] Störer i.S.d. Wettbewerbsrechts ist, der an einer rechtswidrigen Beeinträchtigung eines anderen willentlich und zurechenbar nur mitwirkt.[304] Schafft die GmbH durch ihr – an sich erlaubtes – Werbeverhalten die Grundlage für ein rechtswidriges Dulden des Arztes, wird sie selbst wegen der typischen Fallgestaltung des *Rechtsbruchs* von Vorschriften[305] Störerin i.S.d. Wettbewerbsrechts. Damit haftet sie gem. § 1 UWG auf Unterlassung und Schadensersatz.[306] Im Bereich der Werbung ist eine missbräuchliche Umgehung des Berufsrechts also nicht zu erwarten.

Es wurden aber auch Schwierigkeiten in der Überwachung einer Ärzte-GmbH geltend gemacht,[307] die eine Beschränkung als sinnvoll erscheinen lassen. Das Bedürfnis nach einer effektiven Aufsicht hat ein ganz erhebliches Gewicht. Sie rechtfertigt allerdings nur, strengere Zugangsvoraussetzungen in der Gründungsphase einer Ärzte-GmbH aufzustellen. Die spätere Überwachung der Ärzte im Hinblick

1553 ff. *Emmerich*, Wettbewerbsrecht, § 20, 6 a) sieht in einem generellen Werbeverbot zudem einen Verstoß gegen die gemeinschaftsrechtlichen Art. 3 lit.g, 10 Abs. 2, 81 Abs. 1, 86 Abs. 2 EGV.

302 In den Berufsordnungen § 27 Abs. 2 BO BW; § 27 Abs. 2 BayBO; § 27 Abs. 2 BlnBO; § 27 Abs. 2 BbgBO; § 27 Abs. 2 BremBO; § 27 Abs. 2 HmbBO; § 27 Abs. 2 HessBO; § 27 Abs. 2 BO MV; § 27 Abs. 2 NdsBO; § 27 Abs. 2 BO Nordrhein; § 27 Abs. 2 Westfalen-Lippe; § 27 Abs. 2 BO RP; § 27 Abs. 2 SBO; § 27 Abs. 2 SächsBO; § 27 Abs. 2 BO LSA; § 27 Abs. 2 BO SH; § 27 Abs. 2 ThBO.
     Dem folgend *Laufs*, MedR 1995, 11, 15 f. „Übertriebene oder sonst zu beanstandende Werbung" sind dem Arzt also doch zuzurechnen, entgegen der Ansicht des OVG Münster, MedR 2001, 150, 153.

303 BGH, GRUR 1972, 709; BGH, GRUR 1978, 255, 256; BGH, GRUR 1986, 81, 82; *Baumbach/Hefermehl*, Wettbewerbsrecht, § 1 UWG, Rz. 675; *Meyer/Kreft*, GmbHR 1997, 193, 195.

304 BGH, NJW 1990, 1529, 1530; BGH, NJW-RR 1991, 363; BGH, NJW-RR 1991, 1258, 1259; BGH, NJW-RR 1995, 41, 42.

305 Von *Baumbach/Hefermehl*, Wettbewerbsrecht, Einl UWG, Rz. 160 ff. stammt die Systematisierung des Rechtsprechungsmaterials zu § 1 UWG nach Art und Richtung der eingesetzten Wettbewerbsmittel in die fünf Fallgruppen: Kundenfang, Behinderung, Ausbeutung, Vorsprung durch Rechtsbruch und Marktstörung, zust. *Rittner*, Wettbewerbs- und Kartellrecht, § 2, Rz. 45; *Piper*, in: Köhler/Piper, UWG, Einf, Rz. 165.

306 *Taupitz*, NJW 1992, 2317, 2323; *ders.*, NJW 1996, 3033, 3038; *ders.*, in: FS für Geiss (2000), 503, 508; *Piper*, in: FS für Brandner (1996), 449 ff.; *Meyer/Kreft*, GmbHR 1997, 193, 195; *Laufs*, MedR 1995, 11, 16; *Weber/Vogt-Weber*, ArztR 1997, 179, 183; angesprochen bei *Hahn*, Der Arzt und sein Recht 1991, 14, 20 und *Katzenmeier*, MedR 1998, 113.

307 Landtag Nordrhein-Westfalen, Drs. 11/5673 vom 30.6.1993, S. 31; Niedersächsischer Landtag, Drs. 13/1700 vom 29.1.1996; OVG Münster, MedR 2001, 150, 152 mit Verweis auf die Gesetzesbegründung in Nordrhein-Westfalen. Welche Schwierigkeiten konkret bestanden, wird allerdings nicht genannt.

auf die Einhaltung des Berufsrechts gestaltet sich genauso wie bei ihren niedergelassenen Kollegen. Als Mitglieder ihrer Ärztekammer sind sie gem. § 2 Abs. 6 MBO-Ä 1997[308] verpflichtet, auf Anfragen der Ärztekammer zur Erfüllung ihrer gesetzlichen Aufgaben bei der Berufsaufsicht in angemessener Frist zu antworten.

Insgesamt sind eine massive Verschlechterung der Qualität ärztlicher Versorgung und damit einhergehende Gefahren für die Gesundheit der Bevölkerung nicht zu befürchten. Uneingeschränkte Verbote der GmbH, wie sie in Bayern, Berlin und Sachsen erlassen worden sind, sind im Verhältnis zur Durchschlagskraft der vorgebrachten Argumente nicht zumutbar. Gleiches gilt für das uneingeschränkte Verbot in Schleswig-Holstein[309].

Die in Brandenburg, Niedersachsen, Nordrhein-Westfalen und Schleswig-Holstein[310] aufgestellten Niederlassungsgebote tragen den berechtigten Bedenken gegen eine juristische Person in ihrer verfassungskonform erweiterten Anwendung hingegen Rechnung. Verbleibenden Bedenken gegen die Gefahren rein kommerzieller Heilbehandlungen können die mit einen Erlaubnisvorbehalt verbundenen Gebote entgegentreten. Sie sichern die Einhaltung berufsrechtlicher Belange. Auf dieser Grundlage sind die Landesregelungen von Brandenburg, Niedersachsen, Nordrhein-Westfalen und Schleswig-Holstein verhältnismäßig.

---

[308] Wortgleiche Regelungen bestehen in den Landesberufsordnungen.
[309] Nur die Teilregelung des § 29 Abs. 2 Satz 4 HeilBerG SH.
[310] Hier die nun relevante Teilregelung des § 29 Abs. 2 Satz 1 HeilBerG SH.

cc. Ergebnis

Im Ergebnis verstoßen die in Bayern, Berlin, Sachsen und z.T. in Schleswig-Holstein erlassenen Vorschriften gegen das Übermaßverbot.[311] Sie sind mit der in Art. 12 Abs. 1 Satz 1 GG verankerten Berufsfreiheit nicht zu vereinbaren und daher nichtig. Mit Art. 12 Abs. 1 Satz 1 GG vereinbar und deswegen wirksam sind die Verbote mit Erlaubnisvorbehalt in Brandenburg, Niedersachsen, Nordrhein-Westfalen und – teilweise – Schleswig-Holstein mit der vorgeschlagenen verfassungskonformen Korrektur.[312]

2. Vereinbarkeit mit Art. 9 Abs. 1 GG – allgemeine Vereinigungsfreiheit

Ein etwaiger Verstoß gegen die allgemeine Vereinigungsfreiheit hat in der Diskussion um die Zulässigkeit der Ärzte-GmbH bisher nicht im Vordergrund gestanden, darf aber nicht unberücksichtigt bleiben.

a. Schutzbereich

Art. 9 Abs. 1 GG schützt die Freiheit des Bildens einer Vereinigung. Namentlich handelt es sich dabei um freiwillig gegründete Zusammenschlüsse von mindestens zwei natürlichen oder juristischen Personen, die sich einer mitgliedschaftlich organisierten Willensbildung zur Verfolgung eines gemeinsamen Zwecks unterwerfen und sich wegen ihrer dauerhaften Verbindung von der kurzfristigen Ansammlung oder Versammlung abgrenzen.[313] Solange sie Personenmehrheiten verkörpern, gilt dies auch für Körperschaften des privaten Rechts.[314] Mithin erfüllt die Ärzte-GmbH die Kriterien, freilich unter Ausschluss der Ein-Personen-Gesellschaften.

---

[311] *Bayern*: Art. 18 Abs. 1 Satz 2 BayHKaG und § 17, § 19 Satz 2, § 22 i.V.m. Kapitel D. II. Nr. 8 Abs. 1 Satz 2, § 22a Abs. 1 BayBO; *Berlin*: § 4a Abs. 4 BlnKaG und § 17, § 19 Satz 2, § 22 i.V.m. Kapitel D. II. Nr. 8 Abs. 1 Satz 2 und Kapitel D. I. Nr. 2 Abs. 9 Satz 1-2 BlnBO; *Sachsen*: § 16 Abs. 4 SächsHKaG und § 17, § 19 Satz 2, § 22 i.V.m. Kapitel D. II. Nr. 8 Abs. 1 Satz 2, § 22a Abs. 1 SächsBO; *Schleswig-Holstein*: § 29 Abs. 2 Satz 4 HeilBerG SH und § 19 Satz 2, § 22 i.V.m. Kapitel D. II. Nr. 8 Abs. 1 Satz 2, § 22a Abs. 1 BO SH.

[312] *Brandenburg*: § 31 Abs. 2 BbgHeilBerG und § 17, § 19 Satz 2, § 22 i.V.m. Kapitel D. II. Nr. 7 Abs. 1 Satz 2 und Kapitel D. I. Nr. 2 Abs. 9 Satz 1-2 BbgBO; *Niedersachsen*: § 32 NdsHKG und § 17, § 19 Satz 2, § 22 i.V.m. Kapitel D. II. Nr. 8 Abs. 1 Satz 2, § 22a Abs. 1 NdsBO; *Nordrhein-Westfalen*: § 29 Abs. 2 HeilBerG NW und § 17, § 19 Satz 2, § 22 i.V.m. Kapitel D. I. Nr. 2 Abs. 1 Satz 2, § 22a Abs. 1 Bo Nordrhein sowie § 17, § 19 Satz 2, § 22 i.V.m. Kapitel D. II. Nr. 8 Abs. 1 Satz 2, § 22a Abs. 1 BO Westfalen-Lippe; *Schleswig-Holstein*: § 29 Abs. 2 Satz 4 HeilBerG SH und § 17 BO SH.

[313] *Kemper*, in: v.Mangoldt/Klein/Starck, Das Bonner Grundgesetz, Art. 9, Rz. 87; *Merten*, in: Handbuch des Staatsrechts, Band VI, § 144, Rz. 35 mit Verweis auf § 2 Abs. 1 VereinsG.

[314] *Scholz*, in: Maunz/Dürig, Grundgesetz Kommentar, Band I, Art. 9, Rz. 60 f.

Sachlich garantiert die Norm das mit der Gründung und Existenzsicherung unmittelbar zusammenhängende Verhalten.[315] Wörtlich betrifft das „Bilden" der Vereinigung zwar nur die Gründungsphase. Um aber ein Leerlaufen des Grundrechts zu verhindern, unterliegt die gesamte sog. interne Betätigungsfreiheit dem Schutz aus Art. 9 Abs. 1 GG.[316] Sie umfasst die Selbstbestimmung über die Organisation und das Verfahren der Willensbildung. Nach Ansicht des Bundesverfassungsgerichts machen sie den „Kernbereich des Vereinsbestandes und der Vereinstätigkeit" aus.[317] Dazu gehört auch die freie Entscheidung über die Rechtsform.[318]

Dennoch bedarf es einer näheren Begründung, inwiefern die einschränkenden Regelungen zur Ärzte-GmbH den Schutzbereich der allgemeinen Vereinigungsfreiheit berühren. Weil Art. 9 Abs. 1 GG nur die *gemeinschaftliche* Zweckverfolgung schützt,[319] müssen sich die Regelungen ausschließlich gegen die Organisation richten und nicht gegen den Zweck an sich. Sie dürfen sich gegenüber Einzelpersonen nicht auswirken.[320]

Die landesgesetzlichen Beschränkungen verwehren einer GmbH das Angebot der ambulanten Leistungserbringung, das sie den Ärzten erlauben. Entscheidend für ihr Verbot ist somit das Bestehen der privatrechtlichen Körperschaft.

Obschon das Verbot auch das spätere *Tätigwerden* der Ärzte-GmbH und damit ihre berufliche Arbeit hindert, ist der Schutzbereich der Vereinigungsfreiheit einschlägig. Dem steht nicht entgegen, dass Art. 9 Abs. 1 GG nach seiner sachlichen Reichweite sog. externe Aktivitäten der Gemeinschaft nicht mehr erfasst.[321] Diese werden verschiedentlich dadurch näher beschrieben, dass sie der Realisierung des Vereinigungszwecks dienen[322] oder dass der Zusammenschluss durch sie wie je-

---

[315] *Scholz*, in: Maunz/Dürig, Grundgesetz Kommentar, Band I, Art. 9, Rz. 77 ff.; *Höfling*, in: Sachs, GG-Kommentar, Art. 9, Rz. 19.

[316] *Kemper*, in: v.Mangoldt/Klein/Starck, Das Bonner Grundgesetz, Art. 9, Rz. 21 f.; *Rinken*, in: Alternativkommentar zum GG, Art. 9 Abs. 1, Rz. 53; *Pieroth/Schlink*, Grundrechte, Rz. 727, 732. Schon Art. 18 GG deutet auf einen über den Entstehungsakt hinausgehenden Grundrechtsgebrauch des Art. 9 Abs. 1 GG hin, vgl. *Bauer*, in: Dreier, Grundgesetz Kommentar, Band I, Art. 9, Rz. 44.

[317] Dass der Schutz darüber nicht hinausgeht, wurde in BVerfGE 30, 227, 241 noch offengelassen, in BVerfGE 50, 290, 354; 54, 237, 251; 70, 1, 25 dahingehend ausgeformt und später so benannt in BVerfGE 80, 244, 253; vgl. auch *Scholz*, in: Maunz/Dürig, Grundgesetz Kommentar, Band I, Art. 9, Rz. 81 ff.

[318] *Höfling*, in: Sachs, GG-Kommentar, Art. 9, Rz. 16; *Jarass*, in: Jarass/Pieroth, GG-Kommentar, Art. 9, Rz. 6.

[319] *Kemper*, in: v.Mangoldt/Klein/Starck, Das Bonner Grundgesetz, Art. 9, Rz. 112.

[320] *Sachs*, MDR 1996, 1197, 1200.

[321] Dazu *Rinken*, in: Alternativkommentar zum GG, Art. 9 Abs. 1, Band 1, Rz. 54; *Murswiek*, JuS 1992, 116, 117. Ein vollständiger Ausschluss der externen (Betätigungs-) Freiheit aus dem Schutzbereich ist aber schwierig, weil interne Aktivitäten zugleich Außenwirkung entfalten können, z.B. bei der Führung der Geschäfte oder der werbewirksamen Selbstdarstellung, vgl. BVerfGE 50, 290, 354; 80, 244, 253; 84, 372, 378 f.

[322] *Höfling*, in: Sachs, GG-Kommentar, Art. 9, Rz. 20; ihm folgend *Scholz*, in: Maunz/Dürig, Grundgesetz Kommentar, Band I, Art. 9, Rz. 87; vgl. außerdem *Jarass*,

dermann am Rechtsverkehr teilnimmt.[323] Für sie gelten allein die grundrechtlichen Bestimmungen, die unabhängig von einer Einbindung in den Vereinigungszweck einschlägig sind.[324] Im Fall der Ärzte-GmbH berühren externe Aktivitäten die Berufsfreiheit gem. Art. 12 Abs. 1 Satz 1 GG. Ohne die sachliche Begrenzung könnte eine Vereinigung den Grundrechtsschutz aus Art. 9 Abs. 1 GG auf ihr gesamtes Verhalten ausdehnen. Wegen der vorbehaltlosen Gewährleistung in Art. 9 Abs. 1 GG wäre sie gegenüber einzelnen Personen privilegiert. Was dem einzelnen Grundrechtsträger verboten ist, soll vom Schutz des Art. 9 Abs. 1 GG ausgenommen sein.[325] Dass die Verbote und Niederlassungsgebote der Ärzte-GmbH auch ihr Tätigwerden verhindern, ist also eine Folgewirkung, den gewünschten Gesellschaftszweck mit der gewünschten Rechtsform zu kombinieren. Sachlich berühren sie darüber hinaus die in Art. 9 Abs. 1 GG geschützte Vereinigungsfreiheit.

Ob die inländische Vereinigung selbst unmittelbar in Art. 9 Abs. 1 GG geschützt ist[326] oder ob sich der Grundrechtsschutz juristischer Personen allein nach Maßgabe von Art. 19 Abs. 3 GG i.V.m. dem einschlägigen Grundrecht bestimmt,[327] kann grundsätzlich dahinstehen: Legt man den Tatbestand von

---

in: Jarass/Pieroth, GG-Kommentar, Art. 9, Rz. 9; *Löwer*, in: v.Münch/Kunig, Grundgesetz-Kommentar, Art. 9, Rz. 16; *Sachs*, Verfassungsrecht II, B 9, Rz. 6; *Murswiek*, JuS 1992, 116, 117; *Rinken*, in: Alternativkommentar zum GG, Band 1, Rz. 54; *Merten*, in: Handbuch des Staatsrechts, Band VI, § 144, Rz. 50.

[323] So BVerfGE 70, 1, 25; *Pieroth/Schlink*, Grundrechte, Rz. 732; *Höfling*, Vertragsfreiheit, S. 17. Kritisch gegenüber den Vorschlägen äußern sich *Kemper*, in: v.Mangoldt-/Klein/Starck, Das Bonner Grundgesetz, Art. 9, Rz. 25 ff. und *Bauer*, in: Dreier, Grundgesetz Kommentar, Band I, Art. 9, Rz. 46.

[324] *Bauer*, in: Dreier, Grundgesetz Kommentar, Band I, Art. 9, Rz. 40; *Sachs*, MDR 1996, 1197, 1200; *Pieroth/Schlink*, Grundrechte, Rz. 732.

[325] *Kemper*, in: v.Mangoldt/Klein/Starck, Das Bonner Grundgesetz, Art. 9, Rz. 28; *Sachs*, MDR 1996, 1197, 1201; *Scholz*, in: Maunz/Dürig, Grundgesetz Kommentar, Band I, Art. 9, Rz. 39, 111.

[326] Ständige Rspr., vgl. BVerfGE 13, 174, 175; 30, 227, 241; 50, 290, 354; 70, 1, 25; 80, 244, 253; 84, 372, 378; 92, 26, 38. Die Lehre vom Doppelgrundrecht wurde v.a. für Art. 9 Abs. 3 GG entwickelt. Erst die kollektive Vereinigungsfreiheit soll im Interesse eines effektiven Grundrechtsschutzes die gesamte interne Betätigungsfreiheit der Vereinigung in den Schutzbereich einbeziehen. Ihr folgend *Jarass*, in: Jarass/Pieroth, GG-Kommentar, Art. 9, Rz. 11; *Merten*, in: Handbuch des Staatsrechts, Band VI, § 144, Rz. 27 ff.; *Sachs*, Verfassungsrecht II, B 9, Rz. 15; *Löwer*, in: v.Münch/Kunig, Grundgesetz-Kommentar, Art. 9,Rz. 15; offengelassen von *Bauer*, in: Dreier, Grundgesetz Kommentar, Band I, Art. 9, Rz. 29.

[327] Mit dem Wortlaut der Art. 9 Abs. 1 GG („alle Deutschen") und Art. 9 Abs. 3 GG („jedermann") ist die Konstruktion eines Doppelgrundrechts nicht vereinbar. Schwierigkeiten begegnen ihr auch hinsichtlich der grundrechtlichen Systematik, die von Individualgrundrechten ausgeht und eine Erstreckungsregel für juristische Personen bereithält. Art. 19 Abs. 3 GG regelt speziell und abschließend, in welchem Umfang Vereinigungen grundrechtsberechtigt sind. *Höfling*, in: Sachs, GG-Kommentar, Art. 9, Rz. 26; *Scholz*, in: Maunz/Dürig, Grundgesetz Kommentar, Band I, Art. 9, Rz. 25; *Isensee*, in:

Art. 9 Abs. 1 GG – wie hier – so aus, dass er schon als Individualgrundrecht die Betätigungsfreiheit umfasst, ist die Vereinigung als solche erst über Art. 19 Abs. 3 GG Trägerin dieser Rechte.[328] Für die – von mehreren Personen errichtete – Ärzte-GmbH gilt demnach Art. 9 Abs. 1 GG i.V.m. Art. 19 Abs. 3 GG.

b. Eingriff in die allgemeine Vereinigungsfreiheit

Ungeachtet der für den Arztberuf zur Verfügung stehenden Rechtsformen der Gesellschaft bürgerlichen Rechts und der Partnerschaft könnte damit ein Eingriff in Art. 9 Abs. 1 GG vorliegen.

Art. 9 Abs. 1 GG erlaubt dem Gesetzgeber, Rechtsformen bereitzustellen und räumt ihm für ihre Ausgestaltung weitgehende Freiheit ein.[329] Das bedeutet aber nicht, dass der Gesetzgeber die Grundrechtsträger auf die Wahl der verfügbaren oder auf eine allein vorgesehene Vereinigungsform beschränken kann.[330] Die mitumfasste Freiheit zur Wahl der Organisationsform eröffnet den Grundrechtsträgern die Auswahl unter allen zur Verfügung stehenden Gesellschaftsformen. Diese Freiheit wird verkürzt, wenn sich die Auswahl unter den zur Verfügung gestellten wieder auf eine oder wenige Alternativen beschränkt.

Das Argument, aus Art. 9 Abs. 1 GG leite sich kein Anspruch für eine Vereinigung ab, eine ganz bestimmte Rechtsform benutzen zu dürfen,[331] greift hier nicht durch. In seiner Funktion als Abwehrrecht schützt Art. 9 Abs. 1 GG vor jeder Beeinträchtigung durch den Staat, Vereinigungen zu bilden. Dazu gehört auch die Entscheidung für eine bestimmte Organisationsform. Das Verbot der Ärzte-GmbH beschränkt diese Freiheit auf die Wahl der Gesellschaft bürgerlichen Rechts oder der Partnerschaft. Die GmbH als ein typischerweise vorgesehenes Modell des Zusammenschlusses scheidet allein unter Anknüpfung an den Gesellschaftszweck aus. Die Beschränkung der Selbstorganisation äußert sich also darin, dass ein bestimmtes, im Übrigen erlaubtes Verhalten untersagt wird, *weil* es vereinsmäßig organisiert erfolgt.[332] Der Eingriff in die allgemeine Vereinigungsfreiheit der Ärzte-GmbH besteht.

Handbuch des Staatsrechts, Band V, § 118, Rz. 66; *Rinken*, in: Alternativkommentar zum GG, Band 1, Art. 9 Abs. 1, Rz. 55; *Pieroth/Schlink*, Grundrechte, Rz. 731. A.A. *Merten*, in: Handbuch des Staatsrechts, Band VI, § 144, Rz. 27, der mit dem Wortlaut des Art. 9 Abs. 2 GG („Vereinigungen") für die Begründung des Kollektivrechts argumentiert.

[328] *Murswiek*, JuS 1992, 116, 118; *Rinken*, in: Alternativkommentar zum GG, Band 1, Art. 9, Rz. 56; *Pieroth/Schlink*, Grundrechte, Rz. 732.

[329] *Scholz*, in: Maunz/Dürig, Grundgesetz Kommentar, Band I, Art. 9, Rz. 30 f. spricht von einem „gewissen Mindeststandard an Rechtsformen für die Bildung und Betätigung von Vereinigungen"; vgl. auch *Sachs*, Verfassungsrecht II, B 9, Rz. 25.

[330] *Höfling*, in: Sachs, GG-Kommentar, Art. 9, Rz. 36 f. unter Heranziehung von BVerfGE 50, 290, 354 f.; *Jarass*, in: Jarass/Pieroth, GG-Kommentar, Art. 9, Rz. 12a; *Sachs*, MDR 1996, 1197, 1200.

[331] *Sachs*, Verfassungsrecht II, B 9, Rz. 3.

[332] *Kemper*, in: v.Mangoldt/Klein/Starck, Das Bonner Grundgesetz, Art. 9, Rz. 111.

c.   Zulässigkeit des Eingriffs

Art. 9 Abs. 1 GG unterliegt auf Grund seiner vorbehaltlosen Gewährung den Beschränkungen aus kollidierendem Verfassungsrecht.[333] Kollidierende Grundrechte Dritter und andere mit Verfassungsrang ausgestattete Rechtswerte sind mit Rücksicht auf die Einheit der Verfassung und die von ihr geschützte Wertordnung ausnahmsweise imstande, vorbehaltlose Grundrechte in einzelnen Beziehungen zu begrenzen.[334]

Die Gesundheit der Bevölkerung als ein mit Verfassungsrang ausgestatteter Rechtswert vermag auch spezifische Eingriffe in die Vereinigungsfreiheit zu rechtfertigen. Das Interesse der Gesamtheit der Patienten an einer nicht kommerzialisierten Heilbehandlung ist grundsätzlich geeignet, das Recht auf die Bildung bestimmter Vereinigungsformen zu beeinträchtigen.

Dies gilt jedoch nur, wenn die unbeschränkte Freiheit zur Vereinigung in einer GmbH ihrerseits das Risiko birgt, die Patienten auf Dauer zu schädigen. Die befürchteten Gefahrenlagen sind schon im Rahmen der Berufsfreiheit behandelt worden. Sie ließen sich dort in Bezug auf die Berufsfreiheit im Wesentlichen entkräften. Schwere und höchstwahrscheinliche Gefahren für die Gesundheit der Bürger waren nicht erkennbar. Daraus kann für Art. 9 Abs. 1 GG ebenso gefolgert werden, dass ein uneingeschränktes Verbot der GmbH – wie es Bayern, Berlin, Sachsen und Schleswig-Holstein normiert haben – nicht in einem angemessenen Verhältnis zur Vereinigungsfreiheit steht, um etwaigen Risiken für die Gesundheit der Patienten zu begegnen.

Dennoch musste eingeräumt werden, dass Risiken aus dem Bestehen einer GmbH nicht vollständig auszuschließen sind. Weil sich Körperschaften im ambulanten Gesundheitsbereich bisher nicht etabliert haben, können die Landesgesetzgeber die gegen sie vorgebrachten Vorbehalte regelmäßig nicht durch Erfahrung belegen. Gleichwohl bleiben sie verständlich. Um beiden verfassungsrechtlichen Positionen zu ihrer größtmöglichen Geltung zu verhelfen, ist ein Ausgleich zwischen dem Gründungsrecht der GmbH einerseits und dem mit Verfassungsrang ausgestattetem Rechtsgut der Gesundheit der Bevölkerung andererseits vertretbar. Wie bei der Berufsfreiheit ist ein präventives Verbot mit Erlaubnisvorbehalt geeignet, die Betroffenen vor Schaden zu bewahren. Der Vereinigungsfreiheit der GmbH ließe es genügend Raum.

Im Ergebnis verletzt deshalb das in Bayern, Berlin, Sachsen und Schleswig-Holstein erlassene uneingeschränkte Verbot[335] auch die in Art. 9 Abs. 1 GG i.V.m.

---

[333] *Bauer*, in: Dreier, Grundgesetz Kommentar, Band I, Art. 9, Rz. 54; *Scholz*, in: Maunz-/Dürig, Grundgesetz Kommentar, Band I, Art. 9, Rz. 148; a.A. *Rinken*, in: Alternativkommentar zum GG, Band 1, Art. 9 Abs. 1, Rz. 69. Die Ansicht des Bundesverfassungsgerichts, das Art. 9 Abs. 2 GG ausdrücklich als „die einzige von der Verfassung vorgesehene Begrenzung der Vereinsfreiheit" bezeichnet hat, steht dem nicht entgegen, BVerfGE 80, 244, 254; dazu *Höfling*, in: Sachs, GG-Kommentar, Art. 9, Rz. 40, Fn. 95.

[334] BVerfGE 28, 243, 260 f.

[335] *Bayern*: Art. 18 Abs. 1 Satz 2 BayHKaG und § 17, § 19 Satz 2, § 22 i.V.m. Kapitel D. II. Nr. 8 Abs. 1 Satz 2, § 22a Abs. 1 BayBO; *Berlin*: § 4a Abs. 4 BlnKaG und § 17, § 19 Satz 2, § 22 i.V.m. Kapitel D. II. Nr. 8 Abs. 1 Satz 2 und Kapitel D. I. Nr. 2 Abs. 9

Art. 19 Abs. 3 GG geschützte allgemeine Vereinigungsfreiheit der von mehreren Personen errichteten Ärzte-GmbH. Da Brandenburg, Niedersachsen und Nordrhein-Westfalen die oben verfassungskonform korrigierten Erlaubnisvorbehalte gewähren,[336] sind ihre Regelungen mit Art. 9 Abs. 1 GG noch zu vereinbaren.

d. Verhältnis von Art. 9 Abs. 1 GG und Art. 12 Abs. 1 Satz 1 GG

An den Regelungen zur Ärzte-GmbH wird deutlich, wie schwer spezifisch vereinigungsrechtliche und spezifisch berufsregelnde Bestimmungen voneinander zu trennen sind, wenn die gemeinsame Berufsausübung in einer bestimmten Vereinigungsform untersagt wird. Vor diesem Hintergrund stellt sich die Frage, ob Art. 9 Abs. 1 GG neben Art. 12 Abs. 1 Satz 1 GG noch zur Anwendung kommen kann oder hinter Art. 12 Abs. 1 Satz 1 GG zurücktreten muss.

Soweit in der Literatur ein Verhältnis der Spezialität und damit eine unechte Konkurrenz angenommen wird, verweist man dort auf die Begrenzung der Vereinigungsfreiheit, nicht die Betätigung selbst, sondern nur die Selbstorganisation bei deren Ausübung zu schützen. Danach ist jedes Grundrecht spezieller, wenn es über Art. 9 Abs. 1 GG hinausgehend das Verhalten selbst schützt, und dies einschließlich der Organisationsform dieses Verhaltens. Das gilt besonders für Art. 12 Abs. 1 Satz 1 GG, dessen Garantie die vereinsmäßige Organisation der beruflichen Tätigkeit einbezieht. Folge dieser Ansicht ist, dass die Vereinigungsfreiheit bei der Ärzte-GmbH lediglich den Ausschnitt des Zusammenschließens in der Körperschaft betrifft. Dagegen schließt die Berufsfreiheit beide Elemente ein, also zusätzlich den ärztlichen Heilberuf.[337] Danach tritt Art. 9 Abs. 1 GG zurück.

Grundsätzlich sind Grundrechte jedoch nebeneinander anwendbar.[338] An der vorgenannten Überlegung ist zwar das besondere Näheverhältnis zwischen Vereinigungsfreiheit und beruflicher Entfaltung anzuerkennen. Beide Themenbereiche sind bei der Wahl der GmbH als Organisationsform der gemeinsamen beruflichen Betätigung eng miteinander verknüpft. Überschneidungen erfolgen beinahe zwangsläufig. Daraus folgt aber nicht notwendig eine Verdrängungswirkung. Die einzelnen Tatbestandsbereiche unterstützen sich lediglich gegenseitig. Von der

---

Satz 1-2 BlnBO; *Sachsen*: § 16 Abs. 4 SächsHKaG und § 17, § 19 Satz 2, § 22 i.V.m. Kapitel D. II. Nr. 8 Abs. 1 Satz 2, § 22a Abs. 1 SächsBO; *Schleswig-Holstein*: § 29 Abs. 2 Satz 4 HeilBerG SH und § 19 Satz 2, § 22 i.V.m. Kapitel D. II. Nr. 8 Abs. 1 Satz 2, § 22a Abs. 1 BO SH.

[336] *Brandenburg*: § 31 Abs. 2 BbgHeilBerG und § 17, § 19 Satz 2, § 22 i.V.m. Kapitel D. II. Nr. 7 Abs. 1 Satz 2 und Kapitel D. I. Nr. 2 Abs. 9 Satz 1-2 BbgBO; *Niedersachsen*: § 32 NdsHKG und § 17, § 19 Satz 2, § 22 i.V.m. Kapitel D. II. Nr. 8 Abs. 1 Satz 2, § 22a Abs. 1 NdsBO; *Nordrhein-Westfalen*: § 29 Abs. 2 HeilBerG NW und § 17, § 19 Satz 2, § 22 i.V.m. Kapitel D. I. Nr. 2 Abs. 1 Satz 2, § 22a Abs. 1 Bo Nordrhein sowie § 17, § 19 Satz 2, § 22 i.V.m. Kapitel D. II. Nr. 8 Abs. 1 Satz 2, § 22a Abs. 1 BO Westfalen-Lippe; *Schleswig-Holstein*: § 29 Abs. 2 Satz 4 HeilBerG SH und § 17 BO SH.

[337] Art. 9 Abs. 1 GG bleibt danach nur Maßstab für den Zweck, den der Gesetzgeber verfolgt. Dieser darf – wie hier – nur auf spezifische berufliche Gegebenheiten abstellen und nicht die Behinderung des Vereinswesens bezwecken, vgl. *Kemper*, in: v.Mangoldt/Klein/Starck, Das Bonner Grundgesetz, Art. 9, Rz. 113 ff.

[338] *Stern*, Staatsrecht, Band III/2, § 92 IV 3 a.

Eigenständigkeit der Grundrechte kann also ausgegangen werden, zumal es bei dem Verbot der Ärzte-GmbH gerade um ein Verbot wegen des Merkmals der Vereinigung geht.

Daher stehen Art. 9 Abs. 1 GG und Art. 12 Abs. 1 Satz 1 GG in Idealkonkurrenz zueinander. Art. 9 Abs. 1 GG tritt nicht zurück. Folglich wird die Ärzte-GmbH von den strikten Verboten in Bayern, Berlin, Sachsen und Schleswig-Holstein auch im Hinblick auf die allgemeine Vereinigungsfreiheit verletzt.

3. Vereinbarkeit mit Art. 3 Abs. 1 GG – Gleichbehandlung

Verfassungsrechtliche Bedenken sind ferner im Hinblick auf Art. 3 Abs. 1 GG geäußert worden. Gegen die gesetzlichen Landesregelungen wurde eingewendet, sie würden die Ärzte-GmbH gegenüber stationären Einrichtungen ohne sachlichen Grund benachteiligen.[339] Eine für Art. 3 Abs. 1 GG relevante Ungleichbehandlung von wesentlich Gleichem liegt vor, wenn eine Gruppe von Normadressaten im Vergleich zu anderen Normadressaten willkürlich anders behandelt wird.[340] Die Ungleichbehandlung ist willkürfrei, wenn Unterschiede zwischen den Gruppen von solcher Art und solchem Gewicht bestehen, dass sie die ungleiche Behandlung rechtfertigen.[341]

Vorliegend geht es also um eine Rechtfertigung, die Krankenhaus-GmbH zu erlauben und die ambulante Ärzte-GmbH zu verhindern.

a. Ungleichbehandlung zu Lasten der Ärzte-GmbH

Wegen der uneingeschränkten Zulässigkeit stationärer Einrichtungen in GmbH-Form,[342] die am Angebot ambulanter Leistungen nicht gehindert sind, drängt sich eine Ungleichbehandlung zu Lasten der ambulanten Ärzte-GmbH geradezu auf. Was für stationäre Krankenhäuser in privatrechtlichen Rechtsformen gilt, sollte dem ambulante Leistungserbringer nicht vorenthalten sein.

Es ist anerkannt, dass die in § 30 GewO normierte Konzessionspflicht für die Unternehmer von Privatkrankenanstalten nicht die mangelnde rechtliche Anerkennung der Ärzte-GmbH rechtfertigt. § 30 GewO stellt daher keinen sachlichen Grund für die Ungleichbehandlung der Ärzte-GmbH dar.[343] Schutzzweck der Vorschrift ist nach einhelliger Auffassung die Abwehr typischer Gefahren der *stationären* Aufnahme in unzureichend ausgestatteten oder schlecht geführten Krankenanstalten. Das belegen die in § 30 Satz 2 GewO abschließend aufgezählten

---

[339] *Taupitz*, NJW 1996, 3033, 3041; zust. *Meyer/Kreft*, GmbHR 1997, 193, 194; *Katzenmeier*, MedR 1998, 113, 116 f.; *Weber/Vogt-Weber*, ArztR 1997, 179, 181.

[340] BVerfGE 49, 148, 165.

[341] „Neue Formel" aus dem Jahre 1980 BVerfGE 55, 72, 88; 95, 143, 155. BVerfGE 78, 104, 121 unterscheidet noch zwischen sachlicher und persönlicher Rechtsgleichheit. In späteren Entscheidungen wird die „neue Formel" auf alle Regelungen erstreckt, die eine besondere Grundrechtsrelevanz aufweisen.

[342] Vergleiche dazu nur ihre Zulässigkeit gem. § 1 Abs. 2 KHG und für Nordrhein-Westfalen § 1 Abs. 3 KHG NW.

[343] BGHZ 70, 158, 168; *Taupitz*, NJW 1992, 2317, 2320; *ders.*, NJW 1996, 3033, 3041 f.; *Weber/Vogt-Weber*, ArztR 1997, 179, 181.

Untersagungsgründe für die Konzession.[344] Zuständig für den Schutz der Allgemeinheit vor ungeeigneten Personen (auch) im ambulanten Bereich der Heilkunde sind die Heilberufe- und Kammergesetze sowie das übrige Gesundheitsrecht.[345] Mithin fehlt es am sachlichen Grund.

Diese Beurteilung trifft auf die Rechtslage in Bayern, Berlin und Sachsen sowie z.T. in Schleswig-Holstein zu. Gegenüber der Krankenhaus-GmbH wird die Ärzte-GmbH benachteiligt. Anders ist es in Brandenburg, Niedersachsen, Nordrhein-Westfalen und – in Bezug auf das Niederlassungsgebot – in Schleswig-Holstein. Hier ist die Ärzte-GmbH nach erfolgter verfassungskonformer Korrektur unter annähernd vergleichbaren Bedingungen zulässig. Dem Erlaubnisvorbehalt für die Ärzte-GmbH korrespondiert die Konzessionspflicht der Privatkrankenanstalten. Eine Ungleichbehandlung besteht in diesen Ländern nicht.

b. Vergleichbarkeit der stationären Kliniken mit ambulanten Praxen?

Die Rechtslage in Bayern, Berlin und Sachsen sowie – in Bezug auf das uneingeschränkte Verbot – in Schleswig-Holstein verstößt jeweils gegen Art. 3 Abs. 1 GG, wenn Krankenhaus-GmbH und Ärzte-GmbH unterschiedlich behandelt werden, obwohl sie vergleichbar sind. Vergleichbarkeit liegt vor, wenn sie unter einen Oberbegriff fallen, der beide Einrichtungen vollständig erfasst und zugleich andere Einrichtungen ausschließt.[346] Bei der Krankenhaus-GmbH und der Ärzte-GmbH stimmen die rechtliche Organisation und das Angebot ambulanter ärztlicher Leistung überein. Gemessen daran sind sie gleich.

Angesichts des tatsächlichen Erscheinungsbilds und Leistungsangebots beider Gesellschaften bestehen nach Art und Größe jedoch erhebliche Unterschiede:

Organisation und Alltag einer ambulanten Praxis sind vollständig auf die ärztliche Behandlung der Patienten zugeschnitten. Insoweit ist die Ärzte-GmbH mit dem ärztlich wie unternehmerisch tätigen niedergelassenen Arzt vergleichbar. Sie übt den Arztberuf aus.[347]

Wesentlich vielseitiger ist demgegenüber der Wirkungskreis von Trägern stationärer Einrichtungen. Neben der ärztlichen Versorgung setzen die Pflege und Unterbringung der Patienten sowie spezielle Behandlungen durch Therapeuten weitere Schwerpunkte.[348] Ambulante Behandlungen erbringen sie nur nachrangig.[349] Ferner muss genügend medizinisch-technisches und verwaltendes Personal zur

---

[344] BVerwG, NJW 1985, 1414 und (Vorinstanz) OVG Münster, GewArch 1984, 84, 85; *Tettinger*, in: Tettinger/Wank, GewO, § 30, Rz. 13; *Braun*, NJW 1985, 2739, 2741; *Dreher*, VersR 1995, 245, 251; *Rieger*, MedR 1995, 87, 89.

[345] BGHZ 70, 158, 168; *Taupitz*, NJW 1992, 2317, 2320; *Laufs*, MedR 1995, 11, 14.

[346] *Pieroth/Schlink*, Grundrechte, Rz. 433.

[347] Dazu oben § 1, C. I.

[348] Vergleiche die Aufzählung in § 2 Abs. 1 BPflV hinsichtlich der Krankenhausleistungen nach § 1 Abs. 1 BPflV.

[349] Die ambulante vertragsärztliche Versorgung durch ein Krankenhaus erfolgt stets nachrangig gegenüber den niedergelassenen Ärzten. Entsprechend der Aufgabenteilung im Gesundheitssystem kann sie nur erbracht werden, wenn eine Ermächtigung des Zulassungsausschusses erteilt wird, § 95 Abs. 1, § 96 SGB V, vgl. *Genzel*, in: Laufs/Uhlenbruck, Handbuch des Arztrechts, § 83, Rz. 47, § 84, Rz. 32 ff.

Verfügung stehen. Insgesamt übertrifft der Bereich der Aktivitäten den einer ambulanten Arztpraxis bei weitem. Allein die organisatorisch-wirtschaftlichen Berechnungen und Planungen verlangen eingehende gesonderte Regelungen.[350] Die Rechtsbeziehungen zwischen Patient und Krankenhausträger werden wesentlich durch die öffentlich-rechtlichen Rahmenbedingungen des Krankenhausrechts, insbesondere durch das Krankenhausfinanzierungsgesetz und die Bundespflegesatzversordnung geprägt.[351] Eine den stationären Einrichtungen vergleichbare Schwerpunktauffächerung erreichen die Praxen nicht. Vor diesem organisatorischen und rechtlichem Hintergrund geht der Beruf eines Trägers stationärer Einrichtungen über den Arztberuf hinaus.[352]

Berücksichtigt man das mit einer stationären Behandlung verbundene Gefahrenpotential, sind die aufgezeigten Unterschiede indes unerheblich. Was das Krankenhaus von der Praxis unterscheidet, steigert zugleich das Maß der Einwirkung auf einen Patienten. In der Klinik ist er bei einer Behandlung in höherem Maße körperlich ausgeliefert als in einer Praxis. Die Risiken sind regelmäßig schwerwiegender. Daraus folgt erst recht die Sinnlosigkeit, die ambulante Tätigkeit der Krankenhaus-GmbH zu erlauben, die gleiche Leistung der ambulanten Ärzte-GmbH hingegen zu versagen.[353] Obschon Krankenhaus-GmbH und Ärzte-GmbH nicht denselben Beruf ausüben,[354] bestehen in den entscheidenden Punkten

---

[350] Das Krankenhausfinanzierungsgesetz (KHG) vom 10.4.1991 (BGBl. I S. 886), zuletzt geändert durch Gesetz vom 25.11.2003 (BGBl. I S. 2304), regelt die Finanzierung der Krankenhäuser in der allgemeinen Versorgung. Die Wirtschaftliche Sicherung erfolgt gem. § 1 Abs. 1 KHG durch staatliche Krankenhausbedarfsplanung (§ 6 KHG) und Investitionsförderung (§§ 8, 9 KHG) unter Mitwirkung der an der Krankenhausversorgung im Land Beteiligten gem. § 7 KHG und staatlich zu genehmigenden, von Krankenhäusern und Krankenkassen zu vereinbarenden Pflegesätzen gem. §§ 16 ff. KHG. Grundsätzlich besteht eine duale Finanzierung zwischen Bund und Ländern, wobei die Länder die Investitionskosten nach den Vorgaben des KHG entsprechend ihren landesrechtlichen Detailregelungen fördern. Eingehend zur Finanzierung *Krauskopf/Feuerstein*, Krankenhausfinanzierungsgesetz, Band II, Kommentierung des KHG; *Genzel*, in: Laufs/Uhlenbruck, Handbuch des Arztrechts, § 86 Rz. 1 ff.

[351] *Richardi*, in: Münchener Handbuch zum Arbeitsrecht, Band 2, § 203, Rz. 25.

[352] Deshalb ist auch der Krankenhausträger in der Rechtsform einer juristischen Person nicht mit einer Ärzte-GmbH gleichzusetzen, a.A. der BayVerfGH, NJW 2000, 3418, 3419. Die Entscheidung ist angreifbar, weil sie bei Ärzten zwischen dem Beruf des niedergelassenen und des Krankenhausarztes differenziert, ohne dies konsequent bei juristischen Personen weiterzuführen.

[353] Zu diesem Ergebnis kommen *Manssen*, in: v.Mangoldt/Klein/Starck, Das Bonner Grundgesetz, Band 1, Art. 12, Rz. 188, 261; *Taupitz*, NJW 1992, 2317, 2323; *ders.*, NJW 1996, 3033, 3038 ff.; *Rieger*, MedR 1995, 87, 89; *Ahlers*, in: FS Rowedder (1994), 1, 7; *Meyer/Kreft*, GmbHR 1997, 193, 194; *Katzenmeier*, MedR 1998, 113, 116 f.

[354] Wären sie vergleichbar und übten die Ärzte-GmbH und das Krankenhaus dementsprechend beide den Arztberuf aus, könnte im Rahmen der Berufsfreiheit nicht argumentiert werden, dass der GmbH durch die Verbote und Niederlassungsgebote in den Heilberufe- und Kammergesetzen der *Zugang* zum Arztberuf verwehrt wird.

der Rechtsform und des ambulanten Angebots keine Unterschiede. Beide Formen sind somit vergleichbar. Die festgestellten Abweichungen unterstreichen vielmehr, dass der sachliche Grund für die gesetzlichen Verbote der Ärzte-GmbH fehlt.

In Bayern, Berlin, Sachsen und Schleswig-Holstein ist die Ungleichbehandlung zwischen stationär und ambulant tätigen juristischen Personen verfassungsrechtlich relevant. Art. 3 Abs. 1 GG ist verletzt.

III. Zusammenfassung

Beschränkungen für eine juristische Person auf dem Gebiet der ambulanten Heilkunde konnten nur aus dem Berufsrecht der Ärzte abgeleitet werden.

Die gesetzlichen und satzungsrechtlichen Verbote in Bayern, Berlin, Sachsen und Schleswig-Holstein[355] verletzen die Ärzte-GmbH in ihren Grundrechten aus Art. 12 Abs. 1 Satz 1 GG und Art. 3 Abs. 1 GG.[356] Sie sind nichtig. Weiterhin können sich alle, von mehreren Personen gegründeten Gesellschaften auf Verstöße gegen Art. 9 Abs. 1 GG berufen.

Demgegenüber sind die in Brandenburg, Niedersachsen, Nordrhein-Westfalen und Schleswig-Holstein[357] erlassenen Niederlassungsgebote nach Vornahme der verfassungskonformen Korrektur mit den Grundrechten der Ärzte-GmbH vereinbar. Soweit sie für die Gesellschaft ein präventives Verbot mit Erlaubnisvorbehalt darstellen, steht der Geltung der Vorschriften nichts entgegen.

Nichtig ist hingegen das materielle Satzungsrecht der Berufsordnungen, das sich nicht auf eine gesetzliche Ermächtigungsgrundlage zurückführen lässt.[358] Es

---

[355] *Bayern*: Art. 18 Abs. 1 Satz 2 BayHKaG und § 17, § 19 Satz 2, § 22 i.V.m. Kapitel D. II. Nr. 8 Abs. 1 Satz 2, § 22a Abs. 1 BayBO; *Berlin*: § 4a Abs. 4 BlnKaG und § 17, § 19 Satz 2, § 22 i.V.m. Kapitel D. II. Nr. 8 Abs. 1 Satz 2 und Kapitel D. I. Nr. 2 Abs. 9 Satz 1-2 BlnBO; *Sachsen*: § 16 Abs. 4 SächsHKaG und § 17, § 19 Satz 2, § 22 i.V.m. Kapitel D. II. Nr. 8 Abs. 1 Satz 2, § 22a Abs. 1 SächsBO; *Schleswig-Holstein*: § 29 Abs. 2 Satz 4 HeilBerG SH und § 19 Satz 2, § 22 i.V.m. Kapitel D. II. Nr. 8 Abs. 1 Satz 2, § 22a Abs. 1 BO SH.

[356] Ebenso *Taupitz*, JZ 1994, 1100, 1102; *Laufs*, MedR 1995, 11, 14; *Weber/Vogt-Weber*, ArztR 1997, 179, 181; *Katzenmeier*, MedR 1998, 113, 116 f.; *Uhlenbruck*, in: Laufs-/Uhlenbruck, Handbuch des Arztrechts, § 18, Rz. 4; *Ring*, Werberecht der Ärzte, Rz. 423; *Meyer/Kreft*, GmbHR 1997, 193, 194 halten die verfassungsrechtliche Rechtfertigung der Eingriffe in Art. 12 Abs. 1 Satz 1 GG und Art. 3 Abs. 1 GG zumindest für „zweifelhaft".

[357] *Brandenburg*: § 31 Abs. 2 BbgHeilBerG und § 17, § 19 Satz 2, § 22 i.V.m. Kapitel D. II. Nr. 7 Abs. 1 Satz 2 und Kapitel D. I. Nr. 2 Abs. 9 Satz 1-2 BbgBO; *Niedersachsen*: § 32 NdsHKG und § 17, § 19 Satz 2, § 22 i.V.m. Kapitel D. II. Nr. 8 Abs. 1 Satz 2, § 22a Abs. 1 NdsBO; *Nordrhein-Westfalen*: § 29 Abs. 2 HeilBerG NW und § 17, § 19 Satz 2, § 22 i.V.m. Kapitel D. I. Nr. 2 Abs. 1 Satz 2, § 22a Abs. 1 Bo Nordrhein sowie § 17, § 19 Satz 2, § 22 i.V.m. Kapitel D. II. Nr. 8 Abs. 1 Satz 2, § 22a Abs. 1 BO Westfalen-Lippe; *Schleswig-Holstein*: § 29 Abs. 2 Satz 1 HeilBerG SH und § 17 BO SH.

[358] *Baden-Württemberg*: § 17 Abs. 1, § 19 Satz 2, § 22, Kapitel D. II. Nr.8 Abs. 1 Satz 2, § 22a Abs. 1 BO BW; *Berlin*: § 17 Abs. 3, § 19 Satz 2, § 22, Kapitel D. II. Nr. 8 Abs. 1

verletzt sowohl die betroffenen Ärzte als auch die Ärzte-GmbH in ihrer Berufs-freiheit gem. Art. 12 Abs. 1 Satz 2 GG i.V.m. Art. 20 Abs. 3 GG.

Ärzten ist es im gesamten Bundesgebiet erlaubt, die ambulante Heilkunde in der Rechtsform der GmbH anzubieten.

D. MBO-Ä 2004: Zulässigkeit von Ärztegesellschaften?

Der 107. Deutsche Ärztetag 2004 in Bremen hat auf die Diskussion um die Rechtsformen der ärztlichen Berufsausübung reagiert und eine Kehrtwende voll-zogen. Die Musterberufsordnung wurde grundlegend geändert, die Ergänzenden Bestimmungen in Kapitel D. II. Nr. 7-11 MBO-Ä 1997 sind aufgehoben. Ihre Re-gelungsinhalte finden sich in die neuen §§ 17-23d MBO-Ä 1997, die völlig neu konzipiert wurden.[359]

Die zentrale Vorschrift für die Ärzte-GmbH bildet nun § 23a Abs. 1 Satz 1 MBO-Ä 2004 („Ärztegesellschaften"):

> „Ärzte können auch in der Form der juristischen Person des Privatrechts ärztlich tätig sein."

Sie gilt parallel neben § 17 Abs. 1 MBO-Ä 2004, der nur geringfügig geändert wurde.[360] Damit erlaubt die Musterberufsordnung zukünftig die Ärzte-GmbH un-ter der Bezeichnung Ärztegesellschaft. Dass die GmbH auch als Berufsaus-übungsgemeinschaft mehrerer Ärzte zulässig ist, ergibt sich aus dem neuen § 18 Abs. 2 MBO-Ä 2004:

Satz 2, Kapitel D. I. Nr. 2 Abs. 9 Satz 1-2 BlnBO; *Brandenburg*: § 19 Satz 2, § 22, Ka-pitel D. II. Nr. 7 Abs. 1 Satz 2, Kapitel D. I. Nr. 2 Abs. 9 Satz 1-2 BbgBO; *Bremen*: § 19 Satz 2, § 22, Kapitel D. II. Nr. 8 Abs. 1 Satz 2, § 22a Abs. 1 BremBO; *Hamburg*: § 19 Satz 2, § 22, Kapitel D. I. Nr. 8 Abs. 1 Satz 2, § 22a Abs. 1 HmbBO; *Hessen*: § 19 Abs. 1 Satz 2, § 22, Kapitel D. II. Nr. 8 Abs. 1 Satz 2, § 22a Abs. 1 HessBO; *Mecklen-burg-Vorpommern*: § 19 Satz 2, § 22, Kapitel D. II. Nr. 8 Abs. 1 Satz 2, Kapitel D. I. Nr. 2 Abs. 9 Satz 1-2 BO MV; *Niedersachsen*: § 19 Satz 2, § 22, Kapitel D. II. Nr. 8 Abs. 1 Satz 2, § 22a Abs. 1 NdsBO; *Nordrhein-Westfalen*: § 19 Satz 2, § 22, Kapitel D. I. Nr. 2 Abs. 1 Satz 2, § 22a Abs. 1 BO NW; *Rheinland-Pfalz*: § 19 Satz 2, § 22, Kapi-tel D. II. Nr. 7 Abs. 1 Satz 2, Kapitel D. I. Nr. 2 Abs. 9 Satz 1-2 BO RP; *Saarland*: § 19 Satz 2, § 22, Kapitel D. I. Nr. 8 Abs. 1 Satz 2, § 22a Abs. 1 SBO; *Sachsen*: § 17 Abs. 3 SächsBO; *Sachsen-Anhalt*: § 19 Satz 2, § 22, Kapitel D. II. Nr. 8 Abs. 1 Satz 2, § 22a Abs. 1 BO LSA; *Thüringen*: § 19 Satz 2, § 22, Kapitel D. I. Nr. 8 Abs. 1 Satz 2, § 22a Abs. 1 ThBO.

[359] Das Beschlussprotokoll des 107. Deutschen Ärztetags 2004 in Bremen zur Novellie-rung einzelner Vorschriften der Musterberufsordnung kann auf der Homepage der Bun-desärztekammer eingesehen werden, www.bundesaerztekammer.de.

[360] § 17 Abs. 1: „Die Ausübung ambulanter ärztlicher Tätigkeit außerhalb von Kranken-häusern ist an die Niederlassung in *einer* Praxis (Praxissitz) gebunden, soweit nicht ge-setzliche Vorschriften etwas anderes zulassen."

„Ärzte dürfen ihren Beruf einzeln oder gemeinsam in allen für den Arztberuf zulässigen Gesellschaftsformen ausüben, wenn ihre eigenverantwortliche, medizinisch unabhängige sowie nicht gewerbliche Berufsausübung gewährleistet ist."

Außerdem sieht § 18 Abs. 1 MBO-Ä 2004 vor, dass sich Ärzte zu Berufsausübungsgemeinschaften – auch beschränkt auf einzelne Leistungen –, zu Organisationsgemeinschaften, medizinischen Kooperationsgemeinschaften und Praxisverbünden zusammenschließen dürfen. Eine Begrenzung auf die Gesellschaft bürgerlichen Rechts oder die Partnerschaft gem. Kapitel D. II. Nr. 8 Abs. 1 Satz 2 MBO-Ä 1997 a.F. fehlt. § 18a Abs. 1 Satz 1 MBO-Ä 2004 setzt die Neuerung fort, indem er auch für juristische Personen des Privatrechts die Ankündigung regelt.

Konkrete Vorgaben für die Ärztegesellschaft ergeben sich aus § 23a Abs. 1 Satz 2-4 MBO-Ä 2004:

„Gesellschafter einer Ärztegesellschaft können nur Ärzte und Angehörige der in § 23b Abs. 1 Satz 1 [Medizinische Kooperationsgemeinschaften zwischen Ärzten und Angehörigen anderer Fachberufe] genannten Berufe sein. Sie müssen in der Gesellschaft beruflich tätig sein. Gewährleistet sein muss zudem, dass

a. die Gesellschaft verantwortlich von einem Arzt geführt wird; Geschäftsführer müssen mehrheitlich Ärzte sein,

b. die Mehrheit der Gesellschaftsanteile und der Stimmrechte Ärzten zusteht;

c. Dritte nicht am Gewinn der Gesellschaft beteiligt sind;

d. eine ausreichende Berufshaftpflichtversicherung für jeden in der Gesellschaft tätigen Arzt besteht."

Darüber hinaus soll der Name der Ärztegesellschaft nur die Namen der in der Gesellschaft tätigen ärztlichen Gesellschafter enthalten. Es können auch die Namen und Arztbezeichnungen aller ärztlichen Gesellschafter und der angestellten Ärzte angezeigt werden, § 23a Abs. 2 MBO-Ä 2004.

Mit der Novellierung gibt die Musterberufsordnung das traditionelle Bild des in der Einzelpraxis tätigen Arztes auf. Für die Ärzte bleiben jedoch die Landesberufsordnungen verbindlich. Diese können von den Ärztekammern nur im Rahmen der ihnen gesetzlich vorgegebenen Grenzen neugefasst werden. Solange den Heilberufe- und Kammergesetzen eine ausreichende gesetzliche Grundlage fehlt, kann eine Landesberufsordnung die Änderungen nicht übernehmen.

Unproblematisch dürfte es für die Ärztekammern sein, solche Regelungen umzusetzen, die sich nur mit der Zulässigkeit der Ärzte-GmbH in die Berufsordnungen befassen, § 23a Abs. 1 Satz 1, § 18 Abs. 1-2, § 18a Abs. 1 Satz 1 MBO-Ä 2004. Heilberufe- und Kammergesetze, die keine Verbotsregelungen zur Ärzte-GmbH enthalten, stehen einer ausdrücklich festgestellten Zulässigkeit der Ärzte-GmbH in der Berufsordnung nicht entgegen. Dasselbe gilt für Heilberufe- und Kammergesetze, deren Niederlassungsgebote mit Ausnahmeregelungen zu Verboten mit einem Erlaubnisvorbehalt korrigiert worden sind. Die vorher von den Kammern durchgeführten Prüfungen der Vereinbarkeit des Gesellschaftsvertrags und der Arbeitsverträge mit dem Berufsrecht sind insofern vorrangig. Bei Heilberufe- und Kammergesetzen, die ein uneingeschränktes Verbot der juristischen Person enthalten, ist auf die Verfassungswidrigkeit der Verbote zu verweisen. Die

Nichtigkeit der Verbote ermöglicht entgegenstehende Feststellungen in den Berufsordnungen.

Schwierigkeiten dürften sich hingegen bei den weitergehenden Forderungen nach der Zusammensetzung der Ärztegesellschaft einstellen, § 23a Abs. 1 Satz 2-3, Abs. 2 MBO-Ä 2004. Sie verlangen eine gesetzliche Grundlage, da sie in die Berufsfreiheit der Beteiligten eingreifen. Solange nicht die Heilberufe- und Kammergesetze den gesetzlichen Rahmen für die Satzungsregelungen bereitstellen, werden die Ärztekammern ihnen nicht folgen können.[361]

Mit der Novellierung der Musterberufsordnung ist ein erster Schritt getan. Noch hat sie Modellcharakter, weil sie die Rechtslage für die Ärzte nicht ändern kann. Es ist davon auszugehen, dass eine Umsetzung durch die Ärztekammern früher oder später erfolgen wird. Ob diese immer von der gesetzlichen Grundlage der Heilberufe- und Kammergesetze gedeckt sein werden, bleibt abzuwarten.

---

[361] Eingehend zur Ausgestaltung der Ärzte-GmbH siehe unten § 2.

§ 2 Organschaft in der Ärzte-GmbH – nur mit Approbation?

Weil die Ärzte-GmbH nach der hier vertretenen Auffassung bundesweit zulässig ist, soll die personelle Besetzung ihrer Organe näher beleuchtet werden. Ein oft geäußerter Einwand beläuft sich darauf, dass die Gesellschaft keine Gewähr dafür biete, die berufliche Freiheit ihrer angestellten Ärzte zu wahren. Die Kritik setzt zum Teil an dem Umstand an, dass fachfremde dritte Personen in der GmbH als Gesellschafter oder Geschäftsführer Organfunktionen übernehmen und intern fachfremden Einfluss auf die Ärzte ausüben könnten. Dies führt zu der Frage, ob und welche unterschiedliche Varianten einer Ärzte-GmbH gegründet werden können.

Vorherrschend ist zumeist die Ärzte-GmbH als – vollständige – Ärztegesellschaft. In ihr sind die angestellten Ärzte zugleich die Gesellschafter und Geschäftsführer „ihrer" GmbH. Sie kooperieren eng miteinander.[362] Dabei kann die Organisation der Rahmenbedingungen eines Berufes von der eigentlichen Berufsausübung gerade in der GmbH gut unterschieden werden. Das liegt zum einen an ihrer körperschaftlichen Organisation, in der Willensbildung, Geschäftsführung und Vertretung von den einzelnen Mitgliedern abgelöst und den Organen der Geschäftsführung, §§ 6, 35 ff. GmbHG, und der Gesamtheit der Gesellschafter, §§ 45 ff. GmbHG, übertragen sind,[363] sowie an der rechtlichen Verselbständigung zur juristischen Person, § 13 Abs. 1 GmbHG. Zum anderen sind Geschäftsanteile einer GmbH im Rahmen der §§ 15 ff. GmbHG veräußerlich und erwerbbar. Nicht zuletzt besteht die Möglichkeit der Fremdorganschaft, § 6 Abs. 3 Satz 1 GmbHG.[364]

Angesichts dieser Strukturen scheint es nahe liegend, die Organe der Ärzte-GmbH unabhängig davon zu besetzen, ob die Approbation zum Arzt gem. § 2 Abs. 1 BÄO vorliegt.

Fehlende Zugangsbeschränkungen können dementsprechend eine Entwicklung in Gang setzen, bei der Nichtärzte als (reine) Kapitalgeber Geschäftsanteile an der

---

[362] So z.B. *Ahlers*, in: FS für Rowedder (1994), 1, 7: „Im übrigen handelt es sich bei der Ärzte- und Rechtsanwalts-GmbH um den Zusammenschluß von Freiberuflern, der Berufsfremden oder Personen, die nach den betreffenden Berufsrechten nicht sozietätsfähig sind, weder offen steht noch geöffnet werden soll." Vgl. auch *Katzenmeier*, MedR 1998, 113, 117; *Henssler*, ZIP 1994, 844, 849 zur damals noch nicht geregelten Rechtsanwalts-GmbH.

[363] *Kraft/Kreutz*, Gesellschaftsrecht, A.III.1.

[364] Dazu *Erle/Ring*, in: Beck GmbH-Handbuch, § 1, Rz. 31.

Gesellschaft erwerben. Verfügen sie über besondere unternehmerische Kenntnisse, können sie diese in die Leitung der Ärzte-GmbH einbringen. Die medizinische Versorgung in der Praxis übernehmen hingegen die angestellten Ärzte, so dass die Gesellschaftsorgane nicht auf den Erhalt der Approbation angewiesen sind. Somit steht selbst der Gründung größerer Gesellschaften mit einer speziellen Verwaltungsebene für die angestellten Ärzte nichts entgegen.

Denkbar sind deshalb Mischformen, in denen Ärzte und Nichtärzte zusammen als Organe tätig sind, bis hin zu einer „rein nichtärztlichen Variante". Bei ihr gehen Ärzte nur das Beschäftigungsverhältnis mit der GmbH ein.[365] Von Nichtärzten gegründet und geleitet, dient eine solche Gesellschaft als Kapitalanlage. Gegenüber einer derart strukturierten Ärzte-GmbH mit Fremdbeteiligung bestehen erhebliche Vorbehalte. Es wird befürchtet, dass sie die berufliche Unabhängigkeit der angestellten Ärzte zu Gunsten der unternehmerischen Gewinnerzielung einschränkt.[366]

Eine im Gesellschaftsvertrag festgelegte Beschränkung auf die Ärztegesellschaft würde verlangen, dass der Gesellschaftsvertrag gem. § 3 Abs. 2 GmbHG den approbierten Ärzten die Gesellschafter- und Geschäftsführerposition vorbehält. Speziell bei der Abtretung von Geschäftsanteilen müsste der Gesellschaftsvertrag eine Regelung i.S.d. § 15 Abs. 5 GmbHG enthalten, dass der Erwerber ebenfalls zum Arzt approbiert sein muss. Die anderen Gesellschafter hätten den Erwerb zu genehmigen. Häufig wird eine entsprechende Satzungsgestaltung sogar zur Voraussetzung für die Zulässigkeit der GmbH erklärt, vor dem Hintergrund, die berufliche Freiheit der Ärzte zu gewährleisten.[367]

Eine solche rechtsgeschäftliche Beschränkung auf die Ärztegesellschaft beruht aber auf Freiwilligkeit und geht schon von einem Ärztezusammenschluss aus. Rechtsgeschäftlich können alle möglichen Zusammensetzungen vereinbart werden. Die ärzteinterne Lösung kann dritte Personen nicht am Tätigwerden hindern. Dementsprechend ist zu ermitteln, ob formell-gesetzliche Regelungen die Ärzte-GmbH auf die reine Ärztegesellschaft und damit auf ein Verbot der bloßen Kapitalbeteiligung und der verwaltenden Geschäftsführung festlegen.

---

[365] Diese Möglichkeit bejaht der Verband der niedergelassenen Ärzte Deutschlands e.V. (NAV-Virchowbund) in seinem Tagungsbericht zur Hauptversammlung 1997, *Clade*, Deutsches Ärzteblatt 94, Heft 48, A-3246.

[366] *Ratzel*, in: Ratzel/Lippert, Kommentar zur MBO, § 31, Rz. 21 mit dem treffenden Hinweis, dass die Einhaltung des Wirtschaftlichkeitsgebotes auch einem Arzt mit hohen Bankverbindlichkeiten aus der Praxisgründung schwer fallen dürfte; Befürchtungen bei verdeckten Gesellschaftsgründungen zwischen Ärzten und Nichtärzten äußert z.B. *Hess*, in: Kasseler Kommentar, § 95 SGB V, Rz. 43, § 98 SGB V, Rz. 46.

[367] *Katzenmeier*, MedR 1998, 113, 117; *Hildebrandt*, Entwicklungen und Rechtsprobleme freiberuflicher Zusammenschlüsse, S. 109. Für die bis dahin nicht geregelte Anwalts-GmbH: BayObLG, ZIP 1994, 1868, 1878; *Henssler*, ZIP 1994, 844, 849; *Damm*, in: FS Brandner (1996), 31, 53; für eine Kooperation mit Angehörigen anderer Berufe, mit denen sich Rechtsanwälte nach ihrem Berufsrecht binden können *Ahlers*, in: FS Rowedder (1994), 1, 16.

A. Vorgaben des Gesellschaftsrechts

Einschränkungen in der personellen Besetzung der Gesellschaftsorgane könnten sich nach dem Recht der GmbH allein nur im Hinblick auf den Zweck der Gesellschaft gem. § 1 GmbHG begründen.

Wenn der Zweck einer Ärzte-GmbH darin besteht, Patienten zu behandeln, liegt die spezifisch berufliche Qualifikation ihrer Gesellschafter und Geschäftsführer dafür zwingend in der Approbation zum Arzt. Wegen des Betriebs der Praxis wäre es ferner denkbar, die notwendigen betriebswirtschaftlichen und verwaltenden Aufgaben als Bestandteil des Gesellschaftszwecks anzusehen. Entsprechend könnten berufliche Qualifikationen der Gesellschafter und Geschäftsführer für die Ärzte-GmbH mit einer betriebswirtschaftlichen oder kaufmännischen Ausbildung erworben werden. Aber auch der Betrieb einer Arztpraxis zielt auf die ärztliche Behandlung der Patienten ab. Er dient – zweckgebunden – übergeordneten Belangen.

Wäre nach dem Recht der GmbH also eine berufliche Qualifikation für den Zweck der Gesellschaft erforderlich, käme insofern nur die ärztliche Qualifikation in Form der Approbation zum Arzt gem. § 2 Abs. 1 BÄO in Betracht.

I.   Besondere Eignungsvoraussetzung der GmbH-Gesellschafter

1. Vorschriften des GmbHG

Das GmbHG vermeidet jegliche Anforderung an die Gesellschafter im Hinblick auf ihre berufliche Qualifikation zur Erfüllung des Gesellschaftszwecks. Bereits aus § 3 Abs. 2 GmbHG folgt, dass die Gesellschafter selbst entscheiden müssen, ob sie neben Vermögens- oder Teilhaberrechten und -pflichten weitere Pflichten zur Förderung des Gesellschaftszwecks in den Gesellschaftsvertrag aufnehmen möchten.[368] Der Nachweis beruflicher Ausbildungsstandards der Gesellschafter gehört nicht zum zwingenden Satzungsinhalt.

2. Treuepflicht des Gesellschafters in Form der aktiven Förderungspflicht

Dieses Ergebnis könnte sich durch die Treuepflicht des Gesellschafters gegenüber der GmbH ändern.[369] Angesichts der Offenheit des GmbHG hat die Rechtsprechung einige Gesellschafterpflichten entwickelt,[370] zu denen auch die Treuepflicht gehört.[371]

---

[368] *Lutter/Bayer*, in: Lutter/Hommelhoff, GmbHG, § 3, Rz. 26 ff.; *Hueck-Fastrich*, in: Baumbach/Hueck, GmbHG, § 3, Rz. 54.

[369] Auf die Treuepflichten wird nochmals Bezug genommen unten in § 3, A. I. 1 und A. II. 1. b.

[370] Zu nennen sind nach der Aufzählung bei *Raiser*, in: Hachenburg, GmbHG, § 14, Rz. 16 die Befugnis, gem. §§ 241 ff. AktG analog Nichtigkeits- oder Anfechtungsklage gegen

Treuepflichten folgen aus dem Gesellschaftsverhältnis.[372] Sie verlangen, sich gegenüber der Gesellschaft – wie auch gegenüber den Mitgesellschaftern – loyal zu verhalten, ihre Zwecke aktiv zu fördern und Schaden von ihr fernzuhalten.[373] Bei der Wahrnehmung von Mitgliedschaftsrechten gebieten sie die Rücksichtnahme auf Gesellschaftsinteressen.[374] Eine personalistische Gestaltung der GmbH ist zwar nicht Voraussetzung, beeinflusst aber ihren Umfang und ihre Intensität.[375] Welches Verhalten im Einzelnen gefordert ist, lässt sich angesichts der Verschiedenartigkeit und Unvorhersehbarkeit der in Frage kommenden Situationen nur als Generalklausel formulieren. Im Einzelfall muss sie konkretisiert werden.[376]

Dabei ist die Förderungspflicht ohne Mitwirkungspflicht zu verstehen, um dem Zweck der Gesellschaft nachzugehen oder gar notwendige berufliche Qualifikationen zu erlangen.

Gegenstand der aktiven Förderpflicht ist vielmehr die Wahrnehmung *bestehender* Mitgliedsrechte.[377] Der Gesellschafter soll alle Maßnahmen ergreifen, die zur

---

rechtswidrige Gesellschafterbeschlüsse zu erheben, BGHZ 97, 28, 31; 101, 113, 117; 104, 66, 71 f.; 108, 21, 30, weitere Klagerechte der Gesellschafter wie die actio pro socio, vgl. BGHZ 65, 15, 18 f., 98, 276, 279 f., *Lutter,* AcP 180 (1980), 84, 132, das Recht zur Kündigung der Mitgliedschaft aus wichtigem Grund BGHZ 116, 359, 369, *Hueck/Fastrich,* in: Baumbach/Hueck, GmbHG, Anh § 34, Rz. 15, und als Sonderfall der Treuepflicht die Wettbewerbsverbote für geschäftsführende Gesellschafter in Anlehnung an § 112 HGB, BGHZ 49, 30, 31, *Raiser,* in: Hachenburg, GmbHG, § 14, Rz. 64.

371 Für die GmbH anerkannt, vgl. BGHZ 9, 157, 163; 14, 25, 38; 65, 15, 18 f.; 98, 276, 279 f.; OLG Düsseldorf, DStR 1994, 214, 215; *Hueck/Fastrich,* in: Baumbach/Hueck, GmbHG, § 13, Rz. 21; *Altmeppen,* in: Roth/Altmeppen, GmbHG, § 13, Rz. 47; *Schmidt,* Gesellschaftsrecht § 20 IV 2, § 35 I 2; *Grunewald,* Gesellschaftsrecht, 2.E., Rz. 11; *Immenga,* in: FS 100 Jahre GmbHG (1992), 189, 190; *Emmerich,* in: Scholz, GmbHG, § 13, Rz. 36.

372 *Pentz,* in: Rowedder/Schmidt-Leithoff, GmbHG, § 13, Rz. 36; *Schmidt,* Gesellschaftsrecht, § 20 IV 1. Anknüpfungspunkte der Treuepflicht sind das mitgliedschaftliche Gemeinschaftsverhältnis, die Zweckförderungspflicht und die Korrelation zwischen Rechtsmacht und Verantwortung, vgl. *Schmidt,* Gesellschaftsrecht, § 20 IV 1, ähnlich *Immenga,* in: FS 100 Jahre GmbHG (1992), 189, 192; *Lutter/Bayer,* in: Lutter/Hommelhoff, GmbHG, § 14, Rz. 18; *Winter,* Mitgliedschaftliche Treuebindungen im GmbH-Recht, S. 16 ff., 63 ff.

373 *Schmiegelt,* in: GmbH-Handbuch, § 3, Rz. 22; *Raiser,* Recht der Kapitalgesellschaften, § 28, Rz. 26; *Hueck/Fastrich,* in: Baumbach/Hueck, GmbHG, § 13, Rz. 22.

374 *Immenga,* in: FS 100 Jahre GmbH-Gesetz, 189, 191.

375 *Winter,* in: Scholz, GmbHG, § 14, Rz. 50; *Raiser,* Recht der Kapitalgesellschaften, § 28, Rz. 27.

376 *Emmerich,* in: Scholz, GmbHG, § 13, Rz. 37; *Hueck/Fastrich,* in: Baumbach/Hueck, GmbHG, § 13, Rz. 23; *Raiser,* in: Hachenburg, GmbHG, § 14, Rz. 52; *Lutter,* AcP (180) 1980, 84, 109.

377 *Hueck-Fastrich,* in: Baumbach/Hueck, GmbHG, § 13, Rz. 29; *Pentz,* in: Rowedder/Schmidt-Leithoff, GmbHG, § 13, Rz. 38. Das kann im Einzelfall zwecks Gewährleistung der satzungsmäßigen Beschlussfähigkeit die Treuepflicht zur Teilnahme an der

Erhaltung des in der Gesellschaft Geschaffenen und zur Erreichung ihres Zweckes dringend geboten sind.[378] Das treupflichtige Entstehen zusätzlicher Leistungspflichten der Gesellschafter ist zwar nicht ausgeschlossen, im Hinblick auf die grundsätzlich abschließende Regelung in Gesetz und Satzung aber gerade bei kapitalistisch geprägten Beteiligungen mit Zurückhaltung zu beurteilen.[379]

Vor diesem Hintergrund reicht die aktive Förderpflicht jedenfalls nicht so weit, sogar das Innenverhältnis und die personelle Zusammensetzung einer Gesellschaft zu beeinflussen. Inhalt und Umfang hängen maßgeblich von der realen Struktur der Gesellschaft ab, insbesondere von der mehr personalistischen oder stärker kapitalistischen Orientierung der Mitgliedschaft, nicht umgekehrt.[380] Ob die Gesellschafter über die finanzielle Beteiligung und die Ausübung von Mitgliedschaftsrechten hinaus aktiv für die Belange der Gesellschaft tätig werden zu müssen, ist dem Gesellschaftsvertrag überlassen.[381]

Letztlich dient die Treuepflicht also auch als gesellschaftsrechtliche Generalklausel. Mit ihr sollen Konflikte zwischen dem Unternehmensinteresse der Gesellschaft und den Eigeninteressen der Mitgesellschafter, aber auch Interessengegensätze unter den Mitgesellschaftern rechtlich bewältigt werden, deren Lösung nicht schon im Gesetz oder im Gesellschaftsvertrag vorgezeichnet ist.[382] Darauf passt die hier fragliche Erweiterung der aktiven Förderpflicht, die in ihrer Auswirkung über den Zugang in eine Gesellschafterposition entscheidet, nicht.

Aus der Treuepflicht gegenüber der Ärzte-GmbH ist die Approbation zum Arzt als Zugangsvoraussetzung deshalb nicht abzuleiten.

II. Besondere Eignungsvoraussetzungen der GmbH-Geschäftsführer

Dasselbe gilt für die Geschäftsführer der Ärzte-GmbH. § 6 Abs. 2 GmbHG verlangt keinen Erwerb entsprechender beruflicher Qualifikationen. Das relative Berufsverbot in § 6 Abs. 2 Satz 4 GmbHG zieht nur die Möglichkeit in Betracht, dass der Geschäftsführer vorher in demselben oder ähnlichen Berufs- oder Gewerbezweig wie die Gesellschaft tätig war. Es will lediglich verhindern, dass offensichtlich ungeeignete Personen ihre Geschäfte unter dem Deckmantel einer GmbH

Gesellschafterversammlung sein, oder eine Pflicht zur Stimmabgabe in einem bestimmten Sinne.

[378] *Winter*, in: Scholz, GmbHG, § 14, Rz. 60; *Lutter/Bayer*, in: Lutter/Hommelhoff, GmbHG, § 14, Rz. 20; *Roth*, in: Roth/Altmeppen, GmbHG, § 45, Rz. 11.

[379] *Hueck/Fastrich*, in: Baumbach/Hueck, GmbHG, § 13, Rz. 24; *Schmiegelt*, in: GmbH-Handbuch, § 3, Rz. 24 f.

[380] BGHZ 9, 157, 163; 65, 15, 19; *Pentz*, in: Rowedder/Schmidt-Leithoff, GmbHG, § 13, Rz. 40; *Lutter/Bayer*, in: Lutter/Hommelhoff, GmbHG, § 14, Rz. 18; *Schmiegelt*, in: Beck GmbH-Handbuch, § 3, Rz. 22; *Raiser*, in: Hachenburg, GmbHG, § 14 Rz. 53.

[381] *Immenga*, in: FS 100 Jahre GmbH-Gesetz (1992), 189, 192.

[382] *Raiser*, Recht der Kapitalgesellschaften, § 28, Rz. 26; *Altmeppen*, in: Roth/Altmeppen, GmbHG, § 13, Rz. 50.

wieder aufnehmen und hierdurch Dritte gefährden.[383] Daraus folgt aber keine generelle Pflicht des Geschäftsführers, über die Qualifikation dieses Berufszweigs verfügen zu müssen. Im Hinblick auf die Ausschlussgründe aus dem Gesellschaftsrecht ist das Anforderungsprofil des Geschäftsführers in § 6 Abs. 2 GmbHG abschließend.[384] Weitere Voraussetzungen persönlicher oder sachlicher Art müssen im Gesellschaftsvertrag vereinbart werden.[385]

Im Übrigen wäre eine Treuepflicht des Geschäftsführers gegenüber der GmbH und gegenüber den Gesellschaftern wie die Treuepflicht des Gesellschafters zu beurteilen: Das Loyalitätsgebot verlangt im Wesentlichen die Rücksichtnahme auf das Gesellschaftsinteresse in Fällen der Kollision mit eigenen Interessen.[386]

Das Recht der GmbH hindert Personen ohne medizinische Ausbildung und ohne Approbation zum Arzt nicht daran, Gesellschafter oder Geschäftsführer in einer Ärzte-GmbH zu werden.

B.   Vorgaben des ärztlichen Berufsrechts

Im ärztlichen Berufsrecht sind Zugangsbeschränkungen möglich. Verbindliche Regelungen hierzu sind jedoch bislang nicht aufgestellt worden.[387] Vergleichbare berufsrechtliche Vorgaben an die Zusammensetzung der Gesellschaftsorgane, wie sie gegenüber den Rechtsanwalts-, Steuerberatungs- und Wirtschaftsprüfergesellschaften erlassen worden sind, sehen die Heilberufe- und Kammergesetze nicht vor. Dieser Umstand beruht nicht zuletzt darauf, dass die Ärzte-GmbH in immerhin sieben Bundesländern durch Gesetz, in allen Bundesländern durch ärztliches Satzungsrecht verboten ist.[388] Für den überwiegenden Teil der Heilberufe- und Kammergesetze, die sich eines Verbots der Ärzte-GmbH enthalten, gilt ebenfalls, dass fehlende Verbotsvorschriften noch keine Pflicht des Gesetzgebers zur positiven Ausgestaltung eines Berufsbildes nach sich ziehen. Solange die Gesetzgeber

---

[383] *Ulmer*, in: Hachenburg, GmbHG, § 6, Rz. 2; *Schmidt-Leithoff*, in: Rowedder/Schmidt-Leithoff, GmbHG, § 6, Rz. 16.

[384] *Schmidt-Leithoff*, in: Rowedder/Schmidt-Leithoff, § 6, Rz. 20; *Schneider*, in: Scholz, GmbHG, § 6, Rz. 19.

[385] *Hommelhoff/Kleindiek*, in: Lutter/Hommelhoff, GmbHG, § 6, Rz. 20; *Hueck-Fastrich*, in: Baumbach/Hueck, GmbHG, § 6, Rz. 8; *Ulmer*, in: Hachenburg, GmbHG, § 6, Rz. 15.

[386] Beispiele dafür sind insbesondere das Wettbewerbsverbot, das die Eigenverwertung von Geschäftschancen der Gesellschaft untersagt, und das Verschwiegenheitsgebot für Gesellschaftsgeheimnisse, vgl. BGHZ 10, 187, 192 f.; 49, 30, 31; *Koppensteiner*, in: Rowedder/Schmidt-Leithoff, GmbHG, § 43, Rz. 19; *Schneider*, in: Scholz, GmbHG, § 43, Rz. 121 ff.; *Lutter*, AcP 180 (1980), 84, 108 ff.; *Mertens*, in: Hachenburg, GmbHG, § 43, Rz. 35 ff.

[387] Anders die neue MBO-Ä 2004. Auf ihre Novellierung wurde oben in § 1, D. eingegangen.

[388] Die Verfassungswidrigkeit der Verbotsregelungen und die Möglichkeiten einer verfassungskonformen Korrektur wurden bereits oben in § 1 behandelt.

und die Ärztekammern juristische Personen aus dem Bereich der ambulanten Heilkunde heraushalten wollen, werden sie keine inhaltlichen Vorgaben für ihre Ausgestaltung aufstellen, da dies einer Anerkennung gleichkäme.

Man könnte allenfalls aus den vorhandenen Vorschriften der Heilberufs- und Kammergesetze und der Berufsordnungen eine Aussage über die notwendige Zusammensetzung des Personenkreises der Gesellschafter und der Geschäftsführung in einer Ärzte-GmbH ableiten.

I.   Nichtärzte als Gesellschafter in der Ärzte-GmbH

Gesellschafter ist, wer gem. § 14 GmbHG einen Geschäftsanteil an der GmbH hält. Folglich ist nach einer Regelung zu suchen, die ausschließlich den Ärzten den Erwerb von Geschäftsanteilen an einer Ärztegesellschaft erlaubt.

1. Regelungen der Heilberufe- und Kammergesetze

Den Heilberufe- und Kammergesetzen fehlt jede Vorschrift, die sich mit der Kooperation von Ärzten mit Nichtärzten befasst, geschweige denn ein für Nichtärzte gültiges Verbot aufstellt, Geschäftsanteile einer Arztpraxis zu erwerben oder zu halten. Die gesetzlichen Berufspflichten der Ärzte hindern Nichtärzte also keineswegs am Erwerb von Geschäftsanteilen.

Gleiches gilt für die ärztlichen Generalklauseln. Sie verpflichten die Kammermitglieder, „ihren Beruf gewissenhaft auszuüben und dem ihnen im Zusammenhang mit dem Beruf entgegengebrachten Vertrauen zu entsprechen."[389] Die Generalklauseln drücken eine grundlegende Verhaltensrichtlinie für Ärzte aus, bedürfen aber der Konkretisierung und Ausfüllung durch die einzelnen beruflichen Pflichten.[390] Ein Verbot des Erwerbs von Geschäftsanteilen durch Nichtärzte hätte gegenüber der beruflichen Entfaltung beider Personengruppen – Nichtärzte und Ärzte – so einschneidende Wirkung, dass sein Wortlaut eindeutig ausfallen müsste. Für ein Verbot – wollte man es in diese Vorschrift hineinlesen – wäre eine Generalklausel zu unbestimmt. Mithin enthalten die gesetzlichen Regelungen zur ärztlichen Berufsausübung keine Verbotsregelungen im Hinblick auf den Erwerb von Geschäftsanteilen der Ärzte-GmbH durch Nichtärzte.

---

[389] So § 29 HeilBerKaG BW, § 31 Abs. 1 HeilBerG MV, § 20 HeilBerG RP, § 16 Abs. 1 SHKG, § 29 HeilBerG SH. Ähnlich § 30 Abs. 1 BbgHeilBerG, § 27 BremHeilBerG, § 22 HessHeilBerG, § 29 Abs. 1 HeilBerG NW, § 19 Abs. 1 KGHB-LSA, § 20 ThHeilBerG,: „Die Kammerangehörigen sind verpflichtet, [...]" und Art. 17 BayHKaG: „Die Ärzte sind verpflichtet, [...]". § 4a Abs. 1 Nr. 1 1.Var. BlnKaG: „Zu den Berufspflichten der Kammerangehörigen gehört es insbesondere, 1. den Beruf gewissenhaft auszuüben [...]". § 4 Abs. 1 Nr. 1 HmbÄG: „Jede Ärztin und jeder Arzt ist verpflichtet, [...]." § 33 Abs. 1 Satz 1 NdsHeilBerG: „Die Kammermitglieder sind verpflichtet, ihren Beruf gewissenhaft auszuüben." § 16 Abs. 1 SächsHKaG: „Die Mitglieder sind verpflichtet, [...]".

[390] *Laufs*, in: Laufs/Uhlenbruck, Handbuch des Arztrechts, § 14, Rz. 1.

2. Berufsordnungen der Ärztekammern

Dementsprechend enthalten sich auch die Berufsordnungen der Ärzte bislang eines Verbots darüber, Nichtärzte an einer Ärztegesellschaft teilhaben zu lassen.

In der Literatur werden allerdings die möglichen Partner bei der Berufsausübung in einer Heilkunde-GmbH eingegrenzt. So soll eine Beschränkung der Berufsträger, wie sie Kapitel D. II. Nr. 9 Abs. 2 MBO-Ä 1997[391] vorsieht, auch auf die Heilkunde–GmbH entsprechende Anwendung finden.[392] Ärzten ist danach nur der Zusammenschluss mit Angehörigen verwandter Fachberufe gestattet, mit denen sich ein gleichgerichteter oder integrierender diagnostischer oder therapeutischer Zweck bei der Heilbehandlung verfolgen ließe.[393] Diese Überlegung kann für eine Ärzte-GmbH aber nicht weiterverfolgt werden. Von der kooperativen *Berufsausübung* zwischen Ärzten und Angehörigen anderer Fachberufe ist sie nicht betroff

en. Bei der hier relevanten Frage der Kapitalbeteiligung von Nichtärzten ist Kapitel D. II. Nr. 9 Abs. 2 MBO-Ä 1997 also aus zwei Gründen nicht einschlägig. Zum einen ist das Innehaben von Geschäftsanteilen mit der Berufausübung nicht gleichzustellen. Zum anderen wurde die Ärzte-GmbH definiert als Gesellschaft, in der die Behandlung ausschließlich durch Ärzte angeboten und durchgeführt wird.

Daraus folgt insgesamt, dass das ärztliche Berufsrecht keine Anforderungen an die personelle Zusammensetzung aufstellt.

II.   Ärzte als Teilhaber, die ihren Beruf in der GmbH jedoch nicht ausüben

Einer besonderen Betrachtung bedarf der ärztliche Gesellschafter einer Ärzte-GmbH, der seinem Beruf in einer rechtlich von der Ärzte-GmbH getrennten Praxis weiterhin nachgeht. Allein die Kapitalhingabe an die Ärzte-GmbH schafft die Grundlage für seine Beteiligung am Gesellschaftsgewinn, ohne dass er als angestellter Arzt in der GmbH tätig wäre. Die für die Annahme einer Gesellschaft wesentlichen Kriterien der Verlustbeteiligung, der Zugehörigkeit in einer Zweckgemeinschaft und der internen Mitverwaltungsrechte[394] blieben gewahrt.

---

[391]   Kapitel D. II. Nr. 9 Abs. 2 BO BW; Kapitel D. II. Nr. 9 Abs. 2 BayBO; Kapitel D. II. Nr. 9 Abs. 2 BlnBO;   Kapitel D. II. Nr. 8 Abs. 2 BbgBO;   Kapitel D. II. Nr. 9 Abs. 2 BremBO; Kapitel D. I. Nr. 9 Abs. 2 HmbBO; Kapitel D. II. Nr. 9 Abs. 2 HessBO; Kapitel D. II. Nr. 9 Abs. 2 BO MV; Kapitel D. II. Nr. 9 Abs. 2 NdsBO; Kapitel D. I. Nr. 3 Abs. 2 BO Nordrhein und Kapitel D. II. Nr. 9 Abs. 2 BO Westfalen-Lippe für Nordrhein-Westfalen; Kapitel D. II. Nr. 8 Abs. 2 BO RP; Kapitel D. I. Nr. 9 Abs. 2 SBO; Kapitel D. II. Nr. 9 Abs. 2 SächsBO; Kapitel D. II. Nr. 9 Abs. 2 BO LSA; Kapitel D. II. Nr. 9 Abs. 2 BO SH; Kapitel D. I. Nr. 9 Abs. 2 ThBO.

[392]   *Lippert*, in: Ratzel/Lippert, Kommentar zur MBO, Kapitel D. II. Nr. 7, Rz. 2.

[393]   *Lippert*, in: Ratzel/Lippert, Kommentar zur MBO, Kapitel D. II. Nr. 9, Rz. 2.

[394]   *Ulmer*, in: MünchKomm, Vor § 705, Rz. 86. Um ein partiarisches Darlehen handelt es sich deswegen nicht. Diese sind dadurch gekennzeichnet, dass der Darlehensgeber als

Eine solche finanzielle Beteiligung von einem Arzt an der Praxis eines anderen Arztes wird für unzulässig gehalten, weil er „seine Praxis" gem. § 19 Satz 1 MBO -Ä 1997[395] persönlich auszuüben habe.[396]

Aber das Argument überzeugt nicht, wenn es wie hier schon an dem Merkmal der „Praxis" fehlt. Die Kapitalbeteiligung des Arztes reicht allein nicht aus, ihm die Praxis der Gesellschaft rechtlich zuzuordnen. Auch Sinn und Zweck der genannten Regelung stehen entgegen. Die in § 19 Satz 1 MBO-Ä 1997 normierte persönliche ärztliche Leistungspflicht soll sicherstellen, dass ein Arzt einen einmal angenommenen Heilauftrag auch selbst ausführt. Sie ist Teil des freiberuflichen Selbstverständnisses. Der Arzt darf die Behandlung nicht auf andere Mitarbeiter übertragen können.[397] Folgerichtig erfasst § 19 Satz 1 MBO-Ä 1997 nicht die Konstellation einer reinen Kapitalbeteiligung, in der ein Arzt mangels Berufstätigkeit schon keine Leistungspflichten übernimmt. Weder ist dem Arzt die Gesellschaftspraxis als „seine" zuzuordnen, noch hat er sich in der Gesellschaft zur Übernahme von Patientenbehandlungen verpflichtet.

Etwas anderes ergibt sich auch nicht aus dem grundsätzlichen Verbot des Betreibens einer Zweigpraxis gem. § 18 Abs. 1 MBO-Ä 1997. Das bloße finanzielle Engagement des Arztes an der für ihn fremden Praxis rechtfertigt nicht die Annahme, es handle sich um seine „zweite" Praxis. Wesentlich für den Betrieb einer Zweigpraxis ist die zusätzliche, in ihr ausgeübte Sprechstundentätigkeit, die zu der Tätigkeit in der ersten Praxis hinzutritt.[398] § 18 Abs. 1 MBO-Ä 1997 erwähnt darum auch namentlich das Abhalten von Sprechstunden an mehreren Stellen. Daran fehlt es dem lediglich finanziell beteiligten Arzt, der sich einer Praxistätigkeit in der Ärzte-GmbH gerade enthält. Aus diesem Grund kann § 18 Abs. 1 MBO -Ä 1997 nicht als Argument für ein Verbot der ärztlichen Kapitalbeteiligung in der Ärzte-GmbH dienen.

Anders als im Apothekenrecht (vgl. §§ 8, 12 ApoG) enthält das ärztliche Berufsrecht kein ausdrückliches Verbot der „stillen" Kapitalbeteiligung.[399] Ärzte können Gesellschafter der Ärzte-GmbH sein, ohne dass sie selbst weitere Tätigkeiten in der Vereinigung entfalten müssen.

Vergütung anstelle eines festen Zinssatzes eine Gewinn- oder Umsatzbeteiligung bekommt, aber nicht am Verlust beteiligt ist, vgl. *Werner*, in: Erman, Vor § 607, Rz. 36.

[395] § 19 Satz 1 BO BW; § 19 Satz 1 BayBO; § 19 Satz 1 BlnBO; § 19 Satz 1 BbgBO; § 19 Satz 1 BremBO; § 19 Satz 1 HmbBO; § 19 Abs. 1 Satz 1 HessBO; § 19 Satz 1 BO MV; § 19 Satz 1 NdsBO; § 19 Satz 1 BO Nordrhein und § 19 Satz 1 BO Westfalen-Lippe für Nordrhein-Westfalen; § 19 Satz 1 BO RP; § 19 Satz 1 SBO; § 19 Satz 1 SächsBO; § 19 Satz 1 BO LSA; § 19 Satz 1 BO SH; § 19 Satz 1 ThBO.

[396] *Goette*, DStR 1995, 1722, 1723.

[397] *Uhlenbruck/Laufs*, in: Laufs/Uhlenbruck, Handbuch des Arztrechts, § 47, Rz. 1 f.

[398] *Uhlenbruck/Schlund*, in: Laufs/Uhlenbruck, Handbuch des Arztrechts, § 18, Rz. 15; *Ratzel*, in: Ratzel/Lippert, Kommentar zur MBO, § 18, Rz. 2.

[399] *Ratzel*, in: Ratzel/Lippert, Kommentar zur MBO, § 17, Rz. 4.

III.   Nichtärzte als Geschäftsführer in der Ärzte-GmbH

Demgegenüber ist es nicht ausgeschlossen, dass das ärztliche Berufsrecht eine Maßgabe zur Besetzung der GmbH-Geschäftsführung bereit hält. Auch dafür wäre eine Regelung erforderlich, die die Übernahme der Geschäftsführung in einer Praxis an den Erwerb der Approbation knüpft.

1. Heilberufe- und Kammergesetze, insbesondere § 31 Abs. 2 Satz 3 BbgHeilBerG, § 29 Abs. 2 Satz 3 HeilBerG NW und § 29 Abs. 2 Satz 3 HeilBerG SH

In den meisten Heilberufe- und Kammergesetzen sind derartige Bestimmungen jedoch nicht ersichtlich.

Lediglich die Heilberufsgesetze von Brandenburg, Nordrhein-Westfalen und Schleswig-Holstein enthalten Vorschriften, deren genauere Betrachtung sich anbietet. In Brandenburg ordnet § 31 Abs. 2 Satz 3 BbgHeilBerG an:

> „Die gemeinsame Führung einer Praxis ist nur zulässig, wenn jeder Beteiligte die Berechtigung zur Ausübung des ärztlichen [...] Berufs besitzt."

§ 29 Abs. 2 Satz 3 HeilBerG NW und § 29 Abs. 2 Satz 3 HeilBerG SH sehen dies für Nordrhein-Westfalen und Schleswig-Holstein in nahezu gleicher Weise vor. Die Berechtigung zur Ausübung des ärztlichen Berufs vermittelt die Approbation als Arzt, so dass sich in diesen Ländern die Frage stellt, ob auch die Geschäftsführer der Ärzte-GmbH approbiert sein müssen.

a. Grammatische Auslegung

Nach dem Wortlaut ist dies zu bejahen, weil beide Vorschriften mit der Nennung der *Praxis* die Praxis der Ärzte-GmbH einbeziehen. Das *Führen* deutet in diesem Zusammenhang auf Leitungsaufgaben hin, die den Wirkungskreis regulärer Patientenbehandlungen übersteigen. Wer also eine Praxis führt, erteilt Weisungen gegenüber den Beschäftigten, regelt den Praxisablauf und trifft bei Handlungsalternativen die Entscheidungen. Charakteristisch ist auch das Auftreten nach außen, die Erkennbarkeit der Leitungsfunktion für Dritte.[400] Bei der Ärzte-GmbH obliegen diese Aufgaben der Geschäftsführung, §§ 35 ff. GmbHG, wenngleich sie der Gesellschafterversammlung im Innenverhältnis untergeordnet ist.

Weil die GmbH als juristische Person rechtliches Zuordnungssubjekt ist, stellt sich überdies die Frage, ob die rechtliche Zuordnung zur GmbH ausschlaggebend ist *oder* die tatsächliche Vornahme durch das Gesellschaftsorgan. Für letzteres spricht, dass beide Vorschriften auf die „Beteiligten" als natürliche Personen abstellen, zumal auch die Approbation nur an natürliche Personen erteilt werden kann.[401]

Indem die Vorschriften übereinstimmend die *gemeinsame* Führung regeln, setzen sie die Leitung durch mehrere Personen voraus. Weil die Ärzte-GmbH aber

---

400 *Taupitz*, NJW 1996, 3033, 3035.
401 Siehe oben § 1, B. I.

auch die Einzelgeschäftsführung ermöglicht, passen die Vorschriften insoweit nicht. Sieht man von diesem Erfordernis einmal ab, lässt der Wortlaut zumindest eine Auslegung zu, wonach die Geschäftsführer der GmbH die Approbation als Arzt vorweisen müssen.

b. Systematische Auslegung

Auf Grund des Regelungsstandortes aller drei Vorschriften verbietet sich jedoch ihre Anwendung auf die Ärzte-GmbH.

Was die Bedeutung des „Führens" betrifft, stützt der Regelungszusammenhang freilich den Bezug zu den geschäftsführenden Personen. Den Heilberufsgesetzen ist der Unterschied zwischen *Führen* und *Ausüben* bekannt. Die Vorschriften befinden sich in den Regelungsabschnitten der Berufs*ausübung* (§§ 30-34 BbgHeilBerG, §§ 29-32 HeilBerG NW, §§ 29-31 HeilBerG SH). Hinter dem „Führen" der Praxis fällt das bloße „Ausüben" in seiner Bedeutung zurück. Es bezieht sich nur auf die ärztliche Tätigkeit.

Gravierender ist der Umstand, dass alle drei Vorschriften Bestandteil des Niederlassungsgebots sind, welches erst nach einer Korrektur mit den Vorschriften des Grundgesetzes in Einklang zu bringen war.[402] In diesem Zusammenhang entwickeln sie das Niederlassungsgebot weiter, das in Satz 1 dem einzeln praktizierenden Arzt galt. Indem sie das *gemeinsame* Führen hervorheben, richten sie sich an Ärzte, die eine Gemeinschaftspraxis betreiben. Schon daraus ergibt sich, dass Satz 3 jeweils – ergänzend zum Niederlassungsgebot in Satz 1 – die ärztlichen Gemeinschaftspraxen auf die Rechtsformen der Gesellschaft bürgerlichen Rechts und der Partnerschaft beschränkt, in denen die „Beteiligten" immer niedergelassen sind und eine Approbation haben.

Für die Ärzte-GmbH hat dieser systematische Umstand zur Folge, dass § 31 Abs. 2 Satz 3 BbgHeilBerG, § 29 Abs. 2 Satz 3 HeilBerG NW und § 29 Abs. 2 Satz 3 HeilBerG SH nicht auf sie anzuwenden sind.

c. Historisch-genetische und teleologische Auslegung

Für dieses Ergebnis spricht auch die Entstehungsgeschichte der Vorschriften. Sie sind eigens zu dem Zweck aufgenommen worden, die Ärzte-GmbH zu verbieten. Den deutlich werdenden Absichten des Gesetzgebers kommt bei zeitlich und sachlich neuartigen Regelungen erhebliches Gewicht bei der Auslegung zu.[403] Ausgehend von der Absicht, eine juristische Person von der ambulanten Tätigkeit auszuschließen, können § 31 Abs. 2 Satz 3 BbgHeilBerG, § 29 Abs. 2 Satz 3 HeilBerG NW und § 29 Abs. 2 Satz 3 HeilBerG SH nicht noch für ihre Ausgestaltung herangezogen werden.

Die Gesetzgeber haben zwar von vornherein Ausnahmen vorgesehen, die das Niederlassungsgebot abgeschwächt haben. Da sie einmal ins Gesetz aufgenommen wurden, sind diese auch konkretisierungsbedürftig. Regelungsstandorte der verfassungskonform erweiterten Erlaubnisvorbehalte der Ärztekammern sind aber § 31 Abs. 2 Satz 5 BbgHeilBerG, § 29 Abs. 2 Satz 5 HeilBerG NW bzw. § 29

---

[402] Vgl. oben § 1, C. II. 1. b. aa. (a) (aa).
[403] BVerfGE 54, 277, 297 f.

Abs. 2 Satz 7 HeilBerG SH. Dagegen handelt es sich bei den Regelungen in Satz 3 gerade um die Verbotsregelungen, mit denen der Gesetzgeber nur die Gemeinschaften bürgerlichen Rechts und die Partnerschaften zulassen wollte. Nach der ihnen zugrunde liegenden Absicht können sie für die Ärzte-GmbH keine Verwendung finden.

d. Ergebnis

Selbst in Brandenburg, Nordrhein-Westfalen und Schleswig-Holstein lassen die Regelungen der § 31 Abs. 2 Satz 3 BbgHeilBerG, § 29 Abs. 2 Satz 3 HeilBerG NW und § 29 Abs. 2 Satz 3 HeilBerG SH keine Aussagen zur beruflichen Qualifizierung der Geschäftsführer einer Ärzte-GmbH zu.

2. Berufsordnungen der Ärztekammern

Dieses Resultat wiederholt sich auf der Ebene des Satzungsrechts bei den Berufsordnungen. Die möglicherweise einschlägige Vorschrift des § 19 Satz 2 MBO-Ä 1997, wonach die *Leitung* einer Praxis stets durch einen *niedergelassenen Arzt* erfolgen muss, hat sich bereits im 1. Kapitel als verfassungswidrig und damit nichtig erwiesen.[404] Sie kann nicht mehr herangezogen werden.

Insgesamt wird damit deutlich, dass es in allen Heilberufe- und Kammergesetzen sowie in den Berufsordnungen an einer gesetzlichen Regelung fehlt, die den Nichtärzten den Zugang in die Gesellschafterposition oder Geschäftsführung der Ärztegesellschaft verwehrt.[405]

C. Analogie zu den berufsrechtlichen Vorschriften anderer freier Berufe?

Dieses Resultat verwundert, zumal Zugangsregelungen in anderen Freiberufler-GmbH längst bestehen. Für die Rechtsanwaltsgesellschaften verlangen §§ 59e, 59f BRAO, zumindest die Mehrheit der Geschäftsanteile und der Stimmrechte bei Rechtsanwälten zu belassen. Dasselbe gilt für ihre Geschäftsführung. Die nur minderheitlich zulässigen Nichtrechtsanwälte dürfen ausschließlich den in § 59a Abs. 1 Satz 1, Abs. 3 BRAO aufgeführten verwandten Berufen angehören. Rechtsanwälte sind deswegen bei einer Kooperation in der GmbH in der Wahl ihrer Partner beschränkt.[406]

---

[404] Siehe oben § 1, C. I. 1. b. aa und C. II. 1. b.

[405] Die neuen Regelungen der MBO-Ä 2004 (§§ 17-23d) sind in den Landesberufsordnungen noch nicht umgesetzt worden, siehe oben § 1, D.

[406] Umfassend zur Rechtsanwaltsgesellschaft die Kommentierungen der §§ 59c-59m BRAO bei *Zuck*, Anwalts-GmbH, Köln 1999; *Feuerich/Weyland*, Bundesrechtsanwaltsordnung, § 59c, Rz. 1 ff.; ferner *Römermann/Spönemann*, NZG 1998, 15, 18 f.; *Vieth/Schulz-Jander*, NZG 1999, 1126 ff.; *Zuck*, MDR 1998, 1317 ff.; zur Anwalts-AG *Stabreit*, NZG 1998, 452 ff.

Vergleichbar ist die rechtliche Situation der Steuerberater und Wirtschaftsprüfer. Die Geschäftsführung und die Positionen der persönlich haftenden Gesellschafter in Wirtschaftsprüfungsgesellschaften sind Wirtschaftsprüfern vorbehalten, § 28 Abs. 1 WPO. Vereidigte Buchprüfer und Steuerberater sind zwar zugelassen, doch darf ihre Zahl die der Wirtschaftsprüfer nicht überschreiten, § 28 Abs. 2 WPO. Eine entsprechende Kapitalbindung schreibt die Steuerberatungsgesellschaft vor, § 49 Abs. 2 StBerG. Vereidigte Buchprüfer und Steuerbevollmächtigte können aber zusätzlich Gesellschafter oder Geschäftsführer werden, §§ 50, 50a StBerG.

Das Vorhandensein ausgestaltender Regelungen einer GmbH für Rechtsanwälte, Steuerberater und Wirtschaftsprüfer legt ihre analoge Anwendung für die Ärzte-GmbH nahe.

I. Vorliegen der Analogievoraussetzungen

Die materiellen Voraussetzungen der Analogie liegen vor.[407] Die notwendige Regelungslücke ist in allen Heilberufe- und Kammergesetzen zutage getreten. Ihre Planwidrigkeit kann aber nur für die Länder angenommen werden, die eine Ärzte-GmbH wenigstens unter Vorbehalt zulassen. Davon ausgenommen sind die Länder Bayern, Berlin, Sachsen und Schleswig-Holstein. Die in ihren Heilberufe- und Kammergesetzen normierten uneingeschränkten Verbote der Ärzte-GmbH haben sich zwar als verfassungswidrig erwiesen. Sie lassen allerdings den Schluss zu, dass ausgestaltende Regelungen für juristische Personen erst recht nicht Teil des Gesetzes werden sollten. Insofern kann die Gesetzeslage in Bayern, Berlin, Sachsen und Schleswig-Holstein als abschließend betrachtet werden. Bei den anderen Ländern ist demgegenüber anzunehmen, dass die fehlenden Zugangsbeschränkungen und ausgestaltenden Regelungen planwidrig aufgetreten sind.

Ferner ist zu überlegen, ob die Interessenlage der (steuer-) rechtlich und wirtschaftlich beratenden freien Berufe vergleichbar ist mit der Situation der Ärzte. Selbst wenn freie Berufe untereinander anhand der Selbstverwaltung, berufsethischen geprägten Handelns, qualifizierter Ausbildung, etc. Gemeinsamkeiten aufweisen, unterscheidet sich der Arztberuf aber dennoch von vermögens- und rechtsberatenden Berufen. Bei der Ausgestaltung der Freiberufler-GmbH hatte den Gesetzgeber jedoch die Absicht bewogen, berufsfremde Einflüsse auf eine vom Berufsrecht geprägte Gesellschaft abzuwehren. Unter diesem Aspekt ist von der Vergleichbarkeit der Interessenlage aller freien Berufe auszugehen. Die Voraussetzungen einer Analogie liegen damit vor, von den Ländern Bayern, Berlin, Sachsen und Schleswig-Holstein einmal abgesehen. In den anderen Ländern ist es demnach möglich, die bei Rechtsanwälten, Steuerberater und Wirtschaftsprüfer vorgenommenen Wertungen für die Ärzte heranzuziehen.

Vieth/Schulz-Jander, NZG 1999, 1126 ff.; *Zuck*, MDR 1998, 1317 ff.; zur Anwalts-AG *Stabreit*, NZG 1998, 452 ff.

[407] Dazu *Looschelders/Roth*, Juristische Methodik im Prozeß der Rechtsanwendung, E III, S. 280 ff., 304 ff.; *Larenz/Canaris*, Methodenlehre der Rechtswissenschaft, S. 202 ff.

II.   Unterschiedliche Gesetzgebungskompetenzen und Wertungen zwischen Ländern und Bund

Einer analogen Anwendung können jedoch die den Bundes- und Landesgesetzgebern gezogenen kompetenziellen Grenze entgegenstehen. Bereits daraus, dass die Regelungen für Steuerberater, Wirtschaftsprüfer und Rechtsanwälte in das jeweilige Berufsrecht Eingang gefunden haben, ergibt sich, dass der insoweit gem. Art. 72, 74 Abs. 1 Nr. 1 und Nr. 11 GG zuständige Bundesgesetzgeber nur diese Berufsgruppen regeln wollte. Daraus folgt der Einwand, dass die entsprechenden Bestimmungen ihrerseits abschließend nur für die jeweilige Berufsgruppe gelten sollten.

Es tritt hinzu, dass für die Regelung der Berufs*ausübung* von Ärzten die Länder zuständig sind, Art. 70 Abs. 1 GG. Der Bund hat die Gesetzgebungskompetenz gem. Art. 74 Abs. 1 Nr. 19 GG nur für die *Zulassung* zum ärztlichen Heilberuf. Mangels Zuständigkeit darf er also die Besonderheiten einer Ärzte-GmbH nicht regeln.

Maßstab einer ergänzenden Rechtsfortbildung ist stets der – wenigstens mutmaßliche – Wille des Gesetzgebers, bei dem die Lücke aufgetreten ist und geschlossen werden soll. Die Regelungslücke ist deswegen in einer Art und Weise zu schließen, von der anzunehmen ist, dass der Gesetzgeber sie wählte, wenn er denn zu der gesetzlichen Regelung schritte.[408] Auf die Ausgestaltung der Ärzte-GmbH bezogen wäre deswegen den Wertungen der 16 Landesgesetzgeber Rechnung zu tragen, nicht aber denen des Bundesgesetzgebers. Aus der Sicht des Rechtsanwenders ist der Einwand der Kompetenzgrenze nur dann unerheblich, wenn die Entscheidungen des *Bundes*gesetzgebers mit den mutmaßlichen Entscheidungen der *Landes*gesetzgeber übereinstimmten.

Die zum Ausdruck gekommenen Wertungen des *Bundes*gesetzgebers zur Freiberufler-GmbH lassen indes keine Rückschlusse auf die Wertungen der gem. Art. 70 Abs. 1 GG zuständigen *Landes*gesetzgeber zu. Nach wie vor bleibt unklar, ob alle Landesgesetzgeber genau dieselben Entscheidungen getroffen hätten, wenn sie weitergehende Regelungen aufgenommen hätten. Da ihnen außer der Zuständigkeit für die Berufsausübung der Ärzte eine weitere Gesetzgebungszuständigkeit für Freiberufler fehlt, können nicht einmal Anleihen gezogen werden, denen sich entsprechende Länderwertungen entnehmen ließen. Es ist nicht auszuschließen, dass sich manche der Landesgesetzgeber zu einer weitaus restriktiveren Regelung der Ärzte-GmbH entschlössen in der Weise, ausschließlich eine vollständige Ärztebesetzung zu erlauben. Das betrifft z.B. die Länder Brandenburg, Niedersachsen, Nordrhein-Westfalen und Schleswig-Holstein, in denen die Ärzte-GmbH nur unter Vorbehalt zulässig sind. Andere wiederum zögen möglicherweise eine weniger strenge Besetzungsregelung vor oder entschieden sich gar, es bei der festgestellten Lücke zu belassen. Die rechtspolitisch möglichen Erwägungen lassen Raum für vielfältige Entscheidungen, welche Lösung für die Verhältnisse in einem Bundes-

---

[408] BVerfGE 38, 386, 396; *Looschelders/Roth*, Juristische Methodik im Prozeß der Rechtsanwendung, E III 2 d, S. 298; *Larenz/Canaris*, Methodenlehre der Rechtswissenschaft, S. 247.

land jeweils als die gerechtesten und zweckmäßigsten empfunden werden. Dies steht einer einheitlichen analogen Übernahme bundesrechtlicher Regelungen entgegen.

III. Verstoß gegen den Gesetzesvorbehalt

Im Übrigen ist zu beachten, wie restriktiv sich die vom Bund erlassenen Regelungen bei ihrer analogen Anwendung gegenüber Nichtärzten auswirken würde. Auf die Ärzte-GmbH übertragen hätte sie zur Folge, dass Nichtärzte allenfalls minderheitlich in der Gesellschafterversammlung oder in der Geschäftsführung vertreten sein dürfen. Gemessen an der Zusammenarbeit müsste der Kreis der Nichtärzte, denen überhaupt ein Zugang zur Ärzte-GmbH gewährt wird, auf die Angehörigen verwandter Heilberufe eingegrenzt werden. Die Berufsfreiheit der Nichtärzte schränkte es jedenfalls erheblich ein. Um ihnen den Zugang zu einer Kooperation mit Ärzten in einer GmbH zu verschließen, bedarf es einer formell-gesetzlichen Entscheidung des Gesetzgebers. Eine Analogie scheitert wegen ihres Eingriffscharakters deswegen auch am Regelungsvorbehalt in Art. 12 Abs. 1 Satz 2 GG i.Vm. Art. 20 Abs. 3 GG.

Im Ergebnis können die bundesrechtlichen Vorschriften §§ 59c ff. BRAO für Rechtsanwälte, §§ 49 ff. StBerG für Steuerberater und §§ 27 ff. WPO für Wirtschaftsprüfer nicht analog auf die Ärzte-GmbH herangezogen werden.

D. Ergebnis

Infolgedessen mangelt es an Regelungen, die Nichtärzten den Zugang zu Gesellschafterpositionen und Geschäftsführertätigkeiten für die Ärzte-GmbH verwehren. Die verschiedenen Ausprägungen von der ausschließlichen Ärztegesellschaft bis hin zur nichtärztlichen Gesellschaft, die ihre Ärzte als Angestellte beschäftigt, sind erlaubt.

§ 3 Die Gewähr eines beruflichen Freiraums für Ärzte in der Ärzte-GmbH

In einer Gesellschaft, die als juristische Person die Voraussetzungen des Arztberufs nicht erfüllen kann und für die das ärztliche Berufsrecht deswegen nicht gilt,[409] wird insbesondere die Einflussnahme auf angestellte Ärzte befürchtet. Im ambulanten Bereich soll das Zwischenschalten einer juristischen Person in gesteigertem Maße die Gefahr bergen, dass sich das ärztliche Ermessen bei der Wahl und Durchführung der Therapie an den Gewinninteressen der Gesellschaft orientiert. Gegenüber Krankenhäusern sind diese Vorbehalte bislang nicht geäußert worden. Dabei verfügen stationäre Einrichtungen sogar über eigene Verwaltungs- und Wirtschaftsebenen, in denen nichtärztliche Fachleute das Management und die Organisation ärztlicher Leistungen übernehmen. Bei Krankenhausärzten gibt man sich mit der Forderung zufrieden, dass der ärztliche Freiraum gegenüber Nichtärzten im Arbeitsvertrag sichergestellt werden muss.[410]

In den satzungsrechtlichen Berufsordnungen ist die fachlich-medizinische Weisungsfreiheit gegenüber Nichtärzten verankert. Nach ihren Präambeln drücken sie die „Überzeugung der Ärzteschaft zum Verhalten der Ärzte" aus. Dafür ordnet § 2 Abs. 4 MBO-Ä 1997 an:

> „Der Arzt darf hinsichtlich seiner ärztlichen Entscheidungen keine Weisungen von Nichtärzten entgegennehmen."

Für Beschäftigungsverhältnisse ergänzt § 23 Abs. 2 MBO-Ä 1997 ausdrücklich:

> „Auch in einem Arbeits- oder Dienstverhältnis darf ein Arzt eine Vergütung für seine ärztliche Tätigkeit nicht dahingehend vereinbaren, dass die Vergütung den Arzt in der Unabhängigkeit seiner medizinischen Entscheidungen beeinträchtigt."

---

[409] Keine Geltung des einfach-gesetzlichen Berufsrechts wegen fehlender Ausweitung des Tatbestandes, keine Geltung des Satzungsrechts wegen mangelnder Kompetenz der Ärztekammern, unten § 4, A. II. 1. b.

[410] Bei Anstellungsverträgen mit nachgeordneten Ärzten im öffentlichen Dienst und außerhalb, die auf der Grundlage von Tarifverträgen geschlossen werden, wird allgemein unterstellt, dass sie die Belange der Berufsordnung berücksichtigen, *Richardi*, in: Münchener Handbuch zum Arbeitsrecht, Band 2, § 203, Rz. 3; *Lippert*, in: Ratzel/Lippert, Kommentar zur MBO, § 23, Rz. 1, § 24, Rz. 3.

Ärzte dürfen ihre berufliche Tätigkeit in abhängiger Position also nur ausüben, wenn sie den Kranken völlig weisungsfrei untersuchen und behandeln können und es ihnen möglich ist, alle Regeln des Berufsrechts uneingeschränkt zu befolgen.[411]

An diese Vorgaben ist die Ärzte-GmbH *praktisch* gebunden. Will sie Ärzte anstellen und auf dem Gesundheitsmarkt bestehen, muss sie sich der ihr fremden Rechtslage anpassen. Das erkennt auch die Rechtsprechung an.[412] Dennoch verbleiben Restrisiken. Regelmäßig obliegt es nur dem Verhandlungsgeschick und der juristischen Kenntnis der Ärzte, ihre beruflichen Belange im Anstellungsvertrag zu wahren.[413] Selbst wenn Ärzte den Vertrag gem. § 24 MBO-Ä 1997 vor der Unterzeichnung zur Überprüfung ihrer Ärztekammer vorlegen, wozu sie keineswegs verpflichtet sind,[414] fehlt ihnen die rechtliche Handhabe, etwaige beruflich bedingte Änderungen gegen die Ärzte-GmbH durchzusetzen. Zudem wirken sich die Einwände der Ärztekammer gegen den Vertrag nicht auf dessen zivilrechtlichen Bestand aus.[415]

Mindestanforderungen für eine berufsgerechte Ausgestaltung des *Gesellschaftsvertrags* hat das BayObLG – für die Rechtsanwalts-GmbH – in seinem Beschluss vom 24. November 1994[416] zusammengestellt. Sie können teilweise auf die Ärzte-GmbH übertragen werden. So soll die Aufgabenverteilung gem. § 3 Abs. 1 Nr. 2 GmbHG zu erkennen geben, dass medizinische Leistungen ausschließlich durch in fachlich-medizinischen Fragen weisungsfrei handelnde und über die entsprechende Erlaubnis verfügende natürliche Personen unter Beachtung ihres Berufsrechts und ihrer Berufspflichten zu erbringen sind.[417] Dabei ist eine

---

[411] *Taupitz*, NJW 1996, 3033, 3036; *ders.*, NJW 1992, 2317, 2322; *Laufs*, MedR 1995, 11, 15.

[412] OLG München, NJW 1993, 800 f.; BAGE 11, 225, 227. Soweit von einer mittelbaren Geltung für die Ärzte-GmbH die Rede ist, ist damit also nicht eine durch gesetzliche Geltungsanordnung vermittelte Außenwirkung gemeint. Eine rechtlich mittelbare Geltung wird nur im Rahmen des ärztlichen Werbeverbots für § 1 UWG angenommen, vgl. Hans. OLG Hamburg, MedR 1994, 451; Hans. OLG Hamburg, MedR 1992, 281, 282 mit abl. Anm. *Schulte*; LG Hamburg, MedR 1995, 82; Hans. OLG Hamburg, MedR 1997, 417, 418.

[413] Dazu *Junghanns*, ArztR 2002, 172 f. zur Vorstellung eines Gegenentwurfs zum neuen Chefarztdienstvertragsmuster der Deutschen Krankenhausgesellschaft in 6. Auflage.

[414] Eine Pflicht zur Vorlage ist nur in Schleswig-Holstein ausgedrückt (§ 24 BO SH). In den anderen Berufsordnungen ist die Wortwahl des § 24 MBO-Ä 1997 umgesetzt worden („Ärzte *sollen* [...]"). Sie hat allenfalls Empfehlungscharakter. *Taupitz*, MedR 1993, 367, 377 und *Ratzel*, in: Ratzel/Lippert, Kommentar zur MBO, § 24, Rz. 1 sprechen von einer „Obliegenheit".

[415] *Ratzel*, in: Ratzel/Lippert, Kommentar zur MBO, § 24, Rz. 3. Inwiefern der Arbeitsvertrag zivilrechtlichen Bestand hat, dazu unten § 4, C. I. 2.

[416] ZIP 1994, 1868, 1870.

[417] *Laufs*, MedR 1995, 11, 15; *Katzenmeier*, MedR 1998, 113, 115; *Ahlers*, in: FS Rowedder (1994), 1, 10, 13 f. stellt den Gesellschaftsvertrag eines „Privatinstituts für Naturheilkunde GmbH" vor, dessen Ausgestaltung die ärztliche Weisungsfreiheit berücksichtigt; vgl. auch *Fichtelmann*, in: Bartl/Fichtelmann/Henkes/Schlarb/Schulze, HK-GmbHR, § 37, Rz. 18; *Ratzel*, in: Ratzel/Lippert, Kommentar zur MBO, § 23, Rz. 1;

ausdrückliche Regelung geboten: Das Schweigen des Gesellschaftsvertrags zu medizinisch-fachlichen Weisungen durch Nichtärzte führt nicht unter allen Umständen zu einer ergänzenden Auslegung im rechtlichen Interesse der Ärzte. Es bedarf weiterer Anhaltspunkte aus dem Vertrag selbst oder aus den Vertragsverhandlungen bei Gründung der GmbH. Von einer dem Berufsrecht der Ärzte verpflichteten Haltung der – mitunter nichtärztlichen – Gesellschafter ist deshalb nicht ohne weiteres auszugehen.[418] Die rein gesellschaftsvertragliche Lösung reicht aber nicht aus: Die Auswirkungen einer Nichtbeachtung der Vorgaben an eine bedarfsgerechte Ausgestaltung sind unklar.[419] Vor allem setzt eine freiwillige gesellschaftsvertragliche Regelung das Einvernehmen über eine berufsgerechte Ausgestaltung voraus, ohne es selbst zu schaffen.

Erforderlich sind verbindliche gesetzliche Vorgaben. Im Folgenden ist nach Regelungen zu suchen, aus denen für die Ärzte-GmbH die Verpflichtung folgt, den notwendigen berufsrechtlichen Freiraum *für die Ärzte* zu schaffen und zu beachten. Letztlich geht es darum, aus verschiedenen rechtlichen Blickwinkeln ein Geflecht an einschlägigen Normen darzulegen, die eine Ärzte-GmbH auf die Beachtung des notwendigen ärztlichen Behandlungsfreiraums festlegen.

Angesichts der fehlenden Zugangsbeschränkung für Nichtärzte sind die bei einer Lösung möglichen Konstellationen einer Ärzte- und Nichtärztebeteiligung innerhalb der Gesellschaft zu berücksichtigen. Eine unmittelbare Geltungserstreckung des ärztlichen Satzungsrechts[420], um den Kreis der Normadressaten ausdrücklich auf die Personen der Ärzte-GmbH und der an ihr beteiligten Nichtärzten zu erweitern, steht dafür nicht zur Verfügung.[421]

A. Ärzte-GmbH als Nur-Ärzte-GmbH (vollständige Ärztegesellschaft)

Die beste Gewähr für die Einhaltung des ärztlichen Berufsrechts müsste an sich eine Gesellschaft bieten, in der alle Gesellschafter und Geschäftsführer zum Arzt approbiert sind (Nur-Ärzte-GmbH). Ob die Ärzte zugleich für die Gesellschaft praktizieren, ist unerheblich. Entweder führen sie die Behandlungen selbst durch oder sie überlassen es dritten Ärzten, die die Gesellschaft eingestellt hat.

Hildebrandt, Entwicklungen und Rechtsprobleme freiberuflicher Zusammenschlüsse, S. 109, S. 162.

[418] *Taupitz*, Die Standesordnungen der freien Berufe, S. 1288.

[419] Der Beschluss des BayObLG liest sich eher als Soll-Vorschrift für eine bedarfsgerechte Ausgestaltung.

[420] Dazu, dass das ärztliche Berufsrecht für die Gesellschaft selbst keine Geltung entfaltet, unten § 4, A. II. 1. b.

[421] Zu den Problemen einer unmittelbaren Geltungsausdehnung von Satzungsrecht und den engen Grenzen des Gesetzgebers vgl. nur *Ossenbühl*, in: Handbuch des Staatsrechts III, § 66, Rz. 33.

I.   Errichtung der Ärzte-GmbH: Gestaltung des Gesellschaftsvertrags

Klärungsbedürftig ist für den geschilderten Gesellschaftstyp zunächst (I.), ob bereits der Gesellschaftsvertrag die Maßgaben des ärztlichen Berufsrechts enthalten muss und falls ja, welche Rechtsfolgen sich bei Verstößen ergeben. Dabei wird der Umstand einer Neugründung der Arztpraxis und damit der GmbH zugrunde gelegt, nicht die Umwandlung einer schon bestehenden Gemeinschaftspraxis – in der Rechtsform der Gesellschaft bürgerlichen Rechts oder der Partnerschaft – in die GmbH.[422]

Im Anschluss daran stellt sich die Frage (II.), inwiefern die Weisungen der Gesellschafterversammlung und das Direktionsrecht der Geschäftsführung einen ärztlichen Freiraum zu berücksichtigen haben.

1. Gesellschaftsrechtliche Treuepflichten im Vorgründungsstadium?

Im Vorgründungsstadium der Ärzte-GmbH leiten sich aus dem Recht der GmbH keine Vorgaben ab, den erforderlichen rechtlichen Freiraum für angestellte Ärzte in den Gesellschaftsvertrag aufzunehmen. In dieser Phase kommt das GmbHG nicht einmal zur Anwendung: Bis zur notariellen Beurkundung des Vertrags bilden die Gesellschafter eine Vorgründungsgesellschaft.[423] Soweit kein Handelsgewerbe betrieben werden soll, unterstellen Rechtsprechung[424] und Literatur[425] sie dem Recht der Gesellschaft bürgerlichen Rechts, §§ 705 ff. BGB.[426] Aber auch dafür fehlt eine entsprechende Pflicht, die Vorschriften des Gesellschaftsvertrags auf die bestmögliche Verwirklichung des Gesellschaftszwecks abzustimmen.

Allerdings könnte aus der Treuepflicht der Gesellschafter gegenüber der Gesellschaft die Notwendigkeit einer Freistellungsklausel für Ärzte folgen:[427]

---

[422] Für den Formwechsel von der Partnerschaft in die GmbH bei Ärzten z.B. *Hildebrandt*, Entwicklungen und Rechtsprobleme freiberuflicher Zusammenschlüsse, S. 177 ff.

[423] Abweichend *Schmidt*, in: Scholz, GmbHG, § 11, Rz. 7 ff., *ders.*, Gesellschaftsrecht, § 34 III.2, nachdem das Vorgründungsstadium zunächst ein vorvertragliches Vertrauensverhältnis begründet, während eine Vorgründungsgesellschaft nur bei Abschluss eines formgerechten (§ 2 Abs. 1 GmbHG) Vorvertrags vorliegt.

[424] OLG Düsseldorf, GmbHR 1994, 398, 399; OLG Hamm, GmbHR 1993, 105 f.; BGH, GmbHR 1992, 164; OLG Hamm, GmbHR 1989, 335, 336; BGHZ 91, 148, 151; OLG Karlsruhe, GmbHR 1988, 482, 483.

[425] *Schwaiger*, in: Beck GmbH-Handbuch, § 2, Rz. 7; *Kießling*, Vorgründungs- und Vorgesellschaften, S. 43; *Lutter/Bayer*, in: Lutter/Hommelhoff, GmbHG, § 11, Rz. 2; *Hueck/Fastrich*, in: Baumbach/Hueck, GmbHG, § 11, Rz. 33; *Priester*, GmbHR 1995, 481, 482; *Ulmer*, in: Hachenburg, GmbHG, § 2, Rz. 50, § 11, Rz. 21; *ders.*, GbR und PartGG, Vor § 705, Rz. 20.

[426] Abweichend *Schmidt*, in: Scholz, GmbHG, § 11, Rz. 14; *ders.*, Gesellschaftsrecht, § 34 III.2, § 11 II.2, wonach die – formgerecht begründete – Vorgründungsgesellschaft immer eine Innengesellschaft bleibt und eine nun entstehende mitunternehmerische Gesellschaft als besondere Personengesellschaft neben ihr besteht.

[427] Zu den Treuepflichten des Gesellschafters gegenüber der GmbH oben § 2, A. I. 2.

Treuepflichten gegenüber der *GmbH* werden jedoch erst in der zweiten Phase des Gründungsstadiums nach Abschluss des Gesellschaftsvertrags und der Errichtung der GmbH relevant.[428] Dann kann sich aus ihnen sogar die Pflicht ergeben, Hindernisse bei der Eintragung der GmbH in das Handelsregister zu beheben.[429] Für das Entstehen treuebedingter Handlungs- und Unterlassungspflichten ist also der notariell beurkundete Vertragsschluss erforderlich.[430]

Mithin müsste eine Treuepflicht gegenüber der ärztlichen (Vorgründungs-) *Gesellschaft bürgerlichen Rechts* darin bestehen, die fachliche Unabhängigkeit der behandelnden Ärzte in den Gesellschaftsvertrag der Ärzte-GmbH aufzunehmen. Inhalt der Treuepflicht des Gesellschafters wäre es demnach, seine eigene Rechtstellung in der späteren GmbH auf ihren Zweck abzustimmen. An dieser Annahme ist zwar richtig, dass Treuepflichten ein aktives Mitwirken an der Verwirklichung der Gesellschaftszwecks verlangen.[431] Dennoch sind sie bei weitem nicht in dem Maße ausgeprägt, um aus ihnen sogar Vorgaben für die Ausgestaltung des GmbH-Gesellschaftsvertrags zu folgern. Einigen sich die Gesellschafter der späteren GmbH auf den Betrieb einer ambulanten Arztpraxis, kann ihr weiteres Handeln im Gründungsstadium nur aus Gründen der Zweckmäßigkeit davon bestimmt sein, den Gesellschaftsvertrag auf seine bestmögliche Verwirklichung auszurichten.

Im Vorgründungsstadium einer Ärzte-GmbH enthält das Gesellschaftsrecht keine Pflicht, den Gesellschaftsvertrag auf die Verwirklichung der fachlich-medizinischen Weisungsfreiheit hin auszugestalten.

2. Bindung der Gesellschaftsorgane an das ärztliche Berufsrecht

Bei der vollständigen Ärztegesellschaft könnte sich eine Verpflichtung der Gesellschaftsorgane aus der Geltung des ärztlichen Berufsrechts ergeben. Juristische Personen handeln durch ihre Organe. Sind Gesellschafter (und Geschäftsführer) kraft ihres Status' als Arzt an ihr Berufsrecht gebunden, könnten sie das für sie geltende Recht bei der Gestaltung des Gesellschaftsvertrags zu beachten haben.

a. Sachliche Reichweite des erforderlichen Berufsbezugs

Dieser Gedanke setzt voraus, dass die für Ärzte geltenden Normen bei der Gründung einer Ärzte-GmbH, einschließlich der Formulierung des Gesellschaftsvertrags, sowie bei jedem Handeln innerhalb der Gesellschaft zu beachten sind. Eine so umfassende Geltung besteht für das Berufsrecht üblicherweise. Das ergibt sich

---

[428] *Schmidt*, in: Scholz, GmbHG, § 11, Rz. 8; *Schmiegelt*, in: Beck GmbH-Handbuch, § 3, Rz. 22.

[429] *Lutter/Bayer*, in: Lutter/Hommelhoff, GmbHG, § 11, Rz. 9; *Hueck/Fastrich*, in: Baumbach/Hueck, GmbHG, § 11, Rz. 8, § 13, Rz. 29; *Immenga*, in: FS 100 Jahre GmbHG (1992), 189, 197; *Schmidt-Leithoff*, in: Rowedder/Schmidt-Leithoff, GmbHG, § 11, Rz. 39; *Schmidt*, in: Scholz, GmbHG, § 11, Rz. 43.

[430] *Hueck/Fastrich*, in: Baumbach/Hueck, GmbHG, § 13, Rz. 24; *Schmiegelt*, in: Beck GmbH-Handbuch, § 3, Rz. 24.

[431] *Lutter*, AcP 180 (1980), 84, 109; *Schmiegelt*, in: Beck GmbH-Handbuch, § 3, Rz. 22; *Raiser*, Recht der Kapitalgesellschaften, § 28, Rz. 26; *Hueck/Fastrich*, in: Baumbach/Hueck, GmbHG, § 13, Rz. 22, oben § 2, A.I.2.

aus den allgemeinen Generalklauseln der Heilberufe- und Kammergesetze. Nach ihnen haben Ärzte „ihren Beruf gewissenhaft auszuüben und dem ihnen im Zusammenhang mit dem Beruf entgegengebrachten Vertrauen zu entsprechen".[432] Ziel der Generalklausel ist es gerade, den Umfang der Verpflichtung auf das gesamte berufsbezogene Handeln zu erstrecken.[433] Eine Diskussion über die sachliche Reichweite entsteht nur darüber, inwiefern private Vorgänge, wenn sie sich als Verstoß gegen die Standespflicht darstellen, berufsgerichtlich geahndet werden müssen.[434]

Vor diesem Hintergrund ist nicht nur das eigentliche Behandeln der Patienten berufsbezogen. Der Berufsbezug ist bei jeglichem Handeln auf dem Gebiet der ärztlichen Heilkunde gegeben. Dazu gehört auch das Wirken als Organ einer Gesellschaft, die ärztliche Heilkunde anbietet. Dementsprechend muss es approbierten Gesellschaftern und Geschäftsführern obliegen, ihre Tätigkeit für die Gesellschaft im Innenverhältnis entsprechend nach dem ärztlichen Berufsrecht auszurichten. Insoweit ist das Berufsrecht in der Lage, die im GmbH-Recht eingeräumte weitgehende Gestaltungsfreiheit der internen Verhältnisse[435] einzuschränken. Selbst eine Übertragung von Zuständigkeiten der ärztlichen Gesellschafterversammlung auf Geschäftsführer und Dritte bzw. von Zuständigkeiten der ärztlichen Geschäftsführung auf Dritte[436] ist nur möglich, solange sich daraus keine berufswidrigen Einwirkungen von Nichtärzten gegenüber Ärzten ergeben.

---

[432] § 29 HeilBerKaG BW, § 31 Abs. 1 HeilBerG MV, § 20 HeilBerG RP, § 16 Abs. 1 SHKG, § 29 HeilBerG SH. Ähnlich § 30 Abs. 1 BbgHeilBerG, § 27 BremHeilBerG, § 22 HessHeilBerG, § 29 Abs. 1 HeilBerG NW, § 19 Abs. 1 KGHB-LSA, § 20 ThHeilBerG: „Die Kammerangehörigen sind verpflichtet, [...]" und Art. 17 BayHKaG: „Die Ärzte sind verpflichtet, [...]". § 4a Abs. 1 Nr. 1 1.Var. BlnKaG: „Zu den Berufspflichten der Kammerangehörigen gehört es insbesondere, 1. den Beruf gewissenhaft auszuüben, [...]"; § 4 Abs. 1 Nr. 1 HmbÄG: „Jede Ärztin und jeder Arzt ist verpflichtet, [...]"; § 33 Abs. 1 Satz 1 NdsHeilBerG: „Die Kammermitglieder sind verpflichtet, ihren Beruf gewissenhaft auszuüben."; § 16 Abs. 1 SächsHKaG: „Die Mitglieder sind verpflichtet, [...]".

[433] In den Materialien wird häufig sogar ausdrücklich klargestellt, dass außerberufliches Verhalten, das in keinerlei Beziehung zu dem Beruf steht, jedenfalls nicht unter die Berufsgerichtsbarkeit fällt, vgl. Bayerischer Landtag, Drs. 8/4364 vom 31.7.1977, S. 22; Bremische Bürgerschaft, Drs. 9/555 vom 8.8.1977, S. 14; Bürgerschaft Hamburg, Drs. 8/3268 vom 20.12.1977, S. 14; Hessischer Landtag, Drs. 8/2617 vom 11.5.1976, S. 15 f.; Niedesächsischer Landtag, Drs. 9/130 vom 14.9.1978, S. 29; Landtag Nordrhein-Westfalen, Drs. 7/4489 vom 3.12.1974, S. 20 f.; Landtag Rheinland-Pfalz, Drs. 8/2834 vom 8.2.1978, S. 55; Landtag des Saarlandes, Drs. 6/1804 vom 20.2.1975, S. 10; angedeutet im Schleswig-Holsteinischer Landtag, Drs. 13/3127 vom 16.11.1995, S. 64.

[434] *Laufs*, in: Laufs/Uhlenbruck, Handbuch des Arztrechts, § 14, Rz. 7 f.

[435] *Schmiegelt*, in: Beck GmbH-Handbuch, § 3, Rz. 1; *Ulmer*, in: Hachenburg, GmbHG, Einleitung, Rz. 21.

[436] Zu den Grenzen der Zuständigkeitsübertragungen innerhalb der GmbH vgl. *Schmiegelt*, in: Beck GmbH-Handbuch, § 3, Rz. 6 ff.

b. Folgen für die Ausgestaltung des Gesellschaftsvertrags

Davon ausgehend ist zu untersuchen, inwiefern sich die festgestellte berufsrechtliche Verpflichtung der ärztlichen Gesellschafter auf die Gestaltung des Gesellschaftsvertrags auswirkt.

Infolge der beruflichen Bindung haben Gesellschafter-Ärzte bei der Ausgestaltung und beim Abschluss des Gesellschaftsvertrags neben dem formellgesetzlichen Berufsrecht auch das ärztliche Satzungsrecht zu beachten. Ein Verstoß gegen die Berufsordnungen im Gesellschaftsvertrag würde also von den Ärztekammern berufsgerichtlich geahndet. Die berufsgerichtlichen Befugnisse der Ärztekammern ergeben sich aus den Heilberufe- und Kammergesetzen.[437]

Für die Gesellschafter könnte dies sogar bedeuten, dass sie in der Gründungsphase der Ärzte-GmbH verpflichtet sind, die Wahrung der in den Berufsordnungen aufgestellten Grundsätze in den Gesellschaftsvertrag aufzunehmen. Das Gebot der Aufnahme einer Freistellungsklausel im Gesellschaftsvertrag sehen die Berufsordnungen der Ärztekammern jedoch nicht vor. Der Grund liegt darin, dass den Berufsordnungen – immer noch – der niedergelassene Einzelarzt als Idealform zugrunde liegt. Sie sind auf die Regelung seiner Rechtstellung konzentriert. Das erklärt auch die Aufnahme des § 23 Abs. 2 MBO-Ä 1997, mit dem die entsprechende Geltung der Bestimmungen für angestellte Ärzte gewährleistet ist.

Den Heilberufe- und Kammergesetzen und den Berufsordnungen fehlen damit Maßgaben für übergeordnete Ärzte bzw. Ärzte als Arbeitgeber, mit denen sie auch gegenüber ihren untergebenen ärztlichen Mitarbeitern zur Achtung berufsrechtlicher Grundsätze angehalten werden. Ebenso mangelt es an Überwachungspflichten für übergeordnete Ärzte dahingehend, auf nachgeordnete Ärzte einzuwirken, um auch sie zur Beachtung anzuhalten. Die Regelungswerke belassen es bei der originären Verpflichtung aller Ärzte unabhängig davon, in welcher rechtlichen Stellung sie tätig werden. Die Heilberufe- und Kammergesetze sowie die Berufsordnungen enthalten nicht einmal eine Vorschrift, nach der die Ärzte einer Gemeinschaftspraxis (in den Rechtsformen der Gesellschaft bürgerlichen Rechts und der Partnerschaft) verpflichtet wären, in ihre Gesellschaftsverträge Freistellungsklauseln für sich selbst und für etwaige Angestellte aufzunehmen. Die Notwendigkeit dazu besteht. Rein tatsächlich sind in jeder Gesellschaft Konstellationen denkbar, in denen unterschiedliche Behandlungskonzepte kollidieren und die Mehrheitsgesellschafter versucht sein können, gegenüber dem behandelnden Minderheitsgesellschafter gesellschaftsrechtliche Instrumente einzusetzen, um die von ihnen bevorzugte Behandlungsalternative durchzusetzen. Zu ähnlichen Konflikten kann es zwischen dem ärztlichen Geschäftsführer und dem „nur-angestellten" Arzt kommen. Gleiches gilt für die berufliche Zusammenarbeit von übergeordneten und nachgeordneten Ärzte im stationären Bereich.

---

[437] §§ 5 ff. HeiBerKaG BW; Art. 66 ff. BayHKaG; §§ 16 ff. BlnKaG; §§ 58 ff. BbgHeilBerG; §§ 61 ff. BremHeilBerG; §§ 35 f. HmbÄG; §§ 49 ff. HessHeilBerG; §§ 61 ff. HeilBerG MV; §§ 60 ff. NdsHKG; §§ 58 ff. HeilBerG NW; §§ 43 ff. HeilBG RP; §§ 32 ff. SHKG; §§ 39 ff. SächsHKaG; §§ 46 ff. KGHB LSA; §§ 54 ff. HeilBerG SH; §§ 47 ff. ThHeilBerG.

Den Berufsordnungen mangelt es ferner an entsprechenden Freistellungsvorgaben für Ärzte, die sich zumindest in einer arbeitgeberähnlichen Position befinden und die über das Arbeitsumfeld nachgeordneter Ärzte zu bestimmen haben. Eine ausdrückliche Pflicht, wonach Ärzte, soweit sie – auch gesellschaftsrechtlich – eine übergeordnete Stellung einnehmen, auf die Schaffung berufsgemäßer Umstände angestellter Ärzte hinzuwirken haben, besteht nicht.

Die Gesellschafter-Ärzte einer GmbH trifft daher keine Pflicht, eine Freistellungsklausel für sich und für ihre Angestellte in den Gesellschaftsvertrag aufzunehmen.

Im Zuge ihrer Verhandlungen zum Vertragsinhalt haben die Gesellschafter jedoch die Erfordernisse an die Anstellung eines Arztes gem. § 2 Abs. 4 MBO-Ä 1997 und § 23 Abs. 2 MBO-Ä 1997 zu berücksichtigen. Außerdem ist § 2 Abs. 1 Satz 2 MBO-Ä 1997 zu beachten, wonach der Arzt keine Grundsätze anerkennen und keine Vorschriften oder Anweisungen beachten darf, die mit seiner Aufgabe nicht vereinbar sind oder deren Befolgung er nicht beantworten kann.

Diesen Vorschriften ist jedoch gemeinsam, dass sie lediglich die Perspektive des einstellungswilligen Arztes regeln.

Aus ihnen und aus der Gesamtschau aller berufsrechtlichen Vorschriften könnte sich aber eine Pflicht zur Achtung des Berufsrechts auch unter ärztlichen Kollegen herleiten. Für diese Annahme spricht zum einen, dass die Präambeln bereits das Ziel vorgeben, das Verhalten von Ärzten gegenüber den Kollegen sowie das berufswürdige Verhalten insgesamt zu fördern. Zum anderen verlangt § 2 Abs. 1 Satz 1 MBO-Ä 1997 von der ärztlichen Behandlung, sie nach dem Gewissen, den Geboten der ärztlichen Ethik und der Menschlichkeit auszurichten. Folgerichtig verbietet die Norm in Satz 2 dem Arzt, Grundsätze und Vorschriften zu befolgen, die mit seiner Aufgabe nicht vereinbar sind und die er nicht verantworten kann. Diese Maßgabe gilt für den Arzt gegenüber jedermann und damit auch gegenüber anderen Ärzten. Schließlich wird in § 29 Abs. 1 Satz 1 MBO-Ä 1997 die Leitlinie des kollegialen Verhaltens der Ärzte untereinander aufgestellt. Insofern ist in den Berufsordnungen der Grundsatz angelegt, dass Ärzte auch nicht untereinander zu berufswidrigem Handeln verleitet werden dürfen.

Dem steht auch nicht § 2 Abs. 4 MBO-Ä 1997 entgegen, wonach Ärzte von Nichtärzten keine Weisungen hinsichtlich ihrer ärztlichen Entscheidungen entgegennehmen dürfen. Im Umkehrschluss ließe sich zunächst folgern, dass Ärzte generell Weisungen anderer Ärzte zu befolgen haben. Diese Ansicht ist jedoch schon vor dem Hintergrund der bereits dargestellten Vorschriften nicht haltbar, zumal auch Kapitel C. Nr. 2 MBO-Ä 1997 die Zusammenarbeit mit Kollegen hervorhebt. Angesichts der § 25 Satz 3, § 29 Abs. 1 Satz 2, Abs. 5 MBO-Ä 1997, die sich mit der Weiterbildung ärztlicher Mitarbeiter befassen, ist eine einschränkende Auslegung des § 2 Abs. 4 MBO-Ä 1997 dahingehend gerechtfertigt, berufsgemäße und fachlich gerechtfertigte Weisungen nur im Rahmen der Weiterbildung bzw. in Dienstverhältnissen mit nachgeordneten Ärzten zu erlauben.

Damit ist die Aufnahme einer Freistellungsklausel für angestellte Ärzte und gegenüber Kollegen nicht zwingend erforderlich, wenngleich sie Klarheit schaffen würde.

Für die Gesellschafter-Ärzte der Ärzte-GmbH bedeutet dies aber: Kraft ihres Berufsrechts sind sie verpflichtet, den beruflichen Freiraum anderer Ärzte anzuerkennen. Medizinische Weisungen sind ihnen nur erlaubt, solange angestellte Ärzte nachgeordnete Funktionen wahrnehmen sollen, vergleichbar einem Chefarzt gegenüber den ihm zugewiesenen Ärzten seiner Abteilung oder gegenüber einem ärztlichen Mitarbeiter in der Weiterbildung.

Fehlen daher im Gesellschaftsvertrag der Ärzte-GmbH entsprechende Freistellungen, so können die Ärztekammern die Gesellschafter-Ärzte mangels Freistellungsvorgaben im Berufsrecht nicht zu einer Aufnahme anhalten. Diese Möglichkeit eröffnen ihnen nur die Länder mit Erlaubnisvorbehalt der Ärzte-GmbH, Brandenburg, Niedersachsen, Nordrhein-Westfalen und Schleswig-Holstein im Rahmen der vorbeugenden Kontrolle der Wahrung berufsrechtlicher Belange.[438]

Dafür sind die Ärztekammern – nach Auslegung des Berufsrechts – in allen Bundesländern in der Lage, die Gesellschafter-Ärzte der GmbH persönlich anzuhalten, den erforderlichen beruflichen Freiraum für ihre angestellten Ärzte zur Verfügung zu stellen. Es kommt also nicht darauf an, ob der Gesellschaftsvertrag einer Ärztegesellschaft eine Freistellung von fachlichen Weisungen bereit hält.

3. Zivilrechtliche Folgen eines Verstoßes gegen das Berufsrecht

a. Nichtigkeit des Gesellschaftsvertrags gem. § 134 BGB

Sollte der Gesellschaftsvertrag gegen berufsrechtliche Bestimmungen für Ärzte verstoßen, stellt sich die Frage seiner zivilrechtlichen Wirksamkeit. Von einem Teil der Literatur wird die Nichtigkeit des Gesellschaftsvertrags bei Verstößen gegen das ärztliche Satzungsrecht gem. § 134 BGB angenommen.[439]

Die Probleme, die die Vorschrift im Hinblick auf berufsständischen Satzungen mit sich bringt, konzentrieren sich im Wesentlichen auf zwei Punkte:

Die Berufsordnungen der Ärztekammern müssten Verbotsgesetze i.S.d. § 134 BGB sein. Wenn sie Verbotsgesetze sind, müsste ein Verstoß gegen sie im Gesellschaftsvertrag ferner zu seiner Nichtigkeit führen.[440]

---

[438] Die Ermächtigung folgt dann aus § 31 Abs. 2 Satz 5 BbgHeilBerG; § 32 Abs. 1 und Abs. 2 NdsHKG; § 29 Abs. 2 Satz 5 HeilBerG NW; § 29 Abs. 2 Satz 7 HeilBerG SH, dazu oben § 1, C. II. 1. b. bb.

[439] *Henssler*, ZIP 1994, 844, 847; *Ahlers*, in: FS Rowedder (1994), 1, 12. Wesentlich ist für *Ahlers* der weitergehende Umstand, dass § 134 BGB Bestandteil einer gerichtlichen Überprüfung durch das für die Eintragung im Handelsregister zuständige Amtsgericht gem. § 9c Abs. 1 GmbHG ist.

[440] § 134 BGB ist auf Gesellschaftsverträge anwendbar, vgl. *Sack*, in: Staudinger, § 134, Rz. 10; *Mayer-Maly/Armbrüster*, in: MünchKomm, § 134, Rz. 23.

aa. *Ärztliches Satzungsrecht als Verbotsgesetz*

Klärungsbedürftig ist zunächst die Qualifikation des ärztlichen Satzungsrechts als Verbotsgesetz i.S.d. § 134 BGB, wenn der Tatbestand der Norm vorgibt: „Ein Rechtsgeschäft, das gegen ein gesetzliches Verbot verstößt, [...]" Zur Gruppe der Verbotsgesetze gehören alle Vorschriften, die ein grundsätzlich mögliches Rechtsgeschäft entweder wegen ihres Inhalts, d.h. eines von der Rechtsordnung missbilligten Erfolgs, oder wegen der Umstände ihres Zustandekommens untersagen.[441]

(a) Gesetz i.S.d. § 134 BGB

Soweit die Norm ein *Gesetz* verlangt, umfasst der Kreis der möglichen Vorschriften gem. Art. 2 EGBGB[442] jedes Gesetz im materiellen Sinne.[443] Zugehörig ist auch das Satzungsrecht einer öffentlich-rechtlichen Körperschaft, sofern es durch eine gesetzliche Ermächtigung gedeckt ist.[444] Das Berufsrecht der Ärztekammern erfüllt diese Vorgaben.

Selbst die für die Anerkennung als Rechtsnorm i.S.d. Art. 2 EGBGB erforderliche Außenwirkung ist bei Kammersatzungen gegeben. Sie verlangt, dass die verbindliche Regelung – je nach Tatbestandsverwirklichung – jeden Bürger berechtigen und verpflichten kann.[445] Ziel ist, das Binnenrecht der staatlichen Verwaltung und anderer öffentlich-rechtlicher Organisationen aus dem Rechtsnormbegriff auszuscheiden. Zur Begründung wird angeführt, dass das BGB die Rechtsverhältnisse der Bürger untereinander regeln sollte und nicht die öffentlich-rechtlichen Innenbeziehungen.[446]

Auf die Berufsordnungen trifft das zu. Sie enthalten weder interne Dienstanweisungen noch Organisationsregeln innerhalb eines geschlossenen Verwaltungsapparates, wie es den Innenbereich eines Staates kennzeichnet. Obwohl vom Staat

---

[441] *Hefermehl*, in: Soergel, § 134, Rz. 14; *Sack*, in: Staudinger, § 134, Rz. 30; *Heinrichs*, in: Palandt, § 134, Rz. 5; *Larenz/Wolf*, Allgemeiner Teil, § 40, Rz. 8; *Köhler*, Allgemeiner Teil, § 13, Rz. 12.

[442] Art. 2 EGBGB lautet: „Gesetz im Sinne des Bürgerlichen Gesetzbuchs und dieses Gesetzes ist jede Rechtsnorm."

[443] *Merten*, in: Staudinger, Art. 2 EGBGB, Rz. 3; *Taupitz*, Die Standesordnungen der freien Berufe, S. 1074, 1078; *Sack*, in: Staudinger, § 134, Rz. 16, 42; *Heinrichs*, in: Palandt, § 134, Rz. 2; *Hartmann*, in: Soergel (12. Aufl.), Art. 2, Rz. 2.

[444] BGH, NJW 1986, 2360, 2361; *Sack*, in: Staudinger, § 134, Rz. 16, 27; *Mayer-Maly/Armbrüster*, in: MünchKomm, § 134, Rz. 31; *Heinrichs*, in: Palandt, § 134, Rz. 2 und EG 2; *Bork*, Allgemeiner Teil, Rz. 10, 1091; unter Hinweis auf die historischen Bedingungen bei Entstehung des Art. 2 EGBGB *Beater*, AcP 197 (1997), 505, 514, 525.

[445] *Taupitz*, Die Standesordnungen der freien Berufe, S. 1075; *ders.*, JZ 1994, 221, 223; ähnlich *Mayer-Maly/Armbrüster*, in: MünchKomm, § 134, Rz. 30: „Beschränkung auf Normen mit *allgemeinem* Geltungsanspruch" [Hervorhebung im Original].

[446] *Merten*, in: Staudinger, Art. 2 EGBGB, Rz. 9.

abgeleitete Rechtsquellen, sind sie nicht staatliches, sondern autonomes Recht.[447] Sie beruhen auf einer eigenständigen, nichtstaatlichen Regelungsgewalt, die der juristischen Person zur selbständigen Regelung ihres Wirkungskreises übertragen worden ist.[448] Aus der Sicht des Staates sind von den Berufsordnungen stets Außenstehende betroffen. Weil Außenwirkung vorliegt, sind sie Gesetze i.S.d. Art. 2 EGBGB und damit auch des § 134 BGB.

(b) Verbot i.S.d. § 134 BGB

An die Prüfung der Anforderungen an ein *Verbots*gesetz sind strenge Anforderungen geknüpft. Das Verbot muss eindeutig als solches erkennbar sein.[449] Die Rechtsordnung will bestimmte Verhaltensweisen auch außerhalb des rechtsgeschäftlichen Handelns vermeiden.[450]

(aa) Bestehen materieller Verbote

Nach den Präambeln stellen die

> „auf der Grundlage der Kammer- und Heilberufsgesetze beschlossene[n] Berufsordnung[en] die Überzeugung der Ärzteschaft zum Verhalten von Ärzten gegenüber den Patienten, den Kollegen, den anderen Partnern im Gesundheitswesen sowie zum Verhalten in der Öffentlichkeit dar".

Dementsprechend regeln die Berufsordnungen die besonderen Verhaltensanforderungen an die Ärzteschaft in Form von Erlaubnissen und Verboten. Es handelt sich hier um die Direktiven der Berufsausübung und nicht um formal zu verstehende Ordnungsvorschriften.[451] Jede Vorschrift zeichnet sich durchgehend durch eine imperative Wortwahl aus, die den Ärzten entweder die Grenzen ihres Handelns vorgibt oder umgekehrt Handlungsfreiräume eröffnet, verbunden mit der Maßgabe, diese auch auszufüllen. Das gilt selbst für die Aufgabenbestimmung in § 1 MBO-Ä 1997. Insgesamt dienen die Regelungen dem Schutz der Patienten, indem sie die Ärzte zur Einhaltung fachlich und ethisch hochstehender Standards verpflichten. Sie sichern die ordnungsgemäße Wahrnehmung ärztlicher Aufgaben und das Vertrauen der Öffentlichkeit in den Berufsstand. Materiell sind die Satzungsregelungen der berufsständischen Ärztekammern Verbote i.S.d. § 134 BGB.[452]

---

[447] *Ossenbühl*, in: Handbuch des Staatsrechts III, § 66, Rz. 22, vgl. Rz. 43: solange Satzungen den Betroffenenstatus innerhalb eines Selbstverwaltungsbereichs regeln und insbesondere in Freiheit und Eigentum eingreifen, haben sie als Satzungen „im materiellen Sinne" auch Außenwirkung.

[448] *Merten*, in: Staudinger, Art. 2 EGBGB, Rz. 30; *Taupitz*, JZ 1994, 221, 223 f.

[449] *Beater*, AcP 197 (1997), 505, 526.

[450] Urteil des BGH, NJW 1986, 2360, 2361; *Sack*, in: Staudinger, § 134, Rz. 1, 27; *Palm*, in: Erman, § 134, Rz. 11; *Larenz/Wolf*, Allgemeiner Teil, § 40 Rz. 2; *Bork*, Rz. 1093.

[451] So *Laufs*, MedR 1995, 11.

[452] So auch BayObLG, MedR 2001, 206, 209.

(bb) Fehlende zivilrechtliche Nichtigkeitsanordnung

Mit diesem Ergebnis ist aber noch nicht geklärt, ob ein Verstoß des Gesellschaftsvertrags gegen die ärztlichen Satzungsverbote deswegen zu seiner Nichtigkeit
führt. Zwingend ist das nicht: Ein Gesetz kann auch ein Verbot aussprechen, ohne
dass aus ihm die Nichtigkeit eines dagegen verstoßenden Rechtsgeschäfts folgen
muss.[453]

Dafür weist der Vorbehalt in § 134 BGB („wenn sich nicht aus dem Gesetz ein
anderes ergibt") dem Verbotsgesetz den Vorrang einer Entscheidung über die
Nichtigkeitsfolge zu. „Ein anderes" ist insbesondere anzunehmen, wenn das Ausbleiben der Nichtigkeit dem Sinn und Zweck des Verbotsgesetzes besser gerecht
wird („Normzweckvorbehalt").[454] Zwei Aussagen stehen damit unstreitig fest:

Wo Verbotsgesetze selbst die Nichtigkeit von Rechtsgeschäften anordnen, die
gegen sie verstoßen, bekräftigt § 134 BGB zumindest den Eintritt der Rechtsfolge
und hilft bei ihrer Durchsetzung.[455] Sieht ein Verbotsgesetz umgekehrt bei einem
Verstoß durch ein Rechtsgeschäft eine andere Rechtsfolge als die der zivilrechtlichen Nichtigkeit vor, ist das Rechtsgeschäft nach Maßgabe des Verbotsgesetzes
zu behandeln.[456] Auf die Berufsordnungen der Ärztekammern trifft allerdings bei-
des nicht zu. Die verwendeten Formulierungen wie „Der Arzt darf nicht..." und
„Ärzte dürfen nur..." lassen keine klare Position des Gesetzes erkennen. Sie werden in Verboten mit und ohne Nichtigkeitsfolge verwandt.[457]

Die Ärztekammern sind auch nicht in der Lage, die zivilrechtlichen Rechtsverhältnisse der Kammerangehörigen untereinander und zu Außenstehenden zu regeln.[458] Berufsordnungen sind in erster Linie materielles Disziplinarrecht.[459] Unabhängig vom Willen der Ärztekammern könnten die entsprechenden Satzungen
die Nichtigkeit nicht anordnen.

Wegen der fehlenden Kompetenz der Kammern, die zivilrechtlichen Beziehungen der Kammermitglieder zu regeln, wird die Nichtigkeit der gegen sie verstoßenden Rechtsgeschäfte von einem Teil der Literatur abgelehnt.[460] Für manche

---

[453] Für diese Trennung sprechen sich aus *Sack*, in: Staudinger, § 134, Rz. 9; *Mayer-
     Maly/Armbrüster*, in: MünchKomm, § 134, Rz. 42. *Taupitz*, Die Standesordnungen der
     freien Berufe, S. 1078 meint, beide Fragen können nicht immer unterschieden werden.

[454] *Mayer-Maly/Armbrüster*, in: MünchKomm, § 134, Rz. 1, 103; *Beater*, AcP 197 (1997),
     505, 510; *Krüger-Nieland/Zöller*, in: RGRK, § 134, Rz. 2, 13.

[455] *Taupitz*, JZ 1994, 221, 225.

[456] *Köhler*, Allgemeiner Teil, § 13, Rz. 13; *Mayer-Maly/Armbrüster*, in: MünchKomm,
     § 134, Rz. 103; *Sack*, in: Staudinger, § 134, Rz. 58.

[457] *Larenz/Wolf*, Allgemeiner Teil, § 40, Rz. 9; *Heinrichs*, in: Palandt, § 134, Rz. 6a; *May-
     er-Maly/Armbrüster*, in: MünchKomm, § 134, Rz. 43 ff.; *Palm*, in: Erman, § 134, Rz. 9.

[458] BGH, VersR 1987, 1191; BGH, NJW 1981, 2007, 2008; *Taupitz*, Die Standesordnun-
     gen der freien Berufe, S. 1079 ff.

[459] BayObLG, MedR 2001, 206, 210.

[460] *Sack*, in: Staudinger, § 134, Rz. 27, 80; vgl. auch BGH, NJW 1981, 2007, 2008, der aus
     demselben Grund die Zuordnung der ärztlichen Satzungsregelungen zu den Schutzge-
     setzen i.S.d. § 823 Abs. 2 BGB abgelehnt hat.

Autoren begründet die mangelnde Kompetenz sogar die Annahme, dass das Satzungsrecht kein Verbotsgesetz darstellt, obwohl es materiell Verbote ausspricht.[461]

Rechtsgeschäftliche Verstöße gegen das Satzungsrecht der Ärztekammern sind nach diesen Ansichten unerheblich. Entweder sind die Berufsordnungen schon keine Verbotsgesetze oder es mangelt ihnen zumindest an der Nichtigkeitsanordnung. Was den Gesellschaftsvertrag der Ärzte-GmbH betrifft, kommen beide zu demselben Ergebnis: Ein Verstoß gegen die Berufsordnung macht ihn jedenfalls nicht gem. § 134 BGB unwirksam.

bb. Ergänzende Anordnung der Nichtigkeit in § 134 BGB?

Vor diesem Hintergrund ist zu überlegen, ob die Nichtigkeit eines gegen die Berufsordnung verstoßenden Gesellschaftsvertrags nicht unmittelbar aus § 134 BGB folgt. Die Vorschrift bestimmt, dass das Rechtsgeschäft nichtig ist, „wenn sich nicht aus dem Gesetz ein anderes ergibt." Dafür muss der Gesetzgeber des § 134 BGB die rechtsgeschäftliche Folge selbst festlegen und die entstandene „Kompetenzlücke" ausfüllen können, vor allem aber die Vorschrift (auch) eine entsprechende eigene Nichtigkeitsanordnung enthalten.

(a) Ausgleich der fehlenden zivilrechtlichen Satzungskompetenz durch die Gesetzgebungskompetenz des Bundes

Für die Beantwortung ist Art. 74 Abs. 1 Nr. 1 GG heranzuziehen. Angesichts der konkurrierenden Gesetzgebungskompetenz des Bundes für das bürgerliche Recht[462] kann die insoweit unzureichende Satzungskompetenz der Ärztekammern ergänzt werden.

Für den Bundesgesetzgeber besteht kein Hinderungsgrund, die Rechtsfolge von Rechtsgeschäften, die primär in seinen Zuständigkeitsbereich fällt, an der Verbotsgesetzgebung zu orientieren. Indem der Bundesgesetzgeber die Wertungen des „Verbotsgesetzes" mit der Unwirksamkeit von Rechtsgeschäften verknüpft, greift er noch nicht in den Kompetenzbereich des „Verbotsgesetzgebers" bzw. Satzungsgebers ein. Dessen genereller Vorrang, die Rechtsfolge bei Rechtsgeschäften zu bestimmen, bleibt gewahrt.

Wenn der „Verbotsgesetzgeber" aber aus Kompetenzgründen an der Nichtigkeitsanordnung gehindert ist, kann man über § 134 BGB die fehlende Regelungs-

---

[461] *Taupitz*, Die Standesordnungen der freien Berufe, S. 1083; *ders.*, JZ 1994, 221, 227; *Palm*, in: Erman, § 134, Rz. 8, 35; einschränkend für Rechtsgeschäfte zwischen Kammermitgliedern und Nichtmitgliedern *Dilcher*, in: Staudinger (12. Aufl.), § 134, Rz. 2.

[462] Die Kompetenz des Deutschen Reiches ergab sich bei Verabschiedung des Bürgerlichen Gesetzbuchs am 18.8.1896 (RGBl. S. 195, 604) noch aus Art. 4 Ziff. 13 RV 1871, später aus Art. 7 Nr. 1 WRV, vgl. *Oeter*, in: v.Mangoldt/Klein/Starck, Das Bonner Grundgesetz, Art. 74 Abs. 1 Nr.1, Rz. 4 f.; *Stettner*, in: Dreier, Grundgesetz Kommentar, Band II, Art. 74, Rz. 13. Gem. Art. 125 Nr. 1 GG gilt das bürgerliche Recht als – konkurrierendes – Bundesrecht weiter.

kompetenz überwinden,[463] zumindest wenn ein „Verbotsgesetzgeber" die Nichtigkeit von Rechtsgeschäften selbst bestimmen würde, wenn er es könnte.[464]

Die fehlende Kompetenz der Satzungsgeber für die zivilrechtlichen Auswirkungen bei Verstößen kann der für das bürgerliche Recht zuständige Bundesgesetzgeber deswegen grundsätzlich auffangen. Das berechtigt auch weiterhin dazu, öffentlich-rechtliche Satzungsregelungen der Berufsordnungen als Verbotsgesetze zu betrachten.

(b) Regelungsgehalt des § 134 BGB

Damit ist noch nicht geklärt, ob § 134 BGB selbstständig die Nichtigkeit bei Rechtsgeschäften anordnet, wenn sich die „Verbotsgesetze" – wie die Berufsordnungen – einer Aussage enthalten. Diese Frage ist nach wie vor streitig. Manche meinen, § 134 BGB solle die in der Satzungsgewalt begründeten Grenzen nicht durch eine zivilrechtliche Nichtigkeitsfolge erweitern können.

Wäre das der Fall, enthielte der erste Halbsatz („Ein Rechtsgeschäft, das gegen ein gesetzliches Verbot verstößt, ist nichtig") eine eigenständige zivilrechtliche Nichtigkeitsanordnung, während der zweite Halbsatz („wenn sich nicht aus dem Gesetz ein anderes ergibt") das Verhältnis zwischen allgemeiner und besonderer Vorschrift im Falle einer Kollision festlegte. Vergleichbar dem § 823 Abs. 2 BGB wäre § 134 BGB damit eine Ergänzungsnorm für das Zivilrecht[465], freilich versehen mit einem Vorrang.

(aa) Grammatische und systematische Auslegung

Der Wortlaut lässt eine ergänzende Verbotsfolgenregelung annehmen.[466] Die Formulierung „ist nichtig, wenn sich nicht aus dem Gesetz ein anderes ergibt" spricht für ein Regel-Ausnahme-Verhältnis. Danach bleiben Rechtsgeschäfte nur gültig, wenn der Normzweck des verletzten Verbotsgesetzes der Nichtigkeitssanktion entgegensteht. Der Vorbehalt erkennt lediglich an, dass manche Verbotsgesetze insofern nicht lückenhaft sind, weil sie schon eine Geltungsanordnung für abweichende Rechtsgeschäfte enthalten. Der Rechtsanwender erhält auf diese Weise eine klare Direktive. Für diese Deutung wird beispielsweise ausgeführt, es mache einen Unterschied, ob der Rechtsanwender vertragliche Freiheiten ohne Rückhalt durch gesetzliche Formulierungen einschränken müsse oder ob der Gesetzeswortlaut selbst die äußerste Grenze abstecke und dazu auffordere, nach milderen Mög-

---

[463] So auch *Beater*, AcP 197 (1997), 505, 515 und das BayObLG, MedR 2001, 206, 210; abw. *Sack*, in: Staudinger, § 134, Rz. 80.

[464] Im Ergebnis auch das Urteil des BGH, NJW 1986, 2360, 2361. Allerdings hatte sich der BGH mit dieser Frage gar nicht befasst und § 134 BGB einfach auf die einschlägige Satzungsregelung angewandt.

[465] Für „gesetzestechnisch ähnlich konstruiert" hält *Peters*, JZ 1983, 913, 922 beide Vorschriften; vgl. auch *Leipold*, BGB I: Einführung und Allgemeiner Teil, Rz. 710, der § 134 BGB als generelle Vorschrift bezeichnet, mit der es sich der Gesetzgeber ersparen wollte, jeweils immer die zivilrechtlichen Folgen zu benennen.

[466] *Sack*, in: Staudinger, § 134, Rz. 58; *Bork*, Allgemeiner Teil, Rz. 1111.

lichkeiten zu suchen.[467] Einige Autoren sehen daher in § 134 BGB eine Auslegungsregel.[468]

Wegen der „sehr viel engeren Beziehung zwischen dem Rechtsfolgenausspruch des Verbotsgesetzes und der in § 134 BGB ,ausgesprochenen' zivilrechtlichen Nichtigkeitsfolge"[469] leitet hingegen eine andere Auffassung aus dem Normzweckvorbehalt ab, dass die Vorschrift an sich überflüssig ist. Ihr Regelungsgehalt wird im Verbotsgesetz vorweggenommen. Danach weise § 134 BGB ausschließlich auf den zivilrechtlichen Normzweck des verletzten Verbotsgesetzes. Wo die Anordnung der Nichtigkeit fehle, solle § 134 BGB nichts hinzufügen können.[470]

Selbst die Befürworter dieser Ansicht müssen aber einräumen, dass das BGB Einschränkungen von einem Grundsatz durch Wendungen wie „sofern nicht" oder „wenn nicht" kennzeichnet, vgl. §§ 246, 276 Abs. 1 Satz 1 BGB.[471] Die Annahme eines Normzweckvorbehalts wird durch systematische Gesichtspunkte daher eher bestärkt.

(bb) Historisch-genetische Auslegung

Weiteren Aufschluss erteilt die Entstehungsgeschichte der Vorschrift. Weil sie von den Befürwortern beider Auffassungen als Beleg für die Richtigkeit ihrer Ansicht herangezogen wird, soll auf sie näher eingegangen werden.

Ursprünglich hat der von *Gebhard*[472] im Jahre 1881 fertiggestellte Vorentwurf für die 1. Kommission eine Zweiteilung des späteren § 134 BGB vorgesehen. Willenserklärungen, deren *Inhalte* gegen ein Verbot verstießen, sollten ausnahmslos nichtig sein, § 107 (27) des Vorentwurfs.[473] Dagegen sollten Rechtsgeschäfte, deren Zustandekommen unter gesetzeswidrigen *Umständen* erfolgte, nur nichtig

---

[467] *Beater*, AcP 197 (1997), 505, 512.

[468] *Heinrichs*, in: Palandt, § 134, Rz. 7; *Medicus*, Allgemeiner Teil, Rz. 646; *Mayer-Maly/Armbrüster*, in: MünchKomm, § 134, Rz. 1; *Larenz/Wolf*, Allgemeiner Teil, § 40, Rz. 10. Von einer „Konkurrenzregel" spricht *Amm*, Rechtsgeschäft, Gesetzesverstoß und § 134 BGB, S. 242, lehnt diese Annahme aber ab.

[469] So *Taupitz*, Die Standesordnungen der freien Berufe, S. 1081; *ders.*, JZ 1994, 221, 225.

[470] *Flume*, Allgemeiner Teil II § 17, 1 S. 341; *Hefermehl*, in: Soergel, § 134, Rz. 1, 29; *Hahn*, NJW 1984, 1827; *Amm*, Rechtsgeschäft, Gesetzesverstoß und § 134 BGB, S. 250; etwas missverständlich *Larenz*, Allgemeiner Teil (7. Aufl.), § 22 II.

[471] *Taupitz*, Die Standesordnungen der freien Berufe, S. 1082 und Fn. 58, *ders.*, JZ 1994, 221, 226; *Amm*, Rechtsgeschäft, Gesetzesverstoß und § 134 BGB, S. 242; vgl. auch *Beater*, AcP 197 (1997), 505, 512.

[472] Zur Biographie *Albrecht* siehe *Gebhards*, Mitglied der 1. Kommission und Redaktor des Allgemeinen Teils, vgl. *Schubert*, Materialien zur Entstehungsgeschichte des BGB, S. 73 f.

[473] § 107 (27) des Gebhard'schen Vorentwurfs lautete: „Eine Willenserklärung, durch welche eine Leistung versprochen wird, die unmöglich ist, oder mit den guten Sitten oder den Vorschriften des Gesetzes in Widerspruch steht, ist nichtig." Die Vorschrift ist abgedruckt in: *Schubert*, Die Vorlagen der Redakteure für die Erste Kommission, S. 6.

sein, sofern das Verbotsgesetz nicht eine andere Absicht verfolgte, § 108 (28) des Vorentwurfs.[474]

Gebhard hat sich eingehend mit den rechtsgeschäftlichen Auswirkungen áuseinandergesetzt. Bei inhaltswidrigen Willenserklärungen war er der Ansicht,

> „die Rechtsordnung [würde] mit sich selbst in Widerspruch treten, falls sie einerseits selbst Befehle aufstellt, andererseits aber gestatten sollte, rechtsgeschäftliche Gegenbefehle zu erlassen."[475]

In seinen Erläuterungen zum § 108 (28) des Vorentwurfs zitiert er die damalige herrschende Literaturmeinung,

> „daß, wenn ein Gesetz ein Rechtsgeschäft verbiete, auch bei nicht ausdrücklicher Androhung Nichtigkeit eintrete, es sei denn eine anderweite, mit der Ungültigkeit nicht vereinbare Folge festgestellt."[476]

Nach seinem Dafürhalten unterschied diese Ansicht zwar nicht genügend zwischen inhaltswidrigen und umständewidrigen Rechtsgeschäften. Aber in beiden Fällen beurteilte er die Nichtigkeit als naheliegend und „vollständig gerechtfertigt".

Lediglich bei Rechtsgeschäften, deren Vornahme unter gesetzeswidrigen Umständen erfolgt – z.B. der Warenverkauf des Fabrikinhabers an seine Arbeiter auf Kredit entgegen § 139 RVO –, blieb es für ihn

> „denkbar [...], daß der Gesetzgeber in der Strafe nur ein Mittel will, um unerwünschte Rechtsgeschäfte seltener zu machen, ohne dieselben ihrer Wirksamkeit zu berauben." [477]

Wie die Ausführungen belegen, sollten Rechtsgeschäfte, deren Vornahme unter gesetzeswidrigen Umständen erfolgte, nach dieser Ansicht grundsätzlich nichtig sein. Sollte sich ein Verbotsgesetz mit der Festlegung eines Verhaltens als verboten begnügen und insofern eine „lex minus quam perfekta"[478] darstellen, wird dies

---

[474] In § 108 (28) war geregelt: „Ein Rechtsgeschäft, durch dessen Vornahme einer Rechtspflicht zuwider gehandelt wird, ist nichtig, sofern nicht dem die Rechtspflicht begründenden Gesetze eine andere Absicht zu entnehmen ist. Die vorstehende Bestimmung findet keine Anwendung auf Verträge, deren Eingehung nur auf Seite des einen Vertragsschließenden eine pflichtwidrige Handlung bildet." Die Vorschrift ist abgedruckt in: *Schubert*, Die Vorlagen der Redakteure für die Erste Kommission, S. 6.

[475] Abgedruckt in: *Schubert*, Die Vorlagen der Redakteure für die Erste Kommission, S. 141.

[476] Abgedruckt in: *Schubert*, Die Vorlagen der Redakteure für die Erste Kommission, S. 144.

[477] Abgedruckt in: *Schubert*, Die Vorlagen der Redakteure für die Erste Kommission, S. 145.

[478] Aus dem antiken römischen Recht stammt die Dreiteilung von Verbotsnormen nach ihren Sanktionen: Verstöße gegen sog. *leges perfectae* bewirken die Unwirksamkeit des Rechtsgeschäft. Bei *leges minus quam perfectae* bleibt das Geschäft gültig, seine Vornahme wird aber mit Strafe bedroht. *Leges imperfectae* haben weder Unwirksamkeit noch Strafe zur Folge. Zu dieser Dreiteilung vgl. *Kaser*, Römisches Privatrecht, § 10 II 1; *Mayer-Maly*, Römisches Recht, § 20 II; *Beater*, AcP 197 (1997), 505, 509 f.; *Seiler*,

nur als bloße Möglichkeit in Aussicht gestellt („Denkbar bleibt"). Ihnen sollte mit dem Vorbehalt der Vorrang eingeräumt werden. Das allein rechtfertigt aber nicht die Annahme einer ständigen Alleinentscheidungskompetenz der Verbotsgesetz-geber für die Folgen rechtsgeschäftlicher Verstöße. Nicht ohne Grund hat *Gebhard* deswegen das Beispiel des Warenverkaufs auf Kredit eingebracht, weil sich aus dem damaligen § 139 RVO eine andere Folge als die der Nichtigkeit ergab.[479] Ein weniger aussagekräftigeres Verbotsgesetz, in dem sich die hier zu entscheidende Streitfrage ausgewirkt hätte, nennt er dagegen nicht.

Die von ihm vorgeschlagene Zweiteilung in inhaltswidrige Willenserklärungen und Rechtsgeschäfte, deren Vornahme schon gegen Verbote verstößt, hat die 1. Kommission nicht mehr aufgegriffen. Sie entschied sich dahingehend, beide Arten von Rechtsgeschäften mit dem Zusatz „sofern nicht aus dem Gesetze ein Anderes sich ergiebt" zu versehen. Ferner lehnte sie es ab, einseitige Verbotsverstöße aus-drücklich zu regeln, vgl. § 105 E I.[480] Für § 134 BGB kann davon ausgegangen werden, dass sein Vorbehalt sowohl für Rechtsgeschäfte mit gesetzwidrigem In-halt gelten sollte als auch für Rechtsgeschäfte, die unter gesetzwidrigen Umstän-den vorgenommen werden. Mithin können die Normvorstellungen *Gebhards* über den Verbotsgesetzvorbehalt in § 108 (28) des Vorentwurfs weiterhin zugrunde ge-legt werden. Abgesehen davon nehmen die Motive der 1. Kommission sogar aus-drücklich zur Regelwirkung des § 134 BGB Stellung:

> „Die gemeinrechtliche Streitfrage, ob, wenn ein Gesetz ein Rechtsgeschäft verbietet oder mit Strafe belegt, ohne dessen Nichtigkeit auszusprechen, das dem Verbote zuwi-der vorgenommene Rechtsgeschäft *der Regel nach nichtig* sei, ist von der herrschenden Meinung (Entsch. 16 Satz 106, 17 Satz 300) schon bisher mit Recht bejaht worden. Die

---

in: Gedschr. Martens (1987), 719, 721. *Dilcher*, in: Staudinger (12. Aufl.), § 134, Rz. 1 fügt noch die weitere Kategorie der *leges plus quam perfectae* hinzu, bei denen Nich-tigkeit des Rechtsgeschäfts und Strafe als Folge des Gesetzesverstoßes zusammentref-fen.

[479] Anderer Ansicht *Amm*, Rechtsgeschäft, Gesetzverstoß und § 134 BGB, S. 245 f., nach dessen Ansicht Gebhard an einer Reihe von Beispielen den Gedanken dargelegt haben soll, dass einem Verbotsverstoß nicht notwendig die Nichtigkeit folgen sollte. Es sollte gerade „nicht eine die Verbotsfrage *zentral* regelnde Norm" geschaffen werden. Dem „zukünftigen Gesetzgeber, der rechtsgeschäftliche *Einzelverbotsnormen* nebst zivil-rechtlicher Folgenanordnung aufzustellen gedenkt," sollte „entsprechendes rechtspoliti-sches bzw. rechtsdogmatisches Entscheidungsmaterial" unterbreitet werden [Hervorhe-bungen im Original]. Die von Amm zitierten Ausführungen Gebhards beziehen sich aber auf die weiterführende Frage, wie ein *einseitiger* Verstoß gegen gesetzliche Verbo-te zu bewerten ist, vgl. den Abdruck, in: *Schubert*, Die Vorlagen der Redakteure für die Erste Kommission, S. 145 ff.

[480] § 105 E I lautete dann: „Ein Rechtsgeschäft, dessen Vornahme durch Gesetz verboten ist, ist nichtig, sofern nicht aus dem Gesetze ein Anderes sich ergiebt." Abgedruckt in: *Mugdan*, Materialien Band I, S. LXXXV.

Ausnahmen sind durch den der Vorschrift beigefügten, der *gegentheiligen* Absicht des Gesetzes Rechnung tragenden Vorbehalt gedeckt."[481]

Demzufolge hat sich die 1. Kommission für die Regelnichtigkeit ausgesprochen.[482]

Die von der anschließenden 2. Kommission erfolgte Umformulierung des § 105 E I sollte lediglich Unklarheiten beseitigen.[483] Immerhin klingt in den Protokollen an, dass „solche Rechtsgeschäfte *von der Nichtigkeit betroffen* würden, bei welchen sich das Verbot dem Wortlaute nach nicht gegen die Vornahme, sondern gegen den Inhalt des Rechtsgeschäftes richte."[484]

Aus dem Bericht der späteren Reichstagskommission (sog. XII. Kommission) vom 12. Juni 1896 ergibt sich derselbe Befund:

> „Ob ein Gesetz das verbotene Rechtsgeschäft mit Nichtigkeit bedrohen oder nur mit Strafe belegen, oder ob das Gesetz nur als Ordnungsvorschrift gelten wolle (lex imperfecta), müsse an sich dem Gesetze selbst vorbehalten werden; nur eine Interpretationsregel lasse sich in dieser Beziehung aufstellen und sei daher im Entw. dahin gegeben, daß, wenn sich aus dem Gesetz kein anderer Sinn ergebe, Nichtigkeit als die gewollte Folge betrachtet werden müsse. Die Kom. pflichtete dem mit großer Mehrheit bei."[485]

Dabei zielt die im zweiten Halbsatz erwähnte „Interpretationsregel" nicht auf das methodische Auslegungsverfahren des Verbotsgesetzes.[486] Sie ist eine *materielle* Auslegungsregel, weil sie die Nichtigkeit als die gewollte Folge vorgibt. Im Unterschied zu den die Methoden der Auslegung betreffenden *formalen* Auslegungsregeln sehen materielle Regeln ein bestimmtes Auslegungsergebnis als das in den Zweifelsfällen Anzunehmende vor.[487] Im Übrigen schließt der zweite Halbsatz nahtlos an den ersten Halbsatz an, weil er dem jeweiligen Verbotsgesetz ebenfalls den Vorrang einräumt. Ebenso ist der erste Halbsatz nur einschränkend

---

[481] Motive der 1. Kommission, S. 210, in: *Mugdan*, Materialien Band I, S. 468 [Hervorhebungen vom Verfasser]. Die angeführten Gerichtsentscheidungen RGZ 16, 89, 106; 17, 299, 300 bestätigen die Annahme der Regelnichtigkeit.

[482] Anderer Ansicht *Taupitz*, JZ 1994, 221, 226 unter Bezug auf *Amm*, Rechtsgeschäft, Gesetzesverstoß und § 134 BGB, S. 244. Die dort zitierte Version, wonach der Zusatz „auf die Beurtheilung des einzelnen Falles nach der Tendenz des Gesetzes abhebe" findet sich jedoch in den Motiven in dieser Formulierung nicht, weder auf S. 210 noch, wie angegeben, auf S. 216.

[483] Als § 100 E II bestimmte er nun: Ein Rechtsgeschäft, das gegen ein gesetzliches Verbot verstößt, ist nichtig, sofern sich nicht aus dem Gesetze ein Anderes ergiebt." Abgedruckt in: *Mugdan*, Materialien Band I, S. LXXXV.

[484] Protokolle der 2. Kommission, S. 256, in: *Mugdan*, Materialien Band I, S. 725 [Hervorhebung vom Verfasser].

[485] Bericht der Reichstagskommission (sog. XII. Kommission) v. 12.6.1896, S. 45, in: *Mugdan*, Materialien Band I, S. 969.

[486] So aber *Amm*, Rechtsgeschäft, Gesetzesverstoß und § 134 BGB, S. 248 f., der andererenfalls von einem nicht zu überbrückenden Widerspruch zwischen den Halbsätzen ausgeht.

[487] Zu Auslegungsregeln bei Willenserklärungen: *Larenz/Wolf*, Allgemeiner Teil, § 28, Rz. 100 f.; *Mayer-Maly/Busche*, in: MünchKomm, § 133, Rz. 55.

formuliert, wenn man bedenkt, dass der Vorrang des Verbotsgesetzes nur „an sich" gelten soll. Ein Widerspruch besteht zwischen ihnen also nicht.

Zu einer anderen Deutung gelangt nur, wer den zweiten Halbsatz des Kommissionsberichts verstärkt in der Weise liest, dass *erst, wenn* sich aus dem Verbotsgesetz gar kein anderer Sinn als der der Nichtigkeit ergibt, diese als gewollte Folge bei Rechtsgeschäften zu betrachten ist.[488] § 134 BGB soll zwar als Interpretationsregel bewirken, dass die Nichtigkeit „im Zweifel" eintritt. Trotzdem soll der Wille des Verbotsgesetzgebers nur dahin interpretiert sein, dass das verbotswidrige Rechtsgeschäft *danach* „im Zweifel" nichtig ist.[489]

Dem kann aber entgegen gehalten werden, dass der Wille des Verbotsgesetzgebers, wenn er einmal ermittelt ist, keine Zweifel mehr aufwirft. Die Äußerungen der Reichstagskommission können zwar in diesem Sinne verstanden werden.[490] Inhaltlich überzeugender ist es, dass auch der Kommissionsbericht im zweiten Halbsatz vom Verbotsgesetz ausdrücklich die Anordnung einer anderen Rechtsfolge als der Nichtigkeit verlangt, bevor er von ihr absieht. Kernaussage ist also, dass Verbotsgesetze Nichtigkeitsfolgen bei Rechtsgeschäften zulassen, ohne diese Folge selbst festlegen zu müssen. Dem ist auch das Reichsgericht gefolgt.[491]

Die Entstehungsgeschichte des § 134 BGB spricht daher für die Annahme einer zivilrechtlichen Ergänzungsnorm, die mit dem Vorbehalt die Funktion einer Auslegungsregel erfüllt.

(cc) Teleologische Auslegung

Bei Annahme einer engen Anbindung zwischen der Rechtsfolge des Verbotsgesetzes und der von § 134 BGB „ausgesprochenen" Nichtigkeitsfolge, hat die Vorschrift nur eine Hilfsfunktion bei der Durchsetzung der Verbotsnorm.[492] Die dahinter stehende Entscheidung müsste dementsprechend gelautet haben, dass die Rechtsfolgen von Rechtsgeschäften, die gegen ein Verbot verstoßen, ausschließlich vom Verbotsgesetzgeber festgelegt werden. Konsequenterweise besagt § 134 BGB „nichts",[493] bzw. verfügt nur über einen „geringen Aussagewert".[494] In diesem Fall hätte jedoch kein Grund bestanden, diese Vorschrift überhaupt in das Bürgerliche Gesetzbuch aufzunehmen. Das Verbotsgesetz selbst hätte genügt.

Ist § 134 BGB hingegen als Auslegungsregel mit dem schon oben ermittelten Sinngehalt zu verstehen, erhält die Vorschrift eine eigenständische Bedeutung.

---

[488] Wahrscheinlich hat *Taupitz*, Die Standesordnungen der freien Berufe, S. 1082 diese Interpretation gemeint, als er die Entstehungsgeschichte des § 134 BGB für seine folgende Position angeführt hat.

[489] So *Taupitz*, Die Standesordnungen der freien Berufe, S. 1082 [Hervorhebungen im Original].

[490] Das wird aber selbst von *Flume*, Allgemeiner Teil II, § 17 1 nicht angenommen, nach dessen Ansicht es ausschließlich auf das jeweilige Verbotsgesetz ankommt.

[491] RGZ 100, 238, 239; 104, 105, 107.

[492] *Taupitz*, Die Standesordnungen der freien Berufe, S. 1081; *ders.*, JZ 1994, 221, 225; *Amm*, Rechtsgeschäft, Gesetzesverstoß und § 134 BGB, S. 250.

[493] So *Flume*, Allgemeiner Teil II, § 17 1.

[494] So *Hefermehl*, in: Soergel (12. Aufl.), § 134, Rz. 1; *Larenz*, Allgemeiner Teil (7. Aufl.), § 22 II; von einer „Blankettnorm" spricht *Hahn*, NJW 1984, 1827.

Dies entspricht auch den oben zitierten Ausführungen des Redaktors *Gebhard*. Die dahinter stehende Wertung müsste gelautet haben, dass § 134 BGB Verbotsgesetzen zu ihrer Durchsetzung im rechtsgeschäftlichen Bereich verhilft, falls diese sich einer Nichtigkeitsanordnung bei Rechtsgeschäften enthalten.

Unter diesen Umständen wird berücksichtigt, dass sich die meisten Gesetzgeber um die zivilrechtliche Wirkung ihrer Verbote damals wie heute nicht gekümmert haben. In vielen Fällen kann nicht einmal durch Auslegung ein diesbezüglicher Wille ermittelt werden, weil er schlicht nicht vorhanden war.[495]

Von daher wird die Durchsetzung des verletzten Verbotsgesetzes verstärkt, und dies nicht nur im konkreten Anwendungsfall, sondern auch generalpräventiv.[496] Im Hinblick auf übergeordnete Interessen zieht § 134 BGB der Privatautonomie insoweit Grenzen. Das Ziel ist die Widerspruchsfreiheit und Folgerichtigkeit der Rechtsordnung. Sie soll nicht unterlaufen werden, sondern sich gegenüber der Vertragsfreiheit durchsetzen.[497] Sinn und Zweck des § 134 BGB liegen damit in der Vervollständigung von Rechtssätzen in Verbotsgesetzen durch die zusätzliche Nichtigkeitsanordnung.

Auch diese Auslegung überlässt dem Verbotszweck des Verbotsgesetzes immer noch den Vorrang.[498] Insofern ist es noch zutreffend, in Anbetracht des Normzweckvorbehalts von der „Subsidiarität der Nichtigkeit" zu sprechen.[499] Aus diesem Grund überzeugt die Einordnung als bloße Hilfsfunktion bei der Durchsetzung von Verbotsnormen nicht.

cc. Ergebnis

Nach dem Wortlaut, der Entstehungsgeschichte und unter Berücksichtigung des Zwecks von § 134 BGB überzeugt die Annahme einer eigenständigen Nichtigkeitsanordnung. Enthält das Verbotsgesetz keine Aussage über die Nichtigkeit von Rechtsgeschäften, ist das dagegen verstoßende Rechtsgeschäft gem. § 134 BGB nichtig. Diese Eigenständigkeit ermöglicht des weiteren die Nichtigkeit von Rechtsgeschäften, die sich in ihrem Inhalt gegen satzungsrechtliche Berufsordnungen wenden. Somit ist es unerheblich, ob der Verbotsgesetzgeber ermächtigt sein musste, die Nichtigkeitsfolge selbst zu bestimmen.

§ 134 BGB findet deswegen auch auf den Gesellschaftsvertrag einer Nur-Ärzte-GmbH Anwendung, deren Gesellschafter und Geschäftsführer sämtlich approbierte Ärzte sind. Ein Verstoß gegen das ärztliche Satzungsrecht macht den Gesellschaftsvertrag nichtig. Dabei ist von der Gesamtnichtigkeit auszugehen,

---

[495] *Seiler*, in: Gedschr. Martens (1987), 719, 730 mit Verweis auf die Aktualität der schon 1887 geäußerten Bedenken von Fr. *Endemann*, Über die civilrechtliche Wirkung der Verbotsgesetze nach gemeinem Recht, S. 128.

[496] *Sack*, in: Staudinger, § 134, Rz. 62.

[497] *Beater*, AcP 197 (1997), 505, 507.

[498] *Medicus*, Allgemeiner Teil, Rz. 646 f.

[499] *Enneccerus/Nipperdey*, Allgemeiner Teil, § 190 II.1 S. 1155; *Dilcher*, in: Staudinger (12. Aufl.), § 134, Rz. 2, der nach seinen anderen Ausführungen und Autorenbelegen aber nicht von der Annahme einer Auslegungsregel des § 134 BGB ausgeht.

weil das Verbotsgesetz nach seinem Sinn und Zweck dem Schutz der Allgemein-heit dient.[500]

b.   § 138 BGB

Mitunter ist bei Verstößen der Gesellschafter gegen das satzungsrechtliche Berufs-recht sogar die Nichtigkeit gem. § 138 BGB in Betracht gezogen worden.[501] § 138 BGB ist aber nur in engen Grenzen anwendbar.

Das liegt vor allem daran, dass die Auffassungen der Ärztekammern zur Stan-des- bzw. Berufswidrigkeit nicht den Maßstab der Sittenwidrigkeit in § 138 BGB bestimmen. Während die alte Rechtsprechung des Reichsgerichts den Gleichlauf beider Maßstäbe noch verneinte[502], ist dies später angenommen worden.[503] Die Gleichsetzung wird heute jedoch ganz überwiegend abgelehnt.[504] Ein Rechtsge-schäft ist nach herkömmlicher Formel sittenwidrig, wenn es gegen das Anstands-gefühl aller billig und gerecht Denkenden verstößt.[505] Die Sittenwidrigkeitsklausel übt nur einen negativen, die Privatautonomie der Parteien begrenzenden Faktor aus. Keineswegs soll die Rechtsordnung positiv ein moralisches Verhalten er-zwingen. Sie versagt lediglich den Rechtsgeschäften, die grob gegen rechtsethi-sche Prinzipien der geltenden Rechtsordnung, insbesondere gegen solche von Ver-fassungsrang, verstoßen, die Anerkennung und damit die Durchsetzbarkeit. In diesem Sinne kann man von einem „ethischen Minimum" sprechen, das im Ge-schäftsverkehr zu wahren ist.[506]

Demgegenüber verfolgt das Berufsrecht eine andere Zielsetzung. Während § 138 BGB elementare Verhaltensnormen durchsetzt, greift es vorher in die Be-rufsgruppen ordnend ein. Mit seinen vielgestaltigen Regelungen und Zweckmä-ßigkeitserwägungen geht es viel zu sehr ins Detail. Dies kam besonders in den früheren Anordnungen zur Gestaltung des Praxisschilds gem. Kapitel D I. Nr. 2 MBO-Ä 1997 a.F. zum Ausdruck. Um Verhaltensmaßgaben des ethischen Mini

---

[500] BGHZ 62, 234, 241; 97, 243, 250; BGH, NJW 1980, 638, 639; BayObLG, MedR 2001, 206, 210; *Hefermehl*, in: Soergel, § 134, Rz. 31.

[501] *Ahlers*, in: FS Rowedder (1994), 1, 12.

[502] RGZ 83, 110, 114; 144, 242, 245; 146, 190, 194.

[503] RGZ 153, 294, 304 f.; BGHZ 22, 347, 357; *Trockel*, NJW 1971, 1057, 1059 Fn. 24; *Medicus*, Allgemeiner Teil, Rz. 700; *Wendeling-Schröder*, BB 1988, 1742, 1747; *dies.*, Autonomie im Arbeitsrecht, S. 67; abgeschwächt *Hefermehl*, in: Soergel, § 138, Rz. 233: „Standeswidrigkeit als wichtiges Kriterium für die Beurteilung der Sittenwidrig-keit".

[504] BGHZ 39, 142, 148; 60, 28, 33; 78, 263, 267; *Sack*, in: Staudinger, § 138, Rz. 416; *Mayer-Maly/Armbrüster*, in: MünchKomm, § 138, Rz. 46 f.; *Heinrichs*, in: Palandt, § 138, Rz. 57; *Beater*, AcP 197 (1997), 505, 525; *Taupitz*, Die Standesordnungen der freien Berufe, S. 1086.

[505] Ständige Rspr. und h.L., RGZ 80, 219, 221; 120, 142, 148; BGHZ 10, 228, 232; *Mayer-Maly/Armbrüster*, in: MünchKomm, § 138, Rz. 14; zu dem Begriff der „guten Sitten" vgl. *Sack*, in: Staudinger, § 138, Rz. 13 ff.; *Larenz/Wolf*, Allgemeiner Teil, § 41, Rz. 7 ff.

[506] *Mayer-Maly/Armbrüster*, in: MünchKomm, § 138, Rz. 2; *Larenz/Wolf*, Allgemeiner Teil, § 41, Rz. 8; *Bork*, Allgemeiner Teil, Rz. 1152.

mums handelt es sich dabei nicht.[507] Problematisch ist schon, ob die von den Ärztekammern vorgenommenen Beurteilungen zur Standeswidrigkeit mit der Ansicht aller billig und gerecht denkenden Berufsangehörigen übereinstimmt.[508] Selbst wenn die Kammerordnungen diese widerspiegeln, können doch nur solche Vorschriften als sittenwidrig verworfen werden, die mit grundlegenden Anforderungen der Sozialmoral nicht in Einklang stehen.[509] Sie müssen zugleich gegen anerkannte Rechts- und Gemeinschaftswerte der Gesamtgesellschaft verstoßen.[510] Auch der Schutz desjenigen, der dem Berufsrecht nicht unterworfen ist, verlangt, dass ihm gegenüber nur erhebliche Verstöße gegen wesentliche Vorschriften, nicht aber kleinere Berufsinterna die Sittenwidrigkeit begründen.[511] Standeswidrigkeit ist deswegen nicht dasselbe wie Sittenwidrigkeit.

Das belegen auch die bisher von der Rechtsprechung angenommenen Verstöße von Ärzten gegen § 138 BGB: Diese wurden beim Verkauf einer Arztpraxis angenommen, falls der Praxisübernehmer wirtschaftlich übermäßig beeinträchtigt wird und dadurch Verstößen gegen das Gebot der Wirtschaftlichkeit bei der Behandlung von Patienten verleitet werden könnte.[512] Sittenwidrig war auch die übernommene Verpflichtung eines Arztes, in einem Miet- oder Grundstückskaufvertrag alle Laborarbeiten an ein bestimmtes Labor zu vergeben,[513] oder ein zeitlich und örtlich unbegrenzt vereinbartes Wettbewerbsverbot.[514] Als Grundsatz hat sich herausgebildet, dass ein gewichtige Allgemeininteressen beeinträchtigendes Rechtsgeschäft, wie dies für einen Eingriff in die sachliche Unabhängigkeit und die eigenverantwortliche Aufgabenwahrnehmung des Freiberuflers gilt, sittenwidrig sein soll.[515]

Eine verbindliche Anordnung der Nichtigkeit eines berufswidrigen Gesellschaftsvertrags gem. § 138 BGB ist nur in seltenen Fällen zu erreichen. Bezogen auf das gesamte relevante Berufsrecht für Ärzte bleibt sie unzureichend.

§ 138 BGB tritt allerdings zurück, soweit sich die Nichtigkeit bereits aus § 134 BGB ergibt. Zwischen beiden Normen besteht ein Verhältnis der Spezialität.[516] Selbst wenn beide Vorschriften nach anderer Ansicht nebeneinander an-

---

[507] *Taupitz*, Die Standesordnungen der freien Berufe, S. 1087.

[508] Wenn ein „nicht unerheblicher Teil der beteiligten Berufskreise ein Verhalten entgegen der Meinung der Standesvertretung für unbedenklich erhält, fehlt dem Vorwurf der Sittenwidrigkeit die Grundlage, so Sack, in: Staudinger, § 138, Rz. 418; BGH, GRUR 1972, 709, 710.

[509] *Taupitz*, Die Standesordnungen der freien Berufe, S. 1088.

[510] *Larenz/Wolf*, Allgemeiner Teil, § 41, Rz. 51 f.; *Mayer-Maly/Armbrüster*, in: Münch-Komm, § 138, Rz. 47 und *Sack*, in: Staudinger, § 138, Rz. 417 bejahen Sittenwidrigkeit nur bei Verstößen „gegen besonders wichtige Standespflichten" oder „gegen einheitliche und gefestigte Standesauffassungen".

[511] *Taupitz*, Die Standesordnungen der freien Berufe, S. 1089.

[512] BGHZ 43, 46, 49; BGH, NJW 1989, 763.

[513] OLG Nürnberg, MDR 1988, 861.

[514] BGH, NJW 1986, 2944 auf eine Anwaltspraxis bezogen.

[515] *Palm*, in: Erman, § 138, Rz. 86.

[516] So trotz des unterschiedlichen Wortlauts und bei Annahme eines Normzweckvorbehalts auch bei § 138 BGB *Sack*, in: Staudinger, § 138, Rz. 96 ff., 146 f.

wendbar wären,[517] wären die Voraussetzungen eines Verstoßes gegen die guten Sitten gem. § 138 BGB nur in seltenen Fällen erfüllt.

Insgesamt bleibt es dabei, dass ein berufswidriger Gesellschaftsvertrag der Ärzte-GmbH bereits gem. § 134 BGB nichtig ist.

4. Überwachung des Gesellschaftsvertrags durch das Registergericht und die Ärztekammern

Zusätzliche Sicherheiten bestehen darin, dass eine Überwachung der Gesellschafter-Ärzte und des Gesellschaftsvertrags einerseits gesellschaftsrechtlich im Wege der Errichtung der GmbH und andererseits berufsrechtlich durch die Selbstverwaltung der Ärzte stattfindet.

Es wurde bereits darauf hingewiesen, dass die Ärztekammern die ärztlichen Gesellschafter auf die Einhaltung der beruflichen Belange überwachen. In Brandenburg, Niedersachsen, Nordrhein-Westfalen und Schleswig-Holstein sind die Ärztekammern obendrein vor Genehmigung der Ärzte-GmbH verpflichtet, auch den Gesellschaftsvertrag auf berufsrechtliche Verstöße zu kontrollieren.[518]

In allen Bundesländern führt aber auch der Registerrichter vor der Eintragung der Gesellschaft in das Handelsregister gem. § 9c Abs. 1 Satz 1 GmbHG eine Kontrolle des Gesellschaftsvertrags der Ärzte-GmbH durch. Die Vorschrift regelt das Prüfungsrecht und die Prüfungspflicht des Registergerichts.[519]

Der Einbezug des ärztlichen Berufsrechts in diese Kontrolle erfordert allerdings eine entsprechend weite materielle Prüfungsbefugnis des Registergerichts, die generell Verstöße außerhalb des GmbH-Rechts erfasst. Nach allgemeiner Ansicht er streckte sich die Prüfung für den Registerrichter auf sämtliche gesetzliche Eintragungsvoraussetzungen.[520] Das galt auch für die Nichtigkeit gem. § 134 BGB wegen etwaiger Verstöße gegen das Berufsrecht.[521] Dieser Ansicht lag noch die alte Fassung des § 9c GmbHG zugrunde.

---

[517] So *Dilcher*, in: Staudinger (12. Aufl.), § 134, Rz. 20, § 138, Rz. 106.

[518] Ihre Ermächtigung folgt jeweils aus § 31 Abs. 2 Satz 5 BbgHeilBerG; § 32 Abs. 1 und Abs. 2 NdsHKG; § 29 Abs. 2 Satz 5 HeilBerG NW; § 29 Abs. 2 Satz 7 HeilBerG SH; dazu oben § 1, C. II. 1. b. bb.

[519] *Hueck-Fastrich*, in: Baumbach/Hueck, GmbHG, § 9c, Rz. 1; *Winter*, in: Scholz, GmbHG, § 9c, Rz. 5; *Ulmer*, in: Hachenburg, GmbHG, § 9c, Rz. 4; *Schmidt-Leithoff*, in: Rowedder/Schmidt-Leithoff, GmbHG, § 9c, Rz. 8.

[520] BGHZ 113, 335, 351; OLG Karlsruhe, ZIP 1993, 118, 119; OLG Stuttgart, GmbHR 1984, 156, 157; OLG Hamburg, BB 1984, 1763, 1764; OLG Hamm, BB 1996, 975; *Winter*, in: Scholz (8. Aufl.), GmbHG, § 9c, Rz. 9, 17; *Schmidt-Leithoff*, in: Rowedder/Schmidt-Leithoff, GmbHG, § 9c, Rz. 15; *Ulmer*, in: Hachenburg, GmbHG, § 9c, Rz. 8; *Schmidt*, Gesellschaftsrecht, § 34 II; *Roth*, in: Roth/Altmeppen, GmbHG, § 9c, Rz. 3; *Bartl*, in: Bartl/Fichtelmann/Henkes/Schlarb/Schulze, HK-GmbHR, § 9c, Rz. 3.

[521] Für die Ärzte-GmbH bereits angenommen: BayObLG, ZIP 1994, 1868, 1878; *Katzenmeier*, MedR 1998, 113, 117; *Ahlers*, in: FS Rowedder (1994), 1, 12; *Henssler*, ZIP 1994, 844, 847; *ders.*, DB 1995, 1549, 1550: „Zur Prüfungskompetenz des Registergerichts gehören auch außergesellschaftsrechtliche Normen wie berufsrechtliche Verbots-

An dieser Beurteilung haben neue Entwicklungen nichts geändert.[522] Seit dem HRefG vom 22. Juni 1998[523] begrenzt zwar der neu eingefügte 2. Absatz die Kontrolle etwaiger Satzungsmängel auf abschließend aufgeführte Gründe.[524] Ziel war es, die Satzungskontrolle auf das nach Sinn und Zweck erforderliche Maß zu begrenzen und das Verfahren zu beschleunigen.[525]

Wegen § 9c Abs. 2 Nr. 3 GmbHG haben sich die Neuerungen im Vergleich zur alten Rechtslage jedoch kaum ausgewirkt. Danach darf das Gericht die Eintragung ablehnen, soweit die Nichtigkeit einer Bestimmung die Nichtigkeit des Gesellschaftsvertrags zur Folge hat. Gem. § 139 BGB ist das im Zweifel der Fall. Fehlt ein möglicher Ausschluss der Regelung im Gesellschaftsvertrag, kann der Registerrichter eine Prüfung der gesamten Satzung nicht mehr vermeiden. Er darf nicht von vornherein einzelne Satzungsbestandteile von der Prüfung ausklammern.[526]

Infolgedessen hat er auch Verstöße gegen berufliche Belange zu berücksichtigen, die gem. § 134 BGB zur Nichtigkeit des Gesellschaftsvertrags führen. Mithin ist das für die Eintragung zuständige Gericht gehalten, eine entsprechende Gewähr der Ärzte-GmbH im Gesellschaftsvertrag zu überprüfen.

5. Ergebnis

Bei der Ausgestaltung des Gesellschaftsvertrags sind die approbierten Gesellschafter an das Berufsrecht auf Grund ihres Berufs als Arzt gebunden. Vereinbarungen, deren Inhalte gegen das Berufsrecht verstoßen, führen zur Gesamtnichtigkeit des Gesellschaftsvertrags der Ärzte-GmbH gem. § 134 BGB.

Das berufliche Verhalten ihrer Kammermitglieder überwachen die Ärztekammern. Wichtig ist insbesondere, dass die Gesellschaft schon als nicht ordnungsgemäß errichtet gilt und vom Registergericht gem. § 9c Abs. 1 Satz 1 GmbHG nicht einzutragen ist, wenn ihr Gesellschaftsvertrag eine gem. § 134 BGB nichtige Bestimmung enthält. Was im Gesellschaftsrecht für alle Bundesländer gilt, wird in Brandenburg, Niedersachsen, Nordrhein-Westfalen und Schleswig-Holstein mit einer zusätzlichen vorbeugenden Kontrolle durch die Ärztekammern bestärkt.

---

vorschriften, so dass eine Eintragung, die mit dem Berufsrecht nicht zu vereinbaren ist, nicht in Betracht kommt."

[522] *Ammon*, DStR 1998, 1474, 1479; a.A. *Stumpf*, BB 1998, 2380, 2381, wonach die Kontrollfunktion „deutlich zurückgenommen" wurde im Hinblick auf den „Gesellschafterschutz zur Vermeidung interner Streitigkeiten".

[523] BGBl. I, S. 1474.

[524] *Winter*, in: Scholz, GmbHG, § 9c, Rz. 19; *Hueck-Fastrich*, in: Baumbach/Hueck, GmbHG, § 9c, Rz. 3a; *Lutter/Bayer*, in: Lutter/Hommelhoff, GmbHG, § 9c, Rz. 5.

[525] Deutscher Bundestag, Drs. 13/8444 vom 29.8.1997, S. 43, 77; vgl. auch Deutscher Bundesrat, Drs. 340/97, Regierungsentwurf vom 23.5.1997, S. 43, 77, abgedruckt in: ZIP 1998, 997, 998.

[526] *Lutter/Bayer*, in: Lutter/Hommelhoff, GmbHG, § 9c, Rz. 12; *Hueck/Fastrich*, in: Baumbach/Hueck, GmbHG, § 9c, Rz. 3a; wird auch eingeräumt im Regierungsentwurf, Deutscher Bundestag, Drs. 13/8444 vom 29.8.1997, S. 79; vgl. Deutscher Bundesrat, Regierungsentwurf vom 23.5.1997, Drs. 340/97, S. 79, abgedruckt in: ZIP 1997, 997, 1000.

II. Weisungen der Gesellschafterversammlung und der Geschäftsführung in der bestehenden Gesellschaft

Nach Errichtung der Ärzte-GmbH stellt sich abermals die Frage, inwiefern die Weisungsrechte der Gesellschafterversammlung[527], und damit auch das Direktionsrecht der Geschäftsführung ihre Grenzen in den beruflichen Verpflichtungen der angestellten Ärzte finden.

Weisungsrechte werden den *kollektiven Verwaltungsrechten* der Gesellschaftergesamtheit zugeordnet. Dem ist vorauszuschicken, dass sich die Gesellschafterrechte nach ihrer Inhaberschaft und ihrer Zielrichtung generell unterscheiden. Kollektive Rechte stehen den Gesellschaftern nur gemeinsam zu. Sie dienen der Förderung des Gesellschaftszwecks[528] – im Gegensatz zu Individual- und Minderheitenrechten.[529] Verwaltungsrechte[530] begründen den Einfluss auf Geschäftsführung und Vertretung.[531] Neben den Weisungsrechten können die Gesellschafter auch Prüfungs- und Überwachungsmaßnahmen gegenüber den Geschäftsführern

---

[527] Ob schon die Gesamtheit der Gesellschafter oder erst die Gesellschafterversammlung Organ der GmbH ist, soll hier nicht erörtert werden. Teilweise wird angenommen, die Beschlussfassung und damit die Versammlung (§ 47 Abs. 1, § 48 Abs. 1 GmbHG) stelle lediglich das regelmäßige Entscheidungsverfahren dar. Nach anderer Ansicht würde sonst die Konzeption des Gesetzes (Regelfall ist der § 48 Abs. 1, Ausnahmefall ist § 48 Abs. 2) vertauscht, vgl. *Hüffer*, in: Hachenburg, GmbHG, § 45, Rz. 6. In beiden Fällen soll hier das Organ der GmbH gemeint sein.

[528] *Schmiegelt*, in: Beck GmbH-Handbuch, § 3, Rz. 45, *Koppensteiner*, in: Rowedder/Schmidt-Leithoff, GmbHG, § 45, Rz. 3.

[529] Individualrechte stehen jedem Gesellschafter zu, Minderheitenrechte erfordern hingegen eine Mindestbeteiligungsquote von einem oder mehreren Gesellschaftern. Sie gleichen die Interessen der Gesellschafter untereinander aus, *Lutter/Hommelhoff*, in: Lutter/Hommelhoff, GmbHG, § 45, Rz. 1; *Schmiegelt*, in: Beck GmbH-Handbuch, § 3, Rz. 45; vgl. die Aufzählung in Rz. 61 für Individualrechte: Stimmrecht, Recht auf Teilnahme an allen Gesellschafterversammlungen, Austrittsrecht aus wichtigem Grund, Informationsrecht gem. § 51a GmbHG, etc; für Minderheitsrechte: Recht auf Einberufung der Gesellschafterversammlung und auf Ankündigung von Tagesordnungspunkten gem. § 50 Abs. 1 GmbHG, Recht auf Klage zur Auflösung der Gesellschaft gem. § 61 Abs. 2 GmbHG und Recht auf Bestellung und Abberufung von Liquidatoren gem. § 66 Abs. 2 GmbHG.

[530] Davon zu unterscheiden sind Vermögensrechte, die die Teilhabe am gegenwärtigen und künftigen Vermögen der Gesellschaft, z.B. die Beteiligung am Gewinn und am Liquidationserlös betreffen.

[531] Hierzu gehören z.B. Stimmrechte, das Recht zur Teilnahme an der Gesellschaftsversammlung, und Auskunfts- und Einsichtsrechte, *Schmiegelt*, in: Beck GmbH-Handbuch, § 3, Rz. 47. Terminologie und Einteilung sind nicht einheitlich, Bezeichnungen wie Organschaftsrechte, Herrschaftsrechte oder personenrechtliche Rechte meinen dasselbe, *Hueck/Fastrich*, in: Baumbach/Hueck, GmbHG, § 14, Rz. 12. A.A. *Raiser*, in: Hachenburg, GmbHG, § 14, Rz. 15, keiner der genannten Begriffe sei treffend, da Inhalt und Zielrichtung der Befugnisse zu verschieden sind und sich nicht eindeutig einer Gruppe zuordnen lassen.

treffen, § 46 Nr. 6 GmbHG.[532] Die Grenzen zwischen Kontrolle und Weisung in Angelegenheiten der Geschäftsführung verlaufen allerdings fließend.[533] Das Ausüben kollektiver Verwaltungsrechte begründet die Stellung der Gesellschaftergesamtheit als oberstes Organ der GmbH.[534]

1. Gesellschaftsrechtliche Beschränkungen der Weisungen

Zentrale Vorschrift für die Rechte der Gesellschafter ist zunächst § 45 Abs. 1 GmbHG. In Betracht kommt aber auch die gesellschafterliche Treuepflicht in der – bestehenden – Ärzte-GmbH.

a.   § 45 Abs. 1 GmbHG

Gem. § 45 Abs. 1 GmbHG bestimmen sich die Rechte der Gesellschafter in den Angelegenheiten der Gesellschaft, insbesondere in Bezug auf das Führen der Geschäfte, nach dem Gesellschaftsvertrag, soweit nicht gesetzliche Vorschriften entgegenstehen.

Anhand dieser Regelung könnte das ärztliche Berufsrecht die an sich uneingeschränkte Autonomie der Gesellschafter[535] begrenzen. Voraussetzung dafür ist, dass § 45 Abs. 1 GmbHG auch die „Rechte der Gesellschafter" in Bezug auf den Zweck der Gesellschaft und damit auf den Inhalt der gesellschaftlichen Tätigkeit regelt. Dasselbe müsste für die „entgegenstehenden gesetzlichen Vorschriften" gelten.

Zweck der Ärzte-GmbH ist das Angebot und die Durchführung ärztlicher Heilkunde durch ihre angestellten Ärzte. Demnach müssten die „Rechte" gem. § 45 Abs. 1 GmbHG die Weisungsrechte in Bezug auf die fachliche Tätigkeit der Ärzte einbeziehen. Ihnen stünde deren Berufsrecht als „gesetzliche Vorschriften entgegen". Für diese Annahme spricht zumindet, dass die „Rechte der Gesellschafter" auch die Weisungsrechte der Gesellschaftergesamtheit gegenüber der Geschäftsführung betreffen.[536]

---

[532] *Lutter/Bayer*, in: Lutter/Hommelhoff, GmbHG, § 14, Rz. 10 zählt dagegen die Einsichts- und Auskunftsrechte sowie die Minderheitsrechte, §§ 50, 51a, 61, 66 GmbHG, zu den „sonstigen Rechten".

[533] *Hüffer*, in: Hachenburg, GmbHG, § 46, Rz. 77.

[534] *Koppensteiner*, in: Rowedder/Schmidt-Leithoff, GmbHG, § 45, Rz. 3; *Schmiegelt*, in: Beck GmbH-Handbuch, § 3, Rz. 2.

[535] *Hüffer*, in: Hachenburg, GmbHG, § 45, Rz. 1; *Koppensteiner*, in: Rowedder/Schmidt-Leithoff, GmbHG, § 45, Rz. 1; *Roth*, in: Roth/Altmeppen, GmbHG, § 45, Rz. 2.

[536] *Schmiegelt*, in: Beck GmbH-Handbuch, § 3, Rz. 62; *Hüffer*, in: Hachenburg, GmbHG, § 45, Rz. 4; *Zöllner*, in: Baumbach/Hueck, GmbHG, § 45, Rz. 2.

aa. Grammatische und systematische Auslegung

Der Wortlaut schließt den Bezug zur inhaltlichen Tätigkeit der Gesellschaft nicht aus. Danach erscheint es möglich, dass die satzungsrechtlichen Berufsordnungen der Ärztekammern als (materiell-) „gesetzliche Vorschriften" gem. § 45 Abs. 1 GmbHG den Gesellschaftern bei Erteilung von Weisungen „entgegenstehen".

Mit den anderen Vorschriften des GmbHG ist ein derart weiter Anwendungsbereich allerdings nicht in Einklang zu bringen. Der Dritte Abschnitt „Vertretung und Geschäftsführung", §§ 35-52 GmbHG, befasst sich neben der Vertretung der Gesellschaft vor allem mit ihrer Organisation. Die §§ 45-52 GmbHG regeln das Kompetenzgefüge der GmbH auf der Grundlage einer Willensbildung der Gesellschafter, Auskunftsrechte sowie der Einrichtung eines fakultativen Aufsichtsrats.[537]

Der Zusammenhang zu Vorschriften, die das Innenverhältnis der Gesellschaft regeln, legt nahe, dass sich die „Rechte in den Angelegenheiten der Gesellschaft" gem. § 45 Abs. 1 GmbHG nur auf das Innenverhältnis der GmbH und nicht auf den Inhalt der unternehmerischen Tätigkeit beziehen.

Gleiches gilt für die „entgegenstehenden gesetzlichen Vorschriften". Mit ihnen sollen in erster Linie die zwingenden Regelungen des GmbHG selbst, dann die Regeln des Gesellschaftsvertrags, und schließlich die dispositiven gesetzlichen Bestimmungen der §§ 46-52 GmbHG umschrieben werden.[538]

Von diesen drei Alternativen kommt keine ernsthaft in Betracht, um auch das Berufsrecht der Ärzte miteinzubeziehen. Insbesondere die „zwingenden Regelungen zum GmbH" sind solche, die im GmbHG als unabdingbare Regelungen normiert sind,[539] wie z.B. das Auskunfts- und Einsichtsrecht gem. § 51a GmbHG, oder die unverzichtbaren körperschaftsrechtlichen Prinzipien entsprechen. Selbst wenn als zwingende Regelungen weiterhin sog. begrenzende Regelungen angesehen werden, deren Normzweck im Schutz öffentlicher Interessen liegt,[540] wird das Berufsrecht davon nicht mehr erfasst. Wie die dritte Gruppe bezweckt zwar auch das ärztliche Berufsrecht den Schutz öffentlicher Interessen und des Allgemeinwohls, d.h. eine Konzentration auf das Wohl der Patienten und dem Fernhalten fremder Einflüsse auf die ärztliche Arbeit.

Dennoch ist den zwingenden Normen i.S.d. § 45 GmbHG gemeinsam, dass sie die Grenzen nur im Hinblick auf die körperschaftliche Struktur in der GmbH ziehen. Insbesondere meint das öffentliche Interesse den Schutz dritter Personen, die mit einer GmbH und ihrem körperschaftlichen Aufbau in Kontakt treten. Beispielhaft dafür soll § 49 Abs. 3 GmbHG erwähnt werden, der die Einberufung der Gesellschafterversammlung vorschreibt, falls das Stammkapital in einem Geschäfts-

---

[537] *Zöllner*, in: Baumbach/Hueck, GmbHG, Vorb § 35, Rz. 1, § 45, Rz. 2; *Hüffer*, in: Hachenburg, GmbHG, § 45, Rz. 4; *K. Schmidt*, in: Scholz, GmbHG, § 45, Rz. 1.

[538] *Hüffer*, in: Hachenburg, GmbHG, § 45, Rz. 9; *Roth*, in: Roth/Altmeppen, GmbHG, § 45, Rz. 2.

[539] BGHZ 43, 261, 264; eine Zusammenstellung befindet sich bei *Fichtelmann*, in: Bartl-/Fichtelmann/Henkes/Schlarb/Schulze, HK-GmbHR, § 46, Rz. 6.

[540] Aufstellung bei *Zöllner*, in: Baumbach/Hueck, GmbHG, § 45, Rz. 5, siehe aber auch *Hüffer*, in: Hachenburg, GmbHG, § 45, Rz. 10.

jahr um die Hälfte reduziert worden ist. Ein besonderer Schutz, der auf Grund des Unternehmenszwecks erforderlich wird und die Ausgestaltung ihrer inhaltlichen Tätigkeit betrifft, ist nicht erfasst. Systematisch betrachtet können die berufsrechtlichen Bestimmungen der Ärztekammern also nicht „gesetzliche Vorschriften" i.S.d. § 45 Abs. 1 GmbHG sein.

bb. Historisch-genetische Auslegung

Die Beschränkung auf körperschaftliche Befugnisse innerhalb der Gesellschaft ergibt sich auch aus den Materialien zur Entstehung des GmbHG. Die Erläuterungen im Gesetzesentwurf zum – damals gleichlautenden – § 46 GmbHG heben hervor, dass sich § 46 ebenso wie „die weiter folgenden Bestimmungen dieses Abschnitts [...] auf die inneren Verhältnisse der Gesellschaft, insbesondere auf die Rechte, welche den Gesellschaftern in den Angelegenheiten der Gesellschaft zustehen, [beziehen]."[541]

Mithin besteht der Zweck des § 45 Abs. 1 GmbHG nicht darin, die generelle Geltung von Schutzvorschriften zu gewährleisten, wie sie das Berufsrecht darstellen. Dazu reicht die Satzungsautonomie grundsätzlich zu weit. Die Vorschrift bezweckt, das Kompetenzgefüge innerhalb der Gesellschaft zum Schutze Dritter zu ordnen. Somit bestätigt sich die systematische Erkenntnis.

cc. Ergebnis

§ 45 Abs. 1 GmbHG enthält keine gesetzliche Anknüpfung für die Pflicht der Gesellschafter, die Ärzte von Weisungen im medizinisch-fachlichen Bereich freizustellen. Eine für Ärzte berufswidrige Weisung an die Geschäftsführung ist nicht schon deswegen rechtswidrig.

b. Gesellschaftsrechtliche Treuepflicht

Allerdings könnte die Treuepflicht die Gesellschafter zwingen, die ärztliche Therapiefreiheit sowie die anderen Bestimmungen des ärztlichen Satzungsrechts zu beachten.[542] Ein Aspekt der Treuepflicht ist es, die Konflikte zu lösen, die durch die zweckwidrige Ausübung von Rechten entstehen. Von der Gesellschaft ist Schaden fernzuhalten.[543] Die Gesellschaft erleidet bei Übergriffen der Gesellschafter in das ärztliche Satzungsrecht der praktizierenden Ärzte aber unter Umständen Schaden und kann den Gesellschaftszweck dadurch nicht in der angestrebten Form verwirklichen.

---

[541] Deutscher Reichstag, Gesetzentwurf, betr. die Gesellschaften mit beschränkter Haftung vom 11.2.1892, 8. Legislaturperiode, 1. Session 1890-1892, in: Band 141 – Deutscher Reichstag, Band V, Aktenstück Nr. 660, S. 3751.

[542] Wohl auch *Taupitz*, in: FS Geiss (2000), 503, 506, vgl. die dort erwähnte „innerbetriebliche Treuepflicht; *ders.*, NJW 1992, 2317, 2324 „[...] die Fürsorge nach innen gebietet die Beachtung der unmittelbar nur den Arzt bindenden Vorschriften."

[543] *Immenga*, in: FS 100 Jahre GmbH-Gesetz (1992), 189, 205; *Schmiegelt*, in: Beck GmbH-Handbuch, § 3, Rz. 22; *Raiser*, Recht der Kapitalgesellschaften, § 28, Rz. 26; *Lutter*, AcP 180 (1980), 84, 113; *Hueck/Fastrich*, in: Baumbach/Hueck, GmbHG, § 13, Rz. 22; vgl. oben § 2, A. I. 2.

Die Ärzte-GmbH ist auf die Anstellung approbierter Ärzte angewiesen, die in ihrem Namen Patienten behandeln. Hindert sie die bei ihr tätigen Ärzte an der Erfüllung dieser Berufspflichten, drohen jenen bei Zuwiderhandlungen berufsgerichtliche Sanktionen bis zur Annahme der Berufsunwürdigkeit.[544] Dies kann nur in Ausnahmefällen in beruflichen Verboten enden, hindert aber sicher die Ärzte an der ordnungsgemäßen Erfüllung ihrer Pflichten gegenüber der Gesellschaft, abgesehen davon, dass auch der Ruf der Praxis in Mitleidenschaft gezogen wird. Letztlich schadet sich die Ärzte-GmbH damit selbst. Kein Arzt ist bereit, diese Nachteile in Kauf zu nehmen, die sich auch auf die Beurteilung seiner Person durch die Ärztekammer und die Öffentlichkeit auswirken werden. Insoweit ist die Gesellschaft vom ärztlichen Personenkreis abhängig, auf dessen Leistung ihr Ruf als Betreiberin der Praxis beruht. Auf Dauer kann keine Gesellschaft mit diesen Belastungen bestehen bleiben.

Mithin kann ein Verstoß gegen Bestimmungen, die die ärztliche Berufsausübung gewährleisten, der Gesellschaft erhebliche Schäden verursachen. Das rechtfertigt es, die interne gesellschaftliche Treuepflicht bei einer Ärzte-GmbH dahingehend auszulegen, die beruflichen Vorgaben der Ärzte nicht durch berufswidrige Weisungen zu untergraben.

Wird die Treuepflicht durch einen Gesellschafterbeschluss verletzt, kann der Beschluss also von den Gesellschaftern angefochten werden.[545] Demgegenüber sind treuwidrige Handlungen anderer Art in der Regel unwirksam und damit von Anfang an unbeachtlich.[546] Verlangt die Treuepflicht ein bestimmtes Verhalten, besteht die Möglichkeit, den sich weigernden Gesellschafter auf Vornahme der Handlung zu verklagen. Entsprechend kommt eine Unterlassungsklage bei treuwidrigem Verhalten in Betracht.[547] Für ausschließlich angestellte Ärzte ist die Rechtslage hingegen insofern unbefriedigend, als sie keine Rechtschutzmöglichkeiten gegenüber den Gesellschaftern wegen Verletzung einer Treuepflicht haben.

---

[544] §§ 5 ff. HeilBerKaG BW; Art. 66 ff. BayHKaG; §§ 16 ff. BlnKaG; §§ 58 ff. BbgHeilBerG; §§ 61 ff. BremHeilBerG; §§ 35 f. HmbÄG; §§ 49 ff. HessHeilBerG; §§ 61 ff. HeilBerG MV; §§ 60 ff. NdsHKG; §§ 58 ff. HeilBerG NW; §§ 43 ff. HeilBG RP; §§ 32 ff. SHKG; §§ 39 ff. SächsHKaG; §§ 46 ff. KGHB LSA; §§ 54 ff. HeilBerG SH; §§ 47 ff. ThHeilBerG.

[545] BGHZ 76, 352, 355; 103, 185, 190; *Hueck-Fastrich*, in: Baumbach/Hueck, GmbHG, § 13, Rz. 31; *Winter*, in: Scholz, GmbHG, § 14, Rz. 61; *Schmidt*, Gesellschaftsrecht, § 21 V 2.

[546] *Raiser*, in: Hachenburg, GmbHG, § 14, Rz. 61; *Altmeppen*, in: Roth/Altmeppen, GmbHG, § 13, Rz. 55.

[547] *Schmiegelt*, in: Beck GmbH-Handbuch, § 3, Rz. 32 f.; *Raiser*, in: Hachenburg, GmbHG, § 14, Rz. 61; *Schmidt*, Gesellschaftsrecht, § 21 V 3.

2. Berufsrechtliche Vorgaben: Geltungsanordnung der Weisungsfreiheit in § 1 Abs. 2 BÄO?

Nachdem für Ärzte festgestellt wurde, dass sich ihre Bindung an das Berufsrecht auf das Handeln als Organ einer Ärzte-GmbH erstreckt,[548] können diese Erkenntnisse auf die Weisungsbefugnis in der bestehenden Gesellschaft übertragen werden.

Der (ärztlichen) Gesellschafterversammlung ist es somit verwehrt, entgegen beruflichen Vorgaben Weisungen an die Geschäftsführung zu beschließen. Weil sie im Innenverhältnis übergeordnetes Organ[549] ist, hat die Geschäftsführung ihre Beschlüsse gegenüber Angestellten umzusetzen.[550] Dasselbe gilt für eine ärztliche Geschäftsführung im Hinblick auf die nach außen hervortretende Leitung der Praxis. Dementsprechend sind die gesellschaftsrechtlich an sich zulässigen Weisungen gem. § 134 BGB nichtig, wenn und soweit sie dem ärztlichen Berufsrecht widersprechen. Denn auf privatrechtliche Beschlüsse, insbesondere auf Gesamtakte von Gesellschaftern, ist § 134 BGB anwendbar.[551]

Im Hinblick auf die Weisungsbefugnis gegenüber angestellten Ärzten muss eine Vorschrift aus dem Berufsrecht besonders herausgestellt werden. Nach allgemeiner und bisher unbestrittener Ansicht, die sich allerdings in Bezug auf Krankenhausärzte entwickelt hat, drückt § 1 Abs. 2 BÄO die zentrale Geltungsanordnung der Wahrung eines ärztlichen Freiraums aus:

„Der ärztliche Beruf ist kein Gewerbe; er ist seiner Natur nach ein freier Beruf."

Was für das Verhältnis der Krankenhausärzte gegenüber dem Krankenhausträger gilt, lässt sich an sich auf das Anstellungsverhältnis des Arztes in der Ärzte-GmbH zu übertragen. Fraglich ist allerdings, ob § 1 Abs. 2 BÄO diesen Regelungsgehalt enthält.

a. Grammatische Auslegung

Dabei wirkt der Begriff „Natur des Arztberufs" unbestimmt. Was der Arztberuf nach dem ersten Halbsatz nicht ist, beantwortet der zweite Halbsatz positiv mit dem, was er stattdessen sein soll. Deutlich zeigt die Norm den hohen Stellenwert, den die Gesellschaft der ärztlichen Tätigkeit einräumt, und dessen Zugang die Bundesärzteordnung regeln soll. Konkrete Verhaltensanforderungen für Ärzte (und für Nichtärzte) leiten sich daraus aber nicht zwingend ab (im Folgenden: enge Auslegung).

Gleichwohl soll die gesetzliche Zuordnung zum „freien Beruf" eine dem freien Beruf angemessene Form der Berufsausübung garantieren. Der Arzt darf folglich nur den gesetzten Normen der beruflichen Selbstverwaltung verpflichtet sein. Un-

---

[548] Vgl. oben § 3, A. I. 2.

[549] *Lutter/Hommelhoff*, in: Lutter/Hommelhoff, GmbHG, § 37, Rz. 1; *Fichtelmann*, in: Bartl/Fichtelmann/Henkes/Schlarb /Schulze, HK-GmbHR, § 46, Rz. 3; *Hirte*, Kapitalgesellschaftsrecht, Rz. 3.228; *Schmiegelt*, in: Beck GmbH-Handbuch, § 3, Rz. 2.

[550] *Hüffer*, in: Hachenburg, GmbHG, § 46, Rz. 118; *Axhausen*, in: Beck GmbH-Handbuch, § 5, Rz. 135 und *Schmiegelt*, in: Beck GmbH-Handbuch, § 3, Rz. 4.

[551] *Sack*, in: Staudinger, § 134, Rz. 11.

abhängig vom zugrundeliegenden Rechtsverhältnis und von der wirtschaftlichen Form der Berufsausübung sind danach alle Weisungsrechte durch den Freiraum begrenzt, den § 1 Abs. 2 BÄO den Ärzten gewährt. Diese Auslegung sichert dem Arzt, der eine Anstellung eingeht, die ärztliche Therapiefreiheit unter den Geboten des ärztlichen Berufsethos und der ärztlichen Berufsregeln zu (im Folgenden: weite Auslegung).[552]

Angesichts des umfassenden Begriffsverständnisses der freien Berufe[553] ist auch eine solche Auslegung vom Wortlaut noch gedeckt. Es erscheint vertretbar, zusätzlich zu der oben angezeigten allgemeinen Feststellung in § 1 Abs. 2 BÄO eine konkrete und für jedermann verbindliche Anordnung zu lesen. In Anbetracht dieser Vorgaben ist es nicht ausgeschlossen, den Gesellschaftern einer Ärzte-GmbH aufzuerlegen, den rechtlichen Freiraum ihrer Ärzte zu beachten.

b. Systematische Auslegung

Systematisch fügt sich der gesuchte Regelungsgehalt allerdings nicht in den Kontext der Bundesärzteordnung ein. Sie regelt die *Zulassung* zum ärztlichen Heilberuf. Ihre Vorschriften behandeln die Erteilung, Zurücknahme und Verlust der Approbation und auf die Befugnis zur Ausübung des ärztlichen Berufs. Die entsprechende Gesetzgebungskompetenz des Bundes hierzu ergibt sich aus Art. 72, 74 Abs. 1 Nr. 19 GG.[554] Die Anordnung der fachlich-medizinische Weisungsunabhängigkeit der Ärzte kommt aber erst zum Tragen, wenn der approbierte Arzt tätig wird. Hier handelt es sich um eine Frage des „Wie", nicht des „Ob" einer Berufstätigkeit. Insofern hat die verbindliche Anordnung einen anderen Regelungsgehalt als die anderen Vorschriften der Bundesärzteordnung.

Mit den anderen Vorschriften der Bundesärzteordnung im Einklang steht dagegen die enge, erste Auslegung des § 1 Abs. 2 BÄO, die sich auf eine allgemeine Qualifizierung des Arztberufs beschränkt. Der Abschnitt „I. Der ärztliche Beruf" legt dafür die Grundlinien fest. Das verdeutlicht § 1 Abs. 1 BÄO mit der Bedeutung des Arztberufes für die Allgemeinheit: „Der Arzt dient der Gesundheit des einzelnen Menschen und des gesamten Volkes." Ebenso grundlegend bestimmen §§ 2, 2a BÄO die verschiedenen Zugangsmöglichkeiten zum Arztberuf.

Nach systematischen Gesichtspunkten verdient bei mehreren dem Wortsinn nach möglichen Auslegungen diejenige den Vorzug, die die Wahrung der sachli-

---

[552] BGHZ 70, 158, 166 f.; *Laufs*, in: Laufs/Uhlenbruck, Handbuch des Arztrechts, § 3, Rz. 11; *Genzel*, in: Laufs/Uhlenbruck, Handbuch des Arztrechts, § 90, Rz. 2, 31 Fn. 47; *Narr*, Ärztliches Berufsrecht, Rz. B 10 ff.; *Quaas*, MedR 2001, 34, 36; *Ahrens*, MedR 1992, 141, 143; *Müller*, Einbeziehung der freien Berufe in das Handelsrecht unter besonderer Berücksichtigung von Arzt, Apotheker, Rechtsanwalt, Wirtschaftsprüfer und Architekt, S. 26; *Richardi*, in: Staudinger, Vorbem zu §§ 611 ff., Rz. 1278.

[553] Zum Begriff des freien Berufs ausführlich *Sodan*, Freie Berufe als Leistungserbringer im Recht der gesetzlichen Krankenversicherung, S. 66 ff.; *Taupitz*, Die Standesordnungen der freien Berufe, S. 38 ff.; *Müller*, Einbeziehung der Freien Berufe in das Handelsrecht unter besonderer Berücksichtigung von Arzt, Apotheker, Rechtsanwalt, Wirtschaftsprüfer und Architekt, S. 27 ff.

[554] *Pieroth*, in: Jarass/Pieroth, GG-Kommentar, Art. 74, Rz. 44.

chen Übereinstimmung mit anderen Bestimmungen ermöglicht.[555] Vorzugswürdig ist danach die enge Auslegung. Hinweise auf die sachliche Zugehörigkeit der Vorschriften dürfen jedoch andererseits nicht überschätzt werden. Sie geben nur Anhaltspunkte, da das Gesetz seine eigene Systematik nicht in jedem Fall einhalten muss.[556]

c.   Historisch-genetische Auslegung

Die Regelungsabsicht des Gesetzgebers bestätigt die weite Auslegung. Im Entwurf der Bundesärzteordnung sollte der erste Halbsatz – bis dahin der Einzige in § 1 Abs. 2 BÄO – tatsächlich nur die Zugehörigkeit des Arztberufs zu den freien Berufen fixieren.[557] Demnach war § 1 Abs. 2 BÄO zunächst im Sinne der engen Auslegung zu verstehen, ohne daraus eine Rechtswirkung für Nichtärzte abzuleiten. Der zweite Halbsatz wurde erst auf Vorschlag des Ausschusses für Gesundheitswesen aufgenommen. Man wollte ausdrücklich feststellen, dass die Freiheit des ärztlichen Tuns grundsätzlich und unabhängig von der Form der Berufsausübung gewährleistet sein muss und von jedermann zu beachten ist.[558] Infolgedessen hatte der Gesetzgeber die Absicht, im zweiten Halbsatz von § 1 Abs. 2 BÄO die Unabhängigkeit des Arztes in fachlich-medizinischen Fragen zu regeln.

Dadurch ist die enge Auslegung, wonach der zweite Halbsatz lediglich der Vollständigkeit des ersten dient und die Gesamtaussage im Sinne von „Der Arztberuf ist ein freier Beruf und deswegen kein Gewerbe" zu verstehen ist, zwar von der Regelungsabsicht des Gesetzgebers noch umfasst. Ihre Zielrichtung spricht aber eher für die verbindliche Anordnung im Hinblick auf die Berufsausübung.

d.   Teleologisch-verfassungskonforme Auslegung

Die entstehungsgeschichtlichen Hintergründe haben den Zweck des § 1 Abs. 2 BÄO bereits aufgedeckt. Teleologische Gesichtspunkte würden sich also erübrigen, wenn nicht die enge Auslegung möglicherweise den Vorzug auf Grund verfassungsrechtlicher Erwägungen verdiente.

Von mehreren möglichen Auslegungen ist diejenige vorzugswürdig, die mit den Prinzipien der Verfassung am ehesten übereinstimmt.[559] Unter diesem Aspekt sind die in Art. 70 ff. GG geregelten Gesetzgebungskompetenzen beachtlich, und zwar unter dem Aspekt, ob der Bundesgesetzgeber zuständig war, die fachlich-medizinische Weisungsfreiheit zu regeln. Der Entwurf der Bundesregierung für die Bundesärzteordnung stützt seine Gesetzgebungskompetenz auf Art. 72,

---

[555] *Larenz/Canaris*, Methodenlehre der Rechtswissenschaft, S. 146; *Looschelders/Roth*, Juristische Methodik im Prozeß der Rechtsanwendung, D II 2, S. 149 f.

[556] *Larenz/Canaris*, Methodenlehre der Rechtswissenschaft, S. 164.

[557] Deutscher Bundestag, Entwurf einer Bundesärzteordnung vom 16.5.1961, BT-Drucks. 3/2745, Anlage 1.

[558] Deutscher Bundestag, Bericht des Ausschusses für Gesundheitswesen vom 7.6.1961, BT-Drucks. 3/2810, A.; vgl. auch *Taupitz*, Die Standesordnungen der freien Berufe, S. 46, Fn. 60; *Sodan*, Freie Berufe als Leistungserbringer im Recht der gesetzlichen Krankenversicherung, S. 83.

[559] *Larenz/Canaris*, Methodenlehre der Rechtswissenschaft, S. 160; *Looschelders/Roth*, Juristische Methodik im Prozeß der Rechtsanwendung, D III 2 c bb (1), S. 177.

74 Abs. 1 Nr. 19 GG,[560] der dem Bund die Regelung der Zulassung zum ärztlichen Heilberuf erlaubt. Eine Vorschrift, die es Nichtärzten auferlegen soll, den rechtlichen Freiraum für ein berufsgemäßes ärztliches Verhalten zu schaffen, geht jedoch über die Frage der Zulassung hinaus.[561]

Eine Bundeskompetenz könnte sich auch begründen lassen, wenn nicht nur die Einordnung als freier Beruf dazu gehört, sondern auch eine genaue Aufgliederung dessen, was den freien Beruf ausmacht. Das Berufsbild des Arztes zeichnet sich durch ärztliche Therapiefreiheit und das Anerkennen besonderer ethischer Ansprüche an die Behandlung der Patienten aus. Konsequenterweise wäre dem Bund zuzugestehen, die gesamte berufliche Tätigkeit des Arztes zu regeln. Gegen diese Ausdehnung spricht aber entscheidend, dass die ausdrücklich auf die *Zulassung* beschränkte Kompetenz in Art. 72, 74 Abs. 1 Nr. 19 GG auf die Beruf*sausübung* erweitert würde, die unbestritten den Ländern zusteht. Nach der Rechtsprechung des Bundesverfassungsgerichts ist sie wortgetreu auszulegen.[562]

Etwas anderes gilt, wenn Berufszulassung und Berufsausübung nicht eindeutig voneinander zu unterscheiden sind. Der Bundesgesetzgeber könnte diese Anordnung im Zuge der unabdingbaren Zulassungsvoraussetzungen mitgeregelt haben. Diese beziehen sich allerdings auf die Konzeption des Medizinstudiums, die erforderliche praktische Ausbildung in Krankenhäusern und Praxen sowie auf die Anerkennung ausländischer Ausbildungsgänge, vgl. §§ 3-9 BÄO. Regelungen über die Anordnung der Weisungsunabhängigkeit der Ärzte hingegen werden hingegen erst relevant, wenn Ärzte nach Erhalt der Approbation ihre Tätigkeit ausüben. Insoweit ist eine Unterscheidung zwischen Berufszulassung und Berufsausübung möglich. Eine Regelung durch den Bund kann sich somit nicht auf die „Zulassung zum ärztlichen Heilberuf" gem. Art. 72, 74 Abs. 1 Nr. 19 GG stützen.

Eine Bundesregelung der Weisungsunabhängigkeit von Ärzten muss sich also auf eine andere Kompetenzvorschrift stützen.[563] Da es im Ausgangspunkt um das Weisungsrecht der Gesellschafterversammlung in der Ärzte-GmbH geht, könnte der Bund in § 1 Abs. 2 BÄO eine gesellschaftsrechtliche Frage geregelt haben. Die Gesetzgebungskompetenz des Bundes für das Gesellschaftsrecht ergibt sich aus Art. 72, 74 Abs. 1 Nr. 1, 11 GG. Allerdings wirkt sich die Anordnung der Weisungsunabhängigkeit von Ärzten in § 1 Abs. 2 BÄO in jedem Bereich aus, in dem Ärzte bei ihrer Berufsausübung einem Weisungsrecht unterliegen. Sie betrifft alle Arten von Arbeitsverhältnissen, z.B. auch den Krankenhausarzt, der seinen

---

[560] Deutscher Bundestag, Entwurf einer Bundesärzteordnung vom 16.5.1961, 3. Wahlperiode, BT-Drs. 3/2745, Anlage 1. Seit dem Gesetz zur Änderung des Grundgesetzes vom 27.10.1994 (BGBl. I 3146) ergibt sich die Kompetenz aus Art. 72, 74 Abs. 1 Nr. 19 GG.

[561] Nur andeutungsweise *Peikert*, MedR 2000, 352, 353, Fn. 9.

[562] BVerfGE 4, 74, 83; 7, 18, 25; 17, 287, 292; 33, 125, 152 ff.; auch BSGE 23, 97, 98.

[563] Zum Beispiel beruht die in § 11 BÄO normierte Ermächtigung der Bundesregierung zum Erlass einer Gebührenordnung auf dem Kompetenztitel aus Art. 72, 74 Abs. 1 Nr. 11 GG, vgl. BVerfGE 68, 319, 327; dazu auch *Brück/Hess/Klakow-Franck/Warlo*, Kommentar zur GOÄ, § 1, 1.1.

Arbeitsvertrag mit dem Träger der Klinik abschließt.[564] Allerdings steht dem Bund auch die Gesetzgebungskompetenz für das Arbeitsrecht zu, Art. 72, 74 Abs. 1 Nr.12 GG. Beide Zuständigkeiten – für das Gesellschaftsrecht und das Arbeitsrecht – wären also verfassungsrechtlich entsprechend begründet ergänzen, gleich auf welcher Ebene eine verbindliche Anordnung der Weisungsfreiheit in § 1 Abs. 2 BÄO getroffen wird. Dann wäre auch die weite Auslegung in § 1 Abs. 2 BÄO verfassungskonform.

Die Annahme einer Pflicht, berufliche Freiräume des Arztes zu beachten, gilt auch außerhalb des Arbeits- und Gesellschaftsrechts für niedergelassene oder für verbeamtete Ärzte, unter ihnen auch Landesbeamte. Ferner ist die weite Auslegung eine Maßgabe, die sich an den einzelnen Arzt richtet und ihn an den freiberuflichen Charakter seiner Tätigkeit bindet.

Im Schwerpunkt befasst sie sich aber mit der Berufs*ausübung* der Ärzte. Wenn daher der Bund ein Regelungswerk erlässt, das sich gem. Art. 74 Abs. 1 Nr. 19 GG auf eine weitere Gesetzgebungskompetenz des Bundes zurückführen lässt, darf ihm keine Aussage entnommen werden, deren Schwerpunkt die Gesetzgebungskompetenz der Länder berührt.

e. Ergebnis

Verfassungskonform ist § 1 Abs. 2 BÄO, insbesondere der zweite Halbsatz, eng auszulegen. Er bestimmt lediglich die Zugehörigkeit des Arztberufs zu den freien Berufen.

§ 1 Abs. 2 BÄO kann entgegen der herrschenden Ansicht nicht für eine verbindliche Anordnung der fachlichen Weisungsfreiheit herangezogen werden. Er ist mit diesem Inhalt nicht innerhalb der Ärzte-GmbH anwendbar. Eine öffentlich-rechtliche Regelung, die die Berufsausübung von Ärzten regelt und ihnen die fachlich-medizinische Entscheidungsfreiheit gegenüber dritten Personen (anderen Ärzten und Nichtärzten) garantiert, ist von den Ländergesetzgebern zu erlassen.

Somit bleibt es dabei, dass die ärztlichen Gesellschafter auf Grund ihrer eigenen Verpflichtungen aus dem Berufsrecht gehalten sind, diese auch bei Erteilung von Weisungen umzusetzen.

3. Aus dem Arbeitsrecht folgende Grenzen des Weisungsrechts

Angesichts der Tatsache, dass die GmbH ihre praktizierenden Ärzte einstellt, ist die Frage nach der Garantie eines ärztlichen Freiraums zusätzlich aus dem Blickwinkel des Arbeitsrechts zu beleuchten. Diese Perspektive wurde in der Literatur und Rechtsprechung zur Ärzte-GmbH bisher ausgeklammert.

---

[564] *Genzel*, in: Laufs/Uhlenbruck, Handbuch des Arztrechts, § 90, Rz. 2, 31 Fn. 44 sowie *Laufs*, in: Laufs/Uhlenbruck, Handbuch des Arztrechts, § 3, Rz. 7 ff. Möglicherweise hat sich erst in Bezug auf Krankenhausärzte die Ansicht herausgebildet, dass § 1 Abs. 2 BÄO eine derartige verbindliche Anordnung enthält.

a. GmbH-Ärzte als Arbeitnehmer

Alle in der GmbH praktizierenden Ärzte, die weder Gesellschafter noch Geschäftsführer sind, sind als Arbeitnehmer der Gesellschaft zu betrachten: Ihr Arbeitsvertrag begründet eine persönliche Abhängigkeit des Dienstverpflichteten vom Dienstberechtigten, die vor allem in der Eingliederung in den Betrieb des Dienstberechtigten und in der Weisungsgebundenheit des Dienstverpflichteten zum Ausdruck kommt.[565] Arbeitsrecht gelangt folglich zur Anwendung, sobald sich der Arzt nicht mehr nur gegenüber dem Patienten, sondern auch gegenüber seinem Dienstherrn zur ärztlichen Versorgung verpflichtet.[566] Das ist in einer Ärzte-GmbH der Fall. Obschon die Ärzte ihre Leistungen gegenüber den Patienten erbringen, geschieht dies im Namen und für Rechnung der Gesellschaft, in deren betrieblichen Ablauf und Praxis sie integriert sind.

Auf Grund der Weisungsgebundenheit kann der Dienstberechtigte in der GmbH Anordnungen im Hinblick auf die Ausführung der Leistung erteilen. Anerkannt sind *arbeitsbezogene* Weisungen zur Art und Methode der Arbeitsausführung, *arbeitsbegleitende* Weisungen zum Verhalten bei der Arbeit und *organisatorische* Weisungen zur Stellung in der Betriebsorganisation.[567] Rechtsgrundlage für das Erteilen von Weisungen bildet der Arbeitsvertrag i.V.m. § 611 BGB,[568] unbeschadet des seit dem 1.1.2003 geltenden § 106 GewO.[569] Als einseitiges Leistungsbestimmungsrecht bzw. Gestaltungsrecht hat es der Dienstberechtigte im Zweifel gem. § 315 BGB nach billigem Ermessen auszuüben. Dienstberechtigte Arbeitgeberin der angestellten Ärzte ist in diesem Fall die Ärzte-GmbH. Die Weisungen erteilt die Geschäftsführung, § 37 Abs. 1 GmbHG,[570] also auch ein Arzt.

Selbst bei hochqualifizierten Dienstverpflichteten steht der Arbeitnehmereigenschaft nicht entgegen, dass der Arbeitgeber vielfach nicht in der Lage ist, arbeitsbezogene Anweisungen für die Art der zu leistenden Arbeit zu erteilen.[571] Diese Situation ergibt sich insbesondere in Krankenhäusern: Die mangelnde Sachkenntnis und Standesethik des Krankenhausträgers verhindern es, dass der Krankenhausarzt vom Träger fachbezogene Weisungen empfangen kann. Vergleichbar ist auch die Situation des vertraglich mit Forschungsaufgaben beauftragten Wissen-

---

[565] *Richardi*, in: Münchener Handbuch zum Arbeitsrecht, Band 2, § 204, Rz. 3.

[566] *Richardi*, in: Staudinger, Vorbem zu §§ 611 ff., Rz. 1281.

[567] *Schaub*, Arbeitsrechts-Handbuch, § 31, Rz. 31; *Henke*, in: HwB-AR, „Direktionsrecht" Nr. 750, Rz. 1 f.; ähnlich *Hromadka/Maschmann*, Arbeitsrecht 1, § 6, Rz. 8; *Preis*, in: Erfurter Kommentar, § 611 BGB, Rz. 275.

[568] *Leßmann*, DB 1992, 1137; *Richardi*, in: Münchener Handbuch zum Arbeitsrecht, Band 1, § 12, Rz. 50, *Zöllner/Loritz*, Arbeitsrecht, § 6 I 8, § 12 III 1; *Dörner*, Praktisches Arbeitsrecht I, § 4 II 8; *Ring*, Arbeitsrecht, Rz. 165.

[569] *Preis*, in: Erfurter Kommentar, § 611 BGB, Rz. 274.

[570] *Schmiegelt*, in: Beck GmbH-Handbuch, § 3, Rz. 4; *Mertens*, in: Hachenburg, GmbHG, § 37, Rz. 1; *Axhausen*, in: Beck GmbH-Handbuch, § 5, Rz. 131, entgegen dem missverständlichen Wortlaut („Befugnis, die Gesellschaft zu vertreten") ist die Geschäftsführungsbefugnis gemeint.

[571] *Richardi*, in: Staudinger, Vorbem zu §§ 611 ff., Rz. 146.

schaftlers gegenüber seinem diesbezüglich weniger qualifizierten Arbeitgeber.[572]
Für die Arbeitnehmereigenschaft entscheidend ist bei diesem Personenkreis die
organisatorische Einbindung,[573] wie sie sich – bei Ärzten – in der Pflicht zur Behandlung der Patienten, der Festlegung der Dienststunden sowie in der Gewähr
des Urlaubs ausdrückt.

Ähnliche Probleme stellen sich bei der Ärzte-GmbH als Arbeitgeberin. Sie ist –
obwohl ambulant – einem Krankenhausträger angenähert. Die GmbH-Ärzte sind
wegen ihrer organisatorischen Einbindung Arbeitnehmer ihrer Gesellschaft.

b. Einschränkende Auslegung des Direktionsrechts gem. § 157 BGB

Die besondere berufliche Qualifikation zeigt in solchen Fällen Auswirkungen auf
die sachliche Reichweite des Weisungsrechts. Der Bereich arbeitsbezogener Weisungen soll dem Arbeitgeber nach zum Teil vertretener Ansicht von vornherein
entzogen sein.[574]

Als Begründung für diese Begrenzung wird auf den im Arbeitsvertrag verein-
barten Wirkungskreis des Arbeitnehmers hingewiesen. Soweit Arbeitnehmer für
ein deutlich umrissenes Berufsbild, evtl. mit entsprechender Berufsordnung, eingestellt werden, sollen von vornherein nur solche Tätigkeiten Gegenstand der ar-
beitsvertraglichen Einigung sein, die diesem entsprechen.[575] Der Wirkungskreis
wird somit gem. § 157 BGB einschränkend ausgelegt.

aa. Anerkennung eines Ausführungsspielraums

Infolgedessen ist im Arbeitsrecht anerkannt, dass dem Arbeitnehmer aus dem Arbeitsvertrag einen Anspruch auf einen *Ausführungsspielraum* zusteht. Dieser
Spielraum oder *weisungsfreie Eigenbereich* wird für besonders qualifizierte oder
kreativ tätige Berufsgruppen wie Künstler, Lehrer, Wissenschaftler, leitende Angestellte und auch Ärzte zugesprochen.[576] Es besteht also dort eine eigene Grenze
des fachlichen Weisungsrechts, wo der Arbeitnehmer als Fachmann auftritt. Je
spezialisierter die Tätigkeit, um so größer gestaltet sich der weisungsfreie Eigenbereich des Arbeitnehmers, den der Arbeitgeber beachten muss.[577] Die Anstellung
als „Arzt" hat der Arbeitgeber der Ausformung durch die beruflichen Standesver-
tretungen, Richtlinien oder den Ausführenden selbst zu überlassen.

---

[572] BAGE 11, 225, 228; *Preis*, in: Erfurter Kommentar, § 611 BGB, Rz. 105.

[573] *Richardi*, in: Staudinger, Vorbem zu §§ 611 ff., Rz. 147.

[574] *Preis*, in: Erfurter Kommentar, § 611 BGB, Rz. 277.

[575] *Wendeling-Schröder*, Autonomie im Arbeitsrecht, S. 67; *Kothe*, NZA 1989, 161, 164.

[576] BAG AP Nr. 26 zu § 611 BGB „Abhängigkeit"; BAG AP Nr. 34 zu § 611 BGB, „Abhängigkeit"; LAG Berlin AP Nr. 44 zu § 611 BGB „Abhängigkeit"; *Blomeyer*, in:
Münchener Handbuch zum Arbeitsrecht, Band 1, § 46, Rz. 6; *Leinemann*, in: Kasseler
Handbuch zum Arbeitsrecht, 1.1, Rz. 33; *Wendeling-Schröder*, BB 1988, 1742, 1747;
dies., Autonomie im Arbeitsrecht, S. 67; *Dörner*, in: Dörner/Luczak/Wildschütz, A Rz.
644, 662; *Linck*, in: Schaub, Arbeitsrechts-Handbuch, § 45, Rz. 28.

[577] BAGE 30, 163, 168 = AP Nr. 26 zu § 611 Abhängigkeit; BAGE 41, 247, 253 f. = AP
Nr. 42 zu § 611 Abhängigkeit; BAGE 69, 62, 68 = AP Nr. 60 zu § 611 Abhängigkeit;
BAGE 77, 226, 233 = Nr. 73 zu § 611 Abhängigkeit; *Hanau*, in: Erman, § 611, Rz.
292.

Eine diesem Berufsbild entgegenstehende Weisung ist somit unzulässig. Dem entspricht es, dass der Arbeitgeber das Direktionsrecht im Zweifel nach billigem Ermessen gem. § 315 BGB auszuüben hat. Nur wenn die Weisung diesen Anforderungen genügt, erlangt sie für den Arbeitnehmer Verbindlichkeit. Infolgedessen darf der angestellte Arzt in seiner beruflichen Rechtstellung nicht beeinträchtigt werden.

bb. Im Arbeitsvertrag vereinbarter Tätigkeitsbereich als „Arzt"

Vor diesem Hintergrund erwächst der Einwand, dass den Arbeitgeber nichts daran hindert, im Arbeitsvertrag neben dem Tätigkeitsbereich als „Arzt" eine einschränkende Regelung vorzusehen, die den beruflichen Freiraum reduziert und ihm ein uneingeschränktes Weisungsrecht gewährt. Diese Befürchtungen haben jedoch in einer Ärztegesellschaft als GmbH keine Grundlage. Die eigene berufliche Verpflichtung der Gesellschafter-Ärzte und der ärztlichen Geschäftsführung, die bei ihrem Handeln für die GmbH fortgilt, verwehrt ihnen eine solche berufswidrige Gestaltung des Arbeitsvertrags. Umgekehrt trifft den einstellungswilligen Arzt gem. § 23 Abs. 2 MBO-Ä 1997 die Pflicht, keine Arbeitsverhältnisse einzugehen, die ihn in der Unabhängigkeit seiner ärztlichen Entscheidungen beeinträchtigen.[578]

c.   Nichtigkeit des Arbeitsvertrags gem. § 134 BGB bei nur einseitigem Verstoß?

Auch in dieser Konstellation ist weiterhin klärungsbedürftig, ob ein entgegen diesen Vorgaben abgeschlossener Arbeitsvertrag wegen Verstoßes gegen das Berufsrecht ebenfalls gem. § 134 BGB nichtig ist.

Im Verhältnis zur Abfassung des Gesellschaftsvertrags[579] ergibt sich die Besonderheit, dass ein Verstoß nur auf einer Seite vorliegt: Faktisch werden zwar auf beiden Seiten berufsrechtsgebundene Ärzte berufswidrig tätig. Rechtlich ist aber die nichtärztliche GmbH Arbeitgeberin. Es liegt also nicht, wie vorher beim berufswidrigen Gesellschaftsvertrag, ein beiderseitiger Verstoß vor, sondern ein einseitiger Verstoß durch den Arbeitnehmer,[580] deren Auswirkungen im Rahmen des § 134 BGB schwieriger zu beurteilen sind.

aa.   Grammatische und systematische Auslegung

§ 134 BGB differenziert dem Wortlaut nach nicht zwischen einseitigen und zweiseitigen Verstößen gegen Verbotsgesetze und schließt die Formulierung die Nichtigkeit bei nur einseitig geltenden Verboten und folglich einseitig begangenen Verstößen zumindest nicht aus.

Weitere Erkenntnisse aus systematischer Hinsicht ergeben sich nicht.

---

[578] Vergleiche dazu oben § 3, A. I. 2.

[579] Dazu oben § 3, A. I. 3. a.

[580] Vom einseitig geltenden Verbot zu unterscheiden ist aber der Fall, dass ein Verbot für alle Rechtsgeschäftspartner gilt, letztlich aber nur ein Partner es verletzt hat, vgl. dazu *Sack*, in: Staudinger, § 134, Rz. 74 f.; *Mayer-Maly/Armbrüster*, in: MünchKomm, § 134, Rz. 48.

bb. Historisch-genetische Auslegung

Die Vorlage von *Gebhard* für die erste Kommission hat für das zwei- und mehr-seitige Rechtsgeschäft danach unterschieden, ob das Verbot nur einen der Beteiligten oder alle Kontrahenten traf. *Gebhard* befürchtete, die Nichtigkeitsfolge bei einem einseitigen Verstoß würde den vom Verbot unberührten Vertragsteil unnötig beeinträchtigen und die Verkehrssicherheit gefährden. Trotzdem war die Nichtigkeit für ihn vorstellbar, falls der an sich unschuldige Rechtsgeschäftspart-ner Kenntnis vom Verstoß hatte oder durch den Verbotsgesetzverstoß rechtswidrig geschädigt wurde.[581] Aus diesem Grund schlug er die Ausschlussregelung in § 108 (28) Abs. 2 des Vorentwurfs vor.[582] Anhand einschlägiger Beispielsfälle[583] folgerte er:

> „Es ergiebt sich hiernach das Resultat, daß die regelmäßige Nichtigkeit auszuschlie-ßen ist, wenn die Eingehung nur auf der einen Seite eine verbotene Handlung bildet. In-wieweit daneben aus Rücksicht auf den rechtswidrig verletzten Vertragstheil eine Un-gültigkeit stattfindet, bleibt eine gesondert zu prüfende Frage, deren Beantwortung nach den Spezialgesetzen verschieden ausfallen kann."[584]

Gebhard wollte damit einseitige Verstöße gegen das Verbotsgesetz von der Regelnichtigkeit ausnehmen. Eine andere Beurteilung schien ihm nur nach Maß-gabe seiner Wertungen gerechtfertigt oder musste dem jeweiligen Verbotsgesetz entnommen werden.

Die erste Kommission hat die Aufnahme seiner Ausschlussregelung zwar ver-worfen. Ein- und zweiseitige Verbote wollte sie aber auch nicht gleich behandeln. In ihren Motiven geht sie ebenfalls von der Regelgültigkeit aus:

> „Anders liegen meist die Fälle, in welchen bei einem Vertrage das Verbot nur den ei-nen Theil trifft: der Regel nach wird anzunehmen sein, daß der Vertrag als solcher nicht ungültig ist. Es kommt indessen hier gleichfalls auf die Absicht des Gesetzes im Einzel-falle an und der Vorbehalt genügt daher auch in dieser Richtung."[585]

---

[581] Abgedruckt in: *Schubert*, Die Vorlagen der Redakteure für die erste Kommission, S. 145, Gebhard nimmt für diese – vermutlich aus Österreich stammende – Regel Be-zug auf *Hasenöhrl*, Österreichisches Obligationenrecht, Band 1 (1881), § 31, Fn. 15 (S. 394).

[582] § 108 Abs. 2 (28) besagte: „Die vorstehende Bestimmung findet keine Anwendung auf Verträge, deren Eingehung nur auf Seite des einen Vertragsschließenden eine pflicht-widrige Handlung bildet." Vgl. *Schubert*, Die Vorlagen der Redakteure für die Erste Kommission, S. 6.

[583] Beispielsfälle sind der Warenverkauf des Fabrikinhabers auf Kredit an seine Arbeiter, die Fälle der einfachen Beamtenbestechung gem. § 331 StGB, Vereitelung der Zwangsvollstreckung gem. § 288 StGB, die Ausgabe von Prämienpapieren und Bank-noten durch Unbefugte sowie die Annahme von Wechseln und Waren durch die Noten-banken und schließlich die Verkaufsbeschränkungen bei Losen und Arzneimitteln, vgl. *Schubert*, Die Vorlagen der Redakteure für die erste Kommission, S. 146 f.

[584] Abgedruckt in: *Schubert*, Die Vorlagen der Redakteure für die erste Kommission, S. 147.

[585] Motive der 1. Kommission, S. 210, in: Mugdan, Materialien Band I, S. 468.

Die Absicht des Gesetzes ist danach maßgebend. Diesen Vorrang soll der Vorbehalt ausdrücken.

Folglich hat sich die erste Kommission bei einseitigen Verstößen der von Gebhard vorgeschlagenen entsprechenden Behandlung angeschlossen. Die Entstehung des § 134 BGB spricht demnach für die Annahme der Regelgültigkeit einseitiger Verstöße.[586] Allerdings erscheint eine eingeschränkte Anwendung des § 134 BGB bei einseitigen Verstößen möglich.

Nach Inkrafttreten des BGB hat das Reichsgericht diesen Gedanken aufgegriffen und die jeweiligen Verbotsgesetze nur auf abweichende Anordnungen hin überprüft.[587] Die Unterscheidung nach der Zahl der Verbotsadressaten beruhte auf dem Gedanken, dass bei einem einseitigen Verbot nur die davon betroffene Partei in ihren Handlungen beeinflusst und vom Vertragsschluss ferngehalten werden sollte. Gegen das Rechtsgeschäft selbst richtete es sich also nicht. Vor diesem Hintergrund entwickelte sich die Leitlinie, ein gegen beide gerichtetes Verbot deute regelmäßig darauf hin, dass das Gesetz nicht nur die Vornahme, sondern gerade das Rechtsgeschäft verbieten wolle. Umgekehrt spreche ein einseitiges Verbot regelmäßig für die Gültigkeit des Vertrages.[588] Der BGH hat sich dem angeschlossen, hält aber den Rückgriff auf Sinn und Zweck des jeweiligen Gesetzes keineswegs für entbehrlich.[589] Nichtigkeit hat er insbesondere dann angenommen, wenn der angestrebte Schutz Dritter oder der des Vertragspartners dies erforderten.[590]

Selbst wenn Rechtsgeschäfte also bei einseitigen Verboten und Verstößen nur ausnahmsweise unwirksam werden, ist für die hier interessierende Frage zu bemerken, dass ein Arbeitsvertrag des Arztes mit der Ärzte-GmbH beide Ausnahmetatbestände erfüllt. Schutzwürdig sind neben den einstellungswilligen Ärzten als Vertragspartner auch die künftigen Patienten der GmbH sowie weitere angestellte Ärzte der Gesellschaft: Eine berufswidrige Gestaltung zieht für die Ärzte berufsgerichtliche Konsequenzen nach sich. Des weiteren dient die berufsgemäße Ausgestaltung dem Schutz dritter Personen, weil sie die Qualität in der medizinischen Versorgung sicherstellt. Diese Zielrichtung des Berufsrechts rechtfertigt es, die Nichtigkeit auch nach den herkömmlichen Ausnahmetatbeständen bei einseitigen Verstößen anzunehmen.

---

[586] Nach *Mayer-Maly/Armbrüster*, in: MünchKomm, § 134, Rz. 47 f. sogar ein „Dogma", das er selbst jedoch nicht anerkennt.

[587] RGZ 60 273, 277; 100, 39, 40; 102, 292, 294; 104, 105, 107; 170, 155, 156.

[588] *Taupitz*, Die Standesordnungen der freien Berufe, S. 1079; *Larenz/Wolf*, Allgemeiner Teil, § 40, Rz. 19; *Krüger-Nieland/Zöller*, in: RGRK, § 134, Rz. 14; zu Berufsverstößen sogar ausdrücklich *Palm*, in: Erman, § 134, Rz. 35 „Rechtsgeschäfte mit Dritten hingegen, die (nur) durch den Verstoß gegen die Berufspflicht zustande gekommen sind, sind im allgemeinen wirksam."

[589] BGHZ 46, 24, 26; 78 263, 265; 78, 269, 271; die Nichtigkeit bei einem nur einseitigen Verstoß hat der BGH angenommen bei BGHZ 37, 258, 262; 53, 152, 156; 71, 358, 360 f.; 89, 369, 373; 115, 123, 125; 118, 142, 145; vgl. auch das Urteil des OLG München, NJW 1984, 1826, 1827; OLG Köln, NJW-RR 2000, 136, 137.

[590] BGHZ 89, 369, 373; 93, 264, 267; 115, 123, 129 f., zust. *Palm*, in: Erman, § 134, Rz. 11; *Larenz/Wolf*, Allgemeiner Teil, § 40, Rz. 21.

cc. Teleologische Auslegung

Es wurde bereits festgestellt, dass § 134 BGB bezweckt, die Wertung von Verbotsgesetzen auch im allgemeinen Zivilrecht aufrecht zu halten.[591] Dazu orientiert sich § 134 BGB an Sinn und Zweck der verletzten Verbotsnorm. Dieser Rückgriff ist entscheidend und vorrangig vor der eigenen subsidiären Nichtigkeitsanordnung.[592] Soweit sich die Frage der Behandlung eines einseitigen Verbots nach der Entscheidung des Verbotsgesetzgebers richtet, decken sich die Erkenntnisse der Entstehungsgeschichte mit dem Wortlaut der Vorschrift.

Angesichts der Zielsetzung des § 134 BGB muss die Unterscheidung nach der Adressatenzahl zurücktreten. Die Frage der Gültigkeit stellt sich bei der nur einen Adressaten ansprechenden Bestimmung ebenso wie bei einem alle Beteiligten treffenden Verbot.[593] Auch beim einseitigen Verbot ist entscheidend, dass die Rechtsordnung den Inhalt oder die Vornahme des Rechtsgeschäft missbilligt.[594] Würde aus der bloßen Einseitigkeit gefolgert, dass die Nichtigkeit nicht die richtige Sanktion ist, handelte es sich schon nicht mehr um ein Verbotsgesetz.[595]

Soweit sich dem Verbotsgesetz keine andere Aussage entnehmen lässt, ist es nach Sinn und Zweck des § 134 BGB angebracht, auch bei einseitigen Verboten nicht vom Grundsatz der Regelnichtigkeit der Rechtsgeschäfte abzuweichen.

Für die Berufsordnungen der Ärztekammern führt selbst eine eingeschränkte Anwendung des § 134 BGB bei einseitigen Verstößen zur Nichtigkeit der Rechtsgeschäfte. Der Schutzzweck der Berufsordnungen ist darauf gerichtet, die fachliche Arbeit des Arztes zugunsten eines hohen medizinischen Standards nicht zu beeinträchtigen. Die Bestimmungen zielen darauf ab, eine ausschließlich nach ärztlichen Gesichtspunkten orientierte Behandlung von Patienten zu gewährleisten. Mithin dienen die Berufsordnungen der Ärztekammern ausdrücklich den Interessen Dritter. Nach teleologischen Gesichtspunkten ist daher stets von der Nichtigkeit bei einseitigen Verstößen auszugehen.

dd. Ergebnis

Ein einseitiges Verbot und mit ihm der einseitige Verstoß beim Abschluss von Rechtsgeschäften gem. § 134 BGB führt zur Nichtigkeit des gesamten Rechtsgeschäfts. Diese Rechtsfolge gilt jedenfalls im Rahmen von Verstößen gegen das ärztliche Berufsrecht. Infolgedessen ist jeder Arbeitsvertrag, den ein Arzt eingeht und der ihn belastende berufswidrige Vereinbarungen, insbesondere Weisungsab-

---

[591] Siehe oben im § 3, A. I. 3. a. bb (2) (c).

[592] *Medicus*, Allgemeiner Teil, Rz. 646; *Damm*, in: Alternativkommentar zum BGB, § 134, Rz. 37; *Hefermehl*, in: Soergel (12. Aufl.), § 134, Rz. 15; *Sack*, in: Staudinger, § 134, Rz. 72, 75.

[593] *Bork*, Allgemeiner Teil, Rz. 1105; *Mayer-Maly/Armbrüster*, in: MünchKomm, § 134, Rz. 48; *Damm*, in: Alternativkommentar zum BGB, § 134, Rz. 35.

[594] *Bork*, Allgemeiner Teil, Rz. 1105.

[595] *Bork*, Allgemeiner Teil, Rz. 1116.

hängigkeit bei Ausübung seiner ärztlichen Tätigkeit, enthält, wegen des einseitigen Verstoßes auf Seiten des Arztes unwirksam.[596]

Allenfalls ist davon auszugehen, dass der Arbeitsvertrag – z.B. im Rahmen der Weiterbildung zum Gebietsarzt – die Stellung als nachgeordneter Arzt eines anderen Arztes festschreibt. Das Erteilen arbeitsbezogener fachlicher Weisungen würde dann wieder einem Arzt obliegen. Typischerweise betrifft dies die Weiterbildungsassistenten (ärztlichen Mitarbeiter). Auch diesen Freiraum hat die Ärzte-GmbH zu respektieren.[597]

Nach diesen Ausführungen beschränkt der Arbeitsvertrag das Weisungsrecht der Gesellschaftsorgane einer Ärzte-GmbH im Hinblick auf die Art der ärztlichen Leistungen.[598] Etwaige berufswidrige Weisungen an ihre angestellten Ärzte sind dementsprechend nichtig.

III.   Ergebnis

Weil die Bindung der ärztlichen Gesellschafter und Geschäftsführer an ihr Berufsrecht beim Handeln in und für die Gesellschaft nicht entfällt, hat sich schon früh abgezeichnet, dass auch die Ärzte-GmbH, die durch ihre Gesellschaftsorgane überhaupt erst handlungsfähig wird, auf diese Weise den ärztlichen Freiraum zu beachten hat.

Dafür sorgt zum einen die Pflicht der Gesellschafter, schon bei der Ausgestaltung ihres Gesellschaftsvertrages auf berufswidrige Vereinbarungen zu verzichten. Zuwiderhandlungen führen zur Nichtigkeit der GmbH-Satzung gem. § 134 BGB.

Das berufliche Verhalten der Gesellschafter unterliegt der Überwachung durch die Ärztekammern. Vor der Eintragung der GmbH in das Handelsregister hat der Gesellschaftsvertrag ferner gem. § 9c Abs. 1 Satz 1 GmbHG der gesonderten Überprüfung durch den Registerrichter standzuhalten. Während der Gründungsphase bestehen somit ausreichende Gewährleistungen, dass Verstöße gegen das ärztliche Berufsrecht unterbleiben.

Aber auch nach Errichtung der Gesellschaft ist bei späteren Weisungen der Gesellschafterversammlung und der Geschäftsführung nicht zu befürchten, dass angestellte Ärzte in ihrer beruflichen Autonomie beeinträchtigt werden dürfen: Schon aus dem Gesellschaftsrecht konnte gefolgert werden, dass eine Ausübung des Direktionsrechts, die ärztliche Vorgaben missachtet, treuwidrig ist. Den Organen wäre somit eine Treuepflichtverletzung gegenüber der Ärzte-GmbH anzulas-

---

[596] Auch hier sind die Grundsätze des „fehlerhaften Arbeitsverhältnisses" anzuwenden, vgl. *Sack*, in: Staudinger, § 134, Rz. 120 ff.; *Palm*, in: Erman, § 134, Rz. 25.

[597] Eine entsprechende Aufteilung in Führungs- und Handlungsverantwortung besteht weiterhin im Krankenhaus im Verhältnis von Chefärzten zu Ober- und Assistenzärzten. Hier beschränkt sich das Weisungsrecht des Chefarztes darauf, ihnen bestimmte Tätigkeitsbereiche zur selbständigen Erledigung zu übertragen, so *Richardi*, in: Staudinger, Vorbem zu §§ 611 ff., Rz. 1288; *Dörner*, in: Dörner/Luczak/Wildschütz, A Rz. 662.

[598] Im Ergebnis auch *Narr*, Ärztliches Berufsrecht, Rz. B 501, allerdings mit Hinweis auf § 1 BÄO.

ten. Des Weiteren erhalten angestellte GmbH-Ärzte, insbesondere wenn sie nicht zugleich Gesellschafter und Geschäftsführer der GmbH sind, aus dem Arbeitsvertrag mit der GmbH einen Anspruch auf einen Ausführungsspielraum für die Art und Weise ihres ärztlichen Vorgehens. Zuwiderlaufende Weisungen sind damit nichtig. Sollte ein Arbeitsvertrag den Ausführungsspielraum nicht gewährleisten, ist er gem. § 134 BGB auf Grund der hohen Bedeutung der berufsgemäßen ärztlichen Arbeit nichtig.

In der Nur-Ärzte-GmbH wird der berufliche Freiraum der angestellten GmbH-Ärzte, die nicht zugleich Gesellschafter oder Geschäftsführer der Gesellschaft sind, dadurch vervollständigt, dass auch die Gesamtheit der Gesellschafter und die Geschäftsführung der Gesellschaft, wie sie, dem ärztlichen Berufsrecht verpflichtet sind. Befürchtungen, die Ärzte-GmbH könne die Gewähr des Berufsrechts nicht bieten, sind zumindest für eine ausschließlich ärztliche Beteiligung widerlegt.

B. Ärzte-GmbH mit vollständig nichtärztlichen Besetzung der Gesellschaftsorgane

Die Ergebnisse in der Ausgangskonstellation der Nur-Ärztegesellschaft lassen Rückschlüsse über die Gewähr der beruflichen Unabhängigkeit bei personell anderen Zusammensetzungen zu. Aus dem, was für eine vollständige Ärztegesellschaft gilt, könnte abgeleitet werden, was für die Ärzte-GmbH nicht mehr gilt, sobald sie nur noch von Nichtärzten betrieben wird.

Am Gegenbeispiel der nichtärztlichen Gesellschaft könnte daher umso deutlicher hervortreten, welche Bedeutung der ärztlichen Beteiligung zukommt. Die nichtärztliche Gesellschaft liegt vor, wenn Nichtärzte die Ärzte-GmbH gründen oder die Geschäftsanteile samt Stimmrechte in der Gesellschafterversammlung einer schon bestehenden Ärzte-GmbH erwerben und ausüben.

I. Keine Garantien für den Gesellschaftsvertrag

Wie schon ausgeführt wurde, verlangen weder das Recht der GmbH noch das Berufsrecht der Ärzte, die Garantie der fachlichen Weisungsfreiheit ausdrücklich in den Gesellschaftsvertrag aufzunehmen.[599]

Hinzu tritt nun aber der Umstand, dass sich nichtärztliche Gesellschafter bei ihrem Handeln nicht am ärztlichen Berufsrecht orientieren müssen, weil sie ihm nicht verpflichtet sind. Die aus diesen Bestimmungen herleitbare Rücksichtnahmepflicht auf die berufsgemäße Ausübung der ärztlichen Kollegen fehlt.

Infolgedessen kann der Gesellschaftsvertrag berufswidrigen Vereinbarungen enthalten. Anders als bei der Nur-Ärztegesellschaft ist § 134 BGB nicht anwend-

---

[599] Siehe oben § 3, A. I. 1. und 2. b.

bar. Ist ein Verbotsgesetz in seiner personellen Reichweite beschränkt, betrifft es die außerhalb des Kreises stehende Personen nicht.

Dieser Umstand hat weiterhin zur Folge, dass die gesellschaftsrechtliche Eingangskontrolle des Gesellschaftsvertrags auf berufsrechtliche Verstöße durch den Registerrichter gem. § 9c Abs. 1 Satz 1 GmbHG entfällt.

Des Weiteren kann auch die im Berufsrecht der Länder Brandenburg, Niedersachsen, Nordrhein-Westfalen und Schleswig-Holstein vorgesehene vorbeugende Kontrolle der Wahrung berufsrechtlicher Belange durch die Ärztekammern nicht stattfinden.[600] Öffentlich-rechtliche Befugnisse stehen den Ärztekammern nur gegenüber ihren Kammermitgliedern zu.

II. Weisungsrecht der Gesellschafterversammlung und Direktionsrecht der Geschäftsführung

Das macht es umso mehr erforderlich, die Reichweite des Weisungs- und Direktionsrechts in der nichtärztlichen Gesellschaft zu untersuchen.

Haben sich nichtärztliche Gesellschafter auf die Gründung einer Ärzte-GmbH mit dem Zweck des Betriebs einer ambulanten Arztpraxis geeinigt, so ist hinsichtlich ihrer Weisungen aus der *Gesellschafterversammlung* allerdings dieselbe Treuepflicht gegenüber der Gesellschaft aus dem Recht der GmbH zu verzeichnen, wie sie schon für die Nur-Ärztegesellschaft festgestellt wurde. Diese Treuepflicht obliegt auch der *Geschäftsführung*.[601]

Bei Zuwiderhandlungen entstehen für die „nur-angestellten" Ärzten jedoch keine Unterlassungsansprüche gegen die Gesellschaftsorgane. Die Treuepflicht der Gesellschafter besteht nur gegenüber der Gesellschaft, nicht gegenüber ihren Angestellten. Infolgedessen können Ärzte bei berufswidrigen Weisungen von der Gesellschafterversammlung an die Geschäftsführung bzw. bei Weisungen der Geschäftsführung eine eigene Verletzung der Treuepflicht nicht geltend machen.

Ein umso größeres Gewicht ist in der Nichtärztegesellschaft jedoch der aus dem Arbeitsvertrag stammenden Garantie des weisungsfreien Eigenbereichs beizumessen.[602] Der Arbeitsvertrag muss die ärztliche Tätigkeit im Einklang mit den Vorgaben des Berufsrechts vorsehen. Ist diese Vereinbarung getroffen worden, steht angestellten Ärzte bei ihrer Berufsausübung der Ausführungsspielraum zur Verfügung. Wie bereits dargestellt, führt eine berufswidrige Vereinbarung im Arbeitsvertrag gem. § 134 BGB zu seiner Nichtigkeit, obwohl der Verstoß nur auf einer Seite besteht.[603] Nur aus diesem Grund erzielt die von Nichtärzten errichtete und betriebene Ärzte-GmbH die Gewähr für eine berufsgerechte Vornahme ärztlicher Behandlungen.

---

[600] § 31 Abs. 2 Satz 5 BbgHeilBerG; § 32 Abs. 2 NdsHKG; § 29 Abs. 2 Satz 5 HeilBerG NW; § 29 Abs. 2 Satz 5 HeilBerG SH.
[601] Siehe oben § 3, A. II. 1. b.
[602] Siehe oben § 3, A. II. 3. b. aa.
[603] Siehe oben § 3, A. II. 3. c.

III. Ergebnis

Bei der von Nichtärzten errichteten und geführten Ärzte-GmbH ist festzustellen, dass angestellte Ärzte letztlich durch Auslegung ihres Arbeitsvertrags einen weisungsfreien Eigenbereich und damit die erforderliche berufliche Unabhängigkeit erhalten.

Vor diesem Hintergrund wird deutlich, dass den Heilberufe- und Kammergesetzen der Länder eine allgemeinverbindliche gesetzliche Anordnung fehlt, wonach alle Personen den ärztlichen Freiraum anerkennen müssen, wenn sie Ärzte zum Zweck des Arztberufs beschäftigen. Eine solche Regelung würde auch stationäre Einrichtungen einbeziehen. Der Bundesgesetzgeber hat speziell für Betriebsärzte mit § 8 Abs. 1 ASiG eine entsprechende Bestimmung erlassen. Nach ihr sind hauptamtlich und nebenberuflich tätige Betriebsärzte bei der Anwendung ihrer arbeitsmedizinischen Fachkunde weisungsfrei und nur ihrem ärztlichen Gewissen unterworfen.[604] Die mangelnde umfassende Kompetenz des Bundes für die ärztliche Berufsausübung hindert jedoch, ihre Geltung auf alle Ärzte auszudehnen.[605] Solange die Heilberufe- und Kammergesetze der Länder diesen Grundsatz nicht aufnehmen und in der Ärzte-GmbH gleichzeitig eine Beteiligung von berufsfremden Personen erlauben, besteht insofern eine gesetzliche Lücke, die allein von den im Arbeitsrecht geltenden Grundsätzen aufgefangen wird.

Mangels berufsrechtlicher Bindung bei „nichtärztlichen" Gesellschaftern ergibt sich zwar ein erhebliches Risiko für die Ausprägung berufswidriger Strukturen in der Ärzte-GmbH. Wegen der arbeitsrechtlichen Garantie kann aber auch in dieser Ausprägung der Ärzte-GmbH ein beruflicher Weisungsfreiraum für die beschäftigten Ärzte durchgesetzt werden.

C. Gemischte Gesellschaften mit Nichtärzten und Ärzten

Gleiches könnte für die verschiedenen Ausprägungen gemischter Gesellschaften gelten, in denen mal die Ärzte, mal die Nichtärzte überwiegen.

I. Die mehrheitlich von Ärzten errichtete Ärzte-GmbH

In einer mehrheitlich von Ärzten errichteten Ärzte-GmbH verbleiben mehr als 50 % des Stammkapitals, des Geschäftsanteils und des Stimmengewichts bei Ärzten, §§ 5, 14, 47 Abs. 2 GmbHG.

---

[604] *Schlund*, in: Laufs/Uhlenbruck, Handbuch des Arztrechts, § 74, Rz. 4.
[605] Siehe oben § 3, A.II.2.

1. Errichtung der Ärzte-GmbH: Ausgestaltung des Gesellschaftsvertrags

Unter diesen Umständen dürfte die Beteiligung von Nichtärzten in den Organen nicht schaden, seien sie Gesellschafter oder Geschäftsführer. Solange die Stammeinlagen und die Stimmrechte in der Gesellschafterversammlung mehrheitlich in den Händen der Ärzte verbleiben, verfügen die Ärzte über ein genügendes Stimmengewicht, um eine mit ihrem beruflichen Status zu vereinbarende Ausgestaltung des Gesellschaftsvertrag durchzusetzen.

Die einseitige Nichtigkeit für Ärzte hat Wirkung für nichtärztliche Gesellschafter. Auch in der gemischt ärztlichen Besetzung einer Ärzte-GmbH ist der Gesellschaftsvertrag bei einer berufswidrigen Abfassung nichtig.[606] Der Registerrichter muss diesen Umstand bei der Prüfung der Eintragungsvoraussetzungen im Rahmen § 9c Abs. 1 Satz 1 GmbHG berücksichtigen. Kommt er zu dem Urteil der Nichtigkeit, hat er die Eintragung der GmbH abzulehnen.

2. Weisungsrecht der Gesellschafterversammlung und Direktionsrecht der Geschäftsführung

Hinsichtlich der Weisungsbefugnis in der Gesellschaft ergeben sich keine Veränderungen gegenüber der Nur-Ärztegesellschaft.

Wie in allen Ärzte-GmbH besteht eine Treuepflicht der Gesellschafter gegenüber der GmbH mit dem Inhalt, die Verwirklichung des Gesellschaftszwecks nicht durch berufswidrige Weisungen gegenüber den angestellten Ärzten zu beeinträchtigen.[607] Die ärztlichen Mehrheitsverhältnisse gestatten dieselben rechtlichen Rahmenbedingungen wie die vollständige Ärztegesellschaft. Ein Verstoß gegen das Berufsrecht würde auch hier gem. § 134 BGB zur Nichtigkeit führen. Dabei ist es unerheblich, ob die Geschäftsführung selbst ärztlich oder nichtärztlich ist bzw., ob die von mehreren Personen gebildete Geschäftsführung mehrheitlich aus Ärzten besteht oder nicht. In jedem Fall besteht auch für sie dieselbe Treuepflicht gegenüber der Gesellschaft. Zudem sind sie an die Weisungen der mehrheitlich ärztlichen Gesellschafterversammlung gebunden. Unabhängig davon tritt bei einer ärztlichen oder zumindest mehrheitlich ärztlichen Geschäftsführung deren eigene Bindung an das Berufsrecht hinzu.

Aus arbeitsrechtlicher Sicht steht den GmbH-Ärzten ebenfalls der Ausführungsspielraum aus dem Arbeitsvertrag i.V.m. § 611 BGB zu.[608] Die oben geschilderten Grundsätze gewinnen zunehmend an Gewicht, je mehr Nichtärzte in der Ärzte-GmbH als Gesellschafter oder Geschäftsführer tätig werden. Bei Zuwiderhandlungen ist er gem. § 134 BGB nichtig. Dieser Grundsatz findet in sämtlichen Ausprägungen der Ärzte-GmbH Anwendung unabhängig davon, welche personelle Zusammensetzungen sie aufweisen.

---

[606] § 134 BGB ist anzuwenden, vgl. oben § 3, A.II.3.c.
[607] Siehe oben § 3, A. II. 1. b.
[608] Siehe oben § 3, A. II. 3. b. aa.

Insgesamt dürfen angestellte Ärzte auch in der mehrheitlich von Ärzten errichteten und geführten Ärzte-GmbH bei ihrer beruflichen Ausübung nicht beeinträchtigt werden.

II.   Die mehrheitlich von Nichtärzten errichtete Ärzte-GmbH

Dieselbe Beurteilung ergibt sich bei Gesellschaften, in denen Nichtärzte mehr als 50% des Stammkapitals sowie des Geschäftsanteils innehaben und demzufolge auch mehrheitlich die Stimmrechte ausüben.

Für die mehrheitlich von Nichtärzten errichtete und geführte Ärzte-GmbH ist festzuhalten, dass wenigstens ein Gesellschafter Arzt ist, für den das ärztliche Berufsrecht gilt. Insofern bestehen keine Unterschiede in den anderen, überwiegend ärztlichen Gesellschaften. Sollte der Gesellschaftsvertrag berufsrechtswidrig sein, ist er gem. § 134 BGB nichtig.

Die von der ärztlichen Besetzung unabhängige Treuepflicht der Gesellschafter und Geschäftsführer gegenüber der Gesellschaft besteht in dieser Konstellation weiter. Ihr Geltungsgrund ist der Zweck einer Ärzte-GmbH, so dass ihr auch die nichtärztlichen Gesellschafter unterliegen. Schon deswegen hat die Gesellschafterversammlung bei Erteilung von Weisungen das ärztliche Berufsrecht anzuerkennen. Bedeutung erlangen aber auch die Bindungen der minderheitlichen Gesellschafter-Ärzte an das Berufsrecht. Angesichts der Mehrheitsverhältnisse sind sie eigentlich nicht durchsetzungsfähig. Zivilrechtlich wirken sie sich jedoch – wie beim Gesellschaftsvertrag der GmbH – auch bei Weisungen der Gesellschafterversammlung gegenüber der Geschäftsführung aus. Verstoßen diese gegen das Berufsrecht, sind sie auf Grund der Beteiligung auch nur eines Arztes und dessen Bindung an das Berufsrecht unwirksam.

Für die angestellten Ärzte muss aber ihr Arbeitsvertrag in einer Gesellschaft, die mehrheitlich von Nichtärzten errichtet und geführt wird, einen Ausführungsspielraum gestatten und insofern das Weisungsrecht einschränken. Mithin ergibt sich auch bei den gemischten Gesellschaften eine Gewähr des ärztlichen Berufsrechts.

D.   Ergebnis

Die Unterteilung in Nur-Ärztegesellschaften, nichtärztliche Gesellschaften und gemischte Zusammensetzungen hat ergeben, dass die berufliche Unabhängigkeit von Ärzten in Körperschaften des privaten Rechts unabhängig von ihrer Zusammensetzung rechlich abgesichert ist. Solange für eine Ärzte-GmbH keine ausgestaltenden gesetzlichen Regelungen bestehen, bleibt die vorbeugende Prüfung der Gesellschaft anhand ihres Gesellschaftsvertrages unerlässlich. Bisher findet sie nur bei der vollständigen Ärztegesellschaft statt. Daran zeigt sich die Vorzugswürdigkeit.

Dennoch ist es nicht von der Hand zu weisen, dass selbst in einer von Nichtärzten dominierten Gesellschaft die arbeitsrechtlichen Sicherungen bestehen bleiben. Letztlich gleicht die Rechtslage derjenigen des stationären Krankenhauses. Hier sind die arbeitsrechtlichen Sicherungen seit langem als ausreichend anerkannt. Mit der bestehenden Gesetzeslage konnten die Befürchtungen gegen eine Ärzte-GmbH wegen einer unzulässigen Einflussnahme auf Ärzte ausgeräumt werden.

§ 4 Die berufliche Rechtstellung der Ärzte-GmbH und der angestellten Ärzte

Die vorangegangene Untersuchung hat gezeigt, dass selbst in einer von Nichtärzten geführten Ärzte-GmbH rechtliche Garantien für den beruflichen Freiraum angestellter Ärzte bestehen.

Klärungsbedarf besteht aber auch im Hinblick auf die berufsrechtliche Stellung der Gesellschaft und ihrer angestellten Ärzte. Treten niedergelassene Ärzte und Gesellschaften mit dem gleichen Angebot ärztlicher medizinischer Versorgung in Konkurrenz zueinander an, müssen für sie auf dem Gebiet der Heilkunde gleiche Rechte und Pflichten gelten. Das veranlasst die Folgeuntersuchung, inwiefern die Regelungen zur ärztlichen Berufsausübung, die in den Heilberufe- und Kammergesetzen und in den Berufsordnungen niedergelegt sind, für die GmbH, zumindest aber für die bei ihr angestellten Ärzte, gelten.

A. Berufspflichten der Heilberufe- und Kammergesetze

I. Systematischer Aufbau der Regelungsabschnitte zur Berufsausübung

Gesetzliche Berufspflichten finden sich in den Abschnitten zur Berufsausübung in den Heilberufe- und Kammergesetzen.[609] Mit ihrem Erlass haben die Landesgesetzgeber auf den Facharztbeschluss des Bundesverfassungsgerichts vom 9. Mai 1972[610] reagiert. Ihre annähernd einheitliche Systematik ist auf eine durch die Länderarbeitsgruppe „Facharztrecht" erarbeitete gemeinsame Richtlinie zurückzuführen, die die Gesundheitsministerkonferenz der Länder am 15./16. November 1973 und am 16./17. Mai 1975 beschlossen hat.[611] Kennzeichnend ist die Abfolge

---

[609] §§ 29-31 HeilBerKaG BW; Art. 17-20 BayHKaG; § 4a BlnKaG; §§ 30-34 BbgHeilBerG; §§ 27-30 BremHeilBerG; §§ 2, 4, 5 HmbÄG; §§ 22-25 HessHeilBerG; §§ 31-33 HeilBerG MV; §§ 32-33 NdsHeilBerG; §§ 29-32 HeilBerG NW; §§ 20-23 HeilBG RP; §§ 16-17 SHKG; §§ 19-20 KGHB-LSA; §§ 16-17 SächsHKaG; §§ 29-31 HeilBerG SH; §§ 20-23 ThHeilBerG.

[610] BVerfGE 33, 125 ff.

[611] *Laufs*, in: Laufs/Uhlenbruck, Handbuch des Arztrechts, § 14, Rz. 5; *Narr*, Ärztliches Berufsrecht, Rz. B 4; vgl. auch Bayerischer Landtag, Drs. 8/4364 vom 31.1.1977, S. 18.

von Berufspflichten kraft Gesetzes und gesetzlichen Ermächtigungen an die Ärztekammern für den Erlass von Berufspflichten als Satzungsrecht:

In Anlehnung an den früheren § 12 der Reichsärzteordnung ordnet eine annähernd gleichlautende Generalklausel die „gewissenhafte Berufsausübung und ein dem entgegengebrachten Vertrauen gemäßes Verhalten" an.[612] Anschließend folgen spezielle Berufspflichten, deren gesundheitspolitische Bedeutung die Landesgesetzgeber bewogen hat, ihnen Gesetzesrang zu verleihen.

Allen Landesgesetzen gemeinsam sind die Pflichten des Arztes zur steten beruflichen Fortbildung und Unterrichtung über die jeweils geltenden Bestimmungen zur Berufsausübung, zur Anfertigung von Aufzeichnungen über die erhobenen Befunde und getroffenen Maßnahmen sowie zur Teilnahme am ambulanten Notfalldienst.[613]

Diesem Grundstock haben die meisten Landesgesetzgeber weitere Verhaltenspflichten hinzugefügt, die nach ihrem Dafürhalten ebenso regelungsbedürftig sind. So schreiben die Heilberufe- und Kammergesetze von *Baden-Württemberg*, *Mecklenburg-Vorpommern*, vom *Saarland* und von *Schleswig-Holstein* vor, in welchen Situationen Ärzte die Beratung durch eine Ethikkommission in Anspruch nehmen müssen. Ferner bestimmen *Baden-Württemberg* und *Mecklenburg-Vorpommern* auch die Mitwirkung der Kammermitglieder bei Kammermaßnahmen zur Qualitätssicherung.[614] *Baden-Württemberg* bindet zudem, wie *Berlin*, die Ärzte vor der Durchführung einer Organentnahme bei Lebenden an das Gutachten der Lebendspendekommission.[615] Einen anderen Schwerpunkt setzt das *bayerische* Heilberufe-Kammergesetz, weil es besondere Vorschriften für den Schwangerschaftsabbruch vorsieht.[616] Dagegen legt das *brandenburgische* Heilberufsgesetz jedem Arzt, der sich selbstständig machen will, die persönliche Meldung beim Gesundheitsamt auf, während die Heilberufegesetze von *Mecklenburg-Vorpommern* und *Schleswig-Holstein* wiederum die gegenüber den Ärztekammern bestehenden

---

[612] § 29 HeilBerKaG BW; Art. 17 BayHKaG; § 30 Abs. 1 BbgHeilBerG; § 27 BremHeilBerG; § 4 Abs. 1 Nr. 1 HmbÄG; § 22 HessHeilBerG; § 31 Abs. 1 HeilBerG MV; § 29 Abs. 1 HeilBerG NW; § 20 HeilBerG RP; § 16 Abs. 1 SHKG; § 16 Abs. 1 Sächs HKaG; § 19 Abs. 1 KGHB-LSA; § 29 Abs. 1 HeilBerG SH; § 20 ThHeilBerG. § 4a Abs. 1 Nr. 1 1.Var. BlnKaG verpflichtet Ärzte lediglich dazu, „den Beruf gewissenhaft auszuüben". In Niedersachsen ist das Niederlassungsgebot vorangestellt worden; erst danach folgen die beruflichen Pflichten, mit der Generalklausel am Anfang, § 33 Abs. 1 Satz 1 NdsHeilBerG.

[613] § 30 Abs. 1, 3 HeilBerKaG BW; Art. 18 Abs. 1 Satz 1 BayHKaG; § 4a Abs. 1 Nr. 1, 3-4 BlnKaG; § 31 Abs. 1 BbgHeilBerG; § 28 BremHeilBerG; § 4 Abs. 1 Nr. 2-3, Abs. 3 HmbÄG; § 23 HessHeilBerG; § 32 Nr. 1, 4, 5 HeilBerG MV; § 33 Abs. 1 Satz 2 NdsHeilBerG; § 30 HeilBerG NW; § 21 HeilBerG RP; § 16 Abs. 2 SHKG; § 16 Abs. 2 Nr. 1, 2, 4 SächsHKaG; § 19 Abs. 2 KGHB-LSA; § 30 Nr. 1, 3, 4 HeilBerG SH; § 21 ThHeilBerG.

[614] § 30 Abs. 2, 4 HeilBerKaG BW; § 32 Nr. 2, 3 HeilBerG MV; § 16 Abs. 3 SHKG; § 30 Nr. 2 HeilBerG SH.

[615] § 30 Abs. 5 HeilBerKa BW; § 4a Abs. 1 Nr. 5 BlnKaG.

[616] Art. 18 Abs. 2 BayHKaG.

Meldepflichten in den Katalog ärztlicher Berufspflichten aufgenommen haben.[617] Schließlich verlangt das *Hamburgische* Ärztegesetz von seinen Ärzten den Abschluss einer Haftpflichtversicherung sowie beim Führen einer Gebietsbezeichnung gem. § 6 HmbÄG eine auf dieses Gebiet bezogene Tätigkeitsbeschränkung.

Abschließend verleihen die Ländergesetze – in Ausführung ihrer Aufgabennormen[618] – den Ärztekammern die Satzungskompetenz, die „näheren Berufspflichten" bzw. „das Nähere" kraft Satzungsrecht in einer Berufsordnung zu regeln: „Die Berufsordnung *kann* bzw. *soll* weitere Vorschriften über Berufspflichten enthalten, insbesondere über [...]"[619]. Was unter dem „Näheren" zu verstehen ist, ergibt die anschließende, exemplarische Auflistung. Sie füllt den Rahmen der Berufspflichten kraft Gesetzes aus. Rechtstechnisch sind die Kataloge gesetzliche Ermächtigungen, ohne dass sie berufliche Pflichten der Ärzte begründen. Der Kammerversammlung obliegt die Entscheidung, ob sie auf die Begründung bestimmter Berufspflichten verzichtet oder die Satzungskompetenz im Einzelnen befolgt.[620]

Bis auf das Hamburgische Ärztegesetz enthalten alle Heilberufe- und Kammergesetze überdies die zwingende Anweisung an die Satzungsgeber, in ihren Berufsordnungen die Verpflichtung zur Teilnahme am Notdienst auf einen räumlich abgegrenzten Bereich zu beschränken und eine antragsgebundene Befreiungsmöglichkeit aus schwerwiegenden Gründen vorzusehen.[621]

Von der üblichen Systematik weicht das Hamburgische Ärztegesetz etwas ab. Anstelle eines gleichlautenden eigenen Regelungsabschnitts zur Berufsausübung

---

[617] § 30 Abs. 2 BbgHeilBerG; § 4 Abs. 2, 4 HmbÄG; § 32 Nr. 6 HeilBerG MV mit Verweis auf §§ 10, 11 HeilBerG MV; § 30 Nr. 5 HeilBerG SH mit Verweis auf §§ 8, 9 HeilBerG SH.

[618] Mit Abweichungen in der Formulierung §§ 9, 10 Nr. 15 HeilBerKaG BW; Art. 2 Abs. 1 BayHKaG; § 10 Abs. 1 7.Var. BlnKaG; § 21 Abs. 1 Nr. 4 BbgHeilBerG; § 22 Abs. 1 Nr. 1 BremHeilBerG; § 15 Abs. 4 HmbÄG; § 17 Abs. 1 Nr. 4 Hess HeilBerG; § 23 Abs. 2 Nr. 1 HeilBerG MV; § 25 Nr. 1f NdsHeilBerG; § 23 Abs. 1 Heil BerG NW; § 14 Abs. 4 Nr. 4 HeilBerG RP; § 8 Abs. 3 Nr. 2 SächsHKaG; § 15 Abs. 1 Nr. 4 ThHeilBerG; § 12 Abs. 1 Nr. 3, § 14 Abs. 2 Nr. 9 SHKG; § 15 Abs. 1 Nr. 9 KGHB-LSA; § 21 Abs. 2 Nr.1 HeilBerG SH.

[619] § 31 HeilBerKaG BW; Art. 19 BayHKaG; § 4a Abs. 3 BlnKaG; § 33 Abs. 1 BbgHeilBerG; § 30 BremHeilBerG; § 5 Abs. 2 HmbÄG; § 25 HessHeilBerG; § 33 Abs. 2 Heil BerG MV; § 33 Abs. 2 NdsHeilBerG; § 32 HeilBerG NW; § 23 HeilBerG RP; § 17 Abs. 2 SHKG; § 17 Abs. 1, 2 SächsHKaG; § 20 Abs. 1 KGHB-LSA; § 31 Abs. 2 HeilBerG SH; § 23 ThHeilBerG.

[620] Vergleiche parallel zum anwaltlichen Berufsrecht *Hartung*, in: Hartung/Holl, BRAO, Einf BerufsO, Rz. 18; *Koch*, in: *Henssler/Prütting*, BRAO, § 59b, Rz. 21; *Kleine-Cosack*, BRAO, § 59b, Rz. 9.

[621] Mit kleineren Abweichungen in der Formulierung § 31 Abs. 1 Satz 2 HeilBerKaG BW; Art. 18 Abs. 3 Satz 2 BayHKaG; § 4a Abs. 2 BlnKaG; § 32 Abs. 1 Satz 2 BbgHeilBerG; § 29 Abs. 1 Satz 2 BremHeilBerG; § 24 Satz 2 HessHeilBerG; § 33 Abs. 3 HeilBerG MV; § 33 Abs. 3 NdsHeilBerG; § 31 Abs. 1 Satz 2 HeilBerG NW; § 22 Satz 2 HeilBerG RP; § 17 Abs. 1 Satz 2 SHKG; § 16 Abs. 3 Satz 2 SächsHKaG; § 20 Abs. 2 KGHB-LSA; § 31 Abs. 3 HeilBerG SH; § 22 Satz 2 ThHeilBerG.

listen die „Allgemeinen Vorschriften" (§§ 1, 2 HmbÄG) die zugelassenen Formen der ärztlichen Berufsausübung auf. Unter den „Pflichten der Ärztinnen und Ärzte" (§§ 3-5 HmbÄG) folgen im Zweiten Abschnitt in § 4 HmbÄG die Berufspflichten. Auch hier nimmt die allgemeine Berufspflicht zur „gewissenhaften Berufsausübung und einem dem entgegengebrachten Vertrauen entsprechenden Verhalten" durch ihren systematischen Standort an erster Stelle die Rolle der Generalklausel ein, § 4 Abs. 1 Nr. 1 HmbÄG. § 5 HmbÄG ermächtigt die Ärztekammer schließlich zum Erlass von Satzungsrecht.

II. Personeller Anwendungsbereich als Tatbestand der Berufspflichten

Für die Geltung der Berufspflichten reicht grundsätzlich der berufliche Status als Arzt.[622] Auf diese Weise stimmen die personellen und sachlichen Geltungsbereiche überein. Wo die beruflichen Pflichten zunächst für Kammermitglieder begründet werden, wie z.B. in Nordrhein-Westfalen gem. § 29 Abs. 1 HeilBerG NW: „Die Kammerangehörigen sind verpflichtet, [...]",[623] ergibt sich die Beschränkung auf Ärzte aus den Regelungen zur Mitgliedschaft der Kammern. Mitglieder der Ärztekammern sind gem. §§ 2 Abs. 1, 1 Nr. 1 HeilBerG NW nur „Ärzte, die im Land ihren Beruf ausüben oder, falls sie ihren Beruf nicht ausüben, im Land ihren Wohnsitz haben".[624]

---

[622] Bayern und Hamburg verpflichten als einzige direkt nur die Ärzte, vgl. Art. 17 BayHKaG: „Die Ärzte sind verpflichtet, [...]" und § 4 Abs. 1 HmbÄG: „Jede Ärztin und jeder Arzt ist verpflichtet, [...]".

[623] Ebenso § 27 BremHeilBerG; § 22 HessHeilBerG; § 19 Abs. 1 KGHB-LSA; § 20 ThHeilBerG: „Die Kammerangehörigen sind verpflichtet, [...]"; vgl. auch § 29 HeilBerKaG BW; § 31 Abs. 1 HeilBerG MV; § 33 Abs. 1 NdsHKG; 20 HeilBerG RP; 16 Abs. 1 SHKG; § 29 HeilBerG SH: „Die Kammermitglieder sind verpflichtet, [...]"; § 4a Abs. 1 BlnKaG: „[...] die Berufspflichten der Kammerangehörigen, [...]"; § 30 Abs. 1 BbgHeilBerG; § 16 Abs. 1 SächsHKaG: „Die Mitglieder sind verpflichtet, [...]".

[624] § 2 Abs. 1 Nr. 1 HeilBerKaG BW; Art. 4 Abs. 1 BayHKaG; § 1 Abs. 1 Nr. 1, § 2 BlnKaG; § 3 Abs. 1, § 1 a BbgHeilBerG; § 2 Abs. 1 a, § 1 Abs. 1 Nr. 1 Brem HeilBerG; § 14 Abs. 1 HmbÄG; § 2 Abs. 1 HessHeilBerG; § 2 Abs. 1, § 1 Abs. 1 Nr. 1 HeilBerG MV; § 2 Abs. 1, § 1 Abs. 1 NdsHKG; § 1 Abs. 1 HeilBerG RP; § 2 Abs. 1, § 1 Abs. 1 Nr. 1 SHKG; § 2 Abs. 1, § 1 Abs. 1 Nr. 1 SächsHKaG; § 2 Abs. 1, § 1 Nr. 1 KGHB-LSA; § 2 Abs. 1, § 1 Nr. 1 HeilBerG SH; § 2 Abs. 1, § 1 ThHeilBerG. Weil die Heilberufe- und Kammergesetze regelmäßig die Verkammerung mehrerer Heilberufe mitbestimmen, gelten viele ihrer Regelungen zugleich für Zahnärzte, Tierärzte, Psychologische und Kinder- und Jugendlichenpsychotherapeuten oder Apotheker.

1. Allgemeine Geltung der Berufspflichten kraft Gesetzes für „Ärzte"

a. Unproblematischer Bezug auf natürliche Personen

Infolgedessen gehören dem Kreis der „Ärzte" i.S.d. Heilberufe- und Kammergesetze alle natürlichen Personen an, die nach der Bundesärzteordnung zur Ausübung des ärztlichen Heilberufs unter der Berufsbezeichnung „Arzt" berechtigt sind, d.h. die Approbation zum Arzt gem. § 2 Abs. 1 BÄO erhalten haben und im jeweiligen Bundesland den ärztlichen Beruf ausüben oder dort ihren Wohnsitz haben. Solange dieser Personenkreis nicht durch das Erfordernis zusätzlicher Merkmale eingegrenzt wird, sind insbesondere die Umstände der Berufsausübung – ob im stationären oder ambulanten Bereich tätig, bei Ärzten oder Nichtärzten angestellt, verbeamtet oder selbstständig arbeitend – unerheblich.

Insofern unterstehen die von der GmbH angestellten Ärzte den in den Heilberufe- und Kammergesetzen für „Ärzte" begründeten Berufspflichten. Ihre Einhaltung überwachen die Ärztekammern mittels der Berufsgerichtsbarkeit.[625]

b. Keine Erweiterung auf juristische Personen

Eine Geltung für juristische Personen wie die Ärzte-GmbH erscheint mangels ausdrücklicher Nennung nur möglich, wenn sie ausnahmsweise „Ärzte" i.S.d. Heilberufe- und Kammergesetze sind. Aber das ist schon nach dem Sprachgebrauch unzutreffend. „Ärzte" sind natürliche Personen, während juristische Personen gewöhnlich durch ihre Rechtsform bezeichnet werden.

Ersichtlich gehen auch die anderen Vorschriften von der Kammermitgliedschaft natürlicher Personen aus. So sieht § 2 Abs. 1 Satz 1 HeilBerG NW des Heilberufsgesetzes Nordrhein-Westfalen eine Ausnahme von der Kammermitgliedschaft für Beschäftigte der Aufsichtsbehörde vor, während § 2 Abs. 1 Satz 2 HeilBerG NW den freiwilligen Beitritt von Personen in die Apothekerkammern erlaubt, die sich in der praktischen pharmazeutischen Ausbildung für Apotheker befinden. Dass beide Ausnahmeregelungen selbst an natürliche Personen anknüpfen, macht sie nicht schon deswegen zu Ausnahmen. Der Ausnahmecharakter folgt aus ihrer besonderen beruflichen Situation. Sie legen nahe, auch die Grundregel in Satz 1 nur für natürliche Personen gelten zu lassen. Das belegen ebenfalls die in § 3 HeilBerG NW vorgesehene Möglichkeit der Kammermitgliedschaft für Staatsangehörige von EU-Staaten und das gem. § 5 HeilBerG NW einzurichtende Verzeichnis der Kammerangehörigen, deren Angaben (Vornamen, Geburtsnamen, Geburtsort, etc.) offensichtlich natürlichen Personen vorbehalten sind. Soweit es um die Kammerzugehörigkeit geht, zeigt sich in keiner Vorschrift eine Zulässigkeit der juristischen Person. Systematisch kann die Ärzte-GmbH nicht Mitglied

---

[625] Verfassungsrechtliche Grundlage der Berufsgerichte ist Art. 101 Abs. 2 GG, wonach Gerichte für besondere Sachgebiete nur durch Gesetz errichtet werden können. Ärztliche Berufsgerichte erfüllen dieses Kriterium, BVerfGE 27, 355, 361 f.; 71, 162, 178; *Degenhart*, in: Sachs, GG-Kommentar, Art. 101, Rz. 24. Dass insoweit nur Landesgerichte in Betracht kommen, ergibt sich aus Art. 92 GG, vgl. *Pieroth*, in: Jarass/Pieroth, GG-Kommentar, Art. 101, Rz. 7. Diese Aufgabe übernehmen die Kammer- und Heilberufsgesetze der Länder.

der Ärztekammer sein. In derselben Weise sind auch die Heilberufe- und Kammergesetze der anderen Länder auf natürliche Personen als Kammermitglieder zugeschnitten.[626]

Historisch ist zu berücksichtigen, dass eine Arztpraxis in der Rechtsform einer juristischen Person beim Ersterlass der damals westdeutschen Heilberufe- und Kammergesetze[627] in den 1950er Jahren nicht für möglich gehalten wurde. Die Beachtung historischer Umstände lässt zwar Raum für die Anpassung an aktuelle Entwicklungen. Dies kann aber nur in den Grenzen des Wortlauts geschehen. Schon daran bestehen erhebliche Zweifel, die sich umso mehr verstärken, wenn man – wie oben dargelegt – die Konzeption der Heilberufe- und Kammergesetze auf natürliche Personen als Kammermitglieder berücksichtigt.

Zudem hat das Urteil des Bundesgerichtshofes vom 25. November 1993[628] sieben Landesgesetzgeber veranlasst, Regelungen zur ambulanten Berufsausübung in der Rechtsform der juristischen Person mit dem Ziel aufzunehmen, diese Form zu unterbinden.[629] Bis auf das Land Sachsen-Anhalt haben es die anderen Ländern unterlassen, Regelungen zur Anerkennung der Ärzte-GmbH aufzunehmen. Selbst Sachsen-Anhalt schließt juristische Personen eindeutig von einer Kammermitgliedschaft aus, da es in § 20 Abs. 1 Nr. 4 KGHB-LSA nur die „Berufsausübung [der Kammermitglieder] in der Rechtsform einer juristischen Person" erwähnt,

---

[626] Zur Organisation der Kammern vgl. §§ 1-6 HeilBerKaG BW; Art. 1-16 BayHKaG; §§ 1-15 BlnKaG;   §§ 1-7 BbgHeilBerG;   §§ 1-7 BremHeilBerG;   §§ 14-34 HmbÄG; §§ 1-12 HessHeilBerG; §§ 1-30 HeilBerG MV; §§ 1-8 NdsHKG; §§ 1-16 HeilBerG RP; §§ 1-15 SHKG; §§ 1-15 SächsHKaG; §§ 1-18 KGHB-LSA; §§ 1-11 HeilBerG SH; §§ 1-12 ThHeilBerG.

[627] *Baden-Württemberg*: HeilBerKaG BW v. 27.10.1953 (GBl. S. 163); *Bayern*: BayHKaG v. 15.7.1957 (GVBl. S. 162, ber. S. 176); *Berlin*: BlnKaG v. 18.12.1961 (GVBl. S. 175); *Brandenburg*: HeilBerG v. 28.1.1992 (GVBl. S. 30); *Bremen*: BremHeilBerG v. 9.6.1959 (SaBremR 2122-a-1); *Hamburg*: HmbÄG v. 28.7.1949 (SaberHmbLandesR I 2122-c); *Hessen*: HessHeilBerG v. 10.11.1954 (GVBl. S. 193); *Mecklenburg-Vorpommern*: HeilBerG MV v. 22.1.1993 (GVBl. S. 62); *Niedersachsen*: NdsHKG v. 25.11.1950; *Nordrhein-Westfalen*: HeilberufeG NW v. 5.2.1952 (GV.NW 1952, S.16); *Rheinland-Pfalz*: HeilBG RP v. 1.4.1953 (GVBl. S. 33); *Saarland*: SHKG v. 15.5.1968 (Amtsbl. S. 310); *Sachsen*: SächsHKaG v. 24.5.1994 (GVBl. S. 935); *Sachsen-Anhalt*: KGHB LSA v. 13.7.1994 (GVBl. S. 832); *Schleswig-Holstein*: HeilBerG SH v. 18.12.1953 (GVBl. S. 165); *Thüringen*: ThHeilBerG v. 7.1.1992 (GVBl. S. 3). Der aktuelle Gesetzestitel ist bei der Aufstellung beibehalten worden. Viele Länder hatten aber beim Ersterlass andere Gesetzestitel gewählt.

[628] BGH, JZ 1994, 1127 f. = MedR 1994, 152 f.

[629] *Bayern*: Art. 18 Abs. 1 Satz 2 BayHKaG durch Gesetz v. 23.7.1993 (BayGVBl. S. 511); *Berlin*: § 4a Abs. 4 BlnKaG durch Gesetz v. 30.10.1995 (BlnGVBl. S. 703; *Brandenburg*: § 31 Abs. 2 BbgHeilBerG schon im Gesetzeserlass v. 28.1.1992 (BbgGVBl. S. 30); *Niedersachsen*: § 32 NdsHKG durch Gesetz v. 19.6.1996 (NdsGVBl. S. 259); *Nordrhein-Westfalen*: § 29 Abs. 2 HeilBerG NW durch Gesetz v. 22.2.1994 (GV.NW S. 80); *Sachsen*: § 16 Abs. 4 SächsHKaG schon im Gesetzeserlass v. 24.5.1994 (SächsGVBl. S. 935); *Schleswig-Holstein*: § 29 Abs. 2 HeilBerG SH durch Gesetz v. 27.2.2002 (GVBl. SH S. 38).

seine Berufspflichten aber nicht auf die juristische Person selbst bezieht. Insgesamt ist kein Anhaltspunkt ersichtlich, aus dem sich die Mitgliedschaft der Ärzte-GmbH bei den Ärztekammern ergeben könnte.

Juristische Personen wie die Ärzte-GmbH sind demnach keine „Ärzte" i.S.d. Heilberufe- und Kammergesetze und infolgedessen auch nicht Mitglieder der Ärztekammern. Die für „Ärzte" einschlägigen sonderrechtlichen Vorschriften aus dem Berufsrecht gelten für sie nicht.[630] Im Unterschied zum Satzungsrecht der Ärztekammern ist das formell-gesetzliche Berufsrecht zwar durchaus in der Lage, Rechtssätze mit Wirkung für jedermann aufzustellen. Solange die Tatbestandsvoraussetzungen aber so konzipiert bleiben, dass die Ärzte-GmbH sie nicht erfüllen kann, haben die Verhaltensgrundsätze der ärztlichen Berufsausübung für sie keine unmittelbare Wirkung.[631]

2. Spezielle Berufspflichten für die ambulante ärztliche Versorgung

Soweit die oben (I.) aufgeführten Berufspflichten von ihrem personellen Geltungsbereich die „Ärzte" betreffen, gelten sie allgemein für Ärzte aller Fachrichtungen. Es kommt nicht darauf an, ob die Ärzte ambulant oder stationär, als Angestellte oder Selbstständige arbeiten. Infolgedessen müssen sie von den Ärzten einer Ärzte-GmbH eingehalten werden. Diese allgemeinen Berufspflichten überwiegen in den Heilberufe- und Kammergesetzen.

Von den allgemeinen sind jedoch die speziellen Berufspflichten zu unterscheiden. Jeder Ländergesetzgeber hat einige der bereits dargestellten Berufspflichten in ihrem personellen Geltungsbereich dadurch eingeschränkt, die Rechtsfolgenanordnung an die Erfüllung weiterer Tatbestandsmerkmale zu binden. Diese speziellen Berufspflichten knüpfen an die berufliche Situation an. Sie gelten nur für Ärzte, die entweder *in niedergelassener Praxis*[632] oder *in eigener Praxis tätig*[633] bzw. *niedergelassene Ärzte*[634] oder generell *ambulant tätig*[635] sind.

---

[630] Zustimmend OLG Köln, NJW 1994, 3017, 3019; OLG München, NJW 1993, 800, 801.

[631] Davon unberührt ist ihre Verpflichtung, ihren angestellten Ärzten die Einhaltung des ärztlichen Berufsrechts zu gewähren, oben § 3.

[632] In *Baden-Württemberg*: § 30 Abs. 3 Satz 2 HeilBerKaG BW.

[633] In *Bayern*: Art. 18 Abs. 1 Satz 1 Nr. 2 BayHKaG; *Berlin*: § 4a Abs. 1 Nr. 3 und Nr. 4 BlnKaG; *Brandenburg*: § 31 Abs. 1 Nr. 2 und Nr.3 BbgHeilBerG; *Niedersachsen*: § 33 Abs. 1 Nr. 2 NdsHKG; *Nordrhein-Westfalen*: § 30 Nr. 2 HeilBerG NW, § 23 Nr. 2 und Nr. 3 HessHeilBerG; *Mecklenburg-Vorpommern*: § 32 Nr. 4 MV; *Rheinland-Pfalz*: § 21 Nr. 2 und Nr. 3 HeilBG RP; *Saarland*: § 16 Abs. 2 Nr. 2 SHKG.

[634] In *Hamburg*: §§ 2 Abs. 2, 4 Abs. 2-4 HmbÄG.

[635] „Ambulant tätig" in *Thüringen*: § 21 Nr. 2 und Nr.3 ThHeilBerG; ähnlich auch die Tätigkeit „in einer Praxis" in *Schleswig-Holstein*: § 30 Nr. 3 HeilBerG SH. In *Bremen* gelten die speziellen Berufspflichten für Ärzte, die „in eigener oder in fremder Praxis tätig" sind, vgl. § 28 Nr. 3 BremHeilBerG; die Tätigkeit „in eigener Praxis oder in Einrichtungen der ambulanten Versorgung" verlangen *Sachsen* und *Sachsen-Anhalt*: § 16 Abs. 2 Nr. 4 SächsHKaG, § 19 Abs. 2 Nr. 2 KGHB LSA.

Beispielhaft dafür ist die Pflicht zur Teilnahme am Notfalldienst. Sie ist in jedem Bundesland als spezielle Berufspflicht ausgestaltet.[636] Einige Ländergesetzgeber haben darüber hinaus noch weitere erlassen.

Augenscheinlich betreffen sie alle den Bereich der ambulanten ärztlichen Versorgung. Daher ist die Überlegung berechtigt, ob sie die in demselben Bereich tätigen angestellten GmbH-Ärzte in ihre Geltung einbeziehen.

a. Bedeutung der Niederlassung, Praxis und ambulanten Tätigkeit

Aus diesem Grund sind die unterschiedlichen Tatbestandsmerkmale auf ihren Regelungsgehalt zu untersuchen. Als Oberbegriff kann man die *ambulante Tätigkeit* ansehen. Sie beschreibt umfassend die gesamte ärztliche Berufsausübung. Ambulant tätig sind demnach alle Ärzte, die außerhalb von Krankenhäusern und anderen stationär behandelnden Einrichtungen praktizieren. Auf die rechtliche Organisation ihres Handelns, ob als Selbstständige oder Angestellte, kommt es nicht an.

Hinsichtlich der anderen Tatbestandsmerkmale stellt sich die Frage, ob sie nur einen Aspekt der ambulanten ärztlichen Versorgung herausgreifen oder umfassend gelten. Ausgangspunkte bilden stets die Aktivitäten in einer *Niederlassung* oder *Praxis*, weswegen die beiden Begriffe zum besseren Verständnis vorweg dargestellt werden.[637]

aa. Praxis und Niederlassung

Für die *Praxis* hat sich im ärztlichen Berufsrecht eine klar umrissene, gegenständliche Bedeutung entwickelt. Wie bereits ausgeführt, bezeichnet sie die Einrichtung einer mit den notwendigen räumlichen, sächlichen und personellen Mitteln ausgestatteten Sprechstelle, die zur Ausübung der ambulanten ärztlichen Tätigkeit an einem Ort unter gleichzeitiger Ankündigung gegenüber dem Publikum betrieben wird.[638] Ihr Gegenstück stellt die stationäre Einrichtung dar, die ihren Patienten zusätzliche Pflege und Unterbringung bieten kann. Obwohl in der Praxis überwiegend Ärzte tätig sind (neben dem Hilfspersonal), darf hier schon angemerkt werden, dass es nach der Definition auf die Person des Betreibers nicht darauf ankommt. Eine Praxis kann grundsätzlich von jedermann geführt werden.

Die *Niederlassung* ist gewöhnlich der Ort, an dem ein Gewerbebetrieb unterhalten wird.[639] „Sich niederzulassen" heißt, sich zu setzen, kann aber auch „Ansässigwerden", „sich Etablieren" bedeuten.[640] Immer geht es um die Auswahl eines Ortes zu einem längeren oder dauerhaften Aufenthalt. Für Außenstehende ist der Niedergelassene erkennbar derjenige, der den Ort besetzt hält. Daran anknüpfend

---

[636] Zum ärztlichen Notfalldienst *Narr*, Ärztliches Berufsrecht, Rz. B 478 ff.

[637] Dazu schon die Auswertung der Niederlassungsgebote in § 1, B. II. 1. b.

[638] *Ratzel*, in: Ratzel/Lippert, Kommentar zur MBO, § 17, Rz. 2 f.; ähnlich *Uhlenbruck-/Schlund*, in: Laufs/Uhlenbruck, Handbuch des Arztrechts, § 18, Rz. 1; *Taupitz*, NJW 1996, 3033, 3035; *Richardi*, in: Münchener Handbuch zum Arbeitsrecht, Band 2, § 203, Rz. 6 f.; *Preißler*, in: Ehlers, Praxis der Fortführung, Kap. 1, Rz. 34.

[639] Duden, Band 6, Stichwort „Niederlassung"; Wahrig, Stichwort „Niederlassung". Nach Brockhaus, Enzyklopädie, Band 13, Stichwort „Niederlassung" auch: „Gründung eines Wohnsitzes im Unterschied zum nichtständigen Aufenthaltsort".

[640] Duden, Band 6, Stichwort „niederlassen"; Wahrig, Stichwort „niederlassen".

versteht auch das ärztliche Berufsrecht die Niederlassung als öffentlich erkennba-res Bereitstellen zur Ausübung des ärztlichen Berufs in selbständiger Praxis.[641]

Formal charakterisiert das „öffentlich erkennbare Bereitstellen in selbstständi-ger Praxis" damit die rechtliche Verfügungsbefugnis über die Praxis und das ei-genverantwortliche und wirtschaftlich selbstständige Angebot der ambulanten ärztlichen Tätigkeit. So entscheidet der Niedergelassene über die räumlichen und sächlichen Mittel, über den Einsatz von Hilfspersonal, über die Annahme eines Auftrags und legt die Höhe der Liquidation fest. Er schließt die Behandlungsver-träge im eigenen Namen ab, wie er auch die Liquidation gegenüber Kassen und selbstzahlenden Patienten durchführt.[642] Obwohl sich mittlerweile sogar der Aus-druck der „Niederlassung in *eigener* Praxis" eingebürgert hat, ist man sich aber darin einig, dass die Eigentumsverhältnisse an den Praxisräumen und –gerät-schaften unerheblich sind.[643]

Allerdings fehlt eine Aussage darüber, *wer* diese Kriterien zu erfüllen hat. Wahrscheinlich liegt es an der Zielsetzung „zur Ausübung des ärztlichen Berufs", dass die Niederlassung in der Regel nur für den Arzt in Betracht gezogen wird („niedergelassener Arzt"). Sie kommt in den gleichfalls eingebürgerten Wendun-gen des „in selbständiger Praxis niedergelassenen Arztes" oder des „in freier Pra-xis niedergelassenen Arztes" zum Ausdruck.[644] Dadurch wird die Ärzte-GmbH aber noch nicht gehindert, eine Praxis öffentlich bereitzustellen, um in ihr den Arztberuf – durch ihre Angestellten – auszuüben zu lassen.

bb. Folgerung

Mithin findet die ambulante ärztliche Tätigkeit immer in einer Praxis statt. Wer sich niederlässt, unterhält eine Praxis. Vor diesem Hintergrund ist es natürlichen und juristischen Personen in gleicher Weise möglich, eine ambulante Sprechstelle zu betreiben. Beide können sich niederlassen. Was für die Ärzte gilt, kann somit auch die Ärzte-GmbH für sich in Anspruch nehmen. Hinzu tritt ferner, dass GmbH-Ärzte wie ihre niedergelassenen Kollegen in einer Praxis tätig sind. Aller-dings fehlt ihnen die für die Niederlassung charakteristische rechtliche und wirt-schaftliche Selbständigkeit.[645] Hält man sich aber die Übereinstimmungen ihrer ei-gentlichen ambulanten ärztlichen Praxistätigkeit vor Augen, spricht dies dafür, die Geltung der speziellen Berufspflichten auch auf die GmbH-Ärzte auszudehnen.

---

[641] OLG München, VersR 1990, 614 f.; LG Mainz, VersR 1992, 44; LG Köln, VersR 1992, 43; *Deutsch/Spickhoff*, Medizinrecht, Rz. 26; *Narr*, Ärztliches Berufsrecht, Rz. B 383; so auch die Literatur zu § 4 Abs. 2 MB/KK: *Schoenfeldt/Kalis*, in: Bach/Moser, MB/KK, § 4, Rz. 21.

[642] *Ahrens*, MedR 1992, 141, 145; *Taupitz*, MedR 1993, 367, 371.

[643] BSGE 35, 247, 250; 76, 59, 64; *Taupitz*, NJW 1996, 3033, 3035; darauf verweisen im Rahmen der Gesetzlichen Krankenversicherung auch *Wiegand*, in: Maa-ßen/Schermer/Wiegand/Zipperer GKV-Komm, § 95, Rz. 15; *Hencke*, in: Peters, SGB V, § 95, Rz. 3; *Hess*, in: Kasseler Kommentar, § 95 SGB V, Rz. 43.

[644] Vgl. *Taupitz*, NJW 1996, 3033, 3035.

[645] LG Nürnberg-Fürth, VersR 1992, 45; LG Mainz, VersR 1992, 44 f.; LG Köln, VersR 1992, 43 f.; *Taupitz*, NJW 1996, 3033, 3035; *Uhlenbruck/Schlund*, in: Laufs/Uhlen-bruck, Handbuch des Arztrechts, § 18, Rz. 14.

In der versicherungsrechtlichen Literatur wird – wahrscheinlich in Anlehnung an das Niederlassungsmerkmal der „öffentlichen Erkennbarkeit" – überlegt, ob es nicht darauf ankomme, wer nach außen in Erscheinung trete.[646] Das sei bei einer ambulanten Arztpraxis stets der Arzt. Für die von einer GmbH betriebenen Praxis müsse dasselbe gelten. Zumindest wenn die angestellten Ärzte Gesellschafter und Geschäftsführer seien und ihre Namen auf Praxisschildern erschienen, bestünde in der Wahrnehmung für die Patienten kein Unterschied zum niedergelassenen Arzt. Dieses, auf die Unterscheidungsfähigkeiten des „normalen" Patienten abstellende Verständnis bezieht alle Ärzte in den Begriff ein, sofern sie nur in einer Praxis arbeiten. Danach sind sogar angestellte Praxisärzte niedergelassen. Für die Anwendbarkeit des ärztlichen Berufsrechts gibt es jedoch keinen Grund, die Sicht der Patienten und ihre Unterscheidungsfähigkeiten als Kriterium der Selbstständigkeit heranzuziehen.

Abzulehnen ist auch die These, die ärztliche Niederlassung veranschauliche die freiberuflichen Elemente ärztlicher Tätigkeit.[647] Sie lässt sich mit der Wortbedeutung nicht vereinbaren. Wäre jeder Arzt niedergelassen, der seinen Beruf fachlich eigenverantwortlich und unabhängig ausübte, gälte dies sogar für den angestellten Krankenhausarzt.

Bei der Durchsicht der Heilberufe- und Kammergesetze wird daher an der Bedeutung der Begriffe „Praxis" und „Niederlassung" im ärztlichen Berufsrecht festgehalten. Soweit möglich, werden die Regelwerke in Gruppen zusammengefasst behandelt. Die von der Gesundheitsministerkonferenz der Länder gemeinsam erarbeitete und als Grundlage angesehene Richtlinie hat nicht immer zu wortgleichen Regelungsabschnitten geführt, zumal auch die spätere Gesetzgebung zum Teil unterschiedlich verlaufen ist.

b. Länder mit Regelungen für Ärzte „in niedergelassener Praxis": Baden-Württemberg

In Baden-Württemberg beschränkt § 30 Abs. 3 Satz 2 HeilBerKaG BW die Pflicht zur Teilnahme am Notfalldienst auf Ärzte, die in niedergelassener Praxis tätig sind:

> „Sie [gemeint sind die „Ärztinnen und Ärzte", vgl. Satz 1] haben, sofern sie an der ambulanten Versorgung in niedergelassener Praxis [...] mitwirken, grundsätzlich am Notfalldienst teilzunehmen und sich hierin fortzubilden, auch wenn sie eine Bezeichnung nach dem 6. Abschnitt führen."

Für GmbH-Ärzte gilt diese spezielle Berufspflicht also nur, wenn sie auch das Tatbestandsmerkmal des „Mitwirkens in niedergelassener Praxis" erfüllen.

---

[646] *Dreher*, VersR 1995, 245, 248 f. dieser Ansatz ist aber auf die Auslegung der allgemeinen Versicherungsbedingungen bezogen. Er soll auch da wieder aufgegriffen werden, vgl. § 5, II. 1. b. bb.

[647] *Hildebrandt*, Entwicklungen und Rechtsprobleme freiberuflicher Zusammenschlüsse, S. 161 f.

aa. Grammatische Auslegung

Ausgehend vom Wortlaut könnte dies der Fall sein. Die in § 30 Abs. 3 Satz 2 HeilBerKaG BW getroffene Wortwahl der „niedergelassenen Praxis" hebt den Bezug zur Praxis hervor, ohne dass seine Person näher umschrieben würde. Die Leitung durch einen niedergelassenen Arzt wird nicht verlangt. Vielmehr bleiben die Rechtsverhältnisse der in niedergelassener Praxis behandelnden Ärzte insgesamt ausgenommen. Weil aber auch der angestellte GmbH-Arzt in einer „niedergelassenen Praxis" tätig ist, wird er dadurch zum Adressat der speziellen Berufspflicht in § 30 Abs. 3 Satz 2 HeilBerGKaG BW.

Es ist einzuräumen, dass sich diese Auslegung über den herkömmlichen Bezug der Niederlassung zur Person des Arztes („niedergelassener Arzt") hinwegsetzt. Jede ambulante Praxis wird letztlich von einer Person eigenverantwortlich und selbstständig geleitet. Im Ergebnis reduziert sich die Bedeutung der „Niederlassung" in dieser Formulierung auf die Angabe der eigenständigen, ambulanten Sprechstelle. Dasselbe muss für die im Sprachgebrauch eingebürgerten Wendungen des „Arztes in eigener bzw. selbständiger Praxis" gelten. § 30 Abs. 3 Satz 2 HeilBerKaG BW verzichtet aber gerade auf die Verbindung zum Arzt.

Im Übrigen genügt in § 30 Abs. 3 Satz 2 HeilBerKaG BW schon das einfache „Mitwirken" der Ärzte in der niedergelassenen Praxis. Die darin ausgedrückte geringwertige Form der Beteiligung betrifft nur angestellte Ärzte und erreicht nicht die Qualität der selbstständigen und eigenverantwortlichen Leitung. Dem „niedergelassenen Arzt" wird es nicht gerecht, seine Tätigkeit nur als Mitwirken zu werten. Sollte der Geltungsbereich des § 30 Abs. 3 Satz 2 HeilBerKaG BW also nur auf „niedergelassene Ärzte" zugeschnitten sein, wäre die Wahl des Verbs „Mitwirken" verfehlt.

Von da aus erscheint es naheliegender, dass im „Mitwirken" der kleinste gemeinsame Nenner der Praxistätigkeit ausgedrückt wird und damit das Bemühen, mit § 30 Abs. 3 Satz 2 HeilBerKaG BW alle in einer „niedergelassenen Praxis" gleich welcher Zusammensetzung tätigen Ärzte zur Teilnahme am Notdienst zu verpflichten. Im Ergebnis bestärkt daher der Kontext des § 30 Abs. 3 Satz 2 Heil BerKaG BW die Annahme, dass der Begriff der „niedergelassenen Praxis" wörtlich in diesem Sinne zu verstehen ist.

bb. Systematische Auslegung

Weitere Regelungen für spezielle Arztgruppen, aus deren Vergleich sich Rückschlüsse über die Bedeutung der „Ärztinnen und Ärzte [...] in niedergelassener Praxis" ziehen lassen, enthält das HeilBerKaG BW nicht.

Die in § 31 Abs. 1 Satz 2 HeilBerKaG BW geregelte Befreiung vom Notfalldienst „aus schwerwiegenden Gründen" spricht für den Einbezug aller ambulant tätigen Ärzte in die Notfalldienstpflicht. Als einziges Zugeständnis an die berufliche Situation lässt sie die Teilnahme am klinischen Bereitschaftsdienst mit Notfallversorgung gelten.[648] Das Anerkennen eines einzigen *beruflich* begründeten

---

[648] § 31 Abs. 1 Satz 2 HeilBerKaG BW lautet:

Befreiungsgrundes verdeutlicht die grundsätzliche Pflicht aller ambulant tätigen Ärzte zum Notfalldienst in § 30 Abs. 3 Satz 2 HeilBerKaG BW. Aus beruflichen Gründen können sie sich also nur entziehen, wenn sie einen gleichwertigen klinischen Notfalldienst übernommen haben.[649]

cc. Historisch-genetische Auslegung

Weil § 30 Abs. 3 HeilBerKaG BW erst durch Gesetz vom 25. November 1999[650] eingefügt worden ist, entfällt die Argumentation mit einem früher andersartigen, historischen Begriffsverständnis. Dem Landesgesetzgeber war 1999 die Entwicklung zu neuen Formen in der ambulanten Berufsausübung bekannt, insbesondere zur Einführung der Ärzte-GmbH. Wenn er dennoch auf das Tatbestandmerkmal der „Niederlassung" nicht verzichtete, könnte er sich bewusst für die herkömmliche, engere Bedeutung i.S.d. „niedergelassenen Arztes (in freier, eigener oder selbständigen Praxis)" entschieden haben.

Die Materialien zur Entstehungsgeschichte belegen jedoch, dass der Gesetzgeber alle in der ambulanten Versorgung tätigen Ärzte erfassen wollte. Der Gesetzentwurf der Landesregierung nimmt ausdrücklich zur personellen Reichweite des § 30 Abs. 3 Satz 2 HeilBerKaG BW n.F. Stellung:

> „Die Verpflichtung zur Teilnahme am Notfalldienst bezieht sich mithin nicht nur auf Kammermitglieder, die ihren Beruf in eigener Praxis oder im Rahmen einer Berufsausübungsgemeinschaft ausüben, sondern auch auf Kammermitglieder, die als Angestellte eines niedergelassenen Kammermitglieds oder einer Juristischen Person des Privatrechts ambulant tätig sind."[651]

Diese Äußerungen belegen, dass die baden-württembergische Landesregierung das Auftreten juristischer Personen auf dem Gebiet der ambulanten Versorgung erkannt und für zulässig befunden hat. Wollte sie mit ihrer Formulierung die hier genannten Personengruppen erfassen, konnte sie nur die am genauen Wortsinn orientierte Auslegung der „niedergelassenen Praxis" im Sinn gehabt haben. Die späteren Lesungen und die Beratungen im Sozialausschuss haben keine Änderungen mehr herbeigeführt.[652] Mithin ist davon auszugehen, dass der Gesetzgeber die

---

„Sie [die Berufsordnung] hat insbesondere vorzusehen, dass die Verpflichtung zur Teilnahme am ärztlichen [...] Notfalldienst nur für einen räumlich abgegrenzten Bereich gilt, und dass von der Teilnahme am Notfalldienst aus schwerwiegenden Gründen, insbesondere wegen körperlicher Behinderungen oder besonders belastender familiärer Pflichten sowie wegen Teilnahme an einem klinischen Bereitschaftsdienst mit Notfallversorgung auf Antrag ganz, teilweise oder vorübergehend befreit werden kann."

[649] Der VGH Baden-Württemberg, MedR 1999, 228, 229 geht in einem Urteil zur Befreiung von der Teilnahme am Notfalldienst sogar von der Verpflichtung „aller Kammermitglieder (alle approbierten Ärzte)" aus. In seinen weiteren Ausführungen beschränkt er sich wieder auf die „niedergelassenen Ärzte".

[650] GBl. BW 1999, S. 453.

[651] Landtag Baden-Württemberg, Drs. 12/4278 vom 16.7.1999, S. 21.

[652] Aussprache zum Gesetzentwurf der Landesregierung Baden-Württemberg, nachzulesen im Plenarprotokoll der 70. Sitzung vom 6.10.1999, 12.Wahlperiode, S. 5578-5583; fer-

von der Landesregierung initiierte Absicht übernommen und sich zu eigen gemacht hat.

Im Übrigen entspricht es seiner Wertung, die speziellen Berufspflichten auf den gesamten ambulanten Bereich auszuweiten.[653] Schon mit dem Sinn der Gesetzesänderung wäre es nicht vereinbar gewesen, im neuen § 30 Abs. 3 Satz 2 HeilBerKaG BW eine spezielle Regelung für „niedergelassene Ärzte" als natürliche Personen zu erblicken.

dd. Ergebnis

Angesichts des genauen Wortlauts der Vorschrift ist § 30 Abs. 3 Satz 2 HeilBerKaG BW entgegen dem herkömmlichen Verständnis des „niedergelassenen Arztes" auf alle ambulant tätigen Ärzte anwendbar, sofern sie eigenverantwortlich in einer Praxis arbeiten.

Für das Land Baden-Württemberg folgt daraus, dass § 30 Abs. 3 Satz 2 HeilBerKaG BW die GmbH-Ärzte ebenfalls zur Teilnahme am Notfalldienst verpflichtet. Berufsrechtlich sind sie allen anderen ambulant tätigen Ärzten gleichgestellt.

Die hier vertretene Auslegung bindet alle angestellten Ärzte in die Reichweite der Berufspflichten ein, gilt also auch für die Mitarbeiter von niedergelassenen Ärzten. Bisher konnte diese Gruppe nur mittelbar über die Verpflichtung des niedergelassenen Arztes einbezogen werden, sofern dieser seine Notfalldienstpflicht im Arbeitsvertrag i.V.m. § 611 BGB über sein Direktionsrecht gem. § 315 BGB an die angestellten Ärzte weitergegeben hatte. Eine Auslegung, die alle ambulanten Ärzte betrifft, führt dazu, diese Lasten gleichmäßig auf alle ambulant tätigen Ärzte zu verteilen.

c.   Länder mit Regelungen für Ärzte „in eigener Praxis"

Anders als in Baden-Württemberg enthalten die Heilberufe- und Kammergesetze der meisten Länder spezielle Berufspflichten, deren personelle Reichweite auf Ärzte „in eigener Praxis" begrenzt ist. Zu dieser Gruppe gehören Bayern, Berlin, Brandenburg, Hessen, Mecklenburg-Vorpommern, Niedersachsen, Nordrhein-Westfalen, Rheinland-Pfalz und das Saarland. Es bietet sich an, die Ländergesetze nach ihrem einschränkenden Regelungsgehalt zur Ärzte-GmbH in Gruppen zusammenzufassen.

---

ner Landtag Baden-Württemberg, Drs. 12/4554 vom 11.11.1999 und Drs. 12/4633 vom 24.11.1999.

[653] Beim Landtag Baden-Württemberg, Drs. 12/4278 vom 16.7.1999, auf S. 21 heißt es außerdem: „Die Neuregelung ist geboten, um die Verpflichtung der ärztlichen [...] Kammermitglieder zur Teilnahme am Notfalldienst den herrschenden Gegebenheiten der ambulanten medizinischen Berufsausübung anzupassen."

aa. Länder mit verfassungswidrigen Regelungen zur Ärzte-GmbH: Bayern und Berlin

Bayern verpflichtet gem. Art. 18 Abs. 1 Satz 1 Nr. 2 BayHKaG zum Notfalldienst:

> „Die Ärzte, die ihren Beruf ausüben, haben insbesondere die Pflicht, [...]
> 2. soweit sie in eigener Praxis tätig sind, am Notfall- und Bereitschaftsdienst teilzunehmen, [...]".

Das Berliner Kammergesetz beschränkt nicht nur die Teilnahmepflicht zum Notfalldienst, sondern auch die Pflicht zur Aufzeichnung der in Ausübung des Berufs gemachten Feststellungen und getroffenen Maßnahmen auf Ärzte, die „in eigener Praxis" tätig sind, § 4a Abs. 1 Nr. 3 und Nr.4 BlnKaG.

Das führt zu der – auch die Länder Brandenburg, Hessen, Mecklenburg-Vorpommern, Niedersachsen, Nordrhein-Westfalen, Rheinland-Pfalz und das Saarland – betreffenden Frage, wie das Merkmal der Tätigkeit „in eigener Praxis" auszulegen ist.

(a) Grammatische Auslegung

Auf den ersten Blick bezieht es sich auf die Verfügungsbefugnis des Eigentümers über die Sprechstelle (erste Auslegungsmöglichkeit). Diese Auslegung berücksichtigt aber nicht einmal die regulär niedergelassenen Ärzte, die ihre Praxis nur gemietet oder gepachtet haben. Es besteht kein Grund, die Modalitäten der Berufsausübung nach den Eigentumsverhältnissen an der Praxis auszurichten.[654] Deshalb ist diese Auslegung abzulehnen.

Unter Rückgriff auf den in Rechtsprechung und Literatur landläufigen Ausdruck der „Niederlassung des Arztes in eigener Praxis" wird darum einem weiteren Verständnis der Vorzug gegeben: Ärzte „in eigener Praxis" sind niedergelassen.[655] Möglicherweise ist diese Bedeutung auf das vermeintliche Eigentum des Arztes an der Praxis zurückzuführen. Ein Praxisbetreiber erweckt nach außen den Eindruck, zugleich Praxiseigentümer zu sein, selbst wenn seine Rechte aus einem Pachtvertrag stammen. Nimmt man auf die für einen Praxiseigentümer typischen Merkmale Bezug, steht die „eigene Praxis" verkürzt für die rechtliche Verfügungsbefugnis und damit auch für die wirtschaftliche Selbstständigkeit. Sie beschreibt die *eigen*verantwortliche *und* selbstständige Tätigkeit des Arztes. Das entspricht seiner Niederlassung (zweite Auslegungsmöglichkeit).

Diese geläufige Auslegung schließt angestellte Ärzte wegen ihrer fehlenden rechtlichen Verfügungsbefugnis und wirtschaftlichen Selbstständigkeit vom Geltungsbereich der Art. 18 Abs. 1 Satz 1 Nr. 2 BayHKaG und § 4a Abs. 1 Nr. 3 und Nr. 4 BlnKaG aus. Verfügungsberechtigt ist allein die Gesellschaft.

Als denkbare Auslegungsvoraussetzung kommt schließlich in Betracht, dass ein Arzt in „eigener Praxis" tätig ist, wenn er in einer Sprechstelle eigenverantwort-

---

[654] So auch BSGE 35, 247, 250.
[655] BSGE 35, 247, 250, *Taupitz*, NJW 1996, 3033, 3035; *Ratzel*, in: Ratzel/Lippert, Kommentar zur MBO, § 17, Rz. 2.

lich und fachlich unabhängig seinem Beruf nachgeht.[656] Bei dieser Auslegung treten die wirtschaftliche Selbstständigkeit und damit die Niederlassung in den Hintergrund. Entscheidend für eine Verpflichtung zum Notdienst bleibt die berufliche Freiheit, die seine Berufstätigkeit in der Praxis begleitet, und die für Freiberufler besondere Bedeutung hat. Das kommt dem bayerischen Heilberufe-Kammergesetz und dem Berliner Kammergesetz insofern entgegen, als sie eben nicht von der *„Niederlassung des Arztes* in eigener Praxis" ausgehen. Der Wortlaut belässt es sogar dabei, nur die *Tätigkeit* „in eigener Praxis" zu verlangen, was noch nicht heißt, auch die *Unterhaltung* und den Betrieb der Praxis einzubeziehen. Somit wäre es unerheblich, ob die rechtlich selbstständige, ambulante Sprechstelle von einer natürlichen oder juristischen Person betrieben würde, sofern sie nur „eigenverantwortlich" erfolgt. Entsprechend der gesetzlichen Regelung in Baden-Württemberg müssen die Niederlassungskriterien nicht in der Person des Arztes erfüllt sein (dritte Auslegungsmöglichkeit). Danach sind alle in ambulanten Sprechstellen eigenverantwortlich tätigen Ärzte von Art. 18 Abs. 1 Satz 1 Nr. 2 BayHKaG und § 4a Abs. 1 Nr. 3 und Nr.4 BlnKaG erfasst, unter ihnen auch die GmbH-Ärzte.

Die Konsequenz der dritten Auslegung liegt darin, dass sie die rechtliche Selbstständigkeit in Form der ärztlichen Niederlassung nicht verlangt. Für sie spricht, dass nur mit ihr die sprachlich angedeutete Unterscheidung zwischen der „eigenen Praxis" und dem herkömmlichen Ausdruck eines *„niedergelassenen Arztes* in eigener, freier oder selbständiger Praxis" zum Tragen kommt. Ohne das Hinzutreten weitere Anhaltspunkte ist jedoch nicht davon auszugehen, dass die Formulierung bewusst verkürzt wurde, um einen Bedeutungswandel herbeizuführen. Die Wahrscheinlichkeit, dass ein Begriff wegen seiner Zugehörigkeit zu einem anerkannten Ausdruck verwendet wird, überwiegt.[657]

Diese Vermutung spricht somit für die herkömmliche zweite Auslegung.

(b) Systematische Auslegung

Aus dem in Art. 18 Abs. 1 Satz 2 BayHKaG normierten Verbot für juristische Personen des privaten Rechts, eine Praxis zu führen, folgt, dass die speziellen Berufspflichten nur niedergelassene Ärzte betreffen sollen. Ebenso ist das Niederlassungsgebot in § 4a Abs. 4 BlnKaG ein Argument für einen engen Anwendungsbereich des § 4a Abs. 1 Nr. 3 und Nr.4 BlnKaG. Infolge ihrer Verfassungswidrigkeit sind diese Regelungen jedoch im Zusammenhang der systematischen Auslegung unerheblich.

Im Übrigen lassen die Befreiungsgründe für den Notfalldienst in Bayern und Berlin die grundsätzliche Verpflichtung aller ambulant tätigen Ärzte erkennen, vgl. Art. 18 Abs. 3 Satz 2 BayHKaG und § 4a Abs. 2 Satz 3 BlnKaG. Wie in Ba-

---

[656] VGH Baden-Württemberg, MedR 2001, 215, 216 f. unter Hinweis auf ein gleichlautendes Schreiben der Bundesärztekammer an die Landesärztekammern vom 26.10.1994; *Hess*, in: Kasseler Kommentar, § 95 SGB V, Rz. 43, allerdings ohne die Folgerung, angestellte Ärzte könnten demnach in eigener Praxis tätig sein.

[657] Vgl. *Looschelders/Roth*, Juristische Methodik im Prozeß der Rechtsanwendung, D.II.1.b.aa, S. 140.

den-Württemberg akzeptieren sie Ausnahmen nur bei der Teilnahme am klinischen Bereitschaftsdienst mit Notfallversorgung. Bezugnehmend auf ein Urteil des Bundesverwaltungsgerichts[658] gilt diese Passage auch für ambulant tätige Praxisärzte, die bei einem klinischen Dienst mitwirken.[659] Augenscheinlich wollte die bayerische Landesregierung alle Ärzte zum allgemeinen Notfalldienst verpflichten und nur einen gleichwertigen Ersatzdienst in der Klinik gelten lassen. In Berlin bezweckt schon § 4a Abs. 2 Satz 1 BlnKaG, den Geltungsbereich des § 4a Abs. 1 Nr. 4 BlnKaG für Ärzte aller fachlicher Gebietsrichtungen festzustellen.[660] Angesichts dieser beabsichtigten Lückenlosigkeit der Verpflichtungen wäre ein Ausschluss der GmbH-Ärzte, nur weil sie in der Praxis eines nichtärztlichen Betreibers beschäftigt sind, im Rahmen der beiden Vorschriften nicht zu vertreten.

Für die Rechtslage in *Berlin* ist zusätzlich auf § 4a Abs. 3 Nr. 1 BlnKaG zu verweisen. Danach ist die Ärztekammer ermächtigt, weitere Vorschriften über „1. die Ausübung des Berufs in eigener Praxis oder in Einrichtungen, die der ambulanten Behandlung dienen" zu erlassen. Es erscheint denkbar, als Ärzte „in eigener Praxis" weiterhin die Niedergelassenen anzusehen und mit den „Einrichtungen, die der ambulanten Behandlung dienen," die Arbeitsstätten aller sonstigen ambulant beschäftigten Ärzte zu bezeichnen. Die GmbH-Ärzte fielen dann unter die zweite Variante. Mangels vorhandener „eigener Praxis" würden ihre angestellten Ärzte den Tatbestand der hier relevanten speziellen Berufspflichten nicht mehr erfüllen.

Dieser Einwand greift jedoch nicht durch. Die zweite Variante gilt den stationären Einrichtungen, die zum Erbringen zusätzlicher ambulanter Leistungen ermächtigt wurden. Insofern hat sie einen eigenständigen Regelungsgehalt, selbst wenn die Berufsausübung von GmbH-Ärzten unter die erste Variante der Vorschrift fallen sollten. Aus § 4a Abs. 3 Nr. 1 BlnKaG sind also Rückschlüsse auf die Reichweite des Merkmals der „eigenen Praxis" in § 4a Abs. 1 Nr. 3, Nr.4 BlnKaG nicht möglich.

Für das bayerische Heilberufe-Kammergesetz und das Berliner Kammergesetz gelten: Die Vermutung spricht dafür, anerkannte Ausdrücke wegen ihrer feststehenden Bedeutung zu verwenden. Demnach sind nur niedergelassene Ärzte „in eigener Praxis tätig". Systematisch ist aber auch die dritte Auslegungsmöglichkeit mit den gesetzlichen Regelungen in Einklang zu bringen, nach der jeder Arzt „in eigener Praxis tätig" ist, der fachlich weisungsunabhängig in einer Praxis arbeitet.

(c) Historisch-genetische Auslegung

Die Rechtslage zum Zeitpunkt des Erlasses der Regelungen deutet daraufhin, dass der „Arzt in eigener Praxis" ein anderer Ausdruck für den „ambulant tätigen Arzt" war.

---

[658] BVerwG, NJW 1973, 576 ff. = DÖV 1973, 311 ff. zur damaligen nordrhein-westfälischen Rechtslage.

[659] Bayerischer Landtag, Drs. 8/4364 vom 31.1.1977, S. 22.

[660] Vergleiche die Beweggründe des Berliner Gesetzgebers, Abgeordnetenhaus von Berlin, Drs. 7/1251 vom 19.5.1978, S. 3; Vgl. auch das Plenarprotokoll der 87. Sitzung vom 8.6.1978, 7. Wahlperiode, S. 3772, 3773.

Die Berufspflichten der bayerischen Ärzte stammen vom 24. November 1977[661]. In Berlin wurden sie durch Gesetz vom 17. Juli 1978[662] erlassen. Seinerzeit entsprach die ärztliche Niederlassung der gesamten ambulanten Tätigkeit außerhalb der Krankenhäuser. Die Gesetzgeber hatten keinen Anlass zur Annahme, dass sie später nur eine Teilmenge der „ambulanten Tätigkeit" ausmachen würde.

Vor diesem Hintergrund müssten Art. 18 Abs. 1 Satz 1 Nr. 2 BayHKaG und § 4a Abs. 1 Nr. 3 und Nr. 4 BlnKaG heute i.S.d. der dritten Interpretation erweitert ausgelegt werden. Personell wären die GmbH-Ärzte, da eigenverantwortlich ambulant in der Praxis der GmbH tätig, erfasst.

Freilich bestätigen diese Überlegungen gerade die Annahme, dass die Gesetzgeber mit dem Zusatz „in eigener Praxis" die damals wie heute landläufige ärztliche Niederlassung (zweite Auslegungsmöglichkeit) im Sinn hatten, da sie die einzig bekannte und zugelassene Form der Tätigkeit außerhalb von Krankenhäusern darstellte.[663] Für sich genommen hat also nicht die „eigene Praxis" einen Bedeutungszuwachs erfahren,[664] sondern der von vornherein weiter angelegte (Ober-) Begriff der „ambulanten Tätigkeit". Einer neuen Interpretation der Tätigkeit „in eigener Praxis" i.S.d. dritten Auslegungsmöglichkeit steht dies nicht entgegen, wenn man dadurch dem gesellschaftlichen Wandel Rechnung tragen kann. Ein solches Vorgehen bietet sich an, wenn der ursprüngliche Zweck angesichts der veränderte Verhältnisse eine engere oder weitere Auslegung erfordert.[665] Die Aufnahme neuer Inhalte ist allerdings nur in den Grenzen des Wortsinns erlaubt.[666] Diese Voraussetzung ist hier jedoch erfüllt.

Einer Anpassung an die rechtliche Entwicklung stehen allerdings die in anderen Vorschriften zum Ausdruck gekommenen späteren Absichten beider Gesetzgeber entgegen. Seit dem Gesetz vom 23. Juli 1993[667] gilt in Bayern das Verbot des Führens einer ärztlichen Praxis in der Rechtsform einer juristischen Person des Privatrechts, vgl. Art. 18 Abs. 1 Satz 2 BayHKaG. Mit Gesetz vom 30. Oktober 1995[668] wurde in Berlin das Niederlassungsgebot in Form des § 4a Abs. 4 BlnKaG eingeführt. An der alten Rechtsauffassung von der begrenzten Zulässigkeit der Rechtsformen des privaten Rechts bei Arztpraxen sollte gerade festgehalten werden. Selbst wenn diese Absichten verfassungswidrig waren, wollten die Gesetzgeber neue Formen ambulanter Tätigkeit unterbinden.

---

[661] BayGVBl. 1977, S. 657.

[662] BlnGVBl. S. 1359.

[663] Insbesondere stammt das zitierte Urteil in BSGE 35, 247 ff. aus dem Jahre 1973. Aber auch hier wird der Begriff der „Niederlassung in eigener Praxis" mit der oben beschriebenen Ausführung des niedergelassenen Arztes zugrundegelegt.

[664] Bedeutungszuwachs, weil der Adressatenkreis vielfältiger wird und wächst. Hinsichtlich der tatbestandlichen Voraussetzungen wiederum ein Bedeutungsverlust, weil das Erfordernis der wirtschaftlichen Selbstständigkeit entfällt.

[665] *Larenz/Canaris*, Methodenlehre der Rechtswissenschaft, S. 171.

[666] *Looschelders/Roth*, Juristische Methodik im Prozeß der Rechtsanwendung, D.II.1.b.aa, S. 139.

[667] BayGVBl. 1993, S. 511.

[668] BlnGVBl. S. 144.

Dementsprechend bringen die Gesetzesmaterialien – zumindest in Bayern – nur den Entschluss für ein vollständiges Verbot der juristischen Person zum Ausdruck.[669] Weitergehende Aussagen, inwiefern die Gesetzesvorhaben den Inhalt der anderen Vorschriften beeinflussen sollten oder was im Falle der Verfassungswidrigkeit gelten sollte, fehlen. Im Hinblick auf die schon 1977 und 1978 erlassenen speziellen Berufspflichten (Art. 18 Abs. 1 Satz 1 Nr. 2 BayHKaG und § 4a Abs. 1 Nr. 3 und Nr. 4 BlnKaG) ist die Annahme überzeugend, dass beide Gesetzgeber – im Vertrauen auf die Geltung der neuen Beschränkungen – die „eigene Praxis" weiterhin als „ärztliche Niederlassung" i.S.d. zweiten Auslegungsmöglichkeit angesehen haben.

Daraus kann man aber noch nicht den Schluss ziehen, dass der vorhandene Wille des Gesetzgebers zum Verbot der juristischen Person die Absicht mitenthält, sie im Falle der Verfassungswidrigkeit wenigstens allen berufsrechtlichen Pflichten zu unterwerfen.

Somit führen die 1993 in Bayern und 1995 in Berlin erfolgten Änderungen zur Annahme der zweiten Auslegung, wonach Ärzte „in eigener Praxis" stets selbst niedergelassen sein müssen. Der spätere gesetzgeberische Wille, diese Form der Niederlassung als Berufsmodell unter Ausschluss von Kapitalgesellschaften ausnahmslos beizubehalten, ist aber von dem früheren Willen zu unterscheiden, nach dem der Notfalldienst für alle Ärzte verpflichtend geregelt werden sollte. Er äußert sich zudem in verfassungswidrigen Bestimmungen. Deswegen kommt ihm nur ein geringes Gewicht zu. Demgegenüber sprechen die historischen Umstände für ein erweitertes Verständnis i.S.d. dritten Auslegungsalternative, nach der die eigenverantwortliche Berufsausübung in einer Praxis den Ausschlag bei der Beurteilung gibt, wer am Notfalldienst teilnehmen muss, unabhängig davon, welche Person sie betreibt. In Kenntnis der Verfassungswidrigkeit der Regelungen hätten die Landesgesetzgeber die Notfalldienstpflicht auf alle in einer Praxis eigenverantwortlich tätigen Personen ausgeweitet.

(d) Teleologische Auslegung

Die Zielsetzungen der speziellen Berufspflichten in beiden Ländern sprechen für ihre personelle Erweiterung auf alle ambulant tätigen Ärzte, unabhängig von der Form der Zusammenarbeit. Die Notfalldienste sollen die Versorgung der Bevölkerung in sprechstundenfreien Zeiten mit einem funktionstüchtigen Notfalldienst sicherstellen. Gesundheitspolitisch ist ihnen große Bedeutung beizumessen. Seinerzeit haben den Berliner Gesetzgeber „übergeordnete gesundheitspolitische Gründe" bewogen, den Notfalldienst für alle umfassend zu normieren, in der Überzeugung, „die Hilfeleistung gehöre zum Wesen des Arztseins". Auch die Fertigung von Aufzeichnungen sah man „wegen ihrer herausragenden Bedeutung geboten".[670]

---

[669] Bayerischer Landtag, Drs. 12/10455 vom 9.3.1993, S. 4, 15 f. Erläuterungen zum Berliner Niederlassungsgebot von 1995 fehlen in den Materialien.

[670] Abgeordnetenhaus von Berlin, Drs. 7/1251 vom 19.5.1978, S. 3; vgl. auch das Plenarprotokoll der 87. Sitzung vom 8.6.1978, 7. Wahlperiode, S. 3772, 3774.

Außerdem bedeutet der Notfalldienst für den einzelnen Arzt eine enorme Belastung.[671] Die Teilnahme erfordert eine ständige Fortbildung, weswegen den zeitlichen Aufwand zusätzliche finanzielle Einbußen begleiten. Das ist nur zu leisten, wenn alle Ärzte diesen besonderen Zusatzdienst leisten, abgesehen davon, dass den niedergelassenen Ärzten eine derartige Ungleichbehandlung gegenüber GmbH-Ärzten nicht zumutbar wäre. Für eine effektive Durchsetzung des Notdienstes muss diese Last auf alle ambulant tätigen Ärzte gleichmäßig verteilt werden. Das entspricht auch der historischen Ausgangslage der Vorschrift.

Dasselbe gilt für die Dokumentationspflicht ärztlicher Maßnahmen in § 4a Abs. 1 Nr. 3 BlnKaG. Eine Einschränkung allein auf niedergelassene Ärzte wäre ineffektiv und würde sie gegenüber den GmbH-Ärzten benachteiligen.

Anlass für die teleologische Auslegung ist die von den Gesetzgebern nicht bedachte Folgefrage der Geltung beruflicher Pflichten für GmbH-Ärzte, wenn man die Zulässigkeit der Ärzte-GmbH annimmt. Ihr bleibt insoweit Raum, wie der feststellbare Wille des Gesetzgebers nicht entgegensteht.[672] Ursprünglich wollten die Gesetzgeber alle ambulant tätigen Ärzte am Notfalldienst beteiligen. Wäre ihnen die Verfassungswidrigkeit ihrer späteren Entscheidung, juristische Person im ambulanten Bereich zu verbieten, bewusst gewesen, hätten sie die Pflicht zur Teilnahme am Notfall- und Bereitschaftsdienst auf die nun zulässigen, bei Nichtärzten beschäftigten und ambulant tätigen Ärzte, ausgedehnt.

Ausgehend vom Zweck der Bestimmungen muss das Merkmal der Tätigkeit „in eigener Praxis" auf alle in einer Praxis ambulant tätigen Ärzte erweitert werden.

(e) Ergebnis

Die nach Wortlaut und Systematik mögliche, von der historischen und der teleologischen Auslegung getragene dritte Auslegungsalternative ist vorzugswürdig. Die für Ärzte „in eigener Praxis" normierten Pflichten richten sich an alle in einer Praxis ambulant tätigen Ärzte. Art. 18 Abs. 1 Satz 1 Nr. 2 BayHKaG und § 4a Abs. 1 Nr. 3 und Nr. 4 BlnKaG entfalten gegenüber den angestellten Ärzten einer GmbH Wirkung.

bb. Länder mit verfassungskonform korrigierten Niederlassungsgeboten: Brandenburg, Niedersachsen und Nordrhein-Westfalen

Das Brandenburgische Heilberufsgesetz erweitert den Pflichtenkreis für Ärzte, die „in eigener Praxis" tätig sind, um die Teilnahme am Notfalldienst und um die Aufzeichnung der in Ausübung ihres Berufs gemachten Feststellungen und getroffenen Maßnahmen, § 31 Abs. 1 Nr. 2 und Nr. 3 BbgHeilBerG.

---

[671] Nach Ansicht des BSG, MedR 1987, 122, 124 und des VGH Baden-Württemberg, MedR 1999, 228, 229 ist die Einrichtung eines organisierten Notfalldienstes sogar vorteilhaft: Sie befreit ihn davon, „rund um die Uhr", auch am Wochenende, für die Versorgung seiner Patienten im Notfall zur Verfügung zu stehen, wie es an sich nach den ärztlichen Berufspflichten von ihm verlangt werden könnte. Aber auch diese gerichtliche Ansicht beruht darauf, dass der Notfalldienst von allen Ärzten bestritten wird.

[672] *Looschelders/Roth*, Juristische Methodik im Prozeß der Rechtsanwendung, D.III.2.b, S. 166, und D.III.2.c.bb (1), S. 179.

Demgegenüber haben Niedersachsen und Nordrhein-Westfalen lediglich die Pflicht zur Teilnahme am Notfalldienst normiert, und zwar bezogen auf Ärzte „in eigener Praxis", § 33 Abs. 1 Nr. 2 NdsHKG und § 30 Nr. 2 HeilBerG NW.

(a) Grammatische und systematische Auslegung

Die Betroffenheit der GmbH-Ärzte von diesen Regelungen richtet sich nach dem Verständnis, welches der Berufsausübung „in eigener Praxis" beizumessen ist.

Anders als in Berlin sind die in Brandenburg, Niedersachsen und Nordrhein-Westfalen erlassenen und verfassungskonform korrigierten Niederlassungsgebote systematisch zu berücksichtigen. Im Gegensatz zum Berliner Modell enthalten sie bereits Ausnahmegenehmigungen für eine Ärzte-GmbH.[673] Insofern wäre es konsequent, dass die speziellen Berufspflichten die GmbH-Ärzte miterfassen.

Dafür spricht ferner, dass die Niederlassungsgebote in diesen drei Ländern jeweils anders als die speziellen Berufspflichten formuliert sind. Sie verlangen die *Niederlassung* in eigener Praxis, während die speziellen Berufspflichten schon bei der *Tätigkeit* in eigener Praxis ansetzen. Es ist nicht ausgeschlossen, dass die unterschiedlichen Formulierungen für unterschiedliche Tatbestände stehen, um beschäftigte und selbstständige Ärzte in den Geltungsbereich der speziellen Berufspflichten aufzunehmen.[674] Das spricht für ein weites Verständnis der *Tätigkeit* in eigener Praxis, bei der es für die Pflichtenbegründung nur auf die eigenverantwortliche Berufsausübung ankommt.

Weiterhin normieren *Brandenburg* und *Nordrhein-Westfalen* in § 32 Abs. 1 BbgHeilBerG und § 31 Abs. 1 HeilBerG NW die Befreiungsvoraussetzungen für den Notfalldienst. Einziger beruflicher Befreiungstatbestand ist wieder die Teilnahme am klinischen Bereitschaftsdienst mit Notfallversorgung.[675] Auch hier liegt das Prinzip zugrunde, die Klinikärzte wegen ihrer anderweitigen Verpflichtung auszunehmen und dafür alle ambulant tätigen Ärzte einzubeziehen.

Diese Einordnung ist in *Brandenburg* mit der Ermächtigungsregelung in § 33 Abs. 1 Nr. 2 BbgHeilBerG vereinbar. Nach ihr kann die Ärztekammer weitere Vorschriften in die Berufsordnung aufnehmen, die

> „2. der Ausübung des Berufes in eigener Praxis, in ärztlich geleiteten kommunalen, staatlichen und freigemeinnützigen Gesundheitseinrichtungen, einschließlich der Einrichtungen des Betriebsgesundheitswesens (Polikliniken, Ambulatorien u.a.) sowie in Praxiseinrichtungen, die der ambulanten Behandlung einschließlich der Diagnose dienen,".

Die Angabe weiterer Institutionen der ambulanten Versorgung spricht für die Begrenzung des Tatbestandes der „Ausübung [...] in eigener Praxis" auf den geläufigen Inhalt der ärztlichen Niederlassung. Bei der letzten Variante der „Praxiseinrichtungen, die der ambulanten Versorgung [...] dienen," ist zu bedenken, dass sie in erster Linie auf stationäre Kliniken zugeschnitten ist, die nur zuweilen am-

---

[673] § 31 Abs. 2 Satz 5 BbgHeilBerG;   § 32 Abs. 2 NdsHKG;   § 29 Abs. 2 Satz 5 HeilBerG NW.

[674] § 31 Abs. 1 Nr. 2 und Nr.3 BbgHeilBerG; § 33 Abs. 1 Nr. 2 NdsHKG; § 30 Nr. 2 HeilBerG NW.

[675] Siehe oben im § 4, A. II. 2. b. bb.

bulant behandeln. An die ambulanten Praxen juristischer Personen hat man dabei nicht gedacht. Umgekehrt muss die „Ausübung [...] in eigener Praxis" (1. Var.) nicht zwingend einen Niederlassungstatbestand für Ärzte erfüllen. Sie kann auch die gesamte eigenverantwortliche Tätigkeit in ambulanten Praxen erfassen. Für die speziellen Berufspflichten in § 31 Abs. 1 Nr. 2 und Nr. 3 BbgHeilBerG erlaubt sie den Rückschluss, dass auch sie im Hinblick auf ihren personellen Anwendungsbereich weit ausgelegt werden können.

Dasselbe gilt für die ähnlich ausgestalteten Ermächtigungsvorschriften in *Niedersachen* und *Nordrhein-Westfalen*. Gem. § 33 Abs. 2 Nr. 5 NdsHKG können weitere Berufspflichten erlassen werden für

> „5. die Ausübung des Berufs in eigener Praxis, in Praxiseinrichtungen zur ambulanten Patientenbehandlung und in sonstigen Einrichtungen der medizinischen Versorgung".

Fast wortgleich sieht dies auch § 32 Satz 2 Nr. 2 HeilBerG NW vor:

> „2. Ausübung des Berufs in eigener Praxis, in Praxiseinrichtungen, die der ambulanten Versorgung dienen, und in sonstigen Einrichtungen der medizinischen Versorgung".

Die Ausübung des Arztberufs in der ambulanten Praxis von Nichtärzten könnten unter die genannten „Einrichtungen der medizinischen Versorgung" (3. Var.) zu subsumieren sein. Die Formulierung ist so allgemein, dass sie die gesamte Bandbreite der medizinischen Institutionen abzudecken scheinen. Sofern die letzten beiden Varianten aber stationäre Einrichtungen betreffen und sich voneinander danach unterscheiden, dass bei ihnen – praxisähnlich – ambulant behandelt wird (2. Var.) und ansonsten die stationäre Behandlung gemeint ist (3. Var.), bezieht sich nur die 1. Variante auf die gesamte Berufstätigkeit in ambulanten Arztpraxen. So verstanden erfasst die „Ausübung [...] in eigener Praxis" in den Ermächtigungsregelungen die eigenverantwortliche Berufsausübung des Arztes in einer Praxis, die von Nichtärzten geführt wird, mit. Dadurch stimmt sie mit der weiten Auslegung der speziellen Berufspflichten in § 33 Abs. 1 Nr. 2 NdsHKG und § 30 Nr. 2 HeilBerG NW wieder überein.

Systematisch ist es in den drei Gesetzen daher mit den anderen Vorschriften zu vereinbaren, bei den „in eigener Praxis" tätigen Ärzte von der Gesamtheit aller eigenverantwortlich in einer Praxis tätigen Ärzte auszugehen.

(b) Historisch-genetische und teleologische Auslegung

Dem systematischen Ergebnis dürften die Absichten der Gesetzgeber und der mit den speziellen Berufspflichten verfolgte Sinn indes nicht entgegenstehen.

Für die Rechtslage in *Brandenburg* ist dies jedoch anzunehmen. Das Heilberufsgesetz stammt vom 28. Januar 1992[676]. Damals wurde die Anerkennung weiterer Rechtsformen für die ambulante Arztpraxis längst diskutiert, wie der Erlass des Niederlassungsgebots beweist. Der Rückgriff auf die in den „alten" Bundesländern gebräuchliche Formulierung der Tätigkeit „in eigener Praxis" lässt darauf schließen, dass § 31 Abs. 1 Nr. 2 und Nr. 3 BbgHeilBerG die Niederlassung des Arztes meinen, obschon nähere Ausführungen des Gesetzgebers zur Wortbedeu-

---

[676] BbgGVBl., S. 30.

tung fehlen.[677] Einer weiterführenden Auslegung steht das jedoch nicht entgegen, um die schon im Gesetz vorgesehenen Ausnahmetatbestände aufzunehmen. Orientiert man sich ferner am Sinn der § 31 Abs. 1 Nr. 2 und Nr. 3 BbgHeilBerG, zum Schutz aller Patienten einerseits eine funktionierende Notfalldienstversorgung in sprechstundenfreien Zeiten sowie andererseits eine lückenlose Dokumentation der Behandlung sicherzustellen, erscheint eine weite Auslegung umso mehr angebracht. Diese Überlegungen führen dazu, alle in einer Praxis ambulant behandelnden Ärzte als „in eigener Praxis tätig" anzusehen.

Dieselben Argumente können für die in *Niedersachsen* und *Nordrhein-Westfalen* ergangenen Berufspflichten für Ärzte „in eigener Praxis" herangezogen werden. § 33 Abs. 1 Nr. 2 NdsHKG ist in Niedersachsen durch Gesetz vom 3. Januar 1980[678] eingefügt worden. Nordrhein-Westfalen hat die Notfalldienstpflicht bereits am 8. April 1975[679] erlassen.

Zum damaligen Zeitpunkt waren die Vorschriften für alle ambulant tätigen Ärzte konzipiert. In Nordrhein-Westfalen wurde zudem betont, dass der Entwurf „die grundsätzliche Pflicht aller niedergelassenen Fachärzte [...] vor[sieht], sich für eine Tätigkeit im Rahmen des Notfalldienstes fortzubilden."[680] Ähnlich wurde in Niedersachsen geäußert, dass die ärztliche Tätigkeit beim Führen einer Gebietsbezeichnung grundsätzlich auf das entsprechende Gebiet beschränkt sein soll, aber alle „im Interesse der gesundheitlichen Versorgung der Bevölkerung zur Teilnahme am ärztlichen Notfalldienst" verpflichtet sind.[681] In beiden Ländern hoben die Gesetzentwürfe die „besondere gesundheitspolitische Bedeutung" der Notfalldienstpflicht hervor, wobei „die Hilfeleistung in Notfällen zum Wesen des Arztseins gehört".[682] Insofern bestätigen sie den bereits genannten Zweck der speziellen Berufspflichten, an die Umstände ambulanter Tätigkeit anzuknüpfen und daraus resultierenden möglichen Risiken für die Patienten zu begegnen.

Wie in den anderen Ländern haben die Gesetzgeber den Schwerpunkt darauf gelegt, möglichst alle Ärzte in zumutbarer Weise zum Notdienst zu verpflichten. Die vermeintliche Beschränkung auf niedergelassene Ärzte anhand der Tätigkeit „in eigener Praxis" ist auf die damalige Rechtslage zurückzuführen. Der Erweiterung auf alle ambulant tätigen Ärzte steht sie nicht entgegen.

---

[677] Unergiebig sind Landtag Brandenburg, Drs. 1/430 vom 25.1.1991, S. 25 ff.; Plenarprotokoll der 27. Sitzung vom 9.10.1991, 1. Wahlperiode, S. 2011-2015 (1. Lesung) und das Plenarprotokoll der 33. Sitzung vom 18.12.1991, 1. Wahlperiode, S. 2413-2414; Beschlussempfehlung und den Bericht des Sozialausschusses Drs. 1/620 vom 9.12.1991.

[678] NdsGVBl., S. 3.

[679] GV.NW, S. 289.

[680] Landtag Nordrhein-Westfalen, 119. Plenarprotokoll vom 18.12.1974, 7. Wahlperiode, S. 5019.

[681] Landtag Niedersachsen, Plenarprotokoll der 27. Sitzung vom 12.12.1979, 9. Wahlperiode, Sp. 3323.

[682] Landtag Niedersachsen, Drs. 9/130 vom 14.9.1978, S. 23, 29; Landtag Nordrhein-Westfalen, Drs. 7/4489 vom 3.12.1974, S. 21.

Was die Aufnahme der 3. Variante „Einrichtungen der medizinischen Versorgungen" in § 33 Abs. 2 Nr. 5 NdsHKG betrifft, wollte der Gesetzgeber in *Niedersachsen* klarstellen,

> „daß die Berufsordnungen der Kammern auch Vorschriften über Berufspflichten bei der Ausübung ärztlicher [...] Tätigkeiten in Krankenhäusern im Rahmen *stationärer* Behandlungen enthalten sollen."[683]

Damit bestätigt sich das Ergebnis der systematischen Auslegung, wonach die 2. Variante die in stationären Einrichtungen erbrachten *ambulanten* Leistungen betrifft. Insofern fällt die ambulante Behandlung durch Ärzte in einer Praxis sämtlich unter die „Berufsausübung in eigener Praxis" (1. Var.). Erst unter diesem Merkmal stellt sich die Frage, ob die Arbeit in einer GmbH dazu gehört. Weil ihr Einbezug vom Wortlaut erfasst wird, ist der Schluss zulässig, dass für die Tätigkeit „in eigener Praxis", wie in den speziellen Berufspflichten beschrieben, derselbe Inhalt gilt.

In *Nordrhein-Westfalen* zeigt sich dasselbe Bild am Werdegang der Ermächtigung in § 32 Satz 2 Nr. 2 HeilBerG NW. Nach ihrer ursprünglichen Fassung beim Erlass am 23. November 1988[684] sollten die Ärztekammern in die Lage versetzt werden, Vorschriften über die „Ausübung des Berufs in eigener Praxis und in Praxiseinrichtungen, die der ambulanten Behandlung dienen," zu erlassen. Die Zulässigkeit der Ausübung ambulanter ärztlicher Tätigkeit auf die Praxen niedergelassener Ärzte einerseits und auf zugelassene Nebentätigkeiten in Kliniken durch Krankenhausärzte andererseits sollte berufsrechtlich beschränkbar sein.[685] Dahinter stand die Absicht, ambulante gewerbliche Unternehmen zurückzudrängen. 1988 hat der Gesetzgeber die Tätigkeit „in eigener Praxis" noch als Niederlassungstatbestand für Ärzte verwendet. Die 2. Variante der „Praxiseinrichtungen, die der ambulanten Versorgung dienen," sollte damals schon den in *stationären* Einrichtungen erbrachten ambulanten Leistungen vorbehalten sein.

Dieses Ziel verfolgte der Gesetzgeber weiter am 22. Februar 1994[686], als er die 3. Variante der „sonstigen Einrichtungen der medizinischen Versorgung" in § 32 Satz 2 Nr. 2 HeilBerG NW aufgenommen hat. Sie diente der Klarstellung, „daß die Berufsordnungen [...] auch Vorschriften über Berufspflichten bei der Ausübung ärztlicher [...] Tätigkeiten in Krankenhäusern enthalten sollen."[687] Wie in Niedersachsen sollte sie die *stationäre* ärztliche Behandlung regeln. Die letzten beiden Varianten der Ermächtigung betreffen also auch nach dem Willen des Gesetzgebers die Berufsausübung in stationären Einrichtungen. Damit bestätigt sich die systematische Auslegung, wonach die 1. Variante der Ausübung „in eigener Praxis" die gesamte ambulante Tätigkeit in einer Praxis gelten sollte.

Einer freieren Auslegung der 1. Variante und der Notfalldienstpflicht steht ebenfalls nicht entgegen, dass der nordrhein-westfälische Gesetzgeber 1994 auch

---

[683] Landtag Niedersachsen, Drs. 13/1700 vom 29.1.1996, S. 58 [Hervorh. vom Verf.].
[684] GV. NW, S. 476.
[685] Landtag Nordrhein-Westfalen, Drs. 10/3510 vom 24.8.1988, S. 24.
[686] GV. NW, S. 80.
[687] Landtag Nordrhein-Westfalen, Drs. 11/5673 vom 30.6.1993, S. 32.

das Niederlassungsgebot in § 29 Abs. 2 HeilBerG NW aufgenommen hat. Zwar beweist es, dass er weiterhin die ambulante ärztliche Leistungserbringung durch nichtärztliche Unternehmen verhindern und am Niederlassungstatbestand für Ärzte „in eigener Praxis" festhalten wollte.[688] Diese Absicht hat er aber von vornherein nicht konsequent verfolgt. Eine enge Auslegung der Tätigkeit „in eigener Praxis" ließe auch die schon im Gesetz vorgesehenen Ausnahmen des Niederlassungsgebots, deren Anwendung die verfassungskonforme Korrektur lediglich erleichtert hat, unberücksichtigt. Mit dem oben dargestellten Sinn der Teilnahmepflicht zum Notfalldienst, seine Durchführung durch die Verpflichtung aller ambulant tätigen Ärzte zu gewährleisten, wäre die herkömmliche Auslegung nicht zu vereinbaren.

Offenbar haben alle drei Gesetzgeber diese Auswirkungen nicht bedacht, zumal die GmbH-Ärzte rechtlich begünstigt würden, wenn sie von der Geltung der speziellen Berufspflichten ausgeklammert wären. In Kenntnis dieser Konsequenz hätten die Gesetzgeber sich mutmaßlich zur Ausdehnung der personellen Reichweite der speziellen Berufspflichten entschlossen, um Ärzte in sog. gewerblichen Unternehmen in die beruflichen Pflichten einzubinden.

Daher bestärken die Absichten der Gesetzgeber und der mit den speziellen Berufspflichten verfolgte Sinn das Ergebnis der grammatischen und systematischen Auslegung.

(c) Ergebnis

In Brandenburg, Niedersachsen und Nordrhein-Westfalen verpflichten § 31 Abs. 1 Nr. 2 und Nr. 3 BbgHeilBerG, § 33 Abs. 1 Nr. 2 NdsHKG sowie § 30 Nr. 2 HeilBerG NW alle ambulant tätigen Ärzte, und damit auch die angestellten Ärzte einer ambulante Leistungen anbietende GmbH. Eine ungleiche Pflichtenstellung zu den niedergelassenen Ärzten besteht nicht.

cc. Länder ohne einschränkende Regelungen zur Ärzte-GmbH: Hessen, Mecklenburg-Vorpommern, Rheinland-Pfalz, Saarland

Die Heilberufe- und Kammergesetze in Hessen, Rheinland-Pfalz und dem Saarland verpflichten die „in eigener Praxis" tätigen Ärzte zur Teilnahme am Notfalldienst sowie zur Aufzeichnung der beruflichen Feststellungen und Maßnahmen, vgl. § 23 Nr. 2 und Nr. 3 HessHeilBerG § 21 Nr. 2 und Nr. 3 HeilBG RP sowie § 16 Abs. 2 Nr. 2 SHKG.

Die Pflicht zur Teilnahme am Notfalldienst und zur diesbezüglichen Fortbildung ist auch im Heilberufsgesetz von Mecklenburg-Vorpommern den Ärzten vorbehalten, die „in eigener Praxis" tätig sind, § 32 Nr. 4 HeilBerG MV.

(a) Grammatische und systematische Auslegung

Was die Bedeutung der Tätigkeit in einer „eigenen Praxis" betrifft, ergeben sich dieselben Interpretationsmöglichkeiten wie in den zuvor dargestellten Ländergesetzen. Es geht also um die Frage, ob die „eigene Praxis" der Bedeutung des „niedergelassenen Arztes in eigener Praxis" entspricht oder ob es reicht, dass der Arzt

---

[688] Landtag Nordrhein-Westfalen, Drs. 11/5673 vom 30.6.1993, S. 31.

– wie in der Ärzte-GmbH – in der Praxis eigenverantwortlich und fachlich unabhängig tätig ist.

Für die weitere Auslegung spricht der Umstand, dass alle vier Heilberufe- und Kammergesetze die Übernahmen eines klinischen Bereitschaftsdiensts mit Notfallversorgung als einzigen beruflichen Befreiungsgrund anerkennen, vgl. § 24 HessHeilBerG, § 33 Abs. 3 HeilBerG MV, § 22 HeilBG RP und § 17 Abs. 1 Satz 2 SHKG. Diese enge Befreiungsmöglichkeit lässt auch hier darauf schließen, dass grundsätzlich alle im ambulanten Bereich tätigen Ärzte am Notfalldienst teilzunehmen haben, und damit auch die GmbH-Ärzte.[689]

Den Heilberufsgesetzen von *Hessen*, *Rheinland-Pfalz* und dem *Saarland* fehlen weitere Vorschriften für Ärzte aus bestimmten Beschäftigungsfeldern, wie sie beispielsweise in den Ermächtigungsnormen für die Ärztekammern in den vorherigen Heilberufe- und Kammergesetzen von Berlin, Brandenburg, Niedersachsen und Nordrhein-Westfalen vorkommen. Somit müssen die Vergleiche und die Untersuchung zu ihrer Vereinbarkeit mit den gesetzlichen Berufspflichten entfallen. Aber selbst ihr Fehlen indiziert, dass der gesamte ambulante Bereich mit dem Ausdruck des Arztes „in eigener Praxis" abgedeckt wird.

Lediglich in *Mecklenburg-Vorpommern* bestimmt die Ermächtigungsnorm für die Ärztekammer gem. § 33 Abs. 2 Nr. 2 HeilBerG MV, dass die Berufsordnung nähere Bestimmungen enthalten kann über

> „2. die Ausübung des Berufs in eigener Praxis und in Praxiseinrichtungen, die der ambulanten Behandlung dienen".

Aber auch hier sind mit den „Praxiseinrichtungen, die der ambulanten Behandlung dienen" primär stationäre Einrichtungen gemeint, die nur manchmal ambulant behandeln. Selbst bei Zugrundelegung einer freieren Auslegung der „eigenen Praxis", bei der alle in ihr eigenverantwortlich tätigen Ärzte erfasst werden, bleibt der 2. Variante des § 33 Abs. 2 Nr. 2 HeilBerG MV ein eigener Regelungsinhalt.

Im Hinblick auf die Rechtslage des *Saarlandes* scheint § 17 Abs. 2 Nr. 9 SHKG zunächst davon auszugehen, dass Regelungen für andere Gesellschaftsformen neben der Gesellschaft bürgerlichen Recht und der Partnerschaft nicht erforderlich sind. § 17 Abs. 2 Nr. 9 SHKG ermächtigt die Ärztekammer zum Erlass von Regelungen über

> „9. die gemeinsame Ausübung der Berufstätigkeit, auch im Sinne des Partnerschaftsgesellschaftsgesetzes [...]".

Die mangelnde Erwähnung der GmbH spricht zunächst dafür, dass die Ärzte-GmbH unzulässig ist. Damit wären die GmbH-Ärzte dem Kreis der Ärzte „in eigener Praxis" gem. § 16 Abs. 2 Nr. 2 SHKG nicht zugehörig. Allerdings hindert die Erlaubnis zum Erlass von Regelungen „auch im Sinne des Partnerschaftsgesellschaftsgesetzes" deswegen nicht den Erlass von Regelungen für andere Formen der gemeinsamen Berufsausübung. Aus § 17 Abs. 2 Nr. 9 SHKG ergibt sich also nicht zwingend, dass die GmbH-Ärzte im Rahmen des § 16 Abs. 2 Nr. 2 SHKG unberücksichtigt bleiben.

---

[689] Siehe oben in § 4, A. II. 2. b. bb.

Diese Zusammenstellung belegt, dass die Zugehörigkeit der GmbH-Ärzte zu den Ärzten „in eigener Praxis" in den betreffenden Heilberufe- und Kammergesetzen mit den anderen Vorschriften systematisch ebenso in Einklang zu bringen ist wie die herkömmliche, auf niedergelassene Ärzte bezogene Auslegung.

(b) Historisch-genetische und teleologische Auslegung

Die speziellen Berufspflichten in *Hessen*, *Rheinland-Pfalz* und dem *Saarland* sind in den 1970'er Jahren erlassen worden: § 23 Nr. 2 und Nr. 3 HessHeilBerG wurden durch Gesetz vom 18. Mai 1977[690] eingefügt, und § 21 Nr. 2 und Nr. 3 HeilBG RP durch Gesetz vom 20. Oktober 1978[691].

§ 16 Abs. 2 Nr. 2 SHKG ist zwar durch Gesetz vom 24. März 1975[692] aufgenommen worden, stammt aber in seiner aktuellen Fassung aus dem Jahre 1998, Gesetz vom 11. März 1998[693].

Dass Notfalldienst und Aufzeichnungspflicht eine „erhebliche gesundheitspolitische Bedeutung" genießen und insbesondere „die Hilfeleistung in Notfällen [...] zum Wesen der Heilberufe" gehört, betonen die *hessischen* und *rheinland-pfälzischen* Gesetzesentwürfe.[694] Dazu passt es, dass Rheinland-Pfalz vor allem Klinikärzte von der Regelung in § 21 Nr. 2 HeilBG RP ausnehmen wollte, die bereits an einem klinischen Bereitschaftsdienst teilnehmen.[695] Auch die in § 21 Nr. 3 HeilBG RP vorgeschriebenen Aufzeichnungen sollten „nach Inhalt und Form so beschaffen sein", dass „sie jedem anderen Arzt eine umfassende und zutreffende Beurteilung des Falles ermöglichten".[696]

Beide Gesetzgeber beabsichtigten, eine ausgewogenere ärztliche Versorgung für alle Teile der Bevölkerung auf hohem Niveau zu erzielen. Maßstab ihrer Entscheidung war insofern die gesetzliche Verankerung eines wirkungsvollen Notfalldienstes, an dem möglichst alle Ärzte teilhaben sollten.[697] Für die damalige Zeit ist festzustellen, dass sie die Notfalldienstpflicht möglichst gerecht auf alle in Betracht kommenden Ärzte des ambulanten Sektors verteilen wollten.

Ebenso hat der *saarländische* Gesetzgeber noch 1998 festgestellt, dass mit § 16 Abs. 2 Nr. 2 1.Var. SHKG „das einzelne Kammermitglied in die Pflicht genommen [wird], an diesen [Notfall-]Diensten teilzunehmen und für eine entsprechende Fortbildung auch Sorge zu tragen."[698] Da jeder praktizierende Arzt Kammermit-

---

690 HessGVBl. I, S. 199.

691 GVBl. RP, S. 649.

692 Amtsbl. S. 529.

693 Amtsbl. S. 338.

694 Hessischer Landtag, Drs. 8/2617 vom 11.5.1976, S. 16; Landtag Rheinland-Pfalz, Drs. 8/2834 vom 8.2.1978, S. 55.

695 Landtag Rheinland-Pfalz, Drs. 8/2834 vom 8.2.1978, S. 55.

696 Landtag Rheinland-Pfalz, Plenarprotokoll der 58. Sitzung vom 12.10.1978, 8. Wahlperiode, S. 2856.

697 Hessischer Landtag, Drs. 8/2617 vom 11.5.1976, S. 16, und das Plenarprotokoll der 36. Sitzung des Hessischen Landtags vom 2.6.1976, 8. Wahlperiode, S. 1952 f. (1. Lesung); Landtag Rheinland-Pfalz, Plenarprotokoll der 58. Sitzung vom 12.10.1978, 8. Wahlperiode, S. 2857.

698 Landtag des Saarlandes, Drs. 11/1327 vom 8.8.1997, S. 46.

glied ist, muss § 16 Abs. 2 Nr. 2 SHKG nach dieser Ausführung auch für GmbH-Ärzte gelten, zumal ihre Einführung 1998 längst in der Diskussion stand.

Das Heilberufsgesetz von *Mecklenburg-Vorpommern* stammt erst vom 22. Januar 1993[699]. Wie in Hessen und Rheinland-Pfalz weist der Gesetzentwurf auch hier auf die „besondere gesundheitspolitische Bedeutung" der in § 32 HeilBerG MV aufgeführten Berufspflichten hin. Für „diese zunehmend wichtiger werdenden Kammeraufgaben" sollten „die Kammermitglieder zur Mitarbeit verpflichtet werden." Das gilt „insbesondere" für die in § 32 Nr. 2 und Nr. 3 HeilBerG MV normierten Berufspflichten.[700] Weil „die Hilfeleistung in Notfällen zum Wesen des ärztlichen Berufs gehört", darf „eine Befreiung von der Teilnahme am Notfalldienst generell nur aus schwerwiegenden Gründen erfolgen, [...]".[701] Auch dem Gesetzgeber von Mecklenburg-Vorpommern war daran gelegen, die Pflicht zum Notfalldienst auf möglichst alle Kammerangehörigen zu verteilen und seine Befreiung nur ausnahmsweise zu gestatten.

Diese gesetzgeberischen Absichten bestärken in der Annahme, die neu hinzugetretenen Beschäftigungsformen auf dem ambulanten Sektor zu berücksichtigen. Dementsprechend steht die historische Ausgangslage nicht entgegen, sondern stützt sie im Gegenteil sogar. Die damaligen Verhältnisse machen die Beschränkung verständlich und lassen es angebracht erscheinen, Ärzte „in eigener Praxis" heute nicht mehr nur als „niedergelassene Ärzte", sondern als die Gesamtheit aller eigenverantwortlich praktizierenden Ärzten zu betrachten.

Wie bereits bei den anderen Ländergesetzen festgestellt wurde, ist es das Anliegen dieser Normen, einen funktionsfähigen und effektiven Notfalldienst zu gewährleisten. Eine Verbesserung der medizinischen Versorgung bezwecken auch die Dokumentationspflichten in Hessen und Rheinland-Pfalz. Die zum Schutz der Patienten erfolgte Ausschaltung etwaiger Risiken der ambulanten Versorgung sollte in jedem Behandlungsverhältnis zugute kommen. Ein Gegenargument ist nicht erkennbar, zumal der Wortlaut eine solche erweiterte Auslegung deckt. Es ist davon auszugehen, dass die Gesetzgeber alternative Formen neben der ärztlichen Niederlassung bei Kenntnis ihrer Zulässigkeit in die Geltung der Berufspflichten deutlicher einbezogen hätten. Diese Zielsetzung erfordert eine weitere Auslegung, nach der es ausreicht, dass Ärzte „in eigener Praxis" eigenverantwortlich ambulant tätig sind.

In allen vier Bundesländern ist es danach mit Wortlaut, Systematik, Entstehungsgeschichte und Zielsetzung zu vereinbaren, die personelle Reichweite der Ärzte „in eigener Praxis" auf alle in ihr eigenverantwortlich tätigen Ärzte zu erstrecken.

In Hessen erlangen § 28 Nr. 2 und Nr.3 HessHeilBerG auch für die GmbH-Ärzte Geltung. Dasselbe gilt in Mecklenburg-Vorpommern für § 32 Nr. 4 HeilBerG MV, in Rheinland-Pfalz für § 21 Nr. 2 und Nr.3 HeilBG RP und im Saarland für § 16 Abs. 2 Nr. 2 SHKG. Infolgedessen sind sie in den vier Ländern zur

---

[699] GVBl. MV, S. 62.
[700] Landtag Mecklenburg-Vorpommern, Drs. 1/1978 vom 17.6.1992, S. 57.
[701] Landtag Mecklenburg-Vorpommern, Drs. 1/1978 vom 17.6.1992, S. 58.

Ländern zur Teilnahme am Notfalldienst, und in Hessen und Rheinland-Pfalz zusätzlich zur Anfertigung von Aufzeichnungen verpflichtet.

dd. Ergebnis

Soweit ein Bundesland spezielle Berufspflichten nur für Ärzte „in eigener Praxis" vorsieht, ermöglicht der Wortlaut eine Ausdehnung des angesprochenen Personenkreises auf alle Ärzte, die in einer Praxis eigenverantwortlich ambulante Behandlungen vornehmen. In den Ländern Bayern, Berlin, Brandenburg, Hessen, Mecklenburg-Vorpommern, Niedersachsen, Nordrhein-Westfalen, Rheinland-Pfalz und im Saarland haben die anderen Auslegungsmethoden diese Auslegungsvariante bestätigt. Infolgedessen steht ihre Geltung für die GmbH-Ärzte fest. Eine Privilegierung gegenüber niedergelassenen Ärzten besteht nicht.

d. Länder mit Regelungen für Ärzte „in fremder Praxis" oder „in Einrichtungen der ambulanten Versorgung": Bremen, Sachsen und Sachsen-Anhalt

Eindeutiger sind die speziellen Berufspflichten in den Heilberufe- und Kammergesetzen von Bremen, Sachsen und Sachsen-Anhalt formuliert. Die Teilnahme am Notfalldienst gilt in Bremen gem. § 28 Nr. 3 BremHeilBerG ausdrücklich für die „angestellten Ärzte in fremder Praxis".

Sachsen und Sachsen-Anhalt beziehen dagegen alle Ärzte ein, die in „Einrichtungen der ambulanten Versorgung" tätig sind, § 16 Abs. 2 Nr. 4 SächsHKaG bzw. in Sachsen-Anhalt gem. § 19 Abs. 2 Nr. 2 KGHB-LSA „Einrichtungen zur ambulanten Versorgung".

Dazu führt § 19 Abs. 3 KGHB-LSA in Sachsen-Anhalt sogar weiter aus:

> „Eine ambulante ärztliche [...] Tätigkeit ist in einer Praxis oder poliklinischen Einrichtung, im Rahmen der vor- oder nachstationären Behandlung im Krankenhaus sowie mit Ermächtigung im Krankenhaus zulässig. Zugelassen sind auch Tätigkeiten bei Rechtsträgern, die im Rahmen der gesetzlichen Bestimmungen ärztliche [...] Leistungen anbieten oder erbringen. [...]"

aa. Grammatische Auslegung

Allen Gesetzen ist gemeinsam, dass die Tätigkeit „in eigener Praxis" als Ausprägung des ambulanten Arztberufs mitgenannt wird. Ob GmbH-Ärzte ebenfalls „in eigener Praxis" wirken, kann dahinstehen, solange ihre Einbeziehung in anderen Regelungen durch speziellere Merkmale zum Ausdruck kommt. Daher besteht kein Widerspruch zu dem Umstand, dass die Tätigkeit der GmbH-Ärzte nach der hier vertretenen Ansicht in parallelen Heilberufe- und Kammergesetzen anderer Bundesländer unter die Tätigkeit „in eigener Praxis" subsumiert wurde.

Eine Ausnahme muss allerdings eingeräumt werden: Das Anstellungsverhältnis in der Praxis wird in Bremen als Tätigkeit „in fremder Praxis", § 28 Nr. 3 Brem-HeilBerG formuliert. Es ist davon auszugehen, dass das „Fremdsein" auf der mangelnden wirtschaftlichen Selbstständigkeit als Niedergelassener beruht, die für das Vorhandensein einer „eigenen Praxis" wesentlich ist. Weil das Gesetz bei der „fremden Praxis" nicht zwischen ärztlichen und nichtärztlichen Betreibern unterscheidet, kann der Zusatz „fremd" auch für Praxen gelten, die von einer GmbH unterhalten werden. Demzufolge erstreckt sich die Regelung nach ihrem Wortlaut auch auf die GmbH-Ärzte, deren Arbeitsstätte die GmbH zur Verfügung stellt.

Dieser Gegensatz zwischen „fremden" und „eigenen" Praxen besteht in *Sachsen* und *Sachsen-Anhalt* nicht. Die hier normierten „Einrichtungen der bzw. zur ambulanten Versorgung" sind zwar primär auf Krankenhäuser und andere stationäre Einrichtungen mit der Ermächtigung zur ambulanten Behandlung ausgerichtet, erlauben aber darüber hinaus den Bezug zur Ärzte-GmbH, die Teil der ambulanten Versorgung ist. Schon der Ort der Leistungserbringung ist mit „Einrichtung" derart vage umschrieben, dass nicht einmal eine Praxis erforderlich zu sein scheint, sie aber auch nicht ausschließt. Vor allem unterbleibt eine weitere Einschränkung im Hinblick auf die rechtlichen Umstände der ärztlichen Arbeit, ob als Selbständige in Praxen oder als beschäftigte Angestellte.

Für dieses Verständnis spricht in Sachsen-Anhalt auch der Umstand, dass § 19 Abs. 3 Satz 2 KGHB-LSA ambulante Tätigkeiten bei Rechtsträgern, die ärztliche Leistungen erbringen, ausdrücklich erlaubt. Weil die Ärzte-GmbH Rechtsträgerin ist (§ 13 Abs. 1 GmbHG) und als solche ärztliche Leistungen anbietet und erbringen lässt, erfüllt sie diese Kriterien. Im Übrigen wird die Ärztekammer in § 20 Abs. 1 Nr. 4 KGHB-LSA ermächtigt, weitere Vorschriften über die Berufspflichten zu erlassen, insbesondere hinsichtlich „4. der gemeinsamen Berufsausübung und der Berufsausübung in der Rechtsform einer juristischen Person". Schon daraus folgt die rechtliche Gleichbehandlung sämtlicher Ärzte des ambulanten Bereichs.

hh. Systematische Auslegung

Die systematische Auslegung ergibt kein anderes Bild. Der Umstand, dass die Befreiungsvoraussetzungen vom Notfalldienst zumindest in Bremen und Sachsen nur die Teilnahme am klinischen Bereitschaftsdienst als beruflich bedingten Befreiungstatbestand ansehen, bietet erneut[702] einen Anhaltspunkt dafür, die Notfalldienstpflicht grundsätzlich auf alle ambulant tätigen Ärzte auszudehnen, vgl. § 29 Abs. 1 BremHeilBerG und § 16 Abs. 3 SächsHKaG.

Eine solche Auslegung stimmt in Bremen auch mit der Ermächtigung in § 30 Abs. 1 Nr. 2 BremHeilBerG überein, wonach die Ärztekammer weitere Vorschriften erlassen darf für

> „2. die Ausübung des Berufs in eigener Praxis und in Praxiseinrichtungen, die der ambulanten Behandlung dienen, und in sonstigen Einrichtungen der medizinischen Versorgung".

Von der gleichbleibenden Bedeutung der „eigenen Praxis" in den Vorschriften ist auszugehen. Folglich muss die Tätigkeit in einer „fremden Praxis" unter die in § 30 Abs. 1 Nr. 2 BremHeilBerG ebenfalls genannten 2. Variante der „Praxiseinrichtungen, die der ambulanten Behandlung dienen," fallen. Diese bezieht sich jedenfalls auf stationäre Einrichtungen, in denen zuweilen praxisähnlich ambulant behandelt wird. Von ihrem Wortlaut her kann sie als Auffangtatbestand aber auch ambulante Praxen einbeziehen, die nicht von niedergelassenen Ärzten betrieben

---

[702] Siehe oben § 4, A. II. 2. b. bb.

werden. Damit käme der 2. Variante eine vergleichsweise weite Bedeutung zu, weil sie die in jeder Einrichtung geleistete ambulante Behandlung ausdrückt.[703] GmbH-Ärzte sind danach „in fremden Praxen" i.S.d. § 28 Nr. 3 BremHeilBerG ebenso wie in „Praxiseinrichtungen, die der ambulanten Behandlung dienen," i.S.d. § 30 Abs. 1 Nr. 2 BremHeilBerG tätig.

Insbesondere für die Rechtslage in Sachsen ist darauf hinzuweisen, dass das in § 16 Abs. 4 SächsHKaG normierte Verbot der Praxis in der Rechtsform einer juristischen Person des privaten Rechts wegen seiner Verfassungswidrigkeit im Rahmen der Auslegung unbeachtlich bleibt.

cc. Historisch-genetische und teleologische Auslegung

In *Bremen* wurde § 28 Nr. 3 BremHeilBerG schon am 3. Oktober 1977[704] eingefügt, als die GmbH für Ärzte noch nicht in Betracht kam. Die Materialien lassen erkennen, dass der Gesetzgeber meinte, den gesamten ambulanten Bereich abgedeckt zu haben. So heißt es dort: „Dabei ist unter dem Notfalldienst der allgemeine ambulante ärztliche Notfalldienst zu verstehen, der die ärztliche Versorgung der Bevölkerung auch während der allgemeinen sprechstundenfreien Zeiten sicherstellt und der nur von den niedergelassenen freipraktizierenden Ärzten und den bei diesen angestellten Ärzten versehen wird, während die in den Krankenanstalten tätigen Ärzte im Rahmen der Notfallversorgung der Bevölkerung andere Aufgaben erfüllen."[705] Damit sollten alle ambulant tätigen Ärzte zum Notfalldienstes herangezogen werden. Das hindert heute nicht die vom Wortlaut getragene Subsumtion der GmbH-Ärzte unter die „angestellten Ärzte in fremden Praxen" gem. § 28 Nr. 3 BremHeilBerG.

Auch der durch Gesetz vom 12. Dezember 1995[706] eingefügte § 30 Abs. 1 Nr. 2 BremHeilBerG veranschaulicht, dass der Gesetzgeber möglichst alle Formen ärztlichen Handelns berücksichtigen wollte. „Die Schaffung von berufsrechtlichen Vorschriften für die Berufsausübung" durch die Berufsordnung sollte „sowohl im ambulanten als auch im stationären Bereich ermöglicht" werden.[707] Gerade in diesem Zeitraum, in dem neue Formen der Berufsausübung längst anerkannt waren, belegt das die Absicht des Gesetzgebers, Regelungen mit einem weit gespannten persönlichen Geltungsbereich zu erlassen. Auch das spricht dafür, § 28 Nr. 3 2. Var. BremHeilBerG auf die GmbH-Ärzte zu erstrecken.

Im Gegensatz dazu hat sich das *Sächsische* Heilberufekammergesetz vom 24. Mai 1994[708] von vornherein auf die Niederlassung des Arztes im ambulanten Bereich beschränkt. Die historischen und genetischen Umstände sprechen insofern

---

[703] Im Gegensatz zur Rechtslage in Bremen ist die 2. Variante der gleichlautenden Ermächtigungsvorschriften in Niedersachsen (§ 33 Abs. 2 Nr. 5 NdsHKG) und in Nordrhein-Westfalen (§ 32 Satz 2 Nr. 2 HeilBerG NW) nur auf die ambulanten Behandlung in *stationären* Einrichtungen bezogen.

[704] BremGVBl., S. 309.

[705] Bremische Bürgerschaft, Drs. 9/555 vom 8.8.1977, S. 12, 15.

[706] BremGVBl., S. 1.

[707] Bremische Bürgerschaft, Drs. 14/119 vom 14.11.1995, S. 16.

[708] SächsGVBl. S. 935.

gegen eine Berücksichtigung der GmbH-Ärzte in § 16 Abs. 2 Nr. 4 SächsHKaG. Angesichts des Verstoßes gegen die Bestimmungen des Grundgesetzes hat dieses Argument jedoch kein Gewicht. Schwerer wiegt auf der anderen Seite, dass der Gesetzgeber zugleich die Notwendigkeit gesehen hat, eine Verpflichtung aller Ärzte für den Notfalldienst zu bezwecken.[709] Dies ermöglicht den Schritt zum Einbezug der GmbH-Ärzte in die Notfalldienstpflicht. Das entspricht der Zielsetzung des § 16 Abs. 2 Nr. 4 SächsHKaG.

Weil das Gesetz über die Kammern für Heilberufe in *Sachsen-Anhalt* erst am 13. Juli 1994[710] erlassen wurde, konnte der Gesetzgeber die Entwicklung zu neuen Formen der ambulanten Arztpraxis in seinem Regelungswerk von vornherein berücksichtigen. Dass sich eine freiere Regelung der ambulanten Berufsausübung durchgesetzt hat, ist in erster Linie auf das Bemühen zurückzuführen, die aus der früheren DDR stammende poliklinische Tätigkeit gesetzlich zu verankern.[711] Die zusätzliche Aufnahme des § 19 Abs. 3 Satz 2 KGHB-LSA dokumentiert letztlich den Entschluss, in der Niederlassung des Arztes nur eine von mehreren möglichen Formen ambulanter ärztlicher Berufsausübung zu sehen.

Die gemeinsame Absicht der Gesetzgeber, einen funktionierenden ambulanten Notfalldienst sicherzustellen, verdeutlicht bereits den Sinn und Zweck des Gesetzes. Auch unter dem Gesichtspunkt, diesem zu seiner Durchsetzung zu verhelfen, ist der Einbezug der GmbH-Ärzte angebracht.

Die in Bremen, Sachsen und Sachsen-Anhalt erlassenen speziellen Berufspflichten gelten somit auch für die angestellten GmbH-Ärzte. Gegenüber den niedergelassenen Ärzten werden sie insofern gleich behandelt.

e. Regelungen für „niedergelassene Ärzte": Hamburg

Das Hamburgische Ärztegesetz bildet insofern eine Ausnahme, als es Berufspflichten für „niedergelassene Ärztinnen und Ärzte" erlassen hat und diese Personengruppe in § 2 Abs. 2 HmbÄG legal definiert:

> „Niedergelassene Ärztinnen und Ärzte sind Ärztinnen bzw. Ärzte, die in eigener Praxis allein oder in Gemeinschaft mit anderen Ärztinnen und Ärzten für die ambulante ärztliche Versorgung der Bevölkerung zur Verfügung stehen und dies am Praxissitz ankündigen."

Die von dieser Begriffsbestimmung erfassten Ärzte sind gem. § 4 Abs. 2-4 HmbÄG verpflichtet, eine Haftpflichtversicherung abzuschließen, am Notfalldienst oder Bereitschaftsdienst teilzunehmen und sich im Rahmen der ärztlichen Tätigkeit auf die eigene geführte Gebietsbezeichnung zu beschränken. Eine Haftpflichtversicherung müssen auch die in § 2 Abs. 1 Nr. 2 HmbÄG genannten „auf andere Weise selbständig tätigen Ärztinnen und Ärzte" abschließen.

---

[709] Sächsischer Landtag, Drs. 1/4352 vom 8.2.1994, S. 17.

[710] GVBl. LSA S. 832.

[711] Landtag von Sachsen-Anhalt, Beschlussempfehlung des Ausschuss' für Arbeit und Soziales Drs. 1/3732 vom 27.5.1994, S. 17; Landtag von Sachsen-Anhalt, Plenarprotokoll der 62. Sitzung vom 27.5.1994, S. 7443, 7446.

aa. Auslegung

(a) Grammatische und systematische Auslegung

Angesichts der Beschränkung auf niedergelassene und damit selbstständige Ärzte fallen die (bei einem Nichtarzt) angestellten Ärzte aus dem Anwendungsbereich der Norm heraus. Dasselbe gilt für die in § 4 Abs. 2 HmbÄG ebenfalls erwähnten „auf andere Weise selbständig tätigen Ärzte". Die Vorschrift stellt die rechtliche und wirtschaftliche Selbständigkeit des Arztes im Vordergrund.

In systematischer Hinsicht bestehen keine Anhaltspunkte zur Annahme, dass die Pflichten für niedergelassene Ärzte für alle ambulant tätigen Ärzte gelten sollen. Dafür spricht schon der Umstand, dass § 2 Abs. 1 Nr. 3 HmbÄG ausdrücklich die Berufsausübung in Dienst- und Arbeitsverhältnissen zulässt. Dies schließt das Eingehen eines Arbeitsverhältnisses bei einem ambulante Leistungen anbietenden Nichtarzt mit ein. Wenn das Ärztegesetz in nachfolgenden Vorschriften nur niedergelassene und anderweitig selbständig tätige Ärzte verpflichtet, folgt daraus die Nichtgeltung der Vorschriften für alle angestellte Ärzte.

(b) Historisch-genetische und teleologische Auslegung

Wie in anderen Bundesländern wurden die Vorschriften über die Berufsausübung der Ärzte bereits durch Gesetz vom 22. Mai 1978[712] eingefügt, als die ambulante Berufsausübung des Arztes noch an seine Niederlassung gekoppelt war.

Die Gesetzgebungsmaterialien lassen deswegen erkennen, dass mit den „Dienst- und Arbeitsverhältnissen" gem. § 2 Abs. 1 Nr. 3 HmbÄG vor allem die herkömmlichen Angestelltenverhältnisse in größeren Institutionen gemeint waren: „Hierbei handelt es sich um beamtete und angestellte Ärzte, zu denen auch Chefärzte und Leitende Krankenhausärzte gehören, sowie um Ärzte der Bundeswehr."[713] Angestelltenverhältnisse in kleineren ambulanten Einrichtungen wie den Praxen waren damals nicht zugelassen.

Deshalb stützen die Begründungen zu den einzelnen Vorschriften die Annahme, dass der Gesetzgeber spezielle Berufspflichten nicht wegen des besonderen Umstands der Niederlassung, sondern wegen der Tätigkeit im ambulanten Bereich erlassen hat.

Zur Haftpflichtversicherung bemerken die Materialien allerdings:

> „Die Bestimmung des Absatzes 2 [...] dient in erster Linie dem wirtschaftlichen Schutz der Patienten, falls sie durch eine Fehlbehandlung einen Gesundheitsschaden erleiden und der Arzt wegen des Ausmaßes des Schadens zu einer ausreichenden Ersatzleistung nicht in der Lage ist. Die Regelung richtet sich deshalb nur an Ärzte, die häufiger in unmittelbare vertragliche Beziehungen zu Patienten treten. Wird von einem Arzt innerhalb eines Dienst- oder Arbeitsverhältnisses ein Fehler gemacht, so wird der jeweilige Patient Schadensersatz in der Regel auch vom Dienstherrn oder Arbeitgeber auf

---

[712] HmbGVBl. S. 152.
[713] Bürgerschaft der Freien und Hansestadt Hamburg, Drs. 8/3268 vom 20.12.1977, S. 13.

Grund des Behandlungsvertrages verlangen können, so daß eine Pflicht zum Abschluß einer Haftpflichtversicherung aus der Sicht der Patienten nicht geboten erscheint."[714]

Weil auch in der Ärzte-GmbH zwischen Ärzten und Patienten keine vertragliche Beziehungen bestehen, könnte sich eine Ausdehnung der Haftpflicht auf GmbH-Ärzte erübrigen. Die gesetzgeberische Einschätzung beruhte jedoch darauf, dass Dienst- und Arbeitsverhältnisse stets bei größeren und dementsprechend zahlungskräftigeren Einrichtungen eingegangen werden. Demgegenüber werden kleinere Unternehmen wie die Ärzte-GmbH oft nicht finanzstärker sein als niedergelassene Ärzte. Das niedrig bemessene Stammkapital in Höhe von € 25.000,- (§ 5 Abs. 1 GmbHG) spricht deshalb dafür, die Versicherungspflicht auf die Ärzte einer Ärzte-GmbH auszudehnen.

Was die Pflicht zur Teilnahme am Notfall- oder Bereitschaftsdienst betrifft, so ist nach den Materialien „bewußt eine unterschiedliche Behandlung der Ärzte nach Art ihrer Weiterbildung vermieden" worden.[715] Wenn der Gesetzgeber schon Ärzte aller Fachrichtungen verpflichten wollte und deswegen bei der Art der Weiterbildung keine Unterschiede machte, kann man davon ausgehen, dass ihm später auch nicht daran lag, zwischen niedergelassenen und angestellten Ärzten zu differenzieren. Zumindest liegt die Schlussfolgerung nahe, dass er alle ambulant tätigen Ärzte verpflichten wollte.

Auch im Hinblick auf die Beschränkung der Tätigkeit auf die geführte Gebietsbezeichnung, erklären die historischen Umstände die fehlende Berücksichtigung der Ärzte-GmbH:

„Zweifellos liegt es im Interesse der Allgemeinheit, die fachärztliche Versorgung der Bevölkerung möglichst optimal zu gestalten. Aus dieser Sicht erscheint es sinnvoll, daß sich niedergelassene Ärzte [...] im Rahmen der Praxisausübung auf ihr(e) Fachgebiet(e) konzentrieren, und zwar insbesondere auch um im Hinblick auf die Patientenerwartung tatsächlich die Spezialisten zu sein, als die sich der Allgemeinheit gegenüber ankündigen. [...] Eine gesetzliche Beschränkung anderer Ärzte als der niedergelassenen auf die Gebiete oder Teilgebiete, deren Bezeichnung sie führen, wäre unter verfassungsmäßigen Gesichtspunkten nicht zu rechtfertigen. Hier fehlte es an dem schutzwürdigem Interesse der Allgemeinheit, einer überzeugenden gesundheitspolitischen Motivation. Bei anderen als niedergelassenen Ärzten ist insbesondere das Moment der – gewissermaßen werbenden – öffentlichen Ankündigung nicht gegeben."[716]

Die gesetzgeberischen Beweggründe betreffen die Situation der Ärzte-GmbH genauso wie die der niedergelassenen Ärzte. Das Bedürfnis nach einer „werbenden öffentlichen Ankündigung" der Gesellschaft ist bei den GmbH-Ärzten in demselben Maße vorhanden wie bei niedergelassenen Ärzten. In Anlehnung an die gesetzgeberischen Überlegungen scheint es vor allem sinnvoll, dass auch ihre angestellten Ärzte den Praxisbetrieb auf die Fachgebiete konzentrieren müssen, damit sie die Spezialisten sind, als die sie gegenüber der Allgemeinheit angekündigt werden.

---

[714] Bürgerschaft der Freien und Hansestadt Hamburg, Drs. 8/3268 vom 20.12.1977, S. 14.

[715] Bürgerschaft der Freien und Hansestadt Hamburg, Drs. 8/3268 vom 20.12.1977, S. 14.

[716] Bürgerschaft der Freien und Hansestadt Hamburg, Drs. 8/3268 vom 20.12.1977, S. 15.

Allgemein bezwecken die ärztlichen Berufspflichten, einen hohen Standard in der medizinischen Versorgung der Bevölkerung zu gewährleisten. Die in § 4 Abs. 2-4 HmbÄG normierten speziellen Berufspflichten zielen deswegen nicht auf eine stärkere Belastung niedergelassener Ärzte gegenüber den anderen Ärztegruppen. Es werden die mit der ambulanten Leistungserbringung verbundenen Umstände und Risiken berücksichtigt, die ein stationärer Krankenhausbetrieb auffangen kann. Dieses Motiv war schon den Einzelbegründungen zu den speziellen Berufspflichten zu entnehmen.

Einer Anpassung der Regelungen an die – im Vergleich zu 1978 – veränderten Verhältnisse hinsichtlich der Form beruflicher Zusammenarbeit durch Einbeziehung aller ambulant tätigen Ärzte stände dies also nicht im Wege, wenn sie mit dem Wortlaut der §§ 2 Abs. 2, 4 Abs. 2-4 HmbÄG vereinbar wäre.

bb. Abändernde Rechtsfortbildung?

Weil der Wortlaut aber zugleich die Grenzen der Auslegung markiert,[717] sind die anderen Auslegungsmethoden nicht in der Lage, diesen Rahmen zu überwinden. Allerdings legen ihre Ergebnisse offen, dass ein Bedürfnis nach einer Erweiterung des Geltungsbereiches auf alle ambulant tätigen Ärzte besteht, zumal GmbH-Ärzte bei entgegenstehender Betrachtungsweise rechtlich begünstigt sind. Die § 4 Abs. 2-4 HmbÄG entsprechen den ihnen zugrunde liegenden gesetzgeberischen Absichten nicht mehr vollständig. Wäre dem hamburgischen Gesetzgeber die spätere rechtliche Entwicklung bekannt gewesen, hätte er sich nicht nur auf das Erfordernis der Niederlassung beschränkt, um Ärzte aus dem ambulanten Bereich zu verpflichten.

Im Laufe der Zeit haben sich die maßgeblichen rechtlichen und gesellschaftlichen Verhältnisse so weit geändert, dass die Norm heute ihr Ziel nicht mehr erreichen kann. Diese nachträglich entstandene Differenz auf Grund eines Wandels der rechtlichen und gesellschaftlichen Verhältnisse begründet die Notwendigkeit einer teleologischen Gesetzeskorrektur.[718] So wie es erlassen worden ist, verfehlt das Gesetz sonst den vom Gesetzgeber verfolgten Zweck.[719]

Deshalb kommt eine Korrektur in Form der teleologischen Extension in Betracht. Sie erweitert den ursprünglichen Anwendungsbereich einer Norm, nimmt zusätzliche Sachverhalte in ihren Anwendungsbereich auf, die der Gesetzesinhalt zwar nicht erfasst, auf deren Einbezug es dem Gesetzgeber aber ankam.[720] Im Unterschied zur Analogie verhilft sie dazu, die gesetzgeberische Wertung wieder

---

[717] *Looschelders/Roth*, Juristische Methodik im Prozeß der Rechtsanwendung, B.II.3, S. 66 ff., und D.II.1.c, S. 145 f.; *Larenz/Canaris*, Methodenlehre der Rechtswissenschaft, S. 143, 163 f.

[718] *Looschelders/Roth*, Juristische Methodik im Prozeß der Rechtsanwendung, E.II.1.c.bb, S. 239 f., und B.II.2.d.cc, S. 62 ff.

[719] *Looschelders/Roth*, Juristische Methodik im Prozeß der Rechtsanwendung, E.II.1.aa, S. 41; *Larenz/Canaris*, Methodenlehre der Rechtswissenschaft, S. 218.

[720] *Looschelders/Roth*, Juristische Methodik im Prozeß der Rechtsanwendung, E.II.3, S. 260, und E.II.4.b.aa, S. 267.

herzustellen.[721] Vor dem Hintergrund einer sonst bestehenden Ungleichbehandlung niedergelassener Ärzte, die den Berufspflichten des § 4 Abs. 2-4 HmbÄG unterworfen sind, spricht für die Vornahme der teleologischen Extension auch Art. 3 Abs. 1 GG. Sie müsste zur Folge haben, dass § 4 Abs. 2-4 HmbÄG auch für angestellte Ärzte Geltung erlangt, solange sie nur ambulant tätig sind.

Allerdings scheitert die Korrektur aus materiell-rechtlichen Gründen. Die gesetzlichen Berufspflichten stellen belastende Regelungen aus dem Bereich des öffentlichen Rechts dar. Die extensive Auslegung würde die Berufsfreiheit der GmbH-Ärzte einschränken, ohne sich auf den in Art. 12 Abs. 1 Satz 2 GG i.V.m. Art. 20 Abs. 3 GG normierten Gesetzesvorbehalt berufen zu können. Nach dem Vorbehaltsprinzip darf die Verwaltung nur tätig werden, wenn sie dazu durch Gesetz ermächtigt worden ist.[722] Das gilt insbesondere für Eingriffe in die Rechts- und Freiheitssphäre natürlicher und juristischer Personen. Sie bedürfen durchweg einer gesetzlichen Grundlage.[723] Richterrecht bildet keine Grundlage für Eingriffstatbestände.[724] Diese für die Analogie geltenden Grundsätze treffen auf die teleologische Extension ebenfalls zu.[725]

Eine Ausnahme bildet der Fall, dass der Gesetzestext über den möglichen Sinn der einzelnen Worte hinaus einen Sinn ausdrückt, der dem Normadressaten ohne weiteres erkennbar ist: Unterläuft dem Gesetzgeber beim Umsetzen seiner Wertung in die gesetzliche Regelung ersichtlich ein Fehler, so dass sich das Gewollte trotz der fehlerhaften Formulierung dem Text des Gesetzes klar entnehmen lässt, so bestehen keine grundsätzlichen Bedenken, den Grundsatz des falsa demonstratio non nocet auch auf Gesetze anzuwenden.[726]

Um einen so schwerwiegenden Umsetzungsfehler handelt es sich hier aber nicht. Im Laufe der Zeit sind lediglich mehrere qualitativ gleichwertige Tatbestände zum Ausgangstatbestand hinzugetreten, die vom Wortlaut der Vorschrift nicht mehr erfasst werden. Die beschriebene Ausnahme ist daher nicht auf die Rechtslage für Hamburg anzuwenden.

---

[721] Gemeinsam ist beiden Rechtsfortbildungen also die Regelungslücke, die bei der teleologischen Extension auf einer „Umsetzungslücke" des Gesetzgebers beruht. Ihre Grenze ist deswegen von der Entscheidung des Gesetzgebers vorgezeichnet, vgl. *Looschelders/Roth*, Juristische Methodik im Prozeß der Rechtsanwendung, E.II.3, S. 260, und E.II.4.b.bb, S. 269.

[722] *Maurer*, Allgemeines Verwaltungsrecht, § 6, Rz. 3; diese Probleme ergeben sich häufig im Steuerrecht vgl. BVerfGE 13, 318, 328; 19, 38, 49; 69, 188, 203.

[723] *Stern*, Staatsrecht, Band I, § 20 IV 4; *Ossenbühl*, in: Handbuch des Staatsrechts, Band III, § 66, Rz. 26; Maurer, Allgemeines Verwaltungsrecht, § 6, Rz. 12. Die Geltung der grundrechtlichen Gesetzesvorbehalte für die rechtsprechende Gewalt folgt aus ihrer unmittelbaren Grundrechtsbindung gem. Art. 1 Abs. 3 GG, vgl. *Hillgruber*, JZ 1996, 118, 123.

[724] *Zippelius*, Juristische Methodenlehre, S. 68.

[725] *Larenz/Canaris*, Methodenlehre der Rechtswissenschaft, S. 218.

[726] Das soll gerade im Strafrecht zu Lasten des Angeklagten noch erlaubt sein, vgl. *Looschelders/Roth*, Juristische Methodik im Prozeß der Rechtsanwendung, E.III.2.c, S. 296.

Es würde gegen den Vorbehalt des Gesetzes verstoßen, angestellte Ärzte einer GmbH auf Grund einer teleologischen Korrektur wie niedergelassene Ärzte zu verpflichten. Die Extension scheidet daher aus.

cc. Ergebnis

Die in § 4 Abs. 2-4 HmbÄG aufgeführten Berufspflichten für „niedergelassene Ärzte" entfalten für die in der GmbH tätigen Ärzte keine Wirkung.[727]

f.   Länder mit Berufspflichten für den gesamten ambulanten Bereich: Schleswig-Holstein und Thüringen

Die letzte Gruppe bilden die Länder Schleswig-Holstein und Thüringen, deren Regelungen den gesamten ambulanten Bereich erfassen.

Das schleswig-holsteinische Heilberufegesetz ordnet den Notfallbereitschaftsdienst für die „in einer Praxis" tätigen Ärzte an, § 30 Nr. 3 HeilBerG SH. Die Anordnung bezieht auch die in der Praxis einer Ärzte-GmbH behandelnden Ärzte ein.

Das Thüringische Heilberufegesetz formuliert allgemeiner. Die „ambulant tätigen Ärzte" sind zur Teilnahme am Notfalldienst sowie zur Aufzeichnung der Feststellungen und Maßnahmen in Ausübung des Berufs gesetzlich verpflichtet, § 21 Nr. 2 und Nr. 3 ThHeilBerG. Infolgedessen sind GmbH-Ärzte in den Geltungsbereich der § 21 Nr. 2 und Nr. 3 ThHeilBerG einbezogen, zumal in keiner weiteren Regelung eine Beschränkung auf einen bestimmten Tätigkeitsbereich stattfindet.

Der Rechtslage in *Schleswig-Holstein* steht nicht entgegen, dass § 31 Abs. 2 Nr. 1 HeilBerG SH die Ärztekammer zum Erlass näherer Bestimmungen über „1. die Ausübung des Berufs in eigener Praxis und in anderen Einrichtungen der medizinischen Versorgung" ermächtigt. Der Vergleich zur Tätigkeit „in einer Praxis" legt zwar eine Beschränkung der „eigenen Praxis" im Sinne der Niederlassung des Arztes nahe. Beabsichtigt die Ärztekammer jedoch, nähere Bestimmungen für alle Ärzte „in einer Praxis" zu normieren, kann sie sich auf die zweite Variante der „Einrichtung der medizinischen Versorgung" berufen.

Die Berücksichtigung aller in einer Praxis beschäftigten Ärzte wird dadurch verdeutlicht, dass die durch Gesetz vom 16. März 1978[728] eingeführte Teilnahme am Notfallbereitschaftsdienst zunächst nur den „in eigener Praxis" tätigen Ärzten auferlegt war. Die im Gesetz vom 29. Februar 1996[729] erfolgte Änderung des § 30 Nr. 3 HeilBerG SH ist somit als Anerkennung neuer Formen ambulanter Versorgung zu bewerten. Im Hinblick auf die Erweiterung des § 31 Abs. 2 Nr. 1 Heil-

---

[727]   Die mangelnde Geltung gegenüber GmbH-Ärzten führt konsequenterweise zur Frage der Verfassungswidrigkeit der Regelungen wegen Verstoßes gegen Art. 3 Abs. 1 GG. Weil niedergelassene Ärzte und angestellte GmbH-Ärzte gleichermaßen im ambulanten Bereich tätig sind, besteht sachlich kein Grund, die GmbH-Ärzte von der Geltung spezieller Berufspflichten auszunehmen. Die Annahme der Verfassungswidrigkeit hat jedoch zur Folge, dass die eigens für niedergelassene Ärzte aufgestellten Berufspflichten im Hamburger Ärztegesetz auch gegenüber diesem Personenkreis keine Wirkung entfalten können. Dies sei nur kurz angemerkt, da das Aufzeigen dieser Konsequenzen über die Frage der berufsrechtlichen Stellung der GmbH-Ärzte hinaus führen würde.

[728]   GVBl. SH S. 78.

[729]   GVBl. SH S. 248.

BerG SH um das Tatbestandsmerkmal der „Einrichtungen der medizinischen Versorgung" wollte der Gesetzgeber in erster Linie „auch die Berufsausübung in Krankenhäusern" einbeziehen.[730] Neue Formen ambulanter Versorgung hat er zwar nicht ausdrücklich einbezogen, aber auch nicht ausgeschlossen, was daran deutlich wird, dass er *auch*, im Sinne von *nicht nur*, die Berufsausübung in Krankenhäusern berücksichtigen wollte.

Dahinstehen kann in diesem Zusammenhang, dass der schleswig-holsteinische Gesetzgeber im Jahre 2002 juristische Personen in der ambulanten Patientenversorgung verboten und gleichzeitig ein Niederlassungsgebot (mit Ausnahmeregelung) erlassen hat, § 29 Abs. 2 HeilBerG SH. Nachdem lediglich das korrigierte Niederlassungsgebot als Erlaubnisvorbehalt verfassungsrechtlichen Anforderungen standhalten kann, sind auch in Schleswig-Holstein Ärzte-GmbH unter bestimmten Voraussetzungen zugelassen.

Mithin ist die berufliche Rechtsstellung aller im ambulanten Bereich tätigen Ärzte in den Heilberufegesetzen von Thüringen und Schleswig-Holstein gleich. § 30 Nr. 3 HeilBerG SH und § 21 Nr. 2 und Nr. 3 ThHeilBerG sind auf angestellte GmbH-Ärzte anwendbar.

3. Ergebnis

Die Heilberufe- und Kammergesetze der einzelnen Länder sind nicht auf die Situation vorbereitet, dass Ärzte ein Anstellungsverhältnis bei nichtärztlichen ambulanten Praxisbetreibern eingehen.

Eine weitgehende berufsrechtliche Gleichstellung der angestellten Ärzte einer GmbH gegenüber den Ärzten in „regulären" Arbeits- und Dienstverhältnissen und den niedergelassenen Ärzten hat sich dennoch begründen lassen. Soweit die Heilberufe- und Kammergesetze für Ärzte *in niedergelassener Praxis* bzw. *in eigener Praxis* Berufspflichten begründen, sind sie nach der hier vertretenen Ansicht auf GmbH-Ärzte gleichermaßen anwendbar. Insofern ergeben sich keine Unterschiede gegenüber niedergelassenen Ärzten. Das gilt erst recht für die Pflichten, die in ihrem Anwendungsbereich alle *ambulant tätigen Ärzte* oder *Ärzte in einer Praxis* betreffen. Eine Ausnahme besteht im Hinblick auf die Rechtslage in Hamburg. Dort sind die in einer GmbH tätigen Ärzte mangels eigener Niederlassung von den Berufspflichten nicht betroffen.

B. Berufspflichten in den Berufsordnungen der Ärztekammern

In die Betrachtung sind die Berufsordnungen der 17 Ärztekammern einzubeziehen. Überwiegend handelt es sich bei den in der Präambel (A.) und in den nachfolgenden Kapiteln B.-D. aufgestellten Regelungen (B. Regeln zur Berufsausübung, C. Verhaltensregeln, D. Ergänzende Bestimmungen zu einzelnen ärztli-

---

[730] Schleswig-Holsteinischer Landtag, Drs. 13/3127 vom 16.11.1995, S. 64.

chen Berufspflichten)[731] um allgemeine Verhaltensgrundsätze und Leitlinien für das ärztliche Handeln, z.B. Aufklärungspflichten, Dokumentationen, Umgang mit Patienten, etc. Diese Verhaltenspflichten formen einen einheitlichen Maßstab ärztlichen Handelns. Infolgedessen unterscheiden sie nicht zwischen der Art der Arbeitsstätte oder der beruflichen Situation als selbstständiger, verbeamteter, angestellter oder anderweitig tätiger Arzt. Der überwiegende Teil dieser allgemeinen Satzungsregelungen entfaltet damit unmittelbare Wirkung für die angestellten Ärzte einer Ärzte-GmbH.

Bei anderen Bestimmungen tritt umso deutlicher hervor, dass auch die Berufsordnungen in erster Linie auf das Modell der ärztlichen „Niederlassung" zugeschnitten sind;[732] sie richten sich an den „niedergelassenen Arzt". Dabei lassen sie eine Zweiteilung erkennen. Ein Teil von ihnen hält für diesen Personenkreis besondere, verhaltensgebundene Berufspflichten bereit. Sie regeln die Erfordernisse an die ärztliche Berufsausübung in der ambulanten Arztpraxis. Zu ihnen gehören der Grundsatz der gegenseitigen kollegialen Vertretungsbereitschaft (vgl. § 20 Abs. 1 Satz 1 MBO-Ä 1997)[733], die Übernahme des Notfalldienstes (vgl. § 26 MBO-Ä 1997)[734] sowie aus Wettbewerbsgründen ein einjähriges Niederlassungsverbot im Einzugsbereich derjenigen Praxis, in der er zur Aus- oder Weiterbildung mindestens drei Monate tätig war (vgl. § 29 Abs. 2 Satz 2 MBO-Ä 1997)[735].

Von diesen speziellen beruflichen Pflichten hat der andere Teil wiederum organisatorische Rahmenbedingungen für die ärztliche Niederlassung zum Gegenstand. Als Beispiel seien die Mitteilungspflichten gegenüber der Ärztekammer genannt (vgl. § 17 Abs. 5 MBO-Ä 1997)[736], die Anforderungen an das Praxisschild

---

[731] Dieser Aufteilung folgen alle Berufsordnungen. In einigen schließen sich noch die Abschnitte „E. Inkrafttreten" und F. Anhang" an.

[732] *Lippert*, in: Ratzel/Lippert, Kommentar zur MBO, § 23, Rz. 1.

[733] § 20 Abs. 1 Satz 1   BO BW; § 20 Abs. 1 Satz 1 BayBO; § 20 Abs. 1 Satz 1 BlnBO; § 20 Abs. 1 Satz 1 BbgBO; § 20 Abs. 1 Satz 1 BremBO; § 20 Abs. 1 Satz 1 HmbBO; § 20 Abs. 1 Satz 1 HessBO; § 20 Abs. 1 Satz 1 BO MV; § 20 Abs. 1 Satz 1 NdsBO; § 20 Abs. 1 Satz 1 BO Nordrhein; § 20 Abs. 1 Satz 1 BO Westfalen-Lippe; § 20 Abs. 1 Satz 1 BO RP; § 20 Abs. 1 Satz 1 SBO; § 20 Abs. 1 Satz 1 SächsBO; § 20 Abs. 1 Satz 1 BO LSA; § 20 Abs. 1 Satz 1 BO SH; § 20 Abs. 1 Satz 1 ThBO.

[734] § 26 BO BW; § 26 BayBO; § 26 BlnBO; § 26 BbgBO; § 26 BremBO; § 26 HmbBO; § 26 HessBO; § 26 BO MV; § 26 NdsBO; § 26 BO Nordrhein; § 26 BO Westfalen-Lippe; § 26 BO RP; § 26 SBO; § 26 SächsBO; § 26 BO LSA; § 26 BO SH; § 26 ThBO.

[735] § 29 Abs. 2 Satz 2 BO BW; § 29 Abs. 2 Satz 2 BayBO; § 29 Abs. 2 Satz 2 BlnBO; § 29 Abs. 2 Satz 2 BbgBO; § 29 Abs. 2 Satz 2 BremBO; § 29 Abs. 3 Satz 2 HmbBO; § 29 Abs. 2 Satz 2 HessBO; § 29 Abs. 2 Satz 2 BO MV; § 29 Abs. 2 Satz 2 NdsBO; § 29 Abs. 2 Satz 2 BO Nordrhein; § 29 Abs. 2 Satz 2 BO Westfalen-Lippe; § 29 Abs. 2 Satz 2 BO RP; § 29 Abs. 2 Satz 2 SBO; § 29 Abs. 2 Satz 2 SächsBO; § 29 Abs. 2 Satz 2 BO LSA; § 30 Abs. 2 Satz 2 BO SH; § 29 Abs. 2 Satz 2 ThBO.

[736] § 17 Abs. 4 BO BW; § 17 Abs. 4 BayBO; § 17 Abs. 5 BlnBO; § 17 Abs. 5 BbgBO; § 17 Abs. 5 BremBO; § 17 Abs. 5 HmbBO; § 17 Abs. 5 HessBO; § 17 Abs. 5 BO MV; § 17 Abs. 5 BO Nordrhein; § 17 Abs. 5 BO Westfalen-Lippe; § 17 Abs. 5 BO RP; § 17 Abs. 3 SBO; § 17 Abs. 5 SächsBO; § 17 Abs. 5 BO LSA; § 17 Abs. 5 BO SH; § 17 Abs. 5 ThBO. In der Niedersächsischen BO fehlt diese Regelung.

(vgl. § 17 Abs. 4 MBO-Ä 1997[737], § 22a Nr. 1 MBO-Ä 1997[738]) und das Verbot des Betriebs von Zweigpraxen oder ausgelagerten Praxisräumen, § 18 MBO-Ä 1997[739].

Für sie bewirkt § 23 Abs. 1 MBO-Ä 1997 die entsprechende Anwendung auf angestellte Ärzte: „Die Regeln dieser Berufsordnung gelten auch für Ärzte, welche ihre ärztliche Tätigkeit im Rahmen eines privatrechtlichen Arbeitsverhältnisses oder öffentlich-rechtlichen Dienstverhältnisses ausüben."[740] Auf diese Weise gelingt es, angestellte Ärzte hinsichtlich aller Satzungsregelungen öffentlich-rechtlich einzubinden. Für die Rechtslage in Hamburg gilt dies allerdings nicht. Weil schon die gesetzliche Grundlage nur die Verpflichtung niedergelassener Ärzte ausspricht,[741] kann die Hamburgische Berufsordnung nicht darüber hinausgehen.

C. Ergebnis

Die GmbH-Ärzte sind in den Geltungsbereich der beruflichen Regelungen aus den Heilberufe- und Kammergesetzen und den Berufsordnungen der Ärztekammern einbezogen.

Insgesamt ist den meisten Ländergesetzgebern der Vorwurf zu machen, dass sie die Konsequenzen einer Zulässigkeit juristischer Personen auf dem Gebiet der ambulanten Heilkunde in den Heilberufe- und Kammergesetzen nicht berücksichtigt haben. Sofern eine juristische Person des privaten Rechts ärztliche Leistungen anbietet und erbringen lässt, besteht kein Grund, sie von speziellen Berufspflich-

---

[737] § 17 Abs. 3 BO BW; § 17 Abs. 3 Satz 1-4 BayBO; § 17 Abs. 4 BlnBO; § 17 Abs. 4 BbgBO; § 17 Abs. 4 BremBO; § 17 Abs. 4 HmbBO; § 17 Abs. 4 HessBO; § 17 Abs. 4 BO MV; § 17 Abs. 4 NdsBO; § 17 Abs. 4 BO Nordrhein; § 17 Abs. 4 BO Westfalen-Lippe; § 17 Abs. 4 BO RP; § 17 Abs. 2 SBO; § 17 Abs. 4 SächsBO; § 17 Abs. 4 BO LSA; § 17 Abs. 4 BO SH; § 17 Abs. 4 ThBO.

[738] § 22a Abs. 1 BO BW; § 22a Abs. 1 BayBO; Kapitel D. I. Nr. 2 BbgBO; Kapitel D. I. Nr. 2 BlnBO; § 22a Abs. 1 BremBO; § 22a Abs. 1 HmbBO; § 22a Abs. 1 HessBO; Kapitel D. I. Nr. 2 BO MV; § 22a Abs. 1 NdsBO; § 22a Abs. 1 BO Nordrhein; § 22a Abs. 1 BO Westfalen-Lippe; Kapitel D. I. Nr. 2 BO RP; § 22a Abs. 1 SBO; § 22a Abs. 1 SächsBO; § 22a Abs. 1 LSA; § 22a Abs. 1 BO SH; § 22a Abs. 1 ThBO.

[739] § 18 BO BW; § 18 BayBO; § 18 BlnBO; § 18 BbgBO; § 18 BremBO; § 18 HmbBO; § 18 HessBO; § 18 BO MV; § 18 NdsBO; § 18 BO Nordrhein; § 18 BO Westfalen-Lippe; § 18 BO RP; § 18 SBO; § 18 SächsBO; § 18 BO LSA; § 18 BO SH; § 18 ThBO.

[740] § 23 Abs. 1 BO BW; § 23 Abs. 1 BayBO; § 23 Abs. 1 BlnBO; § 23 Abs. 1 BbgBO; § 23 Abs. 1 BremBO; § 23 Abs. 1 HmbBO; § 23 Abs. 1 HessBO; § 23 Abs. 1 BO MV; § 23 Abs. 1 NdsBO; § 23 Abs. 1 BO Nordrhein; § 23 Abs. 1 BO Westfalen-Lippe; § 23 Abs. 1 BO RP; § 23 Abs. 1 SBO; § 23 Abs. 1 SächsBO; § 23 Abs. 1 BO LSA; § 23 Abs. 1 BO SH; § 23 Abs. 1 ThBO.

[741] Die in § 4 Abs. 2-4 HmbÄG normierten Berufspflichten gelten nur für niedergelassene Ärzte, obwohl das Hamburgische Ärztegesetz in § 2 Abs. 1 Nr. 3 HmbÄG Ärzte in „Dienst- und Arbeitsverhältnissen" mitberücksichtigt, siehe oben § 4, A. 2. e.

ten fernzuhalten, wie sie für jede ambulant im Arztberuf tätige natürliche Person gelten.

Damit geht das ärztliche Berufsrecht an der GmbH als Organisationsform vorbei. Dass mit einer gesetzlichen Regelung auch ihre Anerkennung für den ambulanten Sektor einher ginge, mag für ihre Gegner unbefriedigend sein, zumal sechs Heilberufe- und Kammergesetze noch restriktive Regelungen enthalten. Langfristig wird die Entwicklung einer GmbH für Ärzte jedoch nicht aufzuhalten sein. Sinnvoller ist die Überlegung, sie in den Pflichtenkreis einzubinden, der für natürliche Personen besteht.

Soweit spezielle Berufspflichten ausdrücklich für Ärzte normiert sind, die *in fremder Praxis, in Einrichtungen der ambulanten Versorgung* bzw. *ambulant tätig* sind, ist der Einbezug aller ambulant tätigen Ärzte unproblematisch. Soweit die speziellen Berufspflichten ausschließlich mit den Merkmalen der Tätigkeit *in niedergelassener Praxis* bzw. *in eigener Praxis* charakterisiert sind, gilt – nach der hier vertretenen Ansicht – dasselbe. Das nachträgliche Hinzutreten weiterer Formen der gemeinsamen ärztlichen ambulanten Berufsausübung erlaubt eine Angleichung ihrer personellen Reichweite auf alle in diesem Gebiet tätigen Ärzte. Maßgebend ist somit die inhaltliche Ausrichtung auf die „eigenverantwortliche ambulante Tätigkeit in einer Praxis". Die rechtlich-organisatorischen Umstände – ob als Selbständige oder Angestellte – treten demgegenüber in den Hintergrund.

Aus der Tätigkeit für Nichtärzte erwachsen den GmbH-Ärzten insofern also auch keine Vorteile im Hinblick auf die speziellen Berufspflichten, die speziell für den ambulanten Bereich erlassen wurden. Auf diese Weise stellt sich sogar der günstige Nebeneffekt ein, dass auch die angestellten Ärzte eines niedergelassenen Arztes unmittelbar verpflichtet werden.

De lege ferenda empfiehlt es sich wegen der Klarheit der Aussage dennoch, dem Beispiel Thüringens folgend die betreffenden Vorschriften im Gesetzestext auf alle *ambulant tätigen* Ärzte auszudehnen. Das gilt insbesondere für die Rechtslage im Hamburgischen Ärztegesetz, in dem die ungleiche berufliche Pflichtenstellung zwischen niedergelassenen und angestellten Ärzten beseitigt werden muss. Hier ist es geboten, die begrenzte Geltung für *niedergelassene Ärzte* zugunsten der allgemeineren Bezeichnung der *ambulant tätigen Ärzte* zu ersetzen.

§ 5 Die Liquidation gegenüber Selbstzahlern und Krankenversicherungen

Überwiegend wird die Ärzte-GmbH als wirtschaftlich nicht rentabel abgelehnt. Die Begründungen verweisen auf die mangelnde Abrechnungsmöglichkeit gegenüber den Krankenkassen.[742] Im Bereich der „Schulmedizin" sei die Ärzte-GmbH nur für den geringen Anteil real selbstzahlender, d.h. weder gesetzlich noch privat krankenversicherter Patienten eine Alternative. Zugang zu einem breiteren Publikum verlange, dass sie ihr Angebot auf solche Leistungen verlege, die nicht von den Krankenversicherungen getragen würden.[743] Auf diesen Umstand müssen die in der GmbH angestellten Ärzte ihre versicherten Patienten vor Übernahme der Behandlung hinweisen.[744]

Daher ist zu untersuchen, ob ihre Leistungen von den privaten und den gesetzlichen Krankenkassen erstattet werden.

A. Anwendung der GOÄ auf die Leistungen der Ärzte-GmbH

Vorab stellt sich die Frage, ob eine juristische Person überhaupt in der Lage ist, ärztliche Leistungen ihrer Angestellten in Rechnung zu stellen. Dies soll am Grundmodell des selbst zahlenden Patienten erfolgen.

---

[742] *Taupitz*, NJW 1992, 2317, 2324 f.; *ders.*, VersR 1992, 1064 ff.; *Narr*, Ärztliches Berufsrecht, Rz. B 443; *Laufs*, MedR 1995, 11, 16; *Weber/Vogt-Weber*, ArztR 1997, 179, 183 ff.; *dies.*, Deutsches Ärzteblatt 95, Heft 19, 1998, A-1146 ff.; *Ratzel*, Der Frauenarzt 2001, 91, 92 f.

[743] *Meyer/Kreft*, GmbHR 1997, 193, 196; *Katzenmeier*, MedR 1998, 113, 118.

[744] Diese „wirtschaftliche Aufklärung" ist Teil der Behandlung. Sie gehört nicht zur therapeutischen Aufklärung, die den Patienten in den Stand der Einwilligungsfähigkeit versetzt und einer Behandlung stets vorauszugehen hat. Hinweispflichten des Arztes zur Kostenerstattung durch die Krankenkassen werden von Rspr. und Literatur angenommen, vgl. LG Düsseldorf, MedR 1986, 208; OLG München, NJW-RR 1993, 1240, 1241; BGHZ 102, 106, 112; BGH, VersR, 1996, 1157, 1158; BGH, VersR, 2000, 999, 1002; OLG Düsseldorf, NJW-RR 2000, 906; AG Pforzheim, MedR 2003, 234; *Glatz*, Der Arzt zwischen Aufklärung und Beratung, S. 327 ff.; krit. zur Reichweite der wirtschaftlichen Aufklärung *Broglie*, in: Ehlers/Broglie, Arzthaftungsrecht, Rz. 695 ff.; *Laufs*, in: Laufs/Uhlenbruck, Handbuch des Arztrechts, § 65, Rz. 17.

Dieser Personenkreis schließt mit dem Arzt einen Behandlungsvertrag gem. § 611 BGB.[745] Der Vertrag verpflichtet ihn gegenüber dem Arzt zur Zahlung des Honorars, weswegen sich für ihn auch der Begriff des „Selbstzahlers" eingebürgert hat. Die Vergütung richtet sich zwingend nach der Gebührenordnung für Ärzte[746] (GOÄ).[747] Handelt nun auf Seiten des Arztes eine Gesellschaft, tritt sie als Vertragspartnerin gegenüber dem Patienten auf und schuldet das Bemühen um eine Feststellung, Heilung und Linderung des Leidens nach den Regeln der medizinischen Kunst durch ihren angestellten Arzt.[748] Infolgedessen müsste ihr der Honoraranspruch zustehen. Letzteres wird jedoch teilweise bestritten.

I.   Keine Beschränkung des Liquidationsrechts auf Ärzte in der GOÄ

Dem Honoraranspruch der GmbH steht nicht entgegen, dass eine juristische Person grundsätzlich kein Liquidationsrecht hinsichtlich der ambulanten Behandlung durch einen angestellten Arzt haben kann. Aus der früheren Fassung des § 1 Abs. 1 GOÄ (Bis 1982: „Den Ärzten stehen für ihre Berufstätigkeit Vergütungen [...] nach dieser Verordnung zu.") wurde gefolgert, dass *nur* der Arzt Vergütung nach dieser Verordnung beanspruchen kann, der selbst für *seine* ärztliche Tätigkeit liquidiert, nicht aber juristische Personen.[749]

---

[745] BGHZ 63, 306, 309; 76, 249, 261; 97, 273, 276; *Putzo*, in: Palandt, Einf v § 611, Rz. 18; *Schlechtriem*, in: Jauernig, Vor § 611, Rz. 21; *Anders/Gehle*, in: RGRK, § 611, Rz. 165; *Müller-Glöge*, in: MünchKomm, § 611, Rz. 44; *Kraft*, in: Soergel, Vor § 611, Rz. 104; *Uhlenbruck/Laufs*, in: Laufs/Uhlenbruck, Handbuch des Arztrechts, § 39, Rz. 10; *Deutsch/Spickhoff*, Medizinrecht, Rz. 64, 85. Unabhängig davon soll es den Parteien freistehen, ihr Rechtsverhältnis durch Vereinbarung pauschal den Vorschriften über den Dienst- oder Werkvertrag zu unterstellen, wie *Anders/Gehle*, in: RGRK, § 611, Rz. 170 und *Uhlenbruck/Laufs*, in: Laufs/Uhlenbruck, Handbuch des Arztrechts, § 39, Rz. 10 betonen. Einen Einbezug werkvertraglicher Elemente bezogen auf einzelne, rein technische Leistungen wie die Anfertigung von Zahnprothesen, Korsetts, Schuhstützen o.ä. befürwortet ausdrücklich BGHZ 63, 306, 309; ebenso *Putzo*, in: Palandt, Einf v § 632, Rz. 18, 32; *Schlechtriem*, in: Jauernig, Vor § 611, Rz. 21; *Müller-Glöge*, in: MünchKomm § 611, Rz. 47 f.; *Uhlenbruck/Laufs*, in: Laufs/Uhlenbruck, Handbuch des Arztrechts, § 39, Rz. 11; *Deutsch/Spickhoff*, Medizinrecht, Rz. 86 mit der Folge, dass für die werkvertragliche Leistung auch das Gewährleistungsrecht aus dem Werkvertrag Anwendung findet.

[746] GOÄ i.d.F. der 4.Verordnung zur Änderung der Gebührenordnung für Ärzte vom 18.12.1995 (BGBl. I. S. 1861 und BGBl. I 1996 S. 210).

[747] *Uhlenbruck*, in: Laufs/Uhlenbruck, Handbuch des Arztrechts, § 82, Rz. 3; *Deutsch-/Spickhoff*, Medizinrecht, Rz. 92; *Hanau*, in: Erman, § 612, Rz. 11; *Kraemer*, NJW 1996, 764.

[748] *Uhlenbruck/Laufs*, in: Laufs/Uhlenbruck, Handbuch des Arztrechts, § 39, Rz. 10; *Katzenmeier*, Arzthaftungsrecht, § 2.II.3.

[749] *Gitter*, NJW 1980, 2745, 2746 f.; *Eppenstein*, VersR 1973, 1036, 1037.

Die geltende Fassung des § 1 Abs. 1 GOÄ trägt diese Ansicht freilich nicht.[750] Sie lautet nun:

„Die Vergütungen für die beruflichen Leistungen der Ärzte bestimmen sich nach dieser Verordnung, soweit nicht durch Bundesgesetz etwas anderes bestimmt ist.“[751]

Eine Begrenzung des Personkreises der Anspruchsteller ist damit nicht verbunden.

Die Bindung des Liquidationsrechts an die Person des Arztes überzeugt abgesehen davon auch nach dem alten Wortlaut nicht. Rechtsgrundlage für den Vergütungsanspruch des Arztes ist nicht allein der Umstand seines Tätigwerdens, sondern der Abschluss des Behandlungsvertrags gem. § 611 BGB.[752] Berechtigter des Honoraranspruchs ist stets der Vertragspartner. Organisiert eine Gesellschaft die rechtlichen Rahmenbedingungen und bietet den Abschluss des Behandlungsvertrags an, steht ihr folgerichtig das Liquidationsrecht zu.[753]

§ 1 Abs. 1 GOÄ enthält deswegen keine personelle Beschränkung des Liquidationsrechts auf Ärzte. Schließt die Ärzte-GmbH den Behandlungsvertrag ab, ist sie nicht gehindert, die Vergütungen für die Leistungen „ihrer“ angestellten Ärzte gem. § 611 BGB von den Patienten zu verlangen.

II.   Unmittelbare Geltung der GOÄ als Berechnungsgrundlage

Was die Berechnung ihres Vergütungsanspruchs betrifft, wird angenommen, dass die Bestimmungen der GOÄ nur analog für die Ärzte-GmbH gelten sollen.[754] Aber auch bei dieser Sichtweise erhält die GOÄ für die Ärzte-GmbH zumindest die Funktion einer „Taxe“ bzw. „üblichen Vergütung“ i.S.d. § 612 Abs. 2 BGB. Danach ist bei fehlender Honorarvereinbarung die übliche Vergütung als vereinbart anzusehen. Weil die Gebührensätze der GOÄ von den niedergelassenen Ärzten tatsächlich in Rechnung gestellt werden, bestimmt sie dadurch mittelbar über das Kriterium des „Üblichen“ die von einer GmbH für ärztliche Leistungen im Zweifel zu beanspruchende Vergütung.[755]

Folgt man dieser Ansicht, können die Vertragspartner von der GOÄ nur abweichen, wenn sie ausdrücklich eine andere Vergütung vereinbart haben. Das ist nicht ungewöhnlich. Niedergelassene Ärzte sind auch nicht gehindert, in den Grenzen des § 2 GOÄ[756] abweichende Honorarvereinbarungen zu treffen.[757]

---

[750] Anderer Ansicht *Uhlenbruck/Kern*, in: Laufs/Uhlenbruck, Handbuch des Arztrechts, § 82, Rz. 1, allerdings ohne Angabe von Gründen.

[751] § 1 Abs. 1 GOÄ vom 12.11.1982 (BGBl. I S. 1522).

[752] *Brück/Hess/Klakow-Franck/Warlo*, Kommentar zur GOÄ, § 1, 4.2.1.

[753] So auch *Katzenmeier*, MedR 1998, 113, 116.

[754] *Laufs*, MedR 1995, 11, 14.

[755] *Brück/Hess/Klakow-Franck/Warlo*, Kommentar zur GOÄ, § 1, 4.2.2; *Taupitz*, VersR 1992, 1064, 1066; *Laufs*, MedR 1995, 11, 14.

[756] Richtlinien der Ärztekammern für die Handhabung des § 2 GOÄ durch die Ärzteschaft sind abgedruckt in *Brück/Hess/Klakow-Franck/Warlo*, Kommentar zur GOÄ, § 2, 2.1.

Sofern die Honoraransprüche der GmbH für ärztliche Leistungen von der GOÄ bereits unmittelbar erfasst würden, erübrigte sich eine analoge Anwendung. Die Analogie geht vom Bestehen einer Regelungslücke aus. Es ist jedoch schon mit dem Wortlaut des § 1 Abs. 1 GOÄ zu vereinbaren, den Vergütungsmaßstab der GOÄ auf alle berufstypischen ärztlichen Leistungen anzuwenden. Wie bereits geschildert, stellt die Vorschrift lediglich fest, dass sich die Vergütungen für berufliche Leistungen der Ärzte nach dieser Verordnung bestimmen. Der Wortlaut lässt also offen, ob der Arzt oder eine andere (juristische) Person Partner des Behandlungsvertrags ist.

Konsequenterweise sind alle Anbieter ärztlicher Leistungen gesetzlich zur Abrechnung nach der GOÄ verpflichtet. Sonderregelungen in der Sozialversicherung[758] oder für Krankenhäuser und andere stationäre Einrichtungen nach den Krankenhausgesetzen und der Bundespflegesatzverordnung bleiben davon unberührt, zumal ihnen § 1 Abs. 1 2.HS GOÄ den Vorrang einräumt. Auch die Ärzte-GmbH ist nach der hier vertretenen Ansicht unmittelbar berechtigt und verpflichtet, die Vergütungen für die beruflichen Leistungen „ihrer" Ärzte auf der Grundlage der GOÄ zu berechnen. Auf Grund der unmittelbaren Geltung sind auch abweichende Honorarvereinbarung nur nach Maßstab des § 2 GOÄ erlaubt.

III.   Ergebnis

Die Ärzte-GmbH hat gem. § 611 BGB gegen ihre Patienten einen eigenen Vergütungsanspruch aus dem Behandlungsvertrag. Seine Höhe berechnet sich nach den Grundsätzen der GOÄ, die für eine Ärzte-GmbH unmittelbar geltendes Recht darstellen. Hinsichtlich der Berechnung und der Rechnungstellung ärztlicher Leistungen bestehen zwischen Ärzten und Gesellschaften keine Unterschiede.

---

[757] Im Hinblick auf Ärzte wird der GOÄ von 1982 wegen der Neufassung des § 2 GOÄ mittlerweile der Charakter als Taxe i.S.d. § 612 Abs. 2 BGB schon abgesprochen. Während die vorherige GOÄ von 1965 nur ein „taxenübliches" hilfsweises Eingreifen vorsah, kann ihre Geltung heute nicht mehr schlechthin abbedungen werden, vgl. *Hanau*, in: Erman, § 612, Rz. 12 mit Verweis auf *Schmatz/Goetz/Matzke*, Kommentar zur GOÄ, Einf A, S. 30 und *Funke*, Privatärztliches Gebührenrecht, S. 39 f.; abw. *Putzo*, in: Palandt, § 612, Rz. 7; *Preis*, in: Erfurter Kommentar, § 612, Rz. 36.

[758] Vergütungsgrundlage für den gesamten Bereich der gesetzlichen Krankenversicherung ist gem. § 87 SGB V der einheitliche Bewertungsmaßstäbe (EBM). Er ist zwingender Bestandteil des Bundesmantelvertrags Ärzte, wird aber durch einen gesondert eingerichteten Bewertungsausschuss beschlossen, dazu *Hess*, in: Kasseler Kommentar, § 87 SGB V, Rz. 5; *Krauskopf*, in: Laufs/Uhlenbruck, Handbuch des Arztrechts, § 30, Rz. 4 ff.; *Narr*, Ärztliches Berufsrecht, Rz. B 605.

B. Private Krankenversicherungen

Privat Krankenversicherte können im Rahmen des vom Versicherungsvertrags festgelegten Leistungsumfangs die Erstattung der Heilungskosten verlangen. Regelmäßig werden die Musterbedingungen der privaten Krankenversicherungen von 1994 (MB/KK 94)[759] Bestandteil des Versicherungsvertrags.[760] Die MB-/KK 94 sind die Allgemeinen Versicherungsbedingungen (AVB) der privaten Krankenversicherung (PKV).[761] Als solche ergänzen sie die gehaltenen Bestimmungen des VVG und unterstehen der Kontrolle durch die §§ 305-310 BGB[762] zu den Allgemeinen Geschäftsbedingungen.[763]

I. Ersatz von Aufwendungen für die Heilbehandlung in der Krankheitskostenversicherung

In der Krankheitskostenversicherung gewährt der Versicherer gem. § 1 Abs. 1 Satz 2a MB/KK 94 Ersatz der Aufwendungen für Heilbehandlung und sonst vereinbarte Leistungen. Diese Aufwendungen müssen dem Versicherungsnehmer in Bezug auf das versicherte Risiko entstanden sein. Sie dienen der Ablösung von Verpflichtungen aus berechtigten Ansprüche eines Arztes (Passivenversicherung).[764] Voraussetzung für eine Leistungspflicht des Versicherers ist demnach ein Vergütungsanspruch des behandelnden Arztes oder des Krankenhauses.[765]

Wie sich bereits ergeben hat, kann die Ärzte-GmbH Vergütungsansprüche gegenüber Patienten geltend machen. Zahlungen, die der privat versicherte Patient

---

[759] Allgemeine Versicherungsbedingungen für die Krankheitskosten- und Krankenhaustagegeldversicherung, Musterbedingungen des Verbandes der privaten Krankenversicherungen.

[760] Seit Inkrafttreten des 3. DurchfG/EWG zum VAG am 29.7.1994 durch Gesetz vom 21.7.1994 (BGBl. I. S. 1630) gehören die Versicherungsbedingungen nicht mehr zum Geschäftsplan des Versicherers gem. § 5 VAG und unterliegen damit auch nicht mehr der Genehmigung des Bundesaufsichtsamt für das Versicherungswesen.

[761] *Horn*, in: Wolf/Horn/Lindacher, AGBG, § 23, Rz. 496; *Moser*, in: Bach/Moser, MB/KK, Einl, Rz. 1.

[762] Das frühere AGBG ist im Zuge der Modernisierung des Schuldrechts zwar systematisch neu geordnet, aber nicht inhaltlich neu geregelt worden. Vorbehaltlich einzelner Änderungen kann an die bisherige Auslegung des AGBG angeknüpft werden, vgl. *Hennrichs*, in: Dauner-Lieb/Heidel/Lepa/Ring, Das neue Schuldrecht, § 6, Rz. 8.

[763] *Prölss*, in: Prölss/Martin, VVG, Vorbem. I, Rz. 16 f.; *Horn*, in: Wolf/Horn/Lindacher, AGBG, § 23, Rz. 452; *Moser*, in: Bach/Moser, MB/KK, Einl, Rz. 14 zu den gleichlautenden Bestimmungen des früheren AGBG.

[764] Im Unterschied zur Aktivenversicherung betrifft die Passivenversicherung die Belastung des *Vermögens* mit ungewollten Schulden bzw. Aufwendungen, gegen die sich der Versicherungsnehmer durch Versicherung schützen will, vgl. *Bach*, in: Bach/Moser, MB/KK, § 178b VVG, Rz. 2.

[765] *Bach*, in: Bach/Moser, MB/KK, § 1, Rz. 4.

im Behandlungsfall an sie geleistet hat, sind – soweit sie sich im zulässigen Rahmen halten – Aufwendungen für Heilbehandlung und sonst vereinbarte Leistungen gem. § 1 Abs. 1 Satz 2a MB/KK 94.

II.   Freie Arztwahl unter den „niedergelassenen approbierten Ärzten"

Hat der Versicherungsnehmer den Honoraranspruch einer Ärzte-GmbH beglichen, fehlt es den MB/KK 94 an einer einschlägigen Regelung, aus der sich ergibt, dass seine Aufwendungen gegenüber einer juristischen Person von den privaten Versicherern als erstattungsfähig anerkannt werden.

Weil die Ärzte-GmbH eine stationäre Versorgung der Patienten nicht anbietet, ist sie kein privates Krankenhaus i.S.d. § 4 Abs. 4 MB/KK 94.[766]

Die Ärzte-GmbH kann zwar auf das tatsächliche Handeln ihrer angestellten Ärzte verweisen. Es stellt sich aber die Frage, ob der Liquidationsmöglichkeit der Ärzte nicht § 4 Abs. 2 Satz 1 MB/KK 94 entgegensteht. Dort werden die Versicherten auf die niedergelassenen approbierten Ärzte beschränkt: „Der versicherten Person steht die Wahl unter den niedergelassenen approbierten Ärzten und Zahnärzten frei."

1.   Auslegung des § 4 Abs. 2 Satz 1 MB/KK 94

a.   Nach den Grundsätzen des ärztlichen Berufsrechts

Der Wortlaut dieser Versicherungsbedingung spricht dagegen: Die „Niederlassung" bezeichnet im ärztlichen Berufsrecht formal die öffentlich erkennbare Bereitstellung zur Ausübung des ärztlichen Heilberufs in selbständiger Praxis.[767] Niedergelassen ist aber nur die GmbH, die kein Arzt ist, während ihren angestellten approbierten Ärzten dieses Merkmal fehlt. Insofern verhindert § 4 Abs. 2 Satz 1 MB/KK 94[768] die Erstattung der Leistungen juristischer Personen.[769]

---

[766] Für Kliniken, die den Qualitätsanforderungen dieser Vorschrift genügen, hat der BGH einmal festgestellt, dass § 4 Abs. 2 Satz 1 MB/KK 94 auf ihren Erstattungsanspruch für ambulante Leistungen anzuwenden sei, BGHZ 70, 158 ff. Die Entscheidung hat viel Ablehnung erfahren, vgl. *Gitter*, NJW 1980, 2745 ff.; krit. auch *Schoenfeldt/Kalis*, in: Bach/Moser, MB/KK, § 4, Rz. 29 f.

[767] Vergleiche in der privatversicherungsrechtlichen Rspr. und Literatur den Bezug zum ärztlichen Berufsrecht: LG Köln, VersR 1992, 43 f.; LG Mainz, VersR 1992, 44; OLG Hamm, VersR 1993, 427; OLG Hamm, VersR 1993, 428, 429; OLG Düsseldorf, VersR 1994, 207; OLG Karlsruhe, VersR 1994, 1459; OLG Düsseldorf, VersR 2003, 984, 986; *Wriede*, in: Bruck/Möller/Wriede, Anmerk. G 11; *Prölss*, in: Prölss/Martin, VVG, § 4 MB/KK 94, Rz. 8; *Schoenfeldt/Kalis*, in: Bach/Moser, MB/KK, § 4, Rz. 21.

[768] So auch die Rspr. zum gleichlautenden § 4 Nr. 2 MB/KK 76: BGH, VersR 1978, 267; LG Köln, VersR 1992, 43 f.; LG Mainz, VersR 1992, 44; LG Nürnberg-Fürth, VersR 1992, 45; OLG Köln, VersR 1992, 952; OLG Hamm, VersR 1993, 427; OLG Düsseldorf, VersR 1994, 207.

Fraglich ist, ob ein Blick auf den Zweck der Regelung zu einem anderen Ergebnis führt. Versicherungswirtschaftlich zielt das Niederlassungserfordernis darauf ab, die angemessene ärztliche Versorgung von Privatpatienten in einer ordnungsgemäß eingerichteten Praxis zu sichern, die nicht nur vorübergehend zur Verfügung steht.[770] In der Gründung einer Niederlassung sehen die Krankenversicherer den Beleg, dass die von einem Arzt gewährte Heilbehandlung kunstgerecht, zur Diagnose und Therapie geeignet und damit regelmäßig „medizinischnotwendig" ist.[771] Eine Behandlung durch beliebige Personen soll nicht finanziert werden.[772] Deshalb soll nicht einmal der individuelle Nachweis des Versicherungsnehmers genügen, dass es sich bei der GmbH um ein Unternehmen mit entsprechend qualifizierter ärztlicher Leitung handelt.[773] Als Begründung wird angeführt, dass eine Einzelfallprüfung die Versicherten unnötig mit Beweisschwierigkeiten belasten würde.[774] Die Befürchtung, der ärztliche Standard werde mit der Niederlassung einer juristischen Person nicht eingehalten, hat sich aber bereits im 3. Kapitel als haltlos erwiesen. Eine Ärzte-GmbH kann also den mit der „Niederlassung" in § 4 Abs. 2 Satz 1 MB/KK 94 beabsichtigten Zweck erfüllen.

Das Niederlassungserfordernis dient allerdings nicht dazu, die Kosten der Behandlung auf die Beträge zu begrenzen, die üblicherweise von niedergelassenen Ärzten in Rechnung gestellt werden.[775] Selbst wenn das zuträfe – was nicht der Fall ist, weil mit § 5 Abs. 2 MB/KK 94 eigens eine einschlägige Regelung zur Kostenbegrenzung der Versicherungsunternehmen geschaffen wurde[776] – würde

---

[769] *Wriede*, in: Druck/Möller/Wriede, Anmerk. G 11; *Schoenfeldt/Kalis*, in: Bach/Moser, MB/KK, § 4, Rz. 22, 31; *Eppenstein*, VersR 1973, 1036; *Gitter*, NJW 1980, 2745; *Taupitz*, VersR 1992, 1064, 1066 f.; *ders.*, NJW 1992, 2317, 2324; *Meyer/Kreft*, GmbHR 1997, 193, 196; *Präve*, Versicherungsbedingungen und AGB-Gesetz, Rz. 279.

[770] *Dreher*, VersR 1995, 245, 250; *Gitter*, NJW 1980, 2745, 2746; *Prölss*, in: Prölss/Martin, VVG, § 4 MB/KK 94, Rz. 8; *Schoenfeldt/Kalis*, in: Bach/Moser, MB/KK, § 4 Rz. 33.

[771] BGHZ 70, 158, 162; LG Köln, VersR 1992, 43, 44; LG Mainz, VersR 1992, 44; OLG Köln, VersR 1992, 952; OLG Düsseldorf, VersR 1994, 207; OLG Düsseldorf, VersR 2003, 984, 986.

[772] *Hildebrandt*, Entwicklungen und Rechtsprobleme freiberuflicher Zusammenschlüsse, S. 161.

[773] *Taupitz*, VersR 1992, 1064, 1066.

[774] BGH, VersR 1971, 949, 950; *Taupitz*, VersR 1992, 1064, 1067; *Prölss*, in: Prölss/Martin, VVG, § 4 MB/KK 94, Rz. 9; OLG Düsseldorf, VersR 2003, 984, 986 führt aus, die Norm bewahre den Versicherer vor Einzelfallprüfungen, das Handelsregister der GmbH und ihre Gesellschafterliste einsehen zu müssen.

[775] BGHZ 70, 158, 165 f.; OLG Hamm, VersR 1993, 427, 428; *Prölss*, in: Prölss/Martin, VVG, § 4 MB/KK 94, Rz. 9; *Dreher*, VersR 1995, 245, 250; abl. *Gitter*, NJW 1980, 2745, 2746.

[776] Zum Leistungsausschluss durch die „Kürzungsklausel" bei wirtschaftlichem Übermaß vgl. *Schoenfeldt/Kalis*, in: Bach/Moser, MB/KK, § 5, Rz. 62 ff.; *Prölss*, in: Prölss/Martin, VVG, § 5 MB/KK 94, Rz. 17 f. Kritik am Verweis üben jedoch *Schoenfeldt/Kalis*, in: Bach/Moser, MB/KK, § 4, Rz. 30, da für jede Regelung der Risikobegrenzung die Vermutung bestehe, dass mit ihr die Leistungen des Versicherers

die Ärzte-GmbH aber auch dieser Zielsetzung genügen. Die Gesellschaft ist schon auf Grund des Behandlungsvertrags zur wirtschaftlichen Leistungserbringung verpflichtet.[777] Weil die Gebührenordnung für Ärzte für sie unmittelbar gilt,[778] hat sie zudem § 1 Abs. 2 GOÄ zu beachten, wonach der Arzt Vergütungen nur für die Leistungen berechnen darf, die nach den Regeln der ärztlichen Kunst für eine medizinisch notwendige ärztliche Versorgung erforderlich sind.[779]

Auf Grund des ausdrücklichen Wortlauts und der berufsrechtlichen Bedeutung des „niedergelassenen Arztes" steht § 4 Abs. 2 Satz 1 MB/KK 94 den Erstattungsansprüchen der privat Versicherten wegen der Behandlung durch angestellte Ärzte einer GmbH entgegen.

b. Nach den Grundsätzen der allgemeinen Versicherungsbedingungen

Allerdings ist die Übernahme des Niederlassungsbegriffs aus dem ärztlichen Berufsrecht speziell im Versicherungsvertragsrecht nicht unproblematisch. Bei der Auslegung muss die Zugehörigkeit der MB/KK 94 zu den allgemeinen Versicherungsbedingungen berücksichtigt werden.

aa. Rechtsnatur und objektive Auslegung

Der Geltungsgrund der MB/KK 94 liegt in ihrer rechtsgeschäftlichen Einbeziehung nach Maßgabe der §§ 145 ff. BGB i.V.m. § 305 Abs. 2, 3 BGB. Ihrer Rechtsnatur nach sind die Musterbedingungen (abstrakt-generelle) Vertragsbestandteile.[780] Allgemeine Versicherungsbedingungen stellen demnach kein einseitig gesetztes Recht dar.[781] Konsequenzen hat dies darin, dass ihre Auslegung zwar den Methoden der allgemeinen Rechtsgeschäftslehre unterliegt;[782] speziell für allgemeine Geschäftsbedingungen sind aber zudem besondere Grundsätze entwickelt worden. Sie tragen dem Umstand Rechnung, dass eine Vielzahl künftiger Abschlüsse gleichförmig erzielt werden soll.[783]

---

grenzung die Vermutung bestehe, dass mit ihr die Leistungen des Versicherers für Aufwendungen des Versicherungsnehmers begrenzt werden sollten.

[777] *Uhlenbruck/Laufs*, in: Laufs/Uhlenbruck, Handbuch des Arztrechts, § 44, Rz. 7.

[778] Siehe oben in § 5, A. II.

[779] *Ratzel*, in: Ratzel/Lippert, Kommentar zur MBO, § 12, Rz. 5.

[780] OLG Düsseldorf VersR 2003, 984, 985; „Vertragstheorie", vgl. *Ulmer*, in: Ulmer/Brandner/Hensen, Einl., Rz. 22; *Wolf*, in: Wolf/Horn/Lindacher, AGBG, Einl, Rz. 13; *Schlosser*, in: Staudinger, § 2 AGBG, Rz. 36; *Dreher*, Versicherung als Rechtsprodukt, S. 157.

[781] Sog. „Normentheorie", vgl. dazu *Pflug*, AG 1992, 1, 3 ff.; *ders.*, Kontrakt und Status im Recht der Allgemeinen Geschäftsbedingungen, S. 298 ff.; *Schmidt*, ZIP 1987, 1505 ff. Auf einem anderen Blatt steht die Verwandtschaft von AGB mit Gesetzen der *sozialen* Funktion nach, vgl. *Roth*, WM 1991, 2125, 2126 [Hervorheb. v. Verf.].

[782] *Roth*, WM 1991, 2125, 2126; *Lindacher*, in: Wolf/Horn/Lindacher, AGBG, § 5, Rz. 1; *Heinrichs*, in: Palandt, § 305c, Rz. 15.

[783] *Basedow*, in: MünchKomm, § 5 AGBG, Rz. 1; *Schlosser*, in: Staudinger, § 5 AGBG, Rz. 1; *Ulmer*, in: Ulmer/Brandner/Hensen, § 5, Rz, 1.

Nach ständiger Rechtsprechung sind allgemeine Geschäftsbedingungen im Verbands- wie im Individualprozess deshalb objektiv auszulegen.[784] Wegen des Rationalisierungseffekts[785] sind sie unter Verzicht auf besondere Umstände des Einzelfalls nach dem typischen Verständnis redlicher Vertragspartner unter Abwägung der Interessen der normalerweise beteiligten Verkehrskreise zu interpretieren.[786] Primäre Bedeutung erlangt daher ihr Wortlaut.[787] Im Vergleich dazu sind Sinn und Zweck der Klausel, ebenso wie ihre systematische Stellung im Bedingungswerk, nur nachrangig zu bewerten.[788] Was sich der Verfasser der Bedingungen bei der Abfassung vorgestellt hat, bleibt regelmäßig unbeachtlich, weil der Vertragspartner die Entstehungsgeschichte zumeist nicht kennt.[789]

Für die Erläuterung allgemeiner Versicherungsbedingungen gilt insbesondere, dass die Verständnismöglichkeiten eines durchschnittlichen Versicherungsnehmers ohne versicherungsrechtliche Spezialkenntnisse zu berücksichtigen sind.[790] Gleichwohl ist das beiderseitige Interesse zu beachten, weswegen die Auslegung auch dem versicherungswirtschaftlichen Zweck der Regelung gerecht werden soll.[791] In diesen Vorgaben kommt das dem Kundenschutz dienende Transparenzgebot zum Ausdruck. Es zielt darauf ab, im Interesse der Kunden für Verständ-

---

[784] BGHZ 22, 109, 113; 51, 55, 58; 77, 116, 118; 79,16, 20 f.; 79, 117, 118 f.; BGH, NJW 1987, 319, 320; BGH NJW 1988, 1261, 1262; BGH NJW 1990, 1177, 1178, Ebenso Roth, WM 1991, 2125; Ulmer, in: Ulmer/Brandner/Hensen, § 5, Rz. 13 ff.; Basedow, in: MünchKomm, § 5 AGBG, Rz. 5; Hefermehl/Werner, in: Erman, § 5 AGBG, Rz. 7; Dreher, AcP 189 (1989), 342, 360; krit. Lindacher, in: Wolf/Horn/Lindacher, AGBG, § 5, Rz. 6; Schlosser, in: Staudinger, § 5 AGBG, Rz. 20, 22.

[785] Ulmer, in: Ulmer/Brandner/Hensen, § 5, Rz. 15; Piper, in: RGRK, § 157, Rz. 107; unter Ablehnung der v.a. früher angenommenen „Gesetzesähnlichkeit" allgemeiner Geschäftsbedingungen so Roth, WM 1991, 2125, 2126; Präve, Versicherungsbedingungen und AGB-Gesetz, Rz. 271.

[786] BGHZ 96, 182, 191; 102, 384, 390; 107, 273, 277; BGH WM 1988, 334, 336; BGH, NJW 1990, 2880, 2881; BGH, NJW-RR, 1996, 856, 857; BGH, NJW-RR, 1996, 857, 858.

[787] Ulmer, in: Ulmer/Brandner/Hensen, § 5, Rz. 20; Roth, WM 1991, 2125, 2128.

[788] Ulmer, in: Ulmer/Brandner/Hensen, § 5, Rz. 21; Basedow, in: MünchKomm, § 5 AGBG, Rz. 13; Präve, Versicherungsbedingungen und AGB-Gesetz, Rz. 268; Roth, WM 1991, 2125, 2128; Lindacher, in: Wolf/Horn/Lindacher, AGBG, § 5, Rz. 7.

[789] Olzen, JR 2002, 45, 48; Roth, WM 1991, 2125, 2128; Hefermehl/Werner, in: Erman, § 5 AGBG, Rz. 12; abw. Präve, Versicherungsbedingungen und AGB-Gesetz, Rz. 273: Ergänzende Heranziehung, sofern allgemeine Versicherungsbedingungen behördlich genehmigt worden sind.

[790] BGHZ 84, 268, 272; OLG München, VersR 1990, 614; BGH, VersR 1993, 957, 958 f.; Prölss, in: Prölss/Martin, VVG, Vorbem. III, Rz. 2; Bach/Hütt, in: Bach/Moser, MB/KK, Einl, Rz. 55; Basedow, in: MünchKomm, § 5 AGBG, Rz. 7; Roth, WM 1991, 2125, 2129.

[791] Bach, in: Bach/Moser, MB/KK, Einl, Rz. 87.

lichkeit der Versicherungsbedingungen zu sorgen und den Verwender die Nachteile unklarer oder undurchsichtiger Vorformulierungen tragen zu lassen.[792]

bb. Folgen für die Definition der Niederlassung

Davon ausgehend ist die Frage, wann ein Arzt niedergelassen ist, von „außen", aus der Sicht des Versicherungsnehmers, zu beurteilen. Im ärztlichen Berufsrecht handelt es sich auch ohne legale Definition um einen Rechtsbegriff mit einer klar umrissenen juristischen Bedeutung.[793] Ausschlaggebend ist, dass der Niedergelassene – zumeist der Arzt – rechtlich selbstständig als Unternehmer auftritt.

Dem „normalen" Versicherungsnehmer sind die rechtlichen Umstände des ärztlichen Tätigwerdens regelmäßig nicht bekannt. Er kann sich beim Vorliegen einer Niederlassung nur an ihren äußeren Merkmalen orientieren. Dafür genügt aus seiner Sicht für die ärztliche Niederlassung, dass der Arzt der Allgemeinheit gegenüber als praktizierender Arzt in Erscheinung tritt und dies in irgendeiner für jedermann erkennbaren Form mitteilt.[794] Dagegen tritt die Frage in den Hintergrund, ob der Arzt auch die Praxisführung und –gestaltung übernimmt. Selbst wenn er richtigerweise annimmt, dass der niedergelassene Arzt unternehmerisch tätig ist, fehlt ihm von außen in der Regel die Unterscheidungsmöglichkeit, ob ein Arzt „seine" Praxis selbst betreibt.

Kommt es also nur auf die äußeren Niederlassungsmerkmale an, können bei bestimmten Voraussetzungen auch angestellte Ärzte unter den Begriff „niedergelassener Arzt" fallen. Auf die Ärzte-GmbH bezogen ist dies bei dem Arzt anzunehmen, dessen Name Firmenbestandteil geworden ist oder zumindest auf dem Praxisschild steht und der dauerhaft in der Praxis tätig wird. Das ist immer bei der vollständigen Ärztegesellschaft (Nur-Ärzte-GmbH) gegeben, in der die Ärzte auch die Gesellschafter und Geschäftsführer sind.[795] Sie sind der Sache nach Inhaber der Praxis.[796] Gleiches gilt aber auch für die „nur-angestellten" Ärzte in anderen Zusammensetzungen einer Ärzte-GmbH, solange die äußeren Niederlassungsmerkmale auch bei ihnen erfüllt sind. Daran ändert auch der Umstand nichts, dass die „GmbH" gem. § 4 GmbHG auf dem Praxisschild mitaufgeführt ist. Die rechtliche Unterscheidung, ob ein Arzt Angestellter ist oder die Praxis als Selbstständiger betreibt, wird den Patienten hier wie bei jeder anderen Gesellschaftsform verborgen bleiben.

Dem versicherungsrechtlichen Anliegen des § 4 Abs. 2 Satz 1 MB/KK wird diese Auslegung jedenfalls gerecht. Weil die Gesellschaft ausschließlich beruflich unabhängige Ärzte beschäftigen darf, muss sie den medizinische Standard wah-

---

[792] *Ulmer*, in: Brandner/Ulmer/Hensen, § 5, Rz. 21; *Lindacher*, in: Wolf/Horn/Lindacher, AGBG, § 5, Rz. 7; *Basedow*, in MünchKomm, § 5 AGBG, Rz. 12.

[793] *Dreher*, VersR 1995, 245, 248.

[794] OLG München, VersR 1990, 614; *Dreher*, VersR 1995, 245, 248; zust. *Prölss*, in: Prölss/Martin, VVG, § 4 MB/KK 94, Rz. 9.

[795] *Dreher*, VersR 1995, 245, 248, für den im Ergebnis aber das rechtstechnische Verständnis den Ausschlag gibt.

[796] *Dreher*, VersR 1995, 245, 252.

ren.[797] Gesteigerte finanzielle Risiken wegen vermehrt auftretender Behandlungs-fehler entstehen dem Versicherer also nicht. Die finanziellen Ausgaben bleiben auch bei ordnungsgemäß erfolgter Behandlung gleich, weil die Ärzte-GmbH nach den Vorschriften der GOÄ abzurechnen hat. Ihre Leistungen und ihr Erscheinungsbild gehen über das Angebot einer Arztpraxis nicht hinaus. Folglich muss das berechtigte Interesse des Versicherungsgebers am Niederlassungserfordernis entfallen. Die damit verbundenen Absichten der Versicherungsgesellschaft, nur die qualifizierte medizinisch-notwendige Behandlung in regulären ambulanten Arztpraxen zu finanzieren, sind also erfüllt.[798]

Im Ergebnis geht das allgemeinsprachliche Niederlassungsverständnis über den rechtstechnischen Begriff der Niederlassung im ärztlichen Berufsrecht hinaus. Soweit GmbH-Ärzte ihre dauerhaft angelegte Tätigkeit in der Praxis auf dem Praxisschild bekannt geben können und ihre Namen zum Firmenbestandteil der Gesellschaft gehören, treten sie aus der Sicht eines Durchschnittsadressaten hinreichend an die Öffentlichkeit nach außen. In diesem Fall waren sie gem. § 4 Abs. 2 Satz 1 MB/KK 94 „niedergelassen".

cc. Vorrang des allgemeinsprachlichen Begriffsverständnisses

Enthalten Versicherungsbedingungen Rechtsbegriffe, deren genaue Bedeutung den Kunden unbekannt ist, mit dem sie aber ein allgemeinsprachliches Begriffsverständnis verbinden, stellt sich die Frage, welcher Auslegung der Vorrang zusteht. Die Rechtsprechung tendiert zum Teil zur juristisch-technischen Bedeutung,[799] zum Teil gibt sie dem allgemeinen Sprachverständnis den Vorzug.[800]

Aus Gründen der Rechtseinheit und Rechtssicherheit möchte ein Teil der Literatur den juristisch-technischen Sprachgebrauch als entscheidend ansehen. Er rechtfertigt es damit, dass die Versicherungsnehmer üblicherweise bei allgemeinen Versicherungsbedingungen den Gebrauch rechtlicher Begriffe erwarten, selbst wenn diese im Einzelfall als solche nicht erkennbar sind.[801]

Angesichts des vertraglichen Charakters von Versicherungsbedingungen ist eine Rechtseinheit oder Rechtssicherheit aber nicht zwingend erforderlich. Bei ihnen handelt es sich eben nicht um gesetzliche Normen, die sich in eine Rechtsordnung einfügen müssen. Sie dienen der einseitigen Interessenwahrung ihres Verwenders. Daher müssen sie nicht einmal mit den Bedingungen anderer Verwender übereinstimmen. Eine einheitliche Auslegung wird im Übrigen schon dadurch gewonnen, dass bei der objektiven Auslegung von Geschäftsbedingungen das verbreitete allgemeine Verständnis der Versicherungsnehmer zugrunde gelegt

---

[797] Siehe oben in § 3.

[798] *Prölss*, in: Prölss/Martin, VVG, § 4 MB/KK 94, Rz. 11 führt mit demselben Ergebnis eine teleologische Reduktion des Niederlassungserfordernisses durch.

[799] BGHZ 5, 365, 367; BGH, VersR 1956, 41; BGH, VersR 1956, 383; BGH, VersR 1978, 409, 410; BGH, VersR 1982, 84, 85; BGH, NJW 1987, 1827 f.

[800] BGHZ 18, 311, 317 f.; BGH, VersR 1971, 357, 358; BGH, 1977 VersR 417, 418; BGH, NJW 1983, 2638; BGH, VersR 1988, 282, 283.

[801] *Dreher*, AcP 189 (1989), 342, 371 ff.; ebenso, allerdings ohne Angabe von Gründen *Heinrichs*, in: Palandt, § 305c, Rz. 16; *Piper*, in: RGRK, § 157, Rz. 108.

wird. Daher überzeugt es mehr und wird auch überwiegend so vertreten, dem allgemeinsprachlichen Verständnis den Vorrang zuzuweisen. Einzige Ausnahme soll sein, dass der mit den Geschäftsbedingungen typischerweise angesprochene Kundenkreis mit der fachlichen Bedeutung vertraut sein muss.[802] Davon ist bei einer regelmäßig sehr weit gefächertem Patientenschaft allerdings nicht auszugehen.

Da Versicherungsbedingungen fast ausschließlich im Interesse des Versicherers liegen, spricht dies zum Schutz des Adressaten dafür, auf die Sicht des durchschnittlichen Versicherungsnehmers ohne versicherungsrechtliche Spezialkenntnisse abzustellen. Danach hat sich ein Arzt „niedergelassen", wenn er nur nach außen erkennbar hervortritt und dauerhaft in einer Praxis Behandlungen durchführt.

2. Inhaltskontrolle des § 4 Abs. 2 Satz 1 MB/KK 94 gem. § 307 BGB

Weiterhin stellt sich die Frage, ob § 4 Abs. 2 Satz 1 MB/KK 94 der Inhaltskontrolle standhält.

Von der Inhaltskontrolle i.e.S. ausgenommen ist gem. § 307 Abs. 3 BGB die sog. Leistungsbeschreibung. Kontrollfrei sind somit diejenigen Versicherungsbedingungen, die den jeweiligen Versicherungstyp bilden und Art, Umfang und Güte der geschuldeten Leistung festlegen.[803] Anders verhält es sich mit den Klauseln, die das Leistungsversprechen einschränken, verändern oder ausgestalten.[804] Bei den MB/KK 94 erfolgt die kontrollfreie Leistungsbeschreibung bereits in § 1 MB/KK 94.[805] § 4 Abs. 2 Satz 1 MB/KK 94 ist demnach trotz der positiven Formulierung eine „Risikobegrenzung".[806] Die Vorschrift schränkt das Hauptleistungsversprechen ein. Sie unterliegt der Kontrolle.[807]

Da die speziellen Vorschriften nicht eingreifen, kommt nur ein Verstoß gegen § 307 Abs. 2 Nr. 2 BGB in Betracht. Allerdings überzeugt die Annahme, dass das Niederlassungserfordernis vertragswesentliche Rechte und Pflichten des Versiche-

---

[802] *Ulmer*, in: Ulmer/Brandner/Hensen, § 5, Rz. 23; *Basedow*, in: MünchKomm, § 5 AGBG, Rz. 8; *Roth*, WM 1991, 2125, 2130; *Hefermehl/Werner*, in: Erman, § 5 AGBG, Rz. 10; *Schlünder*, § 5, Rz. 14; *Prölss*, in: Prölss/Martin, VVG, Vorbem. III, Rz. 6; abw. *Schlosser*, in: Staudinger, § 5 AGBG, Rz. 20 und *Lindacher*, in: Wolf/Horn/Lindacher, AGBG, § 5, Rz. 13: Für Laien gilt immer die kundenfreundlichere Alternative, dagegen wiederum *Heinrichs*, in: Palandt, § 305c, Rz. 16.

[803] Vom „Leistungskern" spricht *Dreher*, VersR 1995, 245, 251; *ders.*, Versicherung als Rechtsprodukt, S. 299; a.A. *Schünemann*, VersR 2000, 144, 147 f.

[804] BGHZ 123, 83, 84; 127, 35, 41; 141, 137, 141; *Looschelders*, JR 2001, 397, 398; *Prölss*, in: Prölss/Martin, VVG, Vorbem. I, Rz. 45.

[805] BGH, VersR 1993, 957, 958. Diese Abgrenzung verursacht jedoch große Schwierigkeiten, weil die vorformulierten Bedingungen im Versicherungsvertragsrecht nicht nur der Präzisierung und Begrenzung dienen, sondern die eigentliche Leistung erst definieren, *Basedow*, VersR 1999, 1045.

[806] BGHZ 70, 158, 161; *Dreher*, VersR 1995, 245, 249.

[807] BGHZ 70, 158, 160; OLG München, VersR 1990, 614; OLG Hamm, VersR 1993, 427; OLG Karlsruhe, VersR 1994, 1459, 1460; *Prölss*, in: Prölss/Martin, VVG, § 4 MB/KK 94, Rz. 9.

rungsnehmers aushöhle,[808] nicht. Dann dürfte das wirtschaftliche Ziel des Vertrags im Falle seiner Geltung für den Versicherungsnehmer nur mit wesentlichen Einschränkungen erreichbar sein.[809] Auf Grund des dargestellten Niederlassungsverständnisses steht den Versicherten jedoch eine ausreichende Anzahl ambulant tätiger Ärzte zur Verfügung.[810]

Selbst wenn der für den Versicherungsnehmer ungünstigere, dafür herkömmliche Niederlassungsbegriff aus dem ärztlichen Berufsrecht übernommen würde, wäre der Versicherungsschutz nicht ausgehöhlt. Auch in diesem Fall könnten die Versicherungsnehmer immer noch unter den zahlreich vorhandenen niedergelassenen Ärzten wählen.[811] Von einer wesentlichen Einschränkung des wirtschaftlichen Ziels kann also nicht die Rede sein. Ein Verstoß gegen § 307 Abs. 2 Nr. 2 BGB liegt nicht vor.

Ebenso wenig ist ein Verstoß gegen das in § 307 Abs. 1 Satz 2 BGB nun ausdrücklich normierte Transparenzgebot ersichtlich.[812] Es soll dem Vertragspartner ermöglichen, sich zuverlässig über seine Rechte und Pflichten bei der Vertragsabwicklung zu informieren.[813] Zum Teil wird angenommen, dass nicht jede Unklarheit oder Ungenauigkeit einer Regelung in einem umfangreichen Klauselwerk die Annahme der Unangemessenheit begründe, sondern erst, wenn sie den Vertragspartner dadurch inhaltlich benachteilige.[814]

Aus dieser Perspektive heraus ist § 4 Abs. 2 Satz 1 MB/KK 94 nicht zu beanstanden. Die Vorschrift ist in Bezug auf den anerkannten Ärztekreis verständlich abgefasst und annähernd bestimmt. Die erforderliche Transparenz ist gegeben.

---

[808] *Dreher*, VersR 1995, 245, 251; der Ansicht sind auch *Laufs*, NJW 1995, 1590, 1595; *Hirte*, Berufshaftung, S. 431, beide jedoch ohne Angabe von Gründen.

[809] *Brandner*, in: Ulmer/Brandner/Hensen, § 9, Rz. 145; *Hefermehl/Werner*, in: Erman, § 9 AGBG, Rz 24.

[810] OLG München, VersR 1990, 614; zust. *Präve*, Versicherungsbedingungen und AGB-Gesetz, Rz. 546; *Bach*, in: Bach/Moser, MB/KK, § 4, Rz. 23.

[811] Anderer Ansicht *Dreher*, VersR 1995, 245, 251. Dreher geht aber schon von anderen Voraussetzungen aus. Nach seinen Ausführungen sind nur Ärzte in Einzelpraxen i.S.d. ärztlichen Berufsrechts niedergelassen. Das verringert die Zahl der berufsrechtlich Niedergelassenen erheblich, weil alle in Gemeinschaftspraxen zusammengeschlossene Ärzte aus diesem engen Verständnis herausfallen.

[812] Schon vor der Schuldrechtsmodernisierung galt die Vorschrift als Kernvorschrift für das Transparenzgebot, vgl. *Präve*, VersR 2001, 138, 139.

[813] *Wolf*, in: Wolf/Horn/Lindacher, AGBG, § 9, Rz. 143; *Basedow*, VersR 1999, 1045, 1046.

[814] *Wolf*, in: Wolf/Horn/Lindacher, AGBG, § 9, Rz. 146; *Hefermehl/Werner*, in: Erman, § 9 AGBG, Rz. 19; *Looschelders*, JR 2001, 397, 401; *Basedow*, VersR 1999, 1045, 1049; *Präve*, VersR 2000, 138, 142; a.A. *Brandner*, in: Ulmer/Brandner/Hensen, § 9, Rz. 175; *Hennrichs*, in: Dauner-Lieb/Heidel/Lepa/Ring, Das neue Schuldrecht, § 6, Rz. 32 mit Verweis auf den Wortlaut und Entstehungsgeschichte der neuen Regelung. Unter Verweis auf die Verständnismöglichkeiten des typischen, verständigen Versicherungsnehmers: BGHZ 106, 42, 46; 112, 115, 118 f.; BGH ZIP 1992, 469, 470; *Wolf*, in: Wolf/Horn/Lindacher, AGBG, § 9, Rz. 145, 148; *Looschelders*, JR 2001, 397, 400; *Präve*, VersR 2000, 138, 139.

Insgesamt hält § 4 Abs. 2 Satz 1 MB/KK 94 damit den Anforderungen an die Inhaltskontrolle stand.

3. Ergebnis

Im Rahmen des § 4 Abs. 2 Satz 1 MB/KK 94 ist der Niederlassungstatbestand so
zu verstehen, dass angestellte Ärzte einer Ärzte-GmbH „niedergelassen" sind, solange sie mit ihrem Namen auf dem Praxisschild die Tätigkeit ankündigen und
dauerhaft in der Praxis den Beruf ausüben. Zahlungen, die ein Versicherungsnehmer gegenüber der Ärzte-GmbH für die ärztliche Behandlung geleistet hat, sind
ihm unter den genannten Vorschriften von den privaten Krankenversicherern zu
erstatten.

C. Gesetzliche Krankenversicherungen

Auf einem anderen System beruht die Sozialversicherung, der mehr als 90 % der
Bevölkerung angehören.[815] Die meisten Arztpraxen sind auf die Liquidation gegenüber den gesetzlichen Krankenkassen und damit auf den Einbezug in das öffentlich-rechtliche Gesundheitswesen wirtschaftlich angewiesen.

Das in § 2 Abs. 2 SGB V normierte Sachleistungsprinzip gewährt den Versicherten der gesetzlichen Krankenkassen medizinische Hilfe grundsätzlich nur in
Form von Naturalleistungen als Sach- oder Dienstleistungen.[816] Über ein „subtil
organisiertes"[817] öffentlich-rechtliches Vertragssystem zwischen Verbänden der
Kassenärztlichen Vereinigungen und gesetzlichen Krankenkassen stehen ihnen die
dafür zugelassenen Vertragsärzte als Leistungserbringer zur Verfügung.[818] Unter
ihnen haben die Versicherten das Recht zur freien Arztwahl gem. § 76 SGB V.[819]

Es kann dahinstehen, ob zwischen dem gesetzlich versicherten Patienten und
dem Vertragsarzt ein zivilrechtlicher Behandlungsvertrag zustande kommt[820]:

---

[815] *Sodan*, NZS 2001, 169, 171; *ders.*, Freie Berufe als Leistungserbringer im Recht der
        gesetzlichen Krankenversicherung, S. 228 f.

[816] *Funk*, in: Schulin, Handbuch des Sozialversicherungsrechts, Band 1, § 32, Rz. 1 ff.;
        Zipperer, in: Maaßen/Schermer/Wiegand/Zipperer, SGB V, § 2, Rz. 8; *Krauskopf*, in:
        Krauskopf, SGB V, § 2, Rz. 8; zur Frage der Kostenerstattung in der gesetzlichen
        Krankenversicherung vgl. *Dahm*, MedR 2002, 6 ff.

[817] So ein oft zitierter Ausdruck des Bundesverfassungsgericht in BVerfGE 11, 30, 40.

[818] Eingehend dazu *Schneider*, Handbuch des Kassenarztrechts, Rz. 150 ff.; *Krauskopf*, in:
        Laufs/Uhlenbruck, Handbuch des Arztrechts, § 25, Rz. 1 ff.; *Funk*, in: Schulin, Hand-
        buch des Sozialversicherungsrechts, Band 1, § 32, Rz. 14 ff.

[819] *Klückmann*, in: Hauck/Noftz, SGB V, § 76, Rz. 9; *Hencke*, in: Peters, SGB V, § 76, Rz.
        3 ff.; *Wiegand*, in: Maaßen/Schermer/Wiegand/Zipperer, § 76 SGB V, Rz. 3 ff.

[820] Überwiegend in der Rspr. des BGH und im privatrechtlichen Schrifttum vertreten, sog.
        Vertragskonzeption vgl. BGHZ 76, 259, 261; 89, 250, 255; 97, 273, 276; 100, 363, 367;
        Putzo, in: Palandt, Einf v § 611, Rz. 18; *Richardi*, in: Staudinger, Vorbem zu §§ 611 ff.,
        Rz. 1252; *Deutsch/Spickhoff*, Medizinrecht, Rz. 62, 67.

§ 76 Abs. 4 SGB V bewirkt, dass in diesem Verhältnis jedenfalls die Grundsätze des Bürgerlichen Rechts zur Anwendung kommen.[821] Auf der Ebene des Zivilrechts ergeben sich für den Kassenpatienten im Vergleich mit dem Selbstzahler keine Unterschiede. Ihr Vergütungsanspruch besteht für die Vertragsärzte jedoch nicht gegenüber den versicherten Patienten, sondern gegenüber den Kassenärztlichen Vereinigungen.[822] Ihnen obliegt es, die von den gesetzlichen Krankenkassen gem. § 85 SGB V gezahlten Gesamtvergütungen auf der Grundlage eines Honorarverteilungsmaßstabs unter den Ärzten aufzuschlüsseln und zu übertragen.[823]

Ärzte benötigen für die Teilnahme an der kassenärztlichen Versorgung neben der Approbation eine zusätzliche Berechtigung gem. § 95 Abs. 1 Satz 1 SGB V. In dieser Vorschrift sind die bestehenden Berechtigungsformen abschließend aufgeführt. Der Zugang zur kassenärztlichen Versorgung ist herkömmlich zum Einen über die Zulassung zum Vertragsarzt (1.Alt.) oder über die Ermächtigung eines Arztes (3.Alt.) möglich. Zum Anderen kann auch eine ärztlich geleitete Einrichtung ermächtigt (4.Alt.) werden. Hieraus, sowie aus den §§ 15 Abs. 1, 28 SGB V folgt, dass Angehörige anderer Berufe als der Ärzte (und Zahnärzte) für eine ärztliche Behandlung nicht zulassungs- oder ermächtigungsfähig sind.[824]

Die für diese drei Formen relevanten Vorschriften befinden sich neben § 95 SGB V insbesondere in der auf der Ermächtigungsgrundlage des § 98 SGB V[825] beruhenden Zulassungsverordnung für Vertragsärzte (Ärzte-ZV).[826]

---

[821] Für das sozialrechtliche Schrifttum deshalb der Hinweis darauf, dass ein zivilrechtlicher Vertragsabschluss entfällt, sog. Versorgungskonzeption vgl. *Henke*, in: Peters, SGB V, § 76, Rz 35 f.; *Klückmann*, in: Hauck/Nottz, SGB V, § 76, Rz. 30; *Wiegand*, in: Maaßen/Schermer/Wiegand/Zipperer, SGB V, § 76, Rz. 51.

[822] *Hencke*, in: Peters, SGB V, § 85, Rz. 30 ff.; *Krauskopf*, in: Laufs/Uhlenbruck, Handbuch des Arztrechts, § 32, Rz. 2; *Deutsch/Spickhoff*, Medizinrecht, Rz. 67.

[823] *Funk*, in: Schulin, Handbuch des Sozialversicherungsrecht, Band 1, § 32, Rz. 91 ff.; *Wiegand*, in: Maaßen/Schermer/Wiegand/Zipperer, SGB V, § 85, Rz. 31 ff. Ab dem 1.1.2007 ersetzt das GKV-Modernisierungsgesetz (GMG) den Honorarverteilungsmaßstab durch ein Modell sog. arztgruppenbezogene und arztbezogene Regelleistungsvolumina, §§ 85a, 85b SGB V. Zu diesen Neuerungen *Orlowski/Wasem*, Gesundheitsreform 2004, S. 97 ff.

[824] „Arzt- oder Approbationsvorbehalt", dazu *Funk*, in: Schulin, Handbuch des Sozialversicherungsrecht, Band 1, § 32, Rz. 57.

[825] Die frühere Ermächtigungsgrundlage war § 368c Abs. 1 RVO in der bis zum 31.12.1988 geltenden Fassung. § 98 SGB V, durch Art. 18 f. GRG vom 20.12.1988 (BGBl. I. S. 2477) eingeführt, entspricht inhaltlich im Wesentlichen seinem Vorgänger.

[826] Zulassungsverordnung für Vertragsärzte (Ärzte-ZV) vom 28.5.1957 (BGBl. I S. 572, ber. S. 608), zuletzt geändert durch Gesetz vom 14.11.2003 (BGBl. I S. 2190). Soweit einzelne Regelungen vom Gesetzgeber im Rahmen eines formellen Gesetzgebungsverfahrens geändert worden sind, haben sie den Rang eines formellen Gesetzes. Die übrigen Regelungen behalten weiterhin den Rechtscharakter einer Verordnung bei. Art. 55 GRG und Art. 24 GSG haben den Verordnungsgeber allerdings ermächtigt, auch die auf formalem Gesetz beruhenden Teile zu ändern. Hinsichtlich zukünftiger Änderungen sind diese faktisch wieder wie Verordnungsrecht zu behandeln. Dazu BSG, NJW 2004, 1820, BSGE 70, 167, 172; *Funk*, in: Schulin, Handbuch des Sozial-

Will die Ärzte-GmbH regulär am Abrechnungssystem der gesetzlichen Krankenversicherung teilhaben, kann sie dies nur, wenn sie die Voraussetzungen erfüllt, als ärztlich geleitete Einrichtung i.S.d. § 95 Abs. 1 Satz 1 4.Alt. SGB V *ermächtigt* zu werden. Eine *Zulassung* zur Teilnahme an der vertragsärztlichen Versorgung ist ihr von vornherein nicht möglich. Vorbehaltlich der Zulassung von Einrichtungen gem. § 311 Abs. 2 SGB V[827] kann die Zulassung nur an natürliche Personen ergehen, vgl. §§ 95, 95a SGB V.[828]

I.   Ermächtigung der Ärzte-GmbH, § 95 Abs. 1 Satz 1 4. Alt. SGB V

Die *Ermächtigung* der Ärzte-GmbH als ärztlich geleitete Einrichtung gem. § 95 Abs. 1 Satz 1 4.Alt. SGB V erscheint rechtlich denkbar.

1. Vorliegen einer ärztlich geleiteten Einrichtung

Als ärztlich geleitete Einrichtungen gelten insbesondere die in den §§ 117-121 SGB V aufgeführten poliklinischen Institutsambulanzen der Hochschulen, psychiatrischen Institutsambulanzen, sozialpädiatrische Zentren und Krankenhäuser. Daneben kann sie auch sonstigen ärztlich geleiteten Einrichtungen erteilt werden, § 98 Abs. 2 Nr. 11 SGB V (§ 31 Ärzte-ZV) und § 120 Abs. 1 Satz 1 SGB V.[829] Von dieser allgemeinen Wortbedeutung ist die Ärzte-GmbH jedenfalls erfasst.

Das Erfordernis der *ärztlichen Leitung* trifft jedoch nicht auf alle Ausprägungen einer Ärzte-GmbH zu. Im Hinblick auf die übergeordnete Stellung der Gesellschafterversammlung innerhalb der Gesellschaft und das Tätigwerden der Geschäftsführung nach außen ist eine ärztliche Leitung i.S.d. § 95 Abs. 1 Satz 1 4. Alt. SGB V erst gegeben, wenn Gesellschafter und Geschäftsführer der GmbH approbierte Ärzte sind, also eine vollständige Ärztegesellschaft vorliegt. Eine nur überwiegend oder gar nicht ärztlich geleitete Einrichtung wäre mit dem Wortlaut nicht mehr zu vereinbaren, der eine durchgehend ärztliche Leitung verlangt.

Es kann dahinstehen, ob die ärztliche Leitung der Einrichtung als Vertragsarzt zugelassen oder ermächtigt sein muss. Dafür ist systematisch auf § 95 Abs. 1 SGB V zu verweisen, der die vier Berechtigungsformen nebeneinander aufzählt.

---

versicherungsrechts, Band 1, § 32, Rz. 60 und zu dieser verfassungsrechtlichen Problematik *Krauskopf*, in: Krauskopf, SGB V, § 98, Rz. 4; *Knittel*, in: Krauskopf, SGB V, § 116, Rz. 2; *Hencke*, in: Peters, SGB V, § 98, Rz. 3.

[827] § 311 Abs. 2 SGB V wurde aus Anlass der Deutschen Einheit eingefügt. Die Vorschrift betrifft kommunale, staatliche und freigemeinnützige Gesundheitseinrichtungen einschließlich der Einrichtungen des Betriebsgesundheitswesens sowie andere Einrichtungen aus dem Beitrittsgebiet, soweit sie am 1.10.1992 noch bestanden.

[828] *Hencke*, in: Peters, SGB V, § 95, Rz. 3; *Hess*, in: Kasseler Kommentar, § 95 SGB V, Rz. 4.

[829] *Wiegand*, in: Maaßen/Schermer/Wiegand/Zipperer, SGB V, § 95, Rz. 46; *Funk*, in: Handbuch der Sozialversicherung, Band 1, § 32, Rz. 84.

Anscheinend sollte den zugelassenen Vertragsärzten die medizinische Versorgung nicht allein überlassen bleiben. Dann muss auch für die ärztliche Leitung der Einrichtung nicht eine gesonderte Zulassung oder Ermächtigung beantragt werden.[830] 1. Infolgedessen ist die vollständige Ärztegesellschaft eine ärztliche geleitete Einrichtung i.S.d. § 95 Abs. 1 Satz 1 4. Alt. SGB V.

2. Subsidiarität der Ermächtigung gegenüber der Zulassung

Obschon grundsätzlich möglich, ist die Ermächtigung der Ärzte-GmbH nur begrenzt realisierbar. Gem. § 98 Abs. 2 Nr. 11 SGB V i.V.m. § 31 Abs. 1 Ärzte-ZV obliegt die kassenärztliche Versorgung primär zugelassenen Vertragsärzten.[831] In § 31 Abs. 1 Ärzte-ZV heißt es:

> „Die Zulassungsausschüsse können über den Kreis der zugelassenen Ärzte hinaus weitere Ärzte, insbesondere in Krankenhäusern und Einrichtungen der beruflichen Rehabilitation, oder in besonderen Fällen ärztliche geleitete Einrichtungen ermächtigen, sofern dies notwendig ist, um
> a) eine bestehende oder unmittelbar drohende Unterversorgung abzuwenden oder
> b) einen begrenzten Personenkreis zu versorgen, beispielsweise Rehabilitanden in Einrichtungen der beruflichen Rehabilitation oder Beschäftigte eines abgelegenen oder vorübergehenden Betriebes."

Eine rechtliche Gleichordnung zwischen den prinzipiell vorgegebenen Teilnahmeformen besteht also nicht. Die Ermächtigung ist gegenüber der vertragsärztlichen Versorgung der Versicherten durch zugelassene Ärzte nur nachrangig.[832]

Somit können ärztlich geleitete Einrichtungen nur „in besonderen Fällen", d.h. bei einer Versorgungslücke gem. § 96 SGB V, durch den Zulassungsausschuss zur Teilnahme an der vertragsärztlichen Versorgung ermächtigt werden,[833] und zwar zeitlich, räumlich und vom Umfang her begrenzt, § 31 Abs. 7 Ärzte-ZV.[834] Der Zulässigkeit muss im Übrigen eine Bedarfsprüfung vorausgehen, die ebenso wie der Vorrang des zuzulassenden Vertragsarztes vom Bundesverfassungsgericht für verfassungsgemäß erklärt worden ist.[835]

Eine derartige Versorgungslücke dürfte es – in Anbetracht der Ärztezahlen – nur in seltenen Fällen geben. Das Rangverhältnis zwischen den Verfahren der Zulassung und Ermächtigung verwehrt es der Ärzte-GmbH faktisch, selbst als Anbieterin kassenärztlicher Leistungen aufzutreten.

---

[830] OLG Frankfurt, MedR 1990, 88, 89.
[831] *Schneider*, Handbuch des Kassenarztrechts, Rz. 870; *Funk*, in: Schulin, Handbuch des Sozialversicherungsrecht, Band 1, § 32, Rz. 61.
[832] *Hermann*, in: v.Maydell, GK-SGB V, § 95, Rz. 13; *Hencke*, in: Peters, SGB V, § 95, Rz. 4; *Wiegand*, in: Maaßen/Schermer/Wiegand/Zipperer, SGB V, § 95, Rz. 49; *Knittel*, in: Krauskopf, SGB V, § 116, Rz. 3 f.
[833] *Hermann*, in: v.Maydell, GK-SGB V, § 95, Rz. 14.
[834] *Wiegand*, in: Maaßen/Schermer/Wiegand/Zipperer, SGB V, § 95, Rz. 49; *Hermann*, in: v.Maydell, GK-SGB V, § 95, Rz. 19.
[835] BVerfGE 16, 286, 298 ff.

3. Ergebnis

Damit ist die Gesellschaft nach den bisherigen Überlegungen formal berechtigt, Leistungen der vertragsärztlichen Versorgung zu erbringen und abzurechnen. Den sozialversicherten Patienten steht sie jedoch nur im Notfall oder im Rahmen des Rettungsdienstes zur Verfügung, § 76 Abs. 1 Satz 2, § 133 SGB V.[836]

II. Teilnahme der GmbH-Ärzte an der vertragsärztlichen Versorgung?

Dies führt zu der Frage, inwiefern sich den in der GmbH angestellten Ärzten die Möglichkeit der Teilnahme an der kassenärztlichen Versorgung bietet.

Selbst wenn dies der Fall ist, bleibt ein solches Ergebnis im Hinblick auf die Ärzte-GmbH unbefriedigend. Die Gesellschaft ist so konzipiert, dass *sie* nach außen hervortritt. Damit ist es schwer zu vereinbaren, dass sie auf die Liquidation durch die angestellten Ärzte angewiesen sein soll. Dadurch würde sie einer wichtigen Funktion beraubt, ein Ergebnis, dass sie nur umgehen kann, wenn in dem Arbeitsvertrag mit den Ärzten die Liquidationsansprüche gegen die gesetzlichen Krankenkassen gem. § 398 BGB an die Gesellschaft abgetreten werden. Abtretungsverbote sind insofern nicht ersichtlich.

1. Zulassung, § 95 Abs. 1 Satz 1 1.Alt. SGB V

Die Zulassung ist der umfassende statusbegründende Akt für die Berufsausübung des Vertragsarztes im System der kassenärztlichen Versorgung.[837] Dennoch bleibt die Frage, ob die Ärzte der Ärzte-GmbH über die Zulassung in dieses System eingebunden werden können.

a. Erfüllung der objektiven und subjektiven Zulassungsvoraussetzungen

Ihre subjektiven und objektiven Voraussetzungen können von angestellten Ärzten in Beschäftigungsverhältnissen wie solche in einer Ärzte-GmbH erfüllt werden. Erforderlich sind gem. § 95 Abs. 2 SGB V i.V.m. § 3 Ärzte-ZV lediglich ein Antrag des Arztes und seine Eintragung in das Arztregister.[838] Die Aufnahme in das Arztregister erfolgt, wenn der Arzt approbiert ist und – seit dem 1. Januar 1994 – eine Weiterbildung erfolgreich abgeschlossen hat (§ 95a SGB V i.V.m. § 3 Abs. 2 Ärzte-ZV). Außerdem darf gem. § 98 Abs. 2 Nr. 12 SGB V i.V.m. § 25 Ärzte-ZV das 55. Lebensjahr nicht vollendet sein.[839] Unabhängig davon dürfen Zulassungs-

---

[836] *Hencke*, in: Peters, SGB V, § 95, Rz. 2.

[837] *Klückmann*, in: Hauck/Noftz, SGB V, § 95, Rz. 6; *Hencke*, in: Peters, SGB V, § 95, Rz. 27.

[838] *Klückmann*, in: Hauck/Noftz, SGB V, § 95, Rz. 5; *Krauskopf*, in: Krauskopf, SGB V, § 95, Rz. 6; *Hess*, in: Kasseler Kommentar, § 95 SGB V, Rz. 31.

[839] Von der Verfassungswidrigkeit der Altersgrenze geht *Sodan*, Freie Berufe als Leistungserbringer im Recht der gesetzlichen Krankenversicherung, S. 241 ff., aus.

beschränkungen im Rahmen der ärztlichen Bedarfsplanung nicht bestehen, vgl. § 103 SGB V i.V.m. § 16b Ärzte-ZV.

Diese Voraussetzungen erfüllen auch GmbH-Ärzte. Liegen sie vor, besteht ein Rechtsanspruch auf Zulassung.[840]

b.   Beschränkung der Zulassung auf den niedergelassenen Arzt?

Auf Grund weiterer, die beruflichen Umstände betreffenden Bestimmungen des SGB V und der Ärzte-ZV kommt die vorherrschende Ansicht in Literatur und Rechtsprechung jedoch zu dem Ergebnis, dass die Zulassung nur den niedergelassenen Ärzten vorbehalten sei,[841] die nach wie vor die Leitfiguren der medizinischen Versorgung darstellen.[842] GmbH-Ärzten soll die Zulassung mangels Niederlassung verschlossen sein, obwohl sie nach außen dasselbe Erscheinungsbild bieten.

Demgegenüber bestehen berechtigte Zweifel, ob die Beschränkung auf den niedergelassenen Arzt im System des Vertragsarztrechts zwingend aufrecht zu halten ist.

aa.   Persönliche Ausübung in freier Praxis, § 32 Abs. 1 Satz 1 Ärzte-ZV

Zur Begründung wird insbesondere § 32 Abs. 1 Satz 1 Ärzte-ZV herangezogen, wonach „der Vertragsarzt [...] die vertragsärztliche Tätigkeit persönlich in freier Praxis auszuüben [hat]." Aus dieser Formulierung geht nach herrschender Ansicht hervor, dass „Vertragsarzt" i.S.d. zugelassenen Arztes nur der niedergelassene, frei praktizierende Arzt sein kann, nicht aber der im Anstellungs- oder Dienstverhältnis stehende Arzt.[843] Nach herkömmlichem Verständnis versteht man unter einer *freien* bzw. einer *eigenen* Praxis immer die Praxis eines niedergelassenen Arz-

---

[840]   *Krauskopf*, in: Laufs/Uhlenbruck, Handbuch des Arztrechts, § 27, Rz. 2.

[841]   BVerfGE 16, 286, 298; *Hencke*, in: Peters, SGB V, § 95, Rz. 3; *Funk*, in: Schulin, Handbuch des Sozialversicherungsrecht, Band 1, § 32, Rz. 61; *Schneider*, Handbuch des Kassenarztrechts, Rz. 797; *Ahrens*, MedR 1992, 141, 144; *Taupitz*, VersR 1992, 1064, 1065.

[842]   Vergleiche nur *Bogs*, in: FS Wannagat (1981), 51, 63 mit seiner Feststellung, dass das Kassenarztrecht „den *einzelnen*, unternehmerisch praktizierenden Freiberufler Arzt voraussetzt, formt und schützt [Hervorhebung im Original]", zust. *Ahrens* MedR 1992, 141, 144; *Taupitz*, VersR 1992, 1064, 1065. Bogs stellt dem einzeln niedergelassenen Arzt aber nur die „kollektiv geführten Krankenambulatorien und Medizinalbehandlungszentren" gegenüber, „in welchen die Ärzte teilweise andere Experten der gesundheitlichen und gesundheitlich-sozialen Hilfe als zusätzliche Ratgeber neben sich dulden müssten". Ihm geht es also nicht darum, Gemeinschaftspraxen oder andere Einrichtungen zu verhindern, deren Angebot sich ebenfalls nur auf ärztliche Leistungen beschränkt.

[843]   *Schneider*, Handbuch des Kassenarztrechts, Rz. 798; *Uhlenbruck/Schlund*, in: Laufs/Uhlenbruck, Handbuch des Arztrechts, § 18, Rz. 14; *Taupitz*, VersR 1992, 1064 f.; *Ahrens*, MedR 1992, 141, 144.

tes. Rechtlich kommt es nicht darauf an, wer Eigentümer der Praxisräume ist, solange die ärztliche Tätigkeit weisungsunabhängig erbracht werden kann.[844]

Allerdings hat sich schon bei der Prüfung der Heilberufe- und Kammergesetze im 4. Kapitel (§ 4) eine weitere Auslegung durchgesetzt, die nicht auf die rechtliche Organisation ärztlicher Tätigkeit, sondern auf die Gewähr ihres freiberuflichen Charakters abstellt. In diesem Sinne ist das Merkmal „frei" eine Bezeichnung der fachlich-medizinischen Weisungsfreiheit, so dass auch die in einem Angestelltenverhältnis mögliche weisungsfreie und eigenverantwortliche Berufsausübung ausreicht. Für § 32 Abs. 1 Satz 1 Ärzte-ZV gilt dasselbe. Das hier vertretene Verständnis steht der Zulassung von GmbH-Ärzten nicht entgegen,[845] hinzu kommt, dass die Vorschrift die „persönliche Ausübung" des Arztes in freier Praxis betont.[846]

Nimmt man an, dass auch weisungsfreies Praktizieren in einem Angestelltenverhältnis eine Tätigkeit „in freier Praxis" ist, enthält § 32 Abs. 1 Satz 1 Ärzte-ZV keine überflüssige Wiederholung des Regelungsgehalts von § 1 Abs. 2 BÄO.[847] Im 4. Kapitel (§ 4) hatte sich herausgestellt, dass die auf Art. 74 Abs. 1 Nr. 19 GG beruhende Kompetenz des Bundesgesetzgebers nicht ausreicht, um den beruflichen Freiraum für alle Ärzte zu normieren. § 1 Abs. 2 BÄO konnte eine so umfassende Aussage nicht enthalten. Im Gegensatz dazu steht dem Bundesgesetzgeber aber für die Sozialversicherung der Kompetenztitel gem. Art. 74 Abs. 1 Nr. 12 GG zur Verfügung. Was die vertragsärztliche Leistungserbringung betrifft, ist er in der Lage, den beruflichen Freiraum festzulegen. Entgegen der herrschenden Ansicht steht § 32 Abs. 1 Satz 1 Ärzte-ZV der Zulassung angestellter GmbH-Ärzte nicht entgegen.

bb. Mangelnde Eignung wegen Bestehens eines Beschäftigungsverhältnisses, § 18 Abs. 2 d, § 20 Abs. 1 Ärzte-ZV

Des Weiteren ergeben sich aus § 18 Abs. 2 d, § 20 Abs. 1 Ärzte-ZV keine Anhaltspunkte für die mangelnde Eignung der GmbH-Ärzte zur vertragsärztlichen Zulassung.[848] Danach sollen Ärzte die Zulassung nicht erhalten, wenn sie wegen eines Beschäftigungsverhältnisses für die Versorgung der Versicherten persönlich nicht in erforderlichem Maße zur Verfügung stehen können.

Die Vorschrift betrifft den Personenkreis der (Chef-) Ärzte, die zusätzlich zu ihrem eigentlichen Beschäftigungsverhältnis eine Zulassung zur Teilnahme an der

---

[844] *Hencke*, in: Peters, SGB V, § 95, Rz. 3; *Laufs*, MedR 1995, 11, 16; *Meyer/Kreft*, GmbHR 1997, 193, 196.

[845] *Hildebrandt*, Entwicklungen und Rechtsprobleme freiberuflicher Zusammenschlüsse, S. 165 für die vollständige Ärztegesellschaft.

[846] Im Ergebnis auch LSG Niedersachsen, MedR 2002, 540, 542, mit dem Argument, § 32 Abs. 1 Ärzte-ZV sei zu unbestimmt. Die Norm müsse verfassungskonform dahingehend interpretiert werden, eine angestelltenähnliche Tätigkeit in einer Gemeinschaftspraxis nicht zu untersagen.

[847] So aber *Taupitz*, VersR 1992, 1064, 1065, § 32 Abs. 1 Ärzte-ZV enthalte dann einen „Pleonasmus gegenüber der Grundaussage des § 1 Abs. 2 BÄO".

[848] So aber *Schneider*, Handbuch des Kassenarztrechts, Rz. 798.

vertragsärztlichen Versorgung anstreben.[849] Hier wird die Gefahr gesehen, dass ein Arzt wegen der zeitlichen Inanspruchnahme durch eine anderweitige Tätigkeit für die vertragsärztliche Versorgung der Versicherten nicht in ausreichendem Umfang zur Verfügung steht.[850] § 20 Abs. 1 Ärzte-ZV soll Interessenkollisionen ausschließen, um eine unbefangene Patientenversorgung zu gewährleisten.[851] Soweit ein Arzt *trotz* eines Beschäftigungsverhältnisses für die Versicherten in dem erforderlichen Maße zur Verfügung steht, kann er die Zulassung für die vertragsärztliche Versorgung erhalten.[852]

Nun ist gerade die Ärzte-GmbH darauf ausgerichtet, ihre angestellten Ärzte für die vertragsärztliche Versorgung bereitzuhalten, um dem Sicherstellungsauftrag in § 72 SGB V wie ein niedergelassener Arzt gerecht werden. Demnach zielt § 20 Abs. 1 Ärzte-ZV auf einen anderen Personenkreis hin als auf die in der Ärzte-GmbH praktizierenden Ärzte. Die Vorschrift steht daher einer Zulassung von GmbH-Ärzten nicht entgegen.[853]

cc. Vertragsarztsitz am Ort der Niederlassung als Arzt, § 95 Abs. 1 Satz 4 SGB V i.V.m. § 24 Abs. 1 Ärzte-ZV

Die Beschränkung auf das herkömmliche Verständnis der ärztlichen Niederlassung soll sich ferner aus dem Umstand ergeben, dass § 95 Abs. 1 Satz 4 SGB V und § 24 Abs. 1 Ärzte-ZV die Niederlassung als Arzt benennen:[854]

> „Die Zulassung erfolgt für den Ort der Niederlassung als Arzt (Vertragsarztsitz)."

Soweit der Vertragsarztsitz durch den „Ort der Niederlassung als Arzt" legal definiert wird, beschränkt sich die Zulassung auf den Standort, un dem der Vertragsarzt seine Sprechstunde abhält, vgl. § 24 Abs. 2 Ärzte-ZV. Diese Vorschriften bezwecken eine regionale Steuerung. Die Zulassungsinstanzen sollen den Bereich, in dessen Grenzen der Vertragsarztsitz begründet werden muss, gebietsweise sachgemäß abstecken.[855]

Bei entsprechender Auslegung ist mit der „Niederlassung als Arzt" der Ort gemeint, an dem der Arzt seine Praxis errichtet. GmbH-Ärzte sind weder selbst niedergelassen, noch ist die Ärzte-GmbH „Arzt". Allerdings bietet die Ärzte-GmbH *wie ein Arzt* Sprechstunden an. Mit dem Wortsinn des § 24 Abs. 1 Ärzte-ZV ist diese Deutung – *„als Arzt* niedergelassen zu sein" – vereinbar. Konsequenterweise würde die Zulassung des angestellten Arztes auf den Ort der Niederlassung der Ärzte-GmbH als Arzt bezogen. Bei einer solchen Auslegung ist der erforderliche

---

[849] *Wiegand*, in: Maaßen/Schermer/Wiegand/Zipperer, SGB V, § 95, Rz. 13: Der „Vertragsarzt im Nebenberuf" entspricht nicht dem Leitbild der Zulassung.

[850] BSGE 76, 59, 62; *Hess*, in: Kasseler Kommentar, § 95 SGB V, Rz. 35.

[851] BSGE 76; 59, 62 auch mit Hinweis auf die Entstehungsgeschichte des § 20 Ärzte-ZV; *Hencke*, in: Peters, SGB V, § 95, Rz. 22.

[852] *Schneider*, Handbuch des Kassenarztrechts, Rz. 809.

[853] Dazu auch *Ahrens*, MedR 1992, 141, 144.

[854] *Funk*, in: Schulin, Handbuch des Sozialversicherungsrechts, Band 1, § 32, Rz. 61.

[855] *Hencke*, in: § 95 SGB V, Rz. 12; *Krauskopf*, in: Krauskopf, SGB V, § 95, Rz. 25; *Hess*, in: Kasseler Kommentar, § 95 SGB V, Rz. 53.

Vertragsarztsitz der GmbH-Ärzte über die Niederlassung der Ärzte-GmbH definiert.

dd. Bestehen einer Altersgrenze für die Zulassung, § 98 Abs. 2 Nr. 12 SGB V i.V.m. § 25 Satz 1 Ärzte-ZV

Gegen die Zulassung angestellter Ärzte könnte die Gesetzesbegründung zur Einführung einer Altersgrenze von 55 Jahren bei der Vertragsarztzulassung sprechen, § 98 Abs. 2 Nr. 12 SGB V i.V.m. § 25 Satz 1 Ärzte-ZV. Die Bestimmungen sollten verhindern, „daß Kassenärzte, die die kassenärztliche Tätigkeit nur während einer relativ kurzen Zeit ausüben können, die Amortisation ihrer Praxisinvestition durch gesteigerte und unwirtschaftliche Tätigkeit zu erreichen versuchen."[856]

Aus dieser Begründung[857] ist gefolgert worden, dass auch der Gesetzgeber von einer Kassenzulassung nur für selbständige, niedergelassene Ärzte ausging. Es wurde argumentiert, dass er angestellte Ärzte sonst ausdrücklich von der Altersgrenze ausgenommen oder insoweit eine andere Begründung geliefert hätte.[858]

Diese Überlegung geht aber zu Unrecht davon aus, dass das Risiko der unwirtschaftlichen Tätigkeit bei angestellten Ärzten entfällt. Die Notwendigkeit, sie ebenfalls in den Geltungsbereich einzubeziehen, zeigt sich gerade bei zulassungswilligen Ärzten, die das 55. Lebensjahr vollendet haben und den Betrieb einer Arztpraxis beabsichtigen. Würde die Altersgrenze nur für niedergelassene Ärzte gelten, eröffnete sich zulassungswilligen älteren Ärzten die Möglichkeit, die Bestimmung über die Gründung einer juristischen Person und ihrer Anstellung in der Gesellschaft zu umgehen. Dabei wäre das Risiko der unwirtschaftlichen Betätigung bei ihnen genauso hoch wie bei niedergelassenen Ärzten.

Es besteht also auch bei angestellten Ärzten von juristischen Personen ein Bedarf, die Altersgrenze aufrecht zu halten. Daher verbietet sich die Annahme, dass sich der Gesetzgeber in seiner Begründung ausschließlich auf niedergelassene Ärzte bezogen hat. Die oben dargestellte Ansicht berücksichtigt auch nicht, dass die Altersgrenze gem. § 32b Abs. 1 Satz 2 Ärzte-ZV entsprechend auf angestellte Ärzte anzuwenden ist. Wo die gesetzgeberische Absicht ins Leere greift, weil ein angestellter Arzt mangels Eigenbeteiligung an der Praxis tatsächlich kein Interesse an der Abzahlung getätigter Investitionen aufbringt, kann hinsichtlich der Altersgrenze ein Härtefall angenommen werden. Gem. § 98 Abs. 2 Nr. 12 SGB V i.V.m. § 25 Satz 2 Ärzte-ZV darf der Zulassungsausschuss bei Härtefällen von der Altersregelung abweichen.

---

[856] Deutscher Bundestag, Entwurf zum Gesetz zur Strukturreform im Gesundheitswesen vom 3.5.1988, Drs. 11/2237, S. 195 (zu § 106 Abs. 2 Nr. 12 des Entwurfs).

[857] *Sodan*, Freie Berufe als Leistungserbringer im Recht der gesetzlichen Krankenversicherung, S. 240 f., weist zutreffend darauf hin, dass dieses Ziel verfehlt wird. Von der Zulassung werden gerade die Ärzte ausgeschlossen, die – zumeist wegen eine abgeschlossenen Berufslebens – aus wirtschaftlichen Gründen nicht mehr auf eine berufliche Tätigkeit angewiesen sind, während diejenigen, bei denen das der Fall ist, im Wege der Härteklausel zugelassen werden können, obwohl von ihnen eine größere Gefahr für das Vertragsarztsystem ausgeht.

[858] So *Ahrens*, MedR 1992, 141, 144, zust. *Taupitz*, VersR 1992, 1064, 1065.

Obgleich die Altersgrenze in erster Linie niedergelassene Ärzte betrifft, verfehlt sie auch bei Anwendung auf Ärzte einer Ärzte-GmbH nicht ihren Sinn. Sie kann nicht als Argument gegen eine Zulassung der GmbH-Ärzte herangezogen werden.

ee. Ergebnis

Die hier herangezogenen Vorschriften stehen einer Zulassung der GmbH-Ärzte gem. § 95 Abs. 1 Satz 1 1.Alt. SGB V nicht entgegen. Nach ihrem Wortlaut ist eine Beschränkung auf niedergelassene Ärzte nicht aufrecht zu halten. Die Annahme, der Gesetzgeber habe den Vorschriften über die Zulassung zur kassenärztlichen Versorgung auch ohne ausdrückliche gesetzliche Regelung das traditionelle Verständnis der freien Berufe zugrunde gelegt, das Unternehmerrisiko sei Leitbild der vertragsärztlichen Ordnung,[859] entbehrt einer Grundlage. Selbst wenn der Gesetzgeber sein Regelungswerk auf das einzig vorhandene Berufsbild des ärztlichen Unternehmers in seiner Praxis abgestimmt hat, ist damit nicht gesagt, dass er auch seine Fixierung wollte.

Nach diesen Ausführungen sind GmbH-Ärzte ebenso wie niedergelassene Ärzte berechtigt, an der vertragsärztlichen Versorgung als zugelassene Vertragsärzte gem. § 95 Abs. 1 Satz 1 1.Alt. SGB V teilzunehmen.

2. Ermächtigung gem. § 95 Abs. 1 Satz 1 3. Alt. SGB V

Im Hinblick auf die Ermächtigung des GmbH-Arztes gelten dieselben Überlegungen wie zur Ermächtigung der Gesellschaft. Rechtlich stellen sich für die „GmbH-Ärzte" zwar keine Probleme, § 95 Abs. 1 Satz 1 3. Alt. SGB V i.V.m. § 31 Ärzte-ZV. Praktisch wird es jedoch nur in seltenen Fällen zu einer drohenden Unterversorgung kommen, in der die vertragsärztliche Versorgung durch die zugelassenen Vertragsärzte nicht mehr sichergestellt werden kann.

III. Medizinisches Versorgungszentrum, § 95 Abs. 1 Satz 1 2. Alt. SGB V

Nach dem Gesundheitsmodernisierungsgesetz (GMG) vom 14.11.2003[860] steht der Ärzte-GmbH nunmehr eine neue Teilnahmeform zur Verfügung: Zukünftig nehmen auch medizinische Versorgungszentren an der vertragsärztlichen Versorgung teil, § 95 Abs. 1 Satz 1 2.Alt. SGB V. Es handelt sich nach der Definition in § 95 Abs. 1 Satz 2 SGB V um

„fachübergreifende ärztlich geleitete Einrichtungen, in denen Ärzte, die in das Arztregister nach Absatz 2 Satz 3 Nr. 1 eingetragen sind, als Angestellte oder Vertragsärzte tätig sind."

---

[859] *Ahrens*, MedR 1992, 141, 144; *Bogs*, in: Festschrift für Wannagat (1981), 53, 61.
[860] BGBl. I S. 2190.

Diese Zentren bieten ambulante ärztliche Leistungen an, die sie durch ange-stellte Ärzte oder Vertragsärzte erbringen. Der Behandlungsvertrag mit dem Pati-enten kommt also auch hier nur mit dem Versorgungszentrum und nicht mit den angestellten Ärzten zustande. Der Gründung eines medizinischen Versorgungs-zentrums in der Rechtsform der GmbH steht rechtlich nichts entgegen, wie § 95 Abs. 1 Satz 3 SGB V ausführt:

> „Die medizinischen Versorgungszentren können sich aller zulässigen Organisations-formen bedienen; sie können von den Leistungserbringern, die auf Grund von Zulas-sung, Ermächtigung oder Vertrag an der medizinischen Versorgung der Versicherten teilnehmen, gegründet werden."

Im Bereich des Sozialversicherungsrechts hat der Bundesgesetzgeber juristi-sche Personen zum ersten Mal ausdrücklich für die ambulante Versorgung zuge-lassen. Damit hat er sich vom bisherigen Grundsatz verabschiedet, die ambulante Versorgung der Versicherten durch freiberuflich niedergelassene Ärzte, Zahnärzte und Psychologen sicherzustellen.

Dahinter steckt die Absicht, in der ambulanten Versorgung einen Wettbewerb zwischen verschiedenen Versorgungsformen zu ermöglichen, um Patienten je-weils in der ihren Erfordernissen am besten entsprechenden Versorgungsform zu behandeln.[861] Dies wirft die Frage auf, ob der Bundesgesetzgeber zur Einführung von Einrichtungen der ambulanten ärztlichen Heilbehandlung in der Rechtsform juristischer Personen die notwendige Gesetzgebungskompetenz hatte. Seine Kom-petenz ergibt sich aus dem Sachzusammenhang mit der Sozialversicherung und dem im SGB V geregelten Leistungserbringungsrecht, Art. 74 Abs. 1 Nr. 12 GG. Die Zulassung des medizinischen Versorgungszentrums ist daher von der Frage zu unterscheiden, ob Ärzte selbst in solchen Zentren tätig werden dürfen.[862] Dieser Bereich des allgemeinen Arztrechts gehört in die Kompetenz der Länder, Art. 70 GG, vgl. dazu das 1. Kapitel, § 1. Er ist nicht Gegenstand des Sozialversi-cherungsrechts.

Soweit die Gründung eines medizinischen Versorgungszentrums nur durch Leistungserbringer erfolgen darf, ist auf das Vorhergesagte oben in § 5 B.II zu verweisen. Nach der hier vertretenen Ansicht ist deren Kreis erweitert: Leistungs-erbringer können sowohl die Ärzte-GmbH (als ermächtigte ärztlich geleitete Ein-richtung) als auch die GmbH-Ärzte als zugelassene Vertragsärzte sein. Folglich dürfen sich die GmbH-Ärzte ebenso an der Gründung eines medizinischen Ver-sorgungszentrums beteiligen, wie auch das Zentrum selbst als juristische Person bestehen darf.

Wichtig ist, dass das Versorgungszentrum *fachübergreifend* tätig sein muss. Kennzeichnend ist der interdisziplinäre Charakter des Angebots von Gesundheits-leistungen in einheitlicher Trägerschaft. Dies ist in zweierlei Hinsicht zu verste-hen. In Betracht kommt vor allem die Zusammenarbeit zwischen Ärzten mit ande-ren Gesundheitsberufen, Heil- und Hilfsmittelerbringern, Apotheken und auch

---

[861] BT-Drs. 15/1525 vom 8.9.2003, S. 74.
[862] *Wigge*, MedR 2004, 123, 124 f.

Krankenhäusern.[863] Das Berufsrecht erlaubt sie in Form der medizinischen Kooperationsgemeinschaften, soweit sie einen gleichgerichteten oder integrierenden diagnostischen oder therapeutischen Zweck bei der Heilbehandlung verfolgen. Für eine Ärzte-GmbH im hier beschriebenen Sinne, die ausschließlich ärztliche Leistungen anbietet, findet sich damit noch keine Verwendung. Die Zulassung als medizinisches Versorgungszentrum bietet sich aber auch an, wenn sich mindestens zwei Ärzte verschiedener ärztlicher Fachgebiete zusammenschließen. Eine solche fachübergreifende Zusammenarbeit von Ärzten in einer Gemeinschaftspraxis ist bereits heute im ärztlichen Berufsrecht anerkannt, wenngleich die Rechtsprechung folgende Einschränkung aufstellt, wonach es sich um gleiche oder verwandte Facharztgruppen handeln muss.[864] Damit verschwimmen die Grenzen zur integrierten Versorgung in der Form von Managementgesellschaften gem. § 140b Abs. 1 Nr.5 SGB V.[865] Die Strukturen der medizinischen Versorgungszentren nähern sich zudem weitgehend den in den neuen Bundesländern gem. § 311 Abs. 2 SGB V fortgeführten Einrichtungen an, den Polikliniken, Ambulatorien und Gesundheitszentren.

Auf das Erfordernis der *ärztlichen Leitung* sind die Grundsätze des ärztlichen Dienstes im Krankenhaus übertragbar. Danach ist in einem medizinischen Versorgungszentrum mindestens ein leitender Arzt zu bestimmen, der vom Träger des Zentrums weisungsunabhängig ist und die Gesamtverantwortung für die von den angestellten Ärzten erbrachten ärztlichen Leistungen trägt.[866]

Ärzte-GmbH und medizinisches Versorgungszentrum überschneiden sich daher in ihrem Anwendungsbereich. Eine Ärzte-GmbH im hier verstandenen Sinne, die ausschließlich ärztliche Leistungen anbietet, kann nur bei fachübergreifendem ärztlichen Leistungsangebot als medizinisches Versorgungszentrum die Zulassung erlangen. Sie muss die Behandlung durch mindestens zwei Fachärzte mit unterschiedlicher Ausrichtung anbieten. Einer Ärzte-GmbH mit fachgleicher Ausrichtung der behandelnden Ärzte ist die Zulassung hingegen verwehrt.

Die Zulassung des Zentrums durch den Zulassungsausschuss bewirkt, dass die angestellten Ärzte Mitglied der jeweiligen Kassenärztlichen Vereinigung werden und das Zentrum insoweit zur Teilnahme an der vertragsärztlichen Versorgung berechtigt und verpflichtet wird, § 95 Abs. 2 SGB V. Die Sicherstellungsverpflichtungen aus § 75 Abs. 1 SGB V treffen demnach das Zentrum und nicht die angestellten Ärzte.[867] Auch wenn ein Krankenhaus Träger des medizinischen Versorgungszentrums sein kann, ist es nicht berechtigt, im Rahmen dieser Einrichtung stationäre Leistungen gem. § 39 SGB V zu bringen.[868]

Weil die Zentren im Rahmen der ärztlichen Bedarfsplanung zugelassen werden, § 95 Abs. 2 Satz 7 SGB V, wird ihnen wegen der bestehenden Überversorgung

[863] *Wigge*, MedR 2004, 123, 125; *Orlowski/Wasem*, Gesundheitsreform 2004, S. 83; *Hoffmann-Goldmayer/v.Langsdorff/Altmiks*, Leitfaden GMG, S. 62.
[864] BSGE 55, 97.
[865] *Orlowski/Wasem*, Gesundheitsreform 2004, S. 83; *Wigge*, MedR 2004, 123, 133.
[866] *Wigge*, MedR 2004, 123, 126.
[867] *Orlowski/Wasem*, Gesundheitsreform 2004, S. 84.
[868] *Wigge*, MedR 2004, 123, 126.

gegenwärtig nur eine allmähliche Entwicklung prophezeit.[869] Welche wirtschaftlichen Chancen für potentielle Betreiber von medizinischen Versorgungszentren bestehen, hängt nicht nur von der geeigneten Organisationsform, sondern auch von der noch nicht absehbaren Genehmigungspraxis der Zulassungs- und Berufungsausschüsse und der endgültigen rechtsverbindlichen Auslegung der Vorschriften durch die Sozialgerichtsbarkeit ab.[870] Aus Sicht der Betreiber wird das jeweilige Unternehmenskonzept des Versorgungszentrums mit seinen betriebswirtschaftlichen und steuerrechtlichen Anforderungen entscheiden, welche Rechtsform die beste ist.[871] Ob sich die GmbH bei der Wahl der Rechtsform durchsetzt, lässt sich nicht mit letzter Sicherheit vorhersagen. Ihrer Zulässigkeit und Eignung für medizinische Zusammenschlüsse steht jedenfalls nichts im Wege. In dem Maße, in dem sich medizinische Versorgungszentren etablieren, kann eine zunehmende Bedeutung der GmbH zumindest angenommen werden, sei es als (fachübergreifende) Ärzte-GmbH mit ausschließlich ärztlichem Leistungsangebot oder als interdisziplinäre GmbH mit ärztlichen Leistungserbringern und anderen Gesundheitsberufen.

Fraglich sind die Auswirkungen der neuen Versorgungsform auf die regulär niedergelassenen Ärzte. Die Konkurrenzsituation zu den medizinischen Versorgungszentren wird ihren wirtschaftlichen Druck steigern. Zukünftig werden sich niedergelassene Vertragsärzte, die an der vertragsärztlichen Versorgung teilnehmen, verstärkt zu größeren Organisationseinheiten, auch fachübergreifenden Gemeinschaftspraxen, zusammenschließen müssen, wollen sie konkurrenzfähig bleiben. Weil der Gesetzgeber auch Krankenhäusern die Gründung und den Betrieb von medizinischen Versorgungszentren erlaubt, wird zudem der Wettbewerb zwischen niedergelassenen Ärzten und Krankenhäusern zunehmen, wobei den Krankenhäusern auf Grund der jahrzehntelangen Förderung ein Wettbewerbsvorteil bleibt. Für niedergelassene Ärzte bestehen damit erhebliche Risiken. Langfristig kann dies zu einer von Krankenhausträgern dominierten ambulanten Versorgungslandschaft führen.[872] Vor diesem Hintergrund ist nicht auszuschließen, dass sich niedergelassene Ärzte ihrerseits verstärkt für die Rechtsform der GmbH entscheiden werden. Im Zuge dieses Trends ist eine generelle Entwicklung hin zur Ärzte-GmbH anzunehmen.

D. Ergebnis

Liquidationsansprüche kann die Ärzte-GmbH wie alle Ärzte für ihre medizinischen Leistungen geltend machen. Sie berechnen sich nach den Vorgaben der GOÄ, die auch für eine Gesellschaft unmittelbar gelten.

---

[869] *Orlowski*, MedR 2004, 202, 203, unbeschadet der Erleichterungen für ihren Einbezug gem. § 103 Abs. 4a SGB V, vgl. *Orlowski/Wasem*, Gesundheitsreform 2004, S. 85.
[870] *Wigge*, MedR 2004, 123, 134.
[871] *Wigge*, MedR 2004, 123, 129.
[872] *Wigge*, MedR 2004, 123.

Aufwendungen, die privat versicherten Patienten aus Zahlungen an die Ärzte-GmbH auf Grund eines Behandlungsvertrags entstanden sind, haben die privaten Krankenversicherer gem. § 1 Abs. 1 MB/KK 94 zu erstatten. § 4 Abs. 2 Satz 1 MB/KK 94 steht dem nicht entgegen, solange die behandelnden Ärzte in der GmbH ihre Leistungen auch auf dem Praxisschild öffentlich angekündigt haben.

Im Rahmen der gesetzlichen Krankenversicherung kann die Ärzte-GmbH, solange sie als Ärztegesellschaft auftritt, zur Teilnahme an der vertragsärztlichen Versorgung gem. § 95 Abs. 1 Satz 1 3.Alt. SGB V ermächtigt werden. Die Zulassung zur Teilnahme an der vertragsärztlichen Versorgung ist der Gesellschaft jedoch nicht möglich. Sie steht lediglich den von der Gesellschaft angestellten Ärzten in Form der Zulassung als Vertragsarzt gem. § 95 Abs. 1 Satz 1 1.Alt. SGB V offen. Rechtlich sind sie den niedergelassenen Ärzten damit gleichgestellt. Es kommt nicht darauf an, ob sie als Gesellschafter oder Geschäftsführer in der GmbH eine Organstellung haben. Die Ärzte-GmbH ist somit darauf angewiesen, die entstandenen Honoraransprüche ihrer angestellten Ärzte gegenüber den Krankenkassen an sich abtreten zu lassen.

Die dadurch ermöglichte Abrechnung gegenüber gesetzlichen und privaten Krankenkassen eröffnet der Ärzte-GmbH auch wirtschaftlich die Möglichkeit, in Konkurrenz zu niedergelassen Ärzten tätig zu werden. Darüber hinaus kann sie seit Inkrafttreten des GKV-Modernisierungsgesetzes (GMG) eine Zulassung als medizinisches Versorgungszentrum beantragen, soweit sie fachübergreifende ärztliche Tätigkeiten unter ärztlicher Leitung anbietet.

Zusammenfassung

Die Ärzte-GmbH ist als Zusammenschluss zum Angebot ambulanter Heilkunde bundesweit zulässig (§ *1*).

Aus gesellschaftsrechtlicher Sicht ergeben sich keine Einwände. Schon dem Gesetzgeber des GmbHG war daran gelegen, die Gesellschaftsform nicht nur gewerblichen Tätigkeiten zu öffnen, sondern allen Dienstleistungen zur Verfügung zu stellen.

Die Beschränkungen stammen aus dem ärztlichen Berufsrecht. Formellrechtliche Niederlassungsgebote und Verbote der juristischen Person sehen die Landesgesetze in *Bayern, Berlin, Brandenburg, Niedersachsen, Nordrhein-Westfalen, Sachsen* und *Schleswig-Holstein* vor. Satzungsrechtliche Niederlassungsgebote für Ärzte finden sich in jeder Berufsordnung der Ärztekammern wieder. Damit korrespondiert faktisch ein Verbot der GmbH, weil die Niederlassung nach den zugrunde liegenden Bestimmungen natürlichen Personen vorbehalten sein soll.

Die Gegenüberstellung von Satzung und formell-rechtlicher Ermächtigungsgrundlage fördert ein Defizit zutage: Die Rahmenbedingungen der dem Arzt erlaubten Formen gemeinsamer Berufsausübung in den Berufsordnungen stimmen nur in wenigen Fällen mit ihrer gesetzlichen Grundlage überein. Überwiegend fehlt dem Zwang zur Niederlassung die Ermächtigung. Augenscheinlich haben die Ärztekammern die Vorgaben der Musterberufsordnung übernommen, ohne die in den Heilberufe- und Kammergesetzen abgesteckten Grenzen der Satzungskompetenz zu berücksichtigen. Diese Vorgehensweise ist gesetzes- und verfassungswidrig. Die Grundsätze vom Vorrang und Vorbehalt des Gesetzes untersagen Satzungsbestimmungen, die über das jeweilige Heilberufe- oder Kammergesetz hinausgehen. Diese Mängel aufzuzeigen war einer der Schwerpunkte des Kapitels.

Die mangelnde Vereinbarkeit der satzungsrechtlichen Regelungen mit ihrer gesetzlichen Ermächtigung verletzt darüber hinaus die in der GmbH angestellten Ärzte in ihrer Berufsfreiheit, Art. 12 Abs. 1 Satz 2. Zwar wäre ein Verbot des Zusammenschlusses zu einer GmbH mit ihren Grundrechten vereinbar. Insofern liegt „nur" ein formeller Verstoß vor. Es ist jedoch nicht hinzunehmen, dass die Ärztekammern ohne hinreichende Legitimation ihre Mitglieder in deren Recht zur gemeinsamen Berufsausübung beschränken. Die derzeitige Gesetzeslage rechtfertigt das satzungsrechtliche Niederlassungsgebot für Ärzte in neun Bundesländern nicht.

Diese Schlussfolgerung entfällt nur in den sieben oben aufgeführten Ländern, die gesetzliche Einschränkungen der Ärzte-GmbH kennen. Sie bilden die Ermächtigungsgrundlage für den Erlass der satzungsrechtlichen Niederlassungsgebote.

In materiell-grundrechtlicher Hinsicht ist eine differenzierte Beurteilung geboten: Die gesetzlichen Regelungen in den Ländern *Bayern, Berlin, Sachsen* und *Schleswig-Holstein* enthalten ein uneingeschränktes Verbot von juristischen Personen in der ambulanten Heilkunde bzw. ein uneingeschränktes Niederlassungsgebot für Ärzte. Indem sie die juristischen Personen ausnahmslos verbieten, stellen sie – soweit sie die Berufsfreiheit der Ärzte-GmbH als juristische Person gem. Art. 12 Abs. 1 Satz 1 GG i.V.m. Art. 19 Abs. 3 GG betreffen – objektive Zugangsschranken dar. Dasselbe gilt für die Zumutbarkeit der Eingriffe, die sich an dieser Ebene orientiert. Mangels vorhandener Ausnahmeregelungen verstoßen sie gegen Art. 12 Abs. 1 Satz 1 GG i.V.m. Art. 19 Abs. 3 GG. Soweit die Ärzte-GmbH aus einer Mehr-Personen-Gesellschaft besteht, verletzen die Regelungen die Gesellschaft zusätzlich in ihrer Vereinigungsfreiheit gem. Art. 9 Abs. 1 GG. Ein Verstoß gegen Art. 3 Abs. 1 GG folgt für die –berufsausübenden – Ärzte-GmbH zusätzlich aus dem Umstand, dass juristische Personen auf dem Gebiet der stationären Heilkunde in *Bayern, Berlin, Sachsen* und *Schleswig-Holstein* uneingeschränkt zugelassen sind. Die Verfassungswidrigkeit der Regelungen bewirkt, dass die Ärzte-GmbH *Bayern, Berlin, Sachsen* und *Schleswig-Holstein* uneingeschränkt zulässig ist.

Die Rechtslage in *Brandenburg, Niedersachsen, Nordrhein-Westfalen* und – unbeschadet der Verfassungswidrigkeit des uneingeschränkten Verbots der GmbH – in *Schleswig-Holstein* mit Niederlassungsgeboten und der Möglichkeit einer Ausnahmegenehmigung der Ärztekammern erlaubt eine verfassungskonforme Korrektur, bei der die Niederlassungsgebote geltungserhaltend in präventive Verbote mit Erlaubnisvorbehalt umgedeutet werden. Für die Ärzte-GmbH folgt daraus ein Anspruch auf Zulassung, sofern sie die Voraussetzungen der Vorbehalte – das ist allein die Wahrung berufsrechtlicher Belange – erfüllt. Verstöße gegen Art. 12 Abs. 1 Satz 1, Art. 9 Abs. 1 und Art. 3 Abs. 1 GG sind damit aus dem Weg geräumt. Die Rechtslage in *Brandenburg, Niedersachsen, Nordrhein-Westfalen* und z.T. *Schleswig-Holstein* hat Vorbildcharakter. Sie berücksichtigt mögliche Risiken in der gesundheitlichen Versorgung der Bevölkerung und wird dadurch berechtigten Befürchtungen gegenüber juristischen Personen im ambulanten Gesundheitswesen gerecht.

Personen ohne Approbation zum Arzt (Nichtärzte) haben ohne Einschränkung Zugang zu den Organen der Ärzte-GmbH (§ 2). Gesetzliche Regelungen, die die Ärzte-GmbH auf eine ausschließliche Ärztebesetzung festlegen, bestehen nicht. Sichergestellt sein muss nur, dass die Gesellschaft ihrem Zweck entsprechend eine Arztpraxis betreibt und Ärzte samt Hilfspersonal einstellt. Dann sind die Eigenschaften der Personen der Gesellschafter und Geschäftsführer unerheblich.

Selbst Ärzte sind nicht gehindert, lediglich als Teilhaber und damit als auswärtige Kapitalgeber aufzutreten. Finanzielle Beteiligungen verstoßen weder gegen das Verbot der Zweigpraxis noch gegen das Verbot der „überörtlichen Ärztesozietät".

Dies eröffnet das gesamte Spektrum der Zusammensetzungen für eine Ärzte-GmbH. Eine Nur-Ärztegesellschaft ist ebenso möglich wie eine Variante, in der

die Ärzte lediglich angestellt sind. Zugangsbeschränkungen, wie sie der Bundesgesetzgeber für andere Freiberufler-GmbH vorsieht, sind wegen ihres eingreifen-
den Gehalts nicht analog auf die Ärzte-GmbH zu übertragen. Sie müssen von den
zuständigen Ländergesetzgebern erlassen werden.

Unabhängig von der personellen Zusammensetzung der Gesellschafter und der
Geschäftsführung besteht die Gewähr, dass die angestellten Ärzte fachlich-
medizinisch unabhängig praktizieren können (§ 3).

Entgegen der herrschenden Ansicht resultiert der fachliche Weisungsfreiraum
nicht aus § 1 Abs. 2 BÄO. Aus der Feststellung, dass Ärzte einen *freien Beruf*
ausüben, ließe sich zwar ein Anspruch auf weisungsfreie Berufsausübung ableiten.
Insoweit fehlt dem Bundesgesetzgeber jedoch die Regelungskompetenz. Regelungen der ärztlichen Berufsausübung sind den Landesgesetzgebern vorbehalten.

Der bei einer *Ärztegesellschaft* angestellte Arzt, in der die Gesellschafter und
die Geschäftsführer – zumindest mehrheitlich – Ärzte sind, ist gleich mehrfach
abgesichert: In der Gründungsphase der Ärzte-GmbH wirkt es sich aus, dass die
Gesellschaftsorgane selbst dem Berufsrecht unterliegen. Die ärztlichen Gesellschafter sind verpflichtet, bei der Gestaltung des Gesellschaftsvertrags das ärztliche Berufsrecht zu beachten. Zwar enthalten die Heilberufe- und Kammergesetze
und die Berufsordnungen keine ausdrücklichen Freistellungsvorgaben an Ärzte,
die sich in einer arbeitgeberähnlichen Position befinden und das Arbeitsumfeld
angestellter Ärzte bestimmen. Die Achtung gegenseitigen berufsgemäßen Verhaltens der Ärzte untereinander lässt sich aber aus der Gesamtschau der Regelungen
in der Berufsordnung ableiten. De lege ferenda sollte sie allerdings aufgenommen
werden.

Für die Weisungsfreiheit besteht auch eine verfahrensrechtliche Absicherung.
Die Beachtung entsprechender Anforderungen ist Gegenstand der Überprüfung
des Gesellschaftsvertrags durch den Registerrichter gem. § 9c Abs. 1 GmbHG.
Damit einher geht in den Ländern *Brandenburg*, *Niedersachsen*, *Nordrhein-
Westfalen* und *Schleswig-Holstein* eine zusätzliche Überprüfung durch die Ärztekammern: Im Rahmen des vorgeschalteten Genehmigungsverfahrens muss eine
vorbeugende Kontrolle zwingend durchgeführt werden.

§ 134 BGB findet auf öffentlich-rechtliches Satzungsrecht Anwendung. Das
Berufsrecht enthält i.S.d. § 134 BGB *gesetzliche* Verbote, auch wenn sie auf Satzungen des öffentlichen Rechts beruhen. Zuwiderlaufende Bestimmungen führen
dann zur (Gesamt-) Nichtigkeit des Gesellschaftsvertrags.

Die berufsrechtliche Verpflichtung der ärztlichen Gesellschaftsorgane einer
Ärzte-GmbH begrenzt gleichermaßen das Direktionsrecht. Weisungen gegenüber
den angestellten Ärzten, die die beruflichen Vorgaben missachten, sind ebenfalls
gem. § 134 BGB nichtig.

Der berufsrechtlichen Bindung sind gesellschafts- und arbeitsrechtliche Gewährleistungen an die Seite gestellt: Um Schaden von der Gesellschaft abzuwen-
den, sind die Gesellschafter und Geschäftsführer aus der gesellschaftsrechtlichen
Treuepflicht gegenüber der GmbH verpflichtet, Ärzten ihren beruflichen Freiraum
zu belassen. Dieser Schaden kann in möglichen Ersatzansprüchen der Patienten
liegen. Aus dem Behandlungsvertrag ergibt sich ein Anspruch der Patienten auf

eine berufsgemäße und weisungsfreie Behandlung; insoweit erweisen sich die Bestimmungen des Berufsrechts als drittschützend.

Aus dem Arbeitsrecht folgt für angestellte Ärzte der Anspruch auf Freiheit von fachlichen Weisungen. Sie sind Arbeitnehmer. Weil sie qualifizierte Dienste leisten, ist ihr Arbeitsvertrag i.V.m. § 611 BGB schon dahingehend auszulegen, für die Berufsausübung einen Ausführungsspielraum bzw. einen weisungsfreien Raum anzuerkennen. Zuwiderlaufende Weisungen der Gesellschaft sind damit nichtig.

Der nichtärztliche Arbeitgeber ist allerdings nicht verpflichtet, die berufsrechtlichen Belange des angestellten Arztes im Arbeitsvertrag zu berücksichtigen. Das Berufsrecht verbietet Ärzten aber, berufsrechtswidrige Arbeitsverträge abzuschließen. Obwohl lediglich ein einseitiger Gesetzesverstoß vorliegt, rechtfertigt die hohe Bedeutung des ärztlichen Weisungsfreiraums für die medizinische Versorgung der Bevölkerung die Anwendung von § 134 BGB. Soweit ein Arbeitsvertrag zwischen Ärzten und der Ärzte-GmbH berufsrechtswidrige Vereinbarungen enthält, führt dies zu seiner Nichtigkeit.

Auch in der – vollständig oder mehrheitlich – von *Nichtärzten* errichteten und geführten Ärzte-GmbH ist damit die Beachtung des ärztlichen Weisungsfreiraums sichergestellt. Die aufgeführten gesellschaftsrechtlichen und arbeitsrechtlichen Gewährleistungen reichen aus, um auch hier den beruflichen Freiraum ihrer Angestellten zu gewährleisten.

Der Nachteil bei der ausschließlich von Nichtärzten zu gründenden GmbH ist prozeduraler Natur: Der Registerrichter dringt bei der Überprüfung des Gesellschaftsvertrags über § 134 BGB nicht zur Kontrolle des ärztlichen Berufsrechts durch. Für nichtärztliche Gesellschafter sind die ärztlichen Berufsordnungen keine Verbotsgesetze, gegen die sie verstoßen könnten. De lege ferenda ist die Aufnahme von Zugangsbeschränkungen aus diesem Grund zu empfehlen, wegen der arbeitsrechtlichen Garantie indes nicht zwingend erforderlich.

In einer Ärzte-GmbH angestellte Ärzte sind in ihrer beruflichen Rechtsstellung in 15 Bundesländern gegenüber Ärzten, die dem klassischen Bild des niedergelassenen Arztes entsprechen, nicht privilegiert (§ 4). Die in den Heilberufe- und Kammergesetzen normierten speziellen Berufspflichten für niedergelassene Ärzte entfalten in diesen Ländern gegenüber GmbH-Ärzten Wirkung.

Berufspflichten, die nach dem jeweiligen Gesetzeswortlaut für Ärzte *in eigener Praxis* bzw. *in niedergelassener Praxis* erlassen wurden, gelten in Ausdehnung der personellen Reichweite für alle im ambulanten Bereich tätigen Ärzte, sofern ihnen der in den Berufsordnungen vorgegebene ärztliche Freiraum eingeräumt wird. Auf die GmbH-Ärzte trifft dies zu. Dem liegt zugrunde, dass für die Tätigkeit *in eigener, in niedergelassener* bzw. *in freier Praxis* allein die Wahrung des freiberuflichen Charakters der Berufsausübung den Ausschlag gibt. Das Erfordernis der wirtschaftlichen Selbstständigkeit tritt dahinter zurück. Der Regelungsgehalt der Begriffe der *Niederlassung* und der *Tätigkeit in eigener* bzw. *in freier Praxis*, mit denen die ambulante Tätigkeit des niedergelassenen Arztes üblicherweise umschrieben wird, reicht weiter, als bisher angenommen. Die besonderen Berufspflichten gelten auch gegenüber angestellten Ärzten, die bei niedergelassenen Ärzten beschäftigt sind. Die Hilfskonstruktion der herrschenden Ansicht, solche Ärzte nur mittelbar über den Arbeitsvertrag mit dem niedergelassenen Arzt den besonderen Berufspflichten zu unterwerfen, hat sich damit erledigt.

Den niedergelassenen Ärzten garantiert dies, dass ihre Kollegen in der Ärzte-GmbH dieselben Pflichten treffen. Das gilt vor allem für die Beteiligung an den Notfalldiensten. Der Einsatz der Ärzte-GmbH führt demnach nicht zu unangemessenen Benachteiligungen der niedergelassenen Ärzte.

Die Rechtslage in Hamburg verstößt gegen Art. 3 Abs. 1 GG. Weil sich die Pflichtenstellung auf *niedergelassene Ärzte* beschränkt, verbietet der Wortlaut eine Anwendung auf GmbH-Ärzte, zumal eine Korrektur wegen des einschränkenden Regelungsgehalts entfallen muss.

Entgegen der überwiegenden Ansicht in Literatur und Rechtsprechung sind die bei Nichtärzten angestellten Ärzte bei der Abrechnung gegenüber den Krankenversicherungen, insbesondere im System der gesetzlichen Krankenversicherung, ihren niedergelassenen Kollegen annähernd gleichgestellt (§ 5).

In der Ärzte-GmbH berechnen sich erbrachte ärztliche Leistungen gegenüber selbstzahlenden Patienten nach den Maßstäben der GOÄ. Für sie sowie für alle Einrichtungen, die ärztliche Leistungen anbieten und erbringen, ist die GOÄ unmittelbar geltendes Recht.

Soweit bei selbstzahlenden Patienten privater Versicherungsschutz besteht, sind die privaten Krankenversicherungen verpflichtet, die Aufwendungen für Behandlungen durch die Ärzte-GmbH zu erstatten. Die in § 4 Abs. 2 Satz 1 MB/KK 94 festgelegte Beschränkung auf niedergelassene Ärzte berücksichtigt angestellte Ärzte nach dem Verständnis des ärztlichen Berufsrechts zwar nicht. Der Rechtscharakter der Musterbedingungen als vertragliche Regelungen führt jedoch zu einer Auslegung, nach der es allein auf das Verständnis des durchschnittlichen Versicherungsnehmers ankommt. Dadurch sind für die Annahme der Niederlassung allein die äußeren, sichtbaren Merkmale entscheidend, unabhängig von Rechtskenntnissen des ärztlichen Berufsrechts. Insofern bietet die Ärzte-GmbH das Erscheinungsbild einer regulären Gemeinschaftspraxis, solange die angestellten Ärzte auf dem Praxisschild ihre Tätigkeit ankündigen und sie dauerhaft in der Praxis ihren Beruf ausüben. Für Patienten ist deren Auftreten in der gesellschaftseigenen Praxis nicht vom Auftreten niedergelassener Ärzte zu unterscheiden. Unter diesen Voraussetzungen sind GmbH-Ärzte iS.d. § 4 Abs. 2 Satz 1 MB/KK 94 niedergelassen.

Darüber hinaus kann die Ärzte-GmbH in das System der gesetzlichen Krankenversicherung einbezogen werden. Die Ermächtigung der GmbH als ärztlich geleitete Einrichtung gem. § 95 Abs. 1 Satz 1 4.Alt. SGB V ist allerdings nur möglich, wenn sie als vollständige *Ärztegesellschaft*, d.h. als Nur-Ärzte-GmbH, eine ärztliche Leitung gewährleistet. Die Ermächtigung steht in gleicher Weise den praktizierenden Ärzten in der GmbH zur Verfügung, § 95 Abs. 1 Satz 1 3.Alt. SGB V. Beide Lösungen sind jedoch unbefriedigend, weil die Ermächtigung gegenüber dem Institut der Zulassung zurücktritt.

Aus diesem Grund ist den in der GmbH tätigen Ärzten, seien sie nur angestellt oder zugleich Gesellschafter bzw. Geschäftsführer, der Erwerb der Zulassung

gem. § 95 Abs. 1 Satz 1 1.Alt. SGB V zu empfehlen. Zwar dienen die Bestimmungen im SGB V und in der Ärzte-ZV in erster Linie dazu, den niedergelassenen
Arzt an der vertragsärztlichen Leistungserbringung teilhaben zu lassen. Dennoch
stehen die Vorschriften einer Ausweitung auf angestellte GmbH-Ärzte nicht entgegen, weil sie die *Tätigkeit in freier Praxis* voraussetzen. Der vorhandene berufliche Freiraum in der GmbH (3. Kapitel) und der Regelungsgehalt einer *freien
Praxis* (4. Kapitel) lassen dieses Kriterium auch für GmbH-Ärzte gelten.

Andere Vorschriften stehen einer Zulassung von angestellten Ärzten nicht entgegen. Des Weiteren kann auch die Ärzte-GmbH bei fachübergreifender Tätigkeit
unter ärztlicher Leitung eine Zulassung als medizinisches Versorgungszentrum
beantragen, § 95 Abs. 1 Satz 1 2.Alt. SGB V.

Die ambulante Leistungserbringung durch juristische Personen im Gesundheitswesen wird im ärztlichen Berufsrecht beinahe bundesweit ignoriert. Die Bestimmungen sind derzeit noch in erster Linie auf die Niederlassung des Einzelarz-
tes zugeschnitten. Insbesondere mangelt es an verbindlichen landesgesetzlichen
Bestimmungen für Nichtärzte, angestellte Ärzte von Weisungen im fachlich-
medizinischen Bereich freizustellen. Hier besteht Regelungsbedarf, um angestellten Ärzten Rechtssicherheit bezüglich ihrer Berufstätigkeit zu verschaffen. Dennoch ist es bereits jetzt – mit Ausnahme der Rechtslage in Hamburg – möglich,
die Ärzte-GmbH und ihre angestellten Ärzte in die gesetzlichen und satzungsrechtlichen Regelungen zu integrieren.

Um verbleibende Risiken auszuschalten, sollte die Zulässigkeit juristischer Personen in der ambulanten Heilkunde nach dem Vorbild der Rechtslage in *Brandenburg*, *Niedersachsen*, *Nordrhein-Westfalen* und *Schleswig-Holstein* einem präventiven Erlaubnisvorbehalt unterliegen, dessen Ausübung den Ärztekammern
obliegt. Im Interesse einer größeren Rechtssicherheit ist den Landesgesetzgebern
zu empfehlen, ausgestaltende Regelungen für die Zusammensetzung der GmbH
und ihr Innenverhältnis zu erlassen.

Als vorzugswürdig erweist sich die (Nur-) Ärztegesellschaft. Neben der mehr-
fachen Absicherung des ärztlichen Weisungsfreiraums erlangt die Nur-Ärzte-
GmbH auch in der gesetzlichen Krankenversicherung die Möglichkeit, als ärztlich
geleitete Einrichtung selbst an der vertragsärztlichen Versorgung der Patienten
teilzunehmen. Die fachfremde Beteiligung von Nichtärzten, die die Rechtslage
bisher vorbehaltlos zulässt, sollte einer Beschränkung auf die Ärztegesellschaft
weichen.

Eine Ärzte-GmbH führt schon nach geltendem Recht nicht zu Einbußen in der
Qualität der ärztlichen Berufsausübung. Wie in anderen Rechtsformen hat sich die
ärztliche Leistung allein an freiberuflichen Ansprüchen und berufsrechtlichen
Maßstäben zu orientieren. Damit ist die Rechtsform der GmbH für die ambulante
Arztpraxis generell ebenso geeignet wie die Partnerschaft oder die Gesellschaft
bürgerlichen Rechts. Für welche Rechtsform sich ein Arzt entscheidet, ist demzu-
folge an Zweckmäßigkeitskriterien wie steuerlichen und betriebswirtschaftlichen
Erwägungen orientieren. Die Wahl wird sicher auch von möglichen Vorbehalten

des Patientenkreises gegenüber einer GmbH bestimmt sein. Zur Kommerzialisierung des Arztberufs, wie häufig befürchtet, trägt diese Rechtsform aktiv nicht bei.

Literaturverzeichnis

Achterberg, Norbert/Püttner, Günter/Würtenberger, Thomas (Hrsg.): Besonderes Verwaltungsrecht, Band I. Wirtschafts-, Umwelt-, Bau-, Kultusrecht. 2. Auflage Heidelberg 2000

Ahlers, Dieter: Die GmbH als Zusammenschluß Angehöriger freier Berufe zur gemeinsamen Berufsausübung, in: Festschrift für Heinz Rowedder, München 1994

Ahrens, Hans-Jürgen: Praxisgemeinschaften in Ärztehäusern mit Fremdgeschäftsführung – Voraussetzungen und Grenzen ärztlichen Unternehmertums, in: MedR 1992, 141 – 146

Amm, Till: Rechtsgeschäft, Gesetzesverstoß und § 134 BGB. Bochum 1982

Ammon, Ludwig: Gesellschaftsrechtliche und sonstige Neuerungen im Handelsrechtsreformgesetz – Ein Überblick, in: DStR 1998, 1474 – 1480

Bach, Peter/Moser, Hans: Private Krankenversicherung, MB/KK- und MB/KT-Kommentar. 3. Auflage München 2002

Bachmann, Gregor: Juristische Person und freier Beruf, in: NJW 2001, 3385 – 3386

Badura, Peter: Staatsrecht. 3. Auflage München 2003

Bartl, Harald/Fichtelmann, Helmar/Henkes, Ulrich/Schlarb, Eberhard/Schulze, Hans-Jürgen: Heidelberger Kommentar zum GmbH-Recht. 5. Auflage Heidelberg 2002

Basedow, Jürgen: Transparenz als Prinzip des (Versicherungs-) Vertragsrechts, in: VersR 1999, 1045 – 1055

Baumbach, Adolf/Hefermehl, Wolfgang: Wettbewerbsrecht. Gesetz gegen den unlauteren Wettbewerb, Zugabeverordnung, Rabattgesetz und Nebengesetze. 22. Auflage München 2001

Baumbach, Adolf/Hueck, Alfred: GmbH-Gesetz. 17. Auflage München 2000

Beater, Axel: Der Gesetzesbegriff von § 134 BGB, in: AcP 197 (1997), 505 – 528

Bogs, Harald: Freie Zulassung zum freiberuflichen Kassenarztamt unter dem Bonner Grundgesetz, in: Festschrift für Georg Wannagat, Köln 1981

Bork, Reinhard: Allgemeiner Teil des Bürgerlichen Gesetzbuchs. Tübingen 2001

Braun, Alfred: Die ärztliche Praxis und die Privatkrankenanstalt gem. § 30 GewO, in: NJW 1985, 2739 – 2741

Brockhaus Enzyklopädie in zwanzig Bänden: Dreizehnter Band MOT – OSS 17. Auflage Wiesbaden 1971

Bruck, Ernst/Möller, Hans/Wriede, Paul: Kommentar zum Versicherungsvertragsgesetz und zu den allgemeinen Versicherungsbedingungen unter

Einschluß des Versicherungsvermittlerrechtes.
Sechster Band, Zweiter Halbband Krankenversicherung, 8. Auflage Berlin 1990

Brück, D./Hess, R./Klakow-Franck, R./Warlo, H.-J.: Kommentar zur Gebührenordnung für Ärzte (GOÄ). Band 1, 3. Auflage Köln, 12. Ergänzungslieferung, Stand 1. Oktober 2003

Clade, Harald: Offensive für vernetzte integrierende Strukturen, in: Deutsches Ärzteblatt 94, Heft 48, A-3246 – 3247
Cramer, Udo H.: Die steuerliche Behandlung der „Heilkunde-GmbH", MedR 1995, 104 – 105

Damm, Reinhard: Gesellschaftsrecht der freien Berufe im Wandel, in: Festschrift für Hans Erich Brandner, Köln 1996, 31 – 56
Dahm, Franz-Josef: Das „Systemversagen" in der Gesetzlichen Krankenversicherung, in: MedR 2002, 6 – 10
Dauner-Lieb, Barbara/Thomas, Heidel/Lepa, Manfred/Ring, Gerhard (Hrsg.): Das neue Schuldrecht in der anwaltlichen Praxis. Bonn 2002
Deutsch, Erwin: Schmerzensgeld für Vertragsverletzungen und bei Gefährdungshaftung, in: ZRP 2001, 351 – 354
Deutsch, Erwin/Spickhoff, Andreas: Medizinrecht. 5. Auflage Berlin 2003
Dieterich, Thomas/Hanau, Peter/Schaub, Günter (Hrsg.): Erfurter Kommentar zum Arbeitsrecht. 4. Auflage München 2004
Diller, Martin: Gesellschafter und Gesellschaftsorgane als Arbeitnehmer. Köln 1994
Dörner, Heinrich/Staudinger, Ansgar: Schuldrechtsmodernisierung, Systematische Einführung und synoptische Gesamtdarstellung. Baden-Baden 2002
Dörner, Klemens Maria: Praktisches Arbeitsrecht I. 2. Auflage Köln 1993
Dörner, Klemens Maria/Luczak, Stefan/Wildschütz, Martin: Handbuch Arbeitsrecht. 3. Auflage Neuwied 2002
Dolzer, Rudolf/Vogel, Klaus/Graßhof, Karin (Hrsg.): Bonner Kommentar zum Grundgesetz. 110. Ergänzungslieferung, Stand März 2004
Dreier, Horst (Hrsg.): Grundgesetz Kommentar.
Band I, Artikel 1 – 19, 2. Auflage Tübingen 2004
Band II, Artikel 20 – 82. Tübingen 1998
Dreher, Meinrad: Die Auslegung von Rechtsbegriffen in Allgemeinen Geschäftsbedingungen, in: AcP 189 (1989), 342 – 385
Dreher, Meinrad: Die Versicherung als Rechtsprodukt. Die Privatversicherung und ihre rechtliche Gestaltung. Tübingen 1991
Dreher, Meinrad: Die ärztliche Berufsausübung in Gesellschaften und § 4 Abs. 2 S.1 MBKK, in: VersR 1995, 245 – 254

Eisenhardt, Ulrich: Gesellschaftsrecht. 11. Auflage München 2003
Ehlers, Alexander P.F. (Hrsg.): Fortführung von Arztpraxen. 2. Auflage München 2001

Ehlers, Alexander P.F./Broglie, Maximilian (Hrsg.): Arzthaftungsrecht. Grundlagen und Praxis. 2. Auflage München 2001

Ehmann, Horst: Praxisgemeinschaft/Gemeinschaftspraxis, in: MedR 1994, 141 – 149

Emmerich, Volker: Das Recht des unlauteren Wettbewerbs. 6. Auflage München 2002

Enneccerus, Ludwig/Nipperdey, Hans Carl: Allgemeiner Teil des Bürgerlichen Rechts. Erster Band, Zweiter Halbband. 15. Auflage Tübingen 1960

Ensthaler, Jürgen (Hrsg.): Gemeinschaftskommentar zum Handelsgesetzbuch. 6. Auflage Neuwied 1999

Eppenstein, Dieter: Anmerkung zum Urteil des LG Kleve in VersR 1973, 560, in: VersR 1973, 1036 – 1037

Erichsen, Hans-Uwe/Ehlers, Dirk (Hrsg.): Allgemeines Verwaltungsrecht. 12. Auflage Berlin 2002

Eyermann, Erich/Fröhler, Ludwig: Verwaltungsgerichtsordnung Kommentar. 11. Auflage München 2000, mit Nachtrag 2002

Feuerich, Wilhelm E./Weyland, Dag: Bundesrechtsanwaltsordnung. Recht für Anwälte aus dem Gebiet der Europäischen Union. 6. Auflage München 2003

Flume, Werner: Allgemeiner Teil des Bürgerlichen Rechts. Zweiter Band, Das Rechtsgeschäft, 4. Auflage Berlin 1992

Freise, Rainer: Überlegungen zu Änderungen des Schadensersatzrechts, in: VersR 2001, 539 – 547

Gitter, Wolfgang: Versicherungsschutz bei ambulanten Untersuchungen in der Deutschen Klinik für Diagnostik, in: NJW 1980, 2745 – 2747

Glatz, Christian: Der Arzt zwischen Aufklärung und Beratung. Berlin 1998

Goette, Wulf: Anmerkung zum Beschluss des BGH in DStR 1995, 1722, in: DStR 1995, 1722 – 1723

Gusy, Christoph: Die Freiheit von Berufswahl und Berufsausübung, in: JA 1992, 257 – 265

Grunewald, Barbara: Gesellschaftsrecht. 5. Auflage Tübingen 2002

Hachenburg, Max: Gesetz betreffend die Gesellschaften mit beschränkter Haftung (GmbHG), Großkommentar. Erster Band, Allgemeine Einleitung, §§ 1 – 34, 8. Auflage Berlin 1992 Zweiter Band, §§ 35 – 52, 8. Auflage Berlin 1997

Hahn, Bernhard: Anmerkung zum Urteil des OLG München in NJW 1984, 1826, in: NJW 1984, 1827 – 1828

Hahn, Otto: Ist die ambulante Heilbehandlung durch GmbHs zulässig?, in: Der Arzt und sein Recht 1991, 14 – 21

Hart, Dieter: Grundlagen des Arzthaftungsrechts: Leistungs- und Haftungsrecht, in: Jura 2000, 14 – 19

Hartung, Wolfgang/Holl, Thomas: Anwaltliche Berufsordnung. Fachanwaltsordnung Europäische Standesregeln – CCBE. Kommentar und Berufsrechts-ABC. 2. Auflage München 2001

Hauck, Kar (Begr.)*l/Noftz, Wolfgang*: SGB V Gesetzliche Krankenversicherung. Berlin Stand: August 2004

Henke, Norbert: Rechtsprobleme ärztlicher Zusammenarbeit im ambulanten Bereich, in: NJW 1974, 2035 – 2040

Henssler, Martin: Die Freiberufler-GmbH, ZIP 1994, 844 – 852

Henssler, Martin: Anmerkung zum Beschluss des BayObLG in ZIP 1994, 1868, in: ZIP 1994, 1871 – 1872

Henssler, Martin: Neue Formen anwaltlicher Zusammenarbeit, in: DB 1995, 1549 – 1556

Henssler, Martin: Partnerschaftsgesellschaftsgesetz. München 1997

Henssler, Martin/Prütting, Hans (Hrsg.): Bundesrechtsanwaltsordnung mit Rechtsanwaltsprüfungsgesetz, Rechtsberatungsgesetz, Partnerschaftsgesellschaftsgesetz, Rechtsanwaltsdienstleistungsgesetz und Eignungsprüfungsgesetz. Kommentar. München 1997

Hildebrandt, Rolf: Entwicklungen und Rechtsprobleme freiberuflicher Zusammenschlüsse im ärztlichen und anwaltlichen Bereich sowie der Formwechsel der Partnerschaft die GmbH. Frankfurt am Main 2000

Hillgruber, Christian: Richterliche Rechtsfortbildung als Verfassungsproblem, JZ 1996, 118 – 125

Hirte, Heribert: Berufshaftung. München 1996

Hirte, Heribert: Kapitalgesellschaftsrecht. 4. Auflage Köln 2003

Hoffmann-Goldmayer, Achim/Langsdorff, Udo von/Altmiks, Christoph: Leitfaden GMG für Ärzte. Frankfurt am Main 2003

Höfling, Wolfram: Vertragsfreiheit. Heidelberg 1991

Hopt, Klaus J.: Handels- und Gesellschaftsrecht. Band II Gesellschaftsrecht. 4. Auflage München 1996

Hromadka, Wolfgang/Maschmann, Frank: Arbeitsrecht Band 1 Individualarbeitsrecht. 2. Auflage Berlin 2002

Huber, Peter-Michael: Allgemeines Verwaltungsrecht. 2. Auflage Heidelberg 1997

Hueck, Goetz/Windbichler, Christine: Gesellschaftsrecht. 20. Auflage München 2003

Immenga, Ulrich: Bindung von Rechtsmacht durch Treuepflichten, in: Festschrift 100 Jahre GmbH-Gesetz. Köln 1992

Ipsen, Jörn: Staatsrecht II (Grundrechte). 6. Auflage Neuwied 2003

Isensee, Josef/ Kirchhof, Paul (Hrsg.): Handbuch des Staatsrechts der Bundesrepublik Deutschland.
Band III, Das Handeln des Staates, 2. Auflage Heidelberg 1996
Band V, Allgemeine Grundrechtslehren, 2. Auflage Heidelberg 2000
Band VI, Freiheitsrechte, Heidelberg 1989

Jarass, Hans D./Pieroth, Bodo: Grundrechte. 7. Auflage München 2004

Jauernig, Othmar (Hrsg.): Bürgerliches Gesetzbuch. 11. Auflage München 2004

Junghanns, Klaus: Vorwort zur 8. Auflage des Musters eines Chefarztdienstvertrages, in: ArztR 2002, 172 – 173

Karczewski, Christoph: Der Referentenentwurf eines Zweiten Gesetzes zur Änderung schadensersatzrechtlicher Vorschriften, in: VersR 2001, 1070 – 1081

Kaser, Max: Römisches Privatrecht. 16. Auflage München 1992

Katzenmeier, Christian: Kapitalgesellschaften auf dem Gebiet der Heilkunde, MedR 1998, 113 – 118

Katzenmeier, Christian: Arzthaftungsrecht. Tübingen 2002

Kleine-Cosack, Michael: Bundesrechtsanwaltsordnung. Kommentar. 4. Auflage München 2003

Kießling, Erik: Vorgründungs- und Vorgesellschaften. Berlin 1999

Köhler, Helmut: BGB Allgemeiner Teil. 28. Auflage München 2004

Köhler, Helmut/Piper, Henning: Gesetz gegen den unlauteren Wettbewerb mit Zugabeverordnung, Rabattgesetz und Preisangabenverordnung. 3. Auflage München 2002

Kothe, Wolfhard: Gewissenskonflikte am Arbeitsplatz – Zur Aktualität des Rechts der Leistungsstörungen, in: NZA 1989, 161 – 169

Kraemer, Hans-Joachim: Die Novellierung der Gebührenordnung für Ärzte, in: NJW 1996, 764 – 765

Kraft, Alfons/Kreutz, Peter: Gesellschaftsrecht. 11. Auflage Neuwied 2000

Krauskopf, Dieter (Hrsg.): Soziale Krankenversicherung Pflegeversicherung. 47. Ergänzungslieferung München, Stand Dezember 2003

Krauskopf, Dieter /Feuerstein, Manfred: Krankenhausfinanzierungsgesetz KHG mit Nebenbestimmungen. Band II. 2. Auflage St. Augustin, 26. Ergänzungslieferung, Stand Februar 2000

Kremer, Arnold: Die GmbH als Rechtsform freiberuflicher Partnerschaften. Eine Rechtstatsachenstudie zur Lösung des Konflikts zwischen den Vereinigungsbedürfnissen der freien Berufe und den Wesensmerkmalen der juristischen Person. Berlin 1978

Kremer, Arnold: Freie Berufe in der Rechtsform der GmbH, GmbHR 1983, 259 – 267

Kübler, Friedrich: Gesellschaftsrecht. 5. Auflage Heidelberg 1999

Lach, Michael: Formen freiberuflicher Zusammenarbeit. Der Konflikt zwischen Gesellschaftsrecht, Standes- und Berufsrechten sowie den Notwendigkeiten gesellschaftlicher Zusammenarbeit. München 1970

Larenz, Karl: Allgemeiner Teil des Bürgerlichen Rechts. 7. Auflage München 1989

Larenz, Karl/Canaris, Claus-Wilhelm: Methodenlehre der Rechtswissenschaft. 3. Auflage Berlin 1995

Larenz, Karl /Wolf, Manfred: Allgemeiner Teil des Bürgerlichen Rechts. 9. Auflage München 2004

Laufs, Adolf: Die Ärzte-GmbH und das Berufsrecht, MedR 1995, 11 – 16

Laufs, Adolf: Arzt und Recht im Umbruch der Zeit, in: NJW 1995, S. 1595 – 1599

Laufs, Adolf/Uhlenbruck, Wilhelm: Handbuch des Arztrechts. 3. Auflage München 2002

Leenen, Detlev: Die Neuregelung der Verjährung, in: JZ 2001, 552 – 560

Leinemann, Wolfgang (Hrsg.): Kasseler Handbuch zum Arbeitsrecht.
Band 1, Arbeitsverhältnis und Inhalt des Arbeitsverhältnisses, 2. Auflage Neuwied 2000

Leipold, Dieter: BGB I: Einführung und Allgemeiner Teil. 2. Auflage Tübingen 2002

Leßmann, Jochen: Die Grenzen des arbeitgeberseitigen Direktionsrechts, in: DB 1992, 1137 – 1142

Looschelders, Dirk: Die Kontrolle Allgemeiner Versicherungsbedingungen nach dem AGBG, in: JR 2001, 397 – 401

Looschelders, Dirk /Roth, Wolfgang: Juristische Methodik im Prozeß der Rechtsanwendung. Berlin 1996

Lüke-Rosendahl, Frauke: Der Beruf des Arztes unter besonderer Berücksichtigung der ärztlichen Kooperationen. Frankfurt a. M. 1999

Lutter, Marcus: Theorie der Mitgliedschaft, in: AcP 180 (1980), 84 – 158

Lutter, Marcus/Hommelhoff, Peter: GmbH-Gesetz Kommentar. 15. Auflage Köln 2000

Maaßen, Hans Joachim/Schermer, Joachim/Wiegand, Dietrich/Zipperer, Manfred: Sozialgesetzbuch Fünftes Buch – SGB V Gesetzliche Krankenversicherung GKV Kommentar. Heidelberg 106. Ergänzungslieferung, Stand April 2004

Mangoldt, Hermann von/Klein, Friedrich/ Starck, Christian (Hrsg.): Das Bonner Grundgesetz Kommentar.
Band 1: Präambel, Artikel 1 bis 19, 4. Auflage München 1999
Band 2: Artikel 20 bis 78, 4. Auflage München 2000

Maunz, Theodor/Dürig, Günter: Grundgesetz Kommentar.
Band I, Art. 1 – 11, 42. Ergänzungslieferung München, Stand Juni 2003,
Band II, Art. 12 – 21, 42. Ergänzungslieferung München, Stand Juni 2003
Band IV, Art. 70 – 91b, 42. Ergänzungslieferung München, Stand Juni 2003

Maurer, Hartmut: Allgemeines Verwaltungsrecht. 14. Auflage München 2002

Maydell, Bernd Baron von (Hrsg.): Gemeinschaftskommentar zum Sozialgesetzbuch – Gesetzliche Krankenversicherung. 84. Ergänzungslieferung Neuwied, Stand Oktober 2002

Mayer-Maly, Theo: Römisches Recht. 2. Auflage Wien 1999

Medicus, Dieter: Allgemeiner Teil des BGB. 8. Auflage Heidelberg 2002

Meyer, Justus/Kreft, Volker: Die Arzt-GmbH auf dem Prüfstand. Vor- und Nachteile beim Einsatz einer GmbH für eine Arztpraxis, GmbHR 1997, 193 – 200

Michalski, Lutz: Das Gesellschafts- und Kartellrecht der berufsrechtlich gebundenen freien Berufe. Berlin 1989

Mitglieder des Bundesgerichtshofes (Hrsg.): Das Bürgerliche Gesetzbuch mit besonderer Berücksichtigung der Rechtsprechung des Reichsgerichts und des Bundesgerichtshofes (RGRK-Kommentar)
Band 1, §§ 1 – 240, 12. Auflage Berlin 1982

Müller, Welf/Hense, Burkhard (Hrsg.): Beck' sches Handbuch der GmbH. 3. Auflage München 2002

Müller, Wolfgang: Einbeziehung der Freien Berufe in das Handelsrecht unter besonderer Berücksichtigung von Arzt, Apotheker, Rechtsanwalt, Wirtschaftsprüfer und Architekt. Kiel 1968

Münch, Ingo von/Kunig, Philip (Hrsg.): Grundgesetz-Kommentar.
Band 1 (Präambel bis Art. 19), 5. Auflage München 2000

Mugdan, Benno (Hrsg.): Die gesammten Materialien zum Bürgerlichen Gesetzbuch für das Deutsche Reich.
I. Band. Einführungsgesetz und Allgemeiner Theil, Berlin 1899

Murswiek, Dietrich: Grundfälle zur Vereinigungsfreiheit – Art. 9 I, II GG, in: JuS 1992, 116 – 122

Narr, Helmut/Hess, Rainer/Nösser, Gerhard/Schirmer, Horst-Dieter: Ärztliches Berufsrecht, Ausbildung – Weiterbildung – Berufsausübung. 2. Auflage Köln 2000, 15. Ergänzungslieferung, Stand Januar 2002

Niesel, Klaus (Red.): Kasseler Kommentar Sozialversicherungsrecht.
Band 1, 43. Ergänzungslieferung München, Stand März 2004

Olzen, Dirk: Offene Fragen um den Ausgleichsanspruch des Handelsvertreters, in: JR 2002, 45 – 51

Olzen, Dirk/Wank, Rolf: Die Schuldrechtsreform. Köln 2002

Orlowski, Ulrich: Ziele des GKV-Modernisierungsgesetzes (GMG), in: MedR 2004, 202 – 206

Orlowski, Ulrich/Wasem, Jürgen: Gesundheitsreform 2004. Heidelberg 2003

Palandt, Otto: Bürgerliches Gesetzbuch. 63. Auflage München 2004

Pant, Peter/Prütting, Dorothea: Krankenhausgesetz Nordrhein-Westfalen. 2. Auflage Köln 2000

Papier, Hans-Jürgen: Art. 12 GG – Freiheit des Berufs und Grundrecht der Arbeit, in: DVBl. 1984, 801 – 814

Papier, Hans-Jürgen/Petz, Helmut: Rechtliche Grenzen des ärztlichen Werbeverbots, in: NJW 1994, 1553 – 1562

Peikert, Peter: Persönliche Leistungserbringungspflicht, in: MedR 2000, 352 – 359

Peters, Frank: Zur Gesetzestechnik des § 823 Abs. 2 BGB, JZ 1983, 913 – 926

Peters, Horst: Handbuch der Krankenversicherung – Sozialgesetzbuch V. 19. Auflage Stuttgart, 50. Ergänzungslieferung, Stand 1. Juli 2003

Pflug, Hans-Joachim: Kontrakt und Status im Recht der Allgemeinen Geschäftsbedingungen. München 1986

Pflug, Hans-Joachim: Allgemeine Geschäftsbedingungen und „Transparenzgebot", in: AG 1992, 1 – 19

Pieroth, Bodo/Schlink, Bernhard: Grundrechte, Staatsrecht II. 19. Auflage München 2003

Piper, Henning: Zur wettbewerbs- und berufsrechtlichen Bedeutung des Werbeverbots der ärztlichen Berufsordnungen, in: Festschrift für Hans Erich Brandner (1996), 449 – 473

Präve, Peter: Versicherungsbedingungen und AGB-Gesetz. München 1998

Präve, Peter: Versicherungsbedingungen und Transparenzgebot, in: VersR 2000, 138 – 144

Preißler, Reinhold: Das verfassungswidrige Verbot der überörtlichen Ärztesozietät, in: MedR 2001, 543 – 548

Priester, Hans-Joachim: Das Gesellschaftsverhältnis im Vorgründungsstadium – Einheit oder Dualismus?, in: GmbHR 1995, 481 – 486

Priester, Hans-Joachim/Mayer, Dieter (Hrsg.): Münchener Handbuch des Gesellschaftsrechts. Band 3 Gesellschaften mit beschränkter Haftung. 2. Auflage München 2003

Prölss, Erich R./Martin, Anton/Prölss, Jürgen: Versicherungsvertragsgesetz. Kommentar zu VVG und EGVVG sowie Kommentierung wichtiger Versicherungsbedingungen – unter Berücksichtigung des ÖVVG und österreichischer Rechtsprechung –. 27. Auflage München 2004

Quaas, Michael: Zur Berufsfreiheit des Freiberuflers, insbesondere der Ärzte, in: MedR 2001, 34 – 37

Raiser, Thomas: Recht der Kapitalgesellschaften. 3. Auflage München 2001

Ratzel, Rudolf: Gemeinschaftspraxis, Heilkunde-GmbH, Partnerschaftsgesellschaft, Praxisgemeinschaft, in: Der Frauenarzt, 91 – 95

Ratzel, Rudolf /Lippert, Hans-Dieter: Kommentar zur Musterberufsordnung der deutschen Ärzte (MBO). 3. Auflage Berlin 2002

Rebmann, Kurt/Säcker, Franz Jürgen (Hrsg.): Münchener Kommentar zum Bürgerlichen Gesetzbuch.
Band 1, Allgemeiner Teil (§§ 1 – 240), AGB-Gesetz
4. Auflage München 2001

Richardi, Reinhard/Wlotzke, Otfried (Hrsg.): Münchener Handbuch zum Arbeitsrecht.
Band 1, Individualarbeitsrecht I, 2. Auflage München 2001
Band 2, Individualarbeitsrecht II, 2. Auflage München 2001

Rieger, Hans-Jürgen: Die Heilkunde-GmbH in der Rechtsprechung unter besonderer Berücksichtigung des Verfassungsrechts, in: MedR 1995, 87 – 90

Rieger, Hans-Jürgen: Anmerkung zum Urteil des BGH MedR 1995, 113, in: MedR 1995, 114 – 115

Rieger, Hans-Jürgen (Hrsg.): Lexikon des Arztrechts, 2. Auflage Heidelberg 2002, 7. Ergänzungslieferung, Stand Dezember 2003

Ring, Gerhard: Arbeitsrecht. Baden-Baden 1998

Ring, Gerhard: Werberecht der Ärzte. Baden-Baden 2000

Rittner, Fritz: Wettbewerbs- und Kartellrecht. 6. Auflage Heidelberg 1999

Römermann, Volker/Schulte, Mark: Werberecht und Verbot der überörtlichen Gemeinschaftspraxis nach der neuen ärztlichen Musterberufsordnung, in: MedR 2001, 178 – 182

Römermann, Volker/Spönemann, Frank: Gesellschaftsformen für Rechtsanwälte – Berufsrecht, Gesellschaftsrecht, Steuerrecht, in: NZG 1998, 15 – 20

Rosenberg, Leo/Schwab, Karl Heinz/Gottwald, Peter: Zivilprozessrecht. 16. Auflage München 2004

Roth, Günther H./Altmeppen, Holger: GmbHG Kommentar. 4. Auflage München 2003

Roth, Herbert: Funktion und Anwendungsbereich der Unklarheitenregel des § 5 AGBG, in: WM 1991, 2125 – 2135

Rowedder, Heinz/Schmidt-Leithoff, Christian: Gesetz betreffend die Gesellschaften mit beschränkter Haftung (GmbHG). 4. Auflage München 2002

Rupp, Hans-Heinrich: Das Grundrecht der Berufsfreiheit in der Rechtsprechung des Bundesverfassungsgerichts, in: AöR 92 (1967), 212 – 242

Sachs, Michael: Sozietät zwischen Anwaltsnotaren und Wirtschaftsprüfern, MDR 1996, 1197 – 1203

Sachs, Michael (Hrsg.): Grundgesetz Kommentar. 3. Auflage München 2002

Sachs, Michael: Verfassungsrecht II, Grundrechte. 2. Auflage Berlin 2003

Saenger, Ingo : Gesellschaftsrechtliche Gestaltung ärztlicher Kooperationsformen, in: NZS 2001, 234 – 240

Schaub, Günter: Arbeitsrechts-Handbuch. 10. Auflage München 2002

Scheuffler, Wolfgang: Die steuerrechtliche Behandlung der „Heilkunde-GmbH", MedR 1995, 99 – 103

Schlünder, Bertold: AGB-Gesetz in Leitsätzen. 2. Auflage München 1992

Schmidt, Eike: AGB-Gesetz und Schuldvertragsrecht des BGB, in: ZIP 1987, 1505 – 1509

Schmidt, Karsten (Hrsg.): Münchener Kommentar zum Handelsgesetzbuch.
Band 1, Erstes Buch. Handelsstand §§ 1 – 104
München 1996

Schmidt, Karsten: Gesellschaftsrecht. 4. Auflage Köln 2002

Schmidt, Karsten: Handelsrecht. 5. Auflage Köln 1999

Schneider, Günther: Handbuch des Kassenarztrechts. Köln 1994

Scholz, Franz: Kommentar zum GmbH-Gesetz. I. Band, §§ 1 – 44, 9. Auflage Köln 2001

Schubert, Werner: Materialien zur Entstehungsgeschichte des BGB – Einführung, Biographien, Materialien –. Berlin 1978

Schubert, Werner (Hrsg.): Die Vorlagen der Redaktoren für die erste Kommission zur Ausarbeitung des Entwurfs eines Bürgerlichen Gesetzbuches.
Teil 2, Allgemeiner Teil, Verfasser: Albert Gebhard, Berlin 1981

Schubert, Werner: Das GmbHG von 1892 – „eine Zierde unserer Reichsgesetzesammlung". Das historische Geschehen um die GmbH von 1888 bis 1902, in: Festschrift 100 Jahre GmbH-Gesetz (1992), 1 – 48

Schulte, Knut: Anmerkung zum Urteil des Hans. OLG Hamburg, in: MedR 1992, 283 – 284

Schünemann, Wolfgang B.: Allgemeine Versicherungsbedingungen – „Leistungs-
beschreibungen" oder inhaltskontrollierte Vertragskonditionen?, in:
VersR 2000, 144 – 148

Schulin, Bertram (Hrsg.): Handbuch des Sozialversicherungsrechts.
Band 1, Krankenversicherungsrecht, München 1994

Schwerin, Mandy: Das ärztliche Werbeverbot – was bleibt?, in: NJW 2001, 1770 –
1771

Schwintowski, Hans-Peter: Das Konzept des deutschen Gesellschaftsrechts, in: JA
1993, 97 – 104

Seibert, Ulrich: Die Partnerschaft. Eine neue Rechtsform für die freien Berufe.
Köln 1994

Seiler, Hans Hermann: Über verbotswidriges Rechtsgeschäfte (§ 134 BGB). Eine
Bestandsaufnahme, in: Gedächtnisschrift für Wolfgang Martens, Berlin
1987, S. 719 – 732

Siebel, Alexander: Anmerkung zum Urteil des BayVerGH in DStR 2000, 1275, in:
DStR 2000, 1275 – 1276

Sodan, Helge: Freie Berufe als Leistungserbringer im Recht der gesetzlichen
Krankenversicherung. Ein verfassungs- und verwaltungsrechtlicher Beitrag zum Umbau des Sozialstaates. Tübingen 1997

Sodan, Helge: Verfassungsrechtliche Anforderungen an Regelungen gemeinschaftlicher Berufausübung von Vertragsärzten, in: NZS 2001, 169 – 177

Soergel, Hs. Th./Siebert, Wolfgang (Hrsg.): Bürgerliches Gesetzbuch mit Einfüh-
rungsgesetz und Nebengesetzen.
Band 2, Allgemeiner Teil 2, §§ 104 – 240, 13. Auflage Stuttgart 1999
Band 10, Einführungsgesetz, 12. Auflage Stuttgart 1996

Spitzl, Guntram: Die ärztliche Gemeinschaftspraxis. Göttingen 1965

„spr": Das geht schief – Steuernsparen mit Kosten-GmbH, in: Medical Tribune
1994, Nr.19, 46-48

Stabreit, Monika: Die Rechtsanwalts-Aktiengesellschaft, in: NZG 1998, 452 – 454

Staub, Hermann: Handelsrecht, Großkommentar.
Erster Band, Einleitung; §§ 1 – 104, 4. Auflage Berlin 1995

Staudinger, Julius von (Hrsg.): J. von Staudingers Kommentar zum Bürgerlichen
Gesetzbuch mit Einführungsgesetz und Nebengesetzen.
Erstes Buch, Allgemeiner Teil, §§ 90 – 240, 12. Auflage Berlin 1980
Erstes Buch, Allgemeiner Teil, §§ 134 – 163, 13. Bearbeitung Berlin
1996
Zweites Buch, Recht der Schuldverhältnisse, §§ 611 – 615, 13. Bearbei-
tung Berlin 1999
Gesetz zur Regelung des Rechts der Allgemeinen Geschäftsbedingungen,
13. Bearbeitung 1998
Einführungsgesetz zum Bürgerlichen Gesetzbuche, Art. 1, 2, 50 – 218
EGBGB, 13. Bearbeitung Berlin 1998

Stehle, Heinz: Die „Freiberufler-GmbH" – ihre Vor- und ihre Nachteile, DStR
1983, 100 – 106

Stern, Klaus: Das Staatsrecht der Bundesrepublik Deutschland.
Band I, Grundbegriffe und Grundlagen des Staatsrechts, Strukturprinzi-

pien der Verfassung, 2. Auflage München 1984

Band III 1. Halbband, Allgemeine Lehren der Grundrechte, München 1988

Band III 2. Halbband, Allgemeine Lehren der Grundrechte, München 1994

Stumpf, Cordula: Das Handelsregister nach der HGB-Reform, in: BB 1998, 2380 – 2383

Taupitz, Jochen: Die Standesordnungen der freien Berufe. Berlin 1991

Taupitz, Jochen: Die GmbH als Organisationsform ambulanter heilkundlicher Tätigkeit, in: NJW 1992, 2317 – 2325

Taupitz, Jochen: Das Nachfragepotential von Heilbehandlungs-GmbHs aus dem Blickwinkel der gesetzlichen und der privaten Krankenversicherung, in: VersR 1992, 1064 – 1068

Taupitz, Jochen: Integrative Gesundheitszentren: Neue Formen interprofessioneller Zusammenarbeit, in: MedR 1993, 367 – 378

Taupitz, Jochen: Zur Zulässigkeit von Freiberufler–GmbHs. Heilkunde-GmbH: ja, Rechtsberatungs-GmbH: nein?, in: JZ 1994, 1100 – 1108

Taupitz, Jochen: Zur Verfassungswidrigkeit des Verbots, ärztliche Praxen in Form einer juristischen Person des Privatrechts zu führen, in: NJW 1996, 3033 – 3042

Taupitz, Jochen: Die Zukunft der ärztlichen Selbstverwaltung, in: MedR 1998, 1 – 7

Taupitz, Jochen: Die Ärzte-GmbH und das ärztliche Werbeverbot, in: Festschrift für Karlmann Geiss, S. 503 – 515, Köln 2000

Tettinger, Peter J.: Grundfragen zahnärztlicher Freiberuflichkeit, in: MedR 2001, 287 – 294

Tettinger, Peter J./Wank, Rolf: Gewerbeordnung. 6. Auflage München 1999

Trockel, Horst: Zur Frage der Rezeption ärztlicher Standesethik, in: NJW 1971, 1057 – 1061

Ulmer, Peter/Brandner, Hans-Erich/Hensen, Horst-Diether: AGB-Gesetz. Kommentar zum Gesetz zur Regelung des Rechts der Allgemeinen Geschäftsbedingungen. 9. Auflage Köln 2001

Vieth, Hendrik/Schulze-Jander, Hendrick: Die Rechtsanwalts-GmbH: ein Vertragsentwurf mit Erläuterungen, in: NZG 1999, 1126 – 1132

Wagner, Gerhard: Das Zweite Schadensrechtsänderungsgesetz, in: NJW 2002, 2049 – 2064

Wahrig, Gerhard: Deutsches Wörterbuch. 7. Auflage München 2000

Walter, Alexander: Haftungsverhältnisse in ärztlichen Kooperationsformen nach der Anerkennung der Rechtsfähigkeit von BGB-Gesellschaften, in: MedR 2002, 169 – 173

Wassermann, Rudolf (Hrsg.): Kommentar zum Bürgerlichen Gesetzbuch. Reihe
    Alternativkommentare
    Band 1, Allgemeiner Teil (§§ 1 – 240), Neuwied 1987

Wassermann, Rudolf (Hrsg.): Kommentar zum Grundgesetz für die Bundesrepu-
    blik Deutschland. Reihe Alternativkommentare
    Band 1, Art. 1 – 37, Neuwied 1989

Weber, Ralph/Vogt-Weber, Beate: Arztpraxis als GmbH: kaum sinnvoll, in: Deut-
    sches Ärzteblatt 95, Heft 19, 1998, A 1146 – 1149

Weber, Ralph/Vogt-Weber, Beate: Die rechtliche Zulässigkeit und wirtschaftliche
    Sinnhaftigkeit des Betreibens einer Arztpraxis in der Rechtsform der
    GmbH, in: ArztR 1997, 179 – 186

Wendeling-Schröder, Ulrike: Gewissen und Eigenverantwortung im Arbeitsleben,
    in: BB 1988, 1742 – 1748

Wendeling-Schröder, Ulrike: Autonomie im Arbeitsrecht. Möglichkeiten und
    Grenzen eigenverantwortlichen Handelns in der abhängigen Arbeit.
    Frankfurt 1994

Wertenbruch, Johannes: Gemeinschaftspraxis oder Partnerschaft?, in: DÄBl.
    1998, A 2595 – 2596

Westermann, Harm Peter (Hrsg.): Erman Bürgerliches Gesetzbuch. 10. Auflage
    Münster 2000
    Band I, §§ 1 – 853, HausTWG, ProdHaftG, SchuldRAnpG, VerBrKrG
    Band II, §§ 854 – 2385, AGBG, SachenRBerG, HausratsVO, EGBGB

Wigge, Peter: Medizinische Versorgungszentren nach dem GMG, in: MedR 2004,
    S. 123 – 134

Wimmer, Raimund: Wer gibt das anwaltliche Berufsrecht?, in: NJW 1989, 1772 –
    1776

Winter, Martin: Mitgliedschaftliche Treuebindungen im GmbH-Recht. München
    1988

Wissenschaftlicher Rat der Dudenredaktion: Das große Wörterbuch der deutschen
    Sprache in zehn Bänden. Band 6: Lein-Peko, 3. Auflage Mannheim 1999

Wolf, Manfred/Horn, Norbert/Lindacher, Walter F.: AGB-Gesetz. Kommentar.
    4. Auflage München 1999

Zippelius, Reinhold: Juristische Methodenlehre. 8. Auflage München 2003

Zöbeley, Günter: Das Wunder im Spannungsfeld zwischen Glaubensfreiheit und
    bestmöglicher Krankenversorgung, in: Das wahre Verfassungsrecht –
    Zwischen Lust und Leistung. Gedächtnisschrift für Friedrich G. Nagel-
    mann, Baden-Baden 1984, 27 – 33

Zöller, Richard: Zivilprozessordnung mit Gerichtsverfassungsgesetz und den Ein-
    führungsgesetzen, mit Internationalem Zivilprozessrecht, Kostenanmer-
    kungen.
    24. Auflage Köln 2004

Zöllner, Wolfgang/Loritz, Karl-Georg: Arbeitsrecht. 4. Auflage München 1992

Zuck, Rüdiger: Die Anwalts-GmbH nach §§ 59c ff. BRAO, in: MDR 1998, 1317 –
    1322

Zuck, Rüdiger: Anwalts-GmbH. Kommentar zu den §§ 59c – 59m BRAO. Köln 1999

Zuck, Rüdiger: Die Bedeutung des Berufsbilds bei der Beurteilung anwaltlicher Berufsausübung, in: Festschrift für Karlmann Geiss, Köln 2000, 323 – 341

Zuck, Rüdiger: Die Berufsfreiheit der freien Berufe, in: NJW 2001, 2055 – 2059.

Sachverzeichnis

Druck und Bindung: Strauss GmbH, Mörlenbach